Francine Shapiro
Margot Silk Forrest

EMDR

Una terapia revolucionaria para superar
la ansiedad, el estrés y los traumas

editorial Kairós

Título original: EMDR EYE MOVEMENT DESENSITIZATION
AND REPROCESSING
*The Breakthrough "Eye Movement" Therapy for Overcoming
Anxiety, Stress, and Trauma*

© 1997, 2004 by Francine Shapiro
Published by Basic Books, A Member of the Perseus Books Group

© de la edición en castellano:
2008 by Editorial Kairós, S.A.

Editorial Kairós S.A.
Numancia 117-121, 08029 Barcelona, España
www.editorialkairos.com

Nirvana Libros S.A. de C.V.
3ª Cerrada de Minas 501-8, CP 01280 México, D.F.
www.nirvanalibros.com.mx

© de la traducción del inglés: David González Raga
Revisión: Amelia Padilla

Primera edición: Mayo 2008
ISBN: 978-84-7245-673-0
Depósito legal: B-26.121/2008

Fotocomposición: Beluga &Mleka, s.c.p. Córcega, 267. 08008 Barcelona
Tipografía: Times y helvética, cuerpo 11, interlineado 12,8
Impresión y encuadernación: Romanyà-Valls. Verdaguer, 1. 08786 Capellades

Este libro ha sido impreso con papel certificado FSC, proviene de fuentes
respetuosas con la sociedad y el medio ambiente y cuenta con los
requisitos necesarios para ser considerado un "libro amigo de los bosques".

JUN 2010

Dedicado a los orientadores, terapeutas y clientes de la EMDR que han tenido la visión y el coraje de intentar algo nuevo y de compartir sus experiencias.

Y en recuerdo también de Ron Martínez, un cuadripléjico que murió de cáncer y un ser humano realmente excepcional cuya vida constituye el más claro ejemplo de que lo que realmente importa no es tanto lo que nos sucede como lo que, con ello, hacemos.

SUMARIO

NOTA ACLARATORIA
DE LAS AUTORAS Y DEL EDITOR

Este libro no es un manual de formación y, en consecuencia, no contiene información completa sobre el uso clínico de la EMDR y debe, por tanto, ser considerado como una visión general básica de las aplicaciones clínicas de la EMDR. Cualquier tratamiento real deberá ser proporcionado por un terapeuta que haya recibido la formación y autorización requeridas para la práctica de la EMDR.

Aunque se conoce con el nombre de Desensibilización y Reprocesamiento a través de los Movimientos Oculares [en inglés Eye Movement Desensitization and Reprocessing], el papel que desempeñan los movimientos oculares en la EMDR no es más que una de las muchas formas de estimulación empleadas por esta compleja metodología. De hecho, algunas investigaciones han demostrado que la combinación única de elementos que componen la EMDR proporciona un abordaje psicoterapéutico eficaz aun en ausencia de movimientos oculares. Los protocolos y procedimientos que configuran la EMDR global no sólo son necesarios para la eficacia de la terapia, sino que también garantizan la seguridad del cliente, porque hay varios informes que evidencian los daños que puede provocar el uso inadecuado de los movimientos oculares tanto por parte del sujeto como de terapeutas que no hayan recibido la titulación adecuada y utilicen la estimulación sin tener estrictamente en cuenta *todos* los procedimientos y protocolos que configuran la EMDR.

Los legos no deberían, por tanto, emplear los movimientos oculares por su cuenta sin atenerse a las instrucciones de un terapeuta adecuadamente entrenado y titulado en EMDR. Por eso instamos a los posibles clientes a asegurarse de que el terapeuta que han elegido ha seguido un curso de formación autorizado y aprobado por la EMDR International Association (véase Apéndice A). Son muchos los terapeutas que, queriendo aprender la EMDR, han asistido a cursos o talleres sobre las llamadas "técnicas de los movimientos oculares" dirigidos por personas que no se hallan suficientemente preparadas e ignoran, por tanto, los pormenores del método. Por este motivo insistimos en que el lector no debería, en consecuencia, esperar los efectos terapéuticos mencionados en este libro a menos que se atenga explícitamente a las instrucciones de un terapeuta titulado y experimentado en el enfoque EMDR.

Todos los comentarios en primera persona incluidos en este libro se refieren a la doctora Francine Shapiro, la creadora y promotora de la EMDR.

Aunque la mayoría de los nombres y algunas de las circunstancias externas relativas a los clientes mencionados en este libro se hayan visto modificados para proteger su intimidad, nos hemos esforzado en presentar los síntomas y el trabajo terapéutico tal y como ocurrieron.

Para evitar, por último, el sexismo sin caer, por ello, en el abuso de expresiones tales como "él o ella", hemos alternado, a lo largo de todo el libro, el empleo de los pronombres personales masculinos y femeninos.

AGRADECIMIENTOS

Este libro es el fruto de una empresa de largo aliento a la que han contribuido muchas personas. Su contenido se basa en la experiencia de cientos de personas y espero que les haga justicia. Estoy especialmente agradecido a los clientes que han querido compartir su historia con la esperanza de ayudarlas. También quiero expresar mi reconocimiento explícito a las contribuciones especiales recibidas de los siguientes médicos: Judy Albert, David Blore, Jac Carlson, Cathy Davis, Nancy Davis, Ron Doctor, Jean Eastman, Sandra Foster, Chad Glang, David Grand, Lew Hamburger, Ad de Jongh, Tim Kaufman, Robert Kitchen, Laura Knutson, Deany Laliotis, Steven Lazrove, Andrew Leeds, Jennifer Lendl, Patti Levin, Howard Lipke, Joan Lovett, Marilyn Luber, Pavel Lushin, John Marquis, David McCann, Daniel Merlis, Gerald Murphy, A.J. Popky, David Price, Gerald Puk, Gary Quinn, Therese Rando, Graciela Rodriguez, Susan Rogers, Curt Rouanzoin, Beverly Shoninger, Elan Shapiro, Jocelyne Shiromoto, Steven Silver, Roger Solomon, Pablo Solvey, Robert Tinker, Sheryll Thompson, Linda Vanderlaand, Rosemary Vienot, Silke Vogelmann-Sine, Donald Weston, Geoffrey White, David Wilson, Sandra Wilson, Carol York, William Zangwill y Joan Zweben.

En cuanto creadora de la EMDR quiero asimismo manifestar mi gratitud a Margot Silk Forest por sus extraordinarios dotes de escritora que han facilitado un relato tan claro de las historias de sufrimiento y transformación recopiladas en este libro. También quisiera dar las gracias especialmente a Robbie Dunton, sin cuyo infatigable apoyo no hubiera contado con el tiempo y la actitud mental necesarios para escribir este libro y realizar tarea creativa alguna a lo largo de este año. Doy también las gracias a Robert B. Welch, Steven Lazrove y Silvia Hines por sus esfuerzos editoriales, y a MaryAnn Gutoff por su asistencia técnica. Escribir un libro y editarlo es una tarea hercúlea cuyo éxito depende del estímulo y el aliento de muchas personas, incluyendo todo el equipo editorial. Por eso doy las gracias a Gail Winston, mi editor en BasicBooks, por la extraordinaria flexibilidad, paciencia y habilidad que me ha mostrado. Asimismo estoy muy agradecida a Richard Fumosa por la atención y el cuidado prestado durante todo el proceso de creación del libro; y no quisiera pasar por alto la especial contribución prestada por Ann Benner, Stephanie Lehrer, Gay Salisbury y Stephanie Snow, de BasicBooks. También quisiera expresar mi más reconocido aprecio a mi agente Suzanne Gluck por sus múltiples talentos y su apoyo; y mi gratitud infinita a todos los amigos y colegas que, a lo largo de los años, se han reunido conmigo y me han ayudado a ir perfeccionando la visión. Quisiera, por último, expresar un especial reconocimiento dirigido a mis padres, Danny y Shirley Shapiro, y a Bob Welch, mi marido y mi oasis.

F.S.

Quisiera añadir mi más reconocida gratitud a los muchos amigos y al valiente personal de The Healing Woman Foundation por la paciencia, el apoyo y el amor que me brindaron durante la elaboración de este libro.

M.S.F.

PRÓLOGO
DE DAVID SERVAN-SCHREIBER

La elegancia y la fuerza de la EMDR, nuevo método para el tratamiento de los traumas psíquicos, se pone claramente de manifiesto en la rapidez con la que vemos a los pacientes librarse del peso de la vergüenza, de la tristeza o la rabia con los que llevaban años conviviendo.

En este libro, el primero traducido al francés, Francine Shapiro, la creadora del método, nos hace partícipes de la excitación intelectual que acompañó a su descubrimiento y, por encima de todo, de la profunda emoción que suele caracterizar a las sesiones de EMDR. El amplio abanico de casos presentados nos permite entender un poco mejor las distintas facetas de este abordaje único: el imperativo humanista –y hasta diría que la "gentileza"– con el que se acerca a toda persona herida por la vida; la necesidad de ayudarle a restablecer el contacto con su propia fuerza vital y recobrar así su propia capacidad "autocurativa", y la importancia del cuerpo y de las sensaciones en la curación del espíritu. Algunas de las escenas de este libro son tan conmovedoras que el lector tiene la sensación de estar leyendo una novela, aunque quienes han practicado la EMDR y vivido escenas semejantes saben muy bien que el dolor de sus pacientes tiene muy poco de "novelesco".

Francine Shapiro resume perfectamente en estas páginas su descubrimiento con las siguientes palabras:

«El cuerpo de la mujer violada, por ejemplo, puede entrar en *shock*, sangrar o temblar, pero cuando recibe el tratamiento adecuado, puede recuperarse en cuestión de días o semanas. ¿Por qué habría de necesitar la mente más tiempo para curarse? ¿No depende acaso nuestra mente del estado fisiológico del cerebro que, obviamente, también forma parte del cuerpo?».

A eso, que en su origen no fue más que una intuición contraria a las enseñanzas académicas que había recibido, acabaría consagrando Francine Shapiro su vida y su energía. Resulta imposible hacerse cargo de la soledad que, en tanto precursora, se ha visto obligada a atravesar; la paciencia y la perseverancia que ha debido añadir al entusiasmo para acabar definitivamente con las dudas; el esfuerzo que la ha llevado a convencer sin necesidad de violentar, y las muchas horas que ha invertido en "cuidar" a los futuros cuidadores y transmitirles sus descubrimientos sin omitir detalles.

Este libro refleja perfectamente el auténtico carácter de su autora, una "gran dama" imponente, tanto por el modo en que se mantiene erguida como por la fuerza de su presencia, la inteligencia de su mirada y de su pensamiento analítico y su increíble capacidad de cuidar de los demás, rasgos típicos, dicho sea de paso, de los fundadores carismáticos de cualquier nueva escuela de psicoterapia. Después de pasar 20 años en las universidades de Canadá y los Estados Unidos desconfiaba, cuando conocí a Francine Shapiro, de ese carisma nada habitual, por otra parte, en los medios científicos en los que solía moverme. Pero tras haber seguido la formación en EMDR a la que me invitó, leer sus trabajos y conversar con ella en multitud de ocasiones, debo decir que siempre la he visto como a una "investigadora", como al resto de nosotros. Quizás sea por ello que, a lo largo de los años, ha mostrado una clara predisposición –mucho mayor que la de la inmensa mayoría de mis colegas universitarios, psiquiatras o psicoanalistas– a cuestionar y revisar sus hipótesis y a someter su "descubrimiento" a la valoración de sus pares.

Para un psiquiatra, el descubrimiento de la EMDR es, sin duda alguna, el acontecimiento más desconcertante –y quizá también el más importante– desde el advenimiento, hace ya un siglo, del psicoanálisis y del hallazgo, hace 50 años, de los antidepresivos.

Desconcertante porque resulta casi imposible, para un médico o un terapeuta que haya recibido una formación clásica, aceptar la idea de que la movilización de los ojos de un paciente que está evocando las escenas más dolorosas de su vida –como una violación o la muerte de un hijo, por ejemplo– pueda, de algún modo, aliviar su dolor. Hasta la misma idea parece descabellada e incluso contraria a la ética profesional de alguien cuyo deber consiste en cuidar de los demás con los métodos más apropiados o reconocidos. Y sin embargo, hoy en día existen no menos de 18 estudios controlados que demuestran la eficacia de la EMDR en el tratamiento de los trastornos de estrés postraumático, incluido el duelo traumático. Varias evaluaciones independientes llevadas a cabo en 2004 por agrupaciones de eruditos, como el INSERM en Francia[1] o la American Psychiatric Association de los Estados Unidos,[2] han establecido claramente la eficacia de la EMDR en el tratamiento de los trastornos de estrés postraumático.

Desconcertante asimismo porque según afirman sus practicantes, la EMDR es, al mismo tiempo, extraordinariamente familiar y completamente incongruente. En ella se habla de elaboración del duelo, de "digerir" los recuerdos traumáticos, de transformación de la imagen de uno mismo –fenómenos, todos ellos, descritos por el psicoanálisis–, ¡pero que aquí se logran en unas pocas sesiones!

Y desconcertante, en suma, porque a pesar de la abundancia de pruebas relativas a la eficacia del tratamiento EMDR, todavía no entendemos muy bien cuáles son sus mecanismos de acción. ¿Se trata de la puesta en marcha del mismo mecanismo que reorganiza la memoria durante el sueño (cuando los ojos del soñante se mueven, detrás de los párpados cerrados, de un lado a otro) y permite que las emociones dolorosas se expresen y acaben desvaneciéndose?[3] ¿Se trata de una orientación súbita de la atención que modifica el ritmo de los latidos del corazón y toda la fisiología corporal promoviendo, de ese modo, una reducción de la ansiedad?[4] ¿O se trata acaso de un estado de conciencia comparable al de la meditación desde el que uno puede sufrir y observar, a la vez, su sufrimiento y asistir, así, a la desaparición gradual de éste?

Pero es el desconcierto que nos provoca la EMDR el que nos abre las puertas a un campo nuevo y amplio sobre la relación que existe entre el cerebro y el sufrimiento psicológico y, por encima de todo, el potencial curativo que yace dentro de cada uno de nosotros. Es precisamente en este punto donde reside la importancia de este descubrimiento.

Un día, mucho antes de que se hubiera demostrado la eficacia de la EMDR, aproveché una conferencia en Washington para preguntarle –no sin ciertas dudas, por el miedo a su juicio– a uno de los grandes investigadores estadounidenses del trauma psicológico acerca de lo que pensaba sobre la EMDR y Francine Shapiro. Después de mirarme fijamente a los ojos, quizás calibrando su respuesta, afirmó, bajando un poco la voz, como si no quisiera arriesgarse a que le escuchasen los colegas que nos rodeaban: «A decir verdad, creo que ha descubierto algo que nosotros llevábamos buscando hace 50 años. ¡Me parece que, por ello, merece el premio Nobel!».

Frente a la puesta de Sol de los acantilados del Pacífico de la pequeña ciudad de Sea Ranch, al Norte de San Francisco, Francine Shapiro concluyó una semana de trabajo con un equipo de formadores en EMDR venidos de diferentes regiones de los Estados Unidos diciendo: «Durante mucho tiempo me sentí obligada a proteger la EMDR de los ataques que hubieran dificultado su desarrollo y la posibilidad de que llegase a quienes realmente la necesitan. La he defendido con el mismo celo que una madre protege a su hijo todavía débil. Hoy en día, sin embargo, mis ambiciones ya no son las de una madre, sino las de una abuela. Yo ya he hecho mi trabajo. Ahora os corresponde a vosotros volar y llevar por doquier la EMDR».

Con este libro, Francine Shapiro pone en las manos del público, en vuestras propias manos, la EMDR, a fin de que cada cual pueda juzgar por sí mismo si le proporciona lo que necesita para curar.

DAVID SERVAN-SCHREIBER
doctor en Medicina, doctor en Ciencias,
profesor de Psiquiatría clínica
de la Universidad de Pittsburgh
y profesor asociado de la Facultad de Medicina de Lyon

Algunos párrafos de este Prefacio han visto ya la luz en el Prefacio del primer libro en francés enteramente consagrado a la EMDR, titulado *EMDR, une révolution thérapeutique*, escrito por el psicoanalista Jaques Roques (Éditions La Méridienne/Desclée de Brower, 2004).

INTRODUCCIÓN

Son muchas las cosas que han cambiado, las preguntas formuladas y la investigación realizada durante los once años transcurridos desde la primera edición de este libro. Sin embargo, a pesar de ello, los principios rectores fundamentales de la EMDR siguen siendo los mismos. Convendrá ahora revisar esos principios, subrayar los cambios experimentados, mencionar la investigación que, desde entonces, se ha llevado a cabo y responder a alguna que otra pregunta.

LAS MÚLTIPLES FORMAS DEL TRAUMA

La mayoría de las personas consideran que los traumas son tan sólo esos grandes acontecimientos que pueblan los titulares de los periódicos. Por eso, la imaginación popular asocia los traumas a los veteranos de guerra y a los supervivientes de los desastres naturales y de los atentados terroristas. Pero, según la definición que nos proporciona el diccionario, un "trauma" es *cualquier evento que deja una impresión negativa en nuestra conciencia.*

Todos conocemos a personas que han experimentado el sufrimiento que habitualmente acompaña a la pérdida de un ser querido, de un trabajo o de sus posesiones. Son muchas, al margen de sus causas, las consecuencias físicas y psicológicas que deben sufrir quienes han perdido la paz mental, o quienes nunca la han tenido, pero al margen de los "desencadenantes", las causas se asientan en experiencias vitales más tempranas a las que llamamos *traumas*.

LOS TRAUMAS PUEDEN SER CURADOS

En el caso de que perduren durante mucho tiempo, la ansiedad, el estrés, la culpa, la rabia y el miedo son, independientemente de sus causas, condiciones muy nocivas. Por fortuna, sin embargo, el cuerpo se enfrenta a las experiencias perturbadoras mediante un proceso semejante al de la digestión. Y es que, del mismo modo que el sistema digestivo extrae los nutrientes del alimento que ingerimos, el funcionamiento adecuado del sistema de procesamiento de información mental favorece la asimilación de información valiosa contenida en nuestras experiencias que nos ayuda a seguir adelante. Cuando los recuerdos perturbadores se ven procesados de manera adecuada, las emociones, creencias, respuestas corporales y pensamientos relacionados cambian y se tornan sanos y adaptables. Pero hay ocasiones, no obstante, en las que las experiencias negativas permanecen sin digerir adecuadamente, dejando un residuo emocional que acaba gobernando nuestra vida cotidiana. En tal caso, el sistema se queda "bloqueado" –como si el sujeto estuviera atrapado en el trauma– y, a menudo, requiere ayuda externa para ponerse de nuevo en marcha. Ahí es, precisamente, donde entra en juego la EMDR.

UNA TERAPIA PARA EL CUERPO
Y UNA TERAPIA PARA LA MENTE

Aunque haya quienes insistan en que la terapia sólo tiene que ver con hablar de los problemas, la EMDR pone de relieve que no es necesario desmenuzar con detenimiento un determinado trauma para que sea digerido y asimilado por el sistema de procesamiento de información, lo que implica básicamente lo que algunos han denominado procesamiento "de abajo hacia arriba" (en lugar de procesamiento "de arriba hacia abajo").[1] Más que tratar de hablar de los problemas, dicho en otras palabras, el procesamiento se produce a un nivel fisiológico y facilita la emergencia espontánea de nuevas asociaciones, comprensiones y emociones. La EMDR incluye un conjunto muy concreto de procedimientos que favorecen la función "digestiva" del cerebro al que los neurobiólogos se refieren con la expresión "procesamiento de información".

Muchos neurobiólogos e investigadores de la memoria han señalado que los grandes traumas y otras experiencias vitales perturbadoras se almacenan en la memoria de manera equivocada.[2] En tal caso, en lugar de ubicarse en la memoria "explícita" o "narrativa", donde pueden ser recordados sin dolor, lo hace en la memoria "no declarativa" o "implícita" que se encarga de mantener las emociones y sensaciones corporales que formaban parte del evento inicial. La incapacidad de estos recuerdos de establecer conexiones con otra información más útil de nuestra red de memoria los mantiene aislados de otras experiencias vitales. Así, por ejemplo, aunque podamos contemplar racionalmente las cosas en las que están implicadas otras personas y sepamos que no son culpables, no solemos considerarnos a nosotros del mismo modo. Podemos reconocer que la víctima de la violación no es culpable de las acciones del violador, pero cuando los implicados somos nosotros, no es infrecuente que nos sintamos culpables y creamos haber hecho algo mal. Independientemente, pues, de lo inteligentes, espirituales, experimentados o educados que seamos, los recuerdos pueden almacenarse en la memoria de manera equivocada, y aunque no los causemos, acabamos sufriéndolos.

El sistema de la memoria está en el cerebro y el cerebro forma parte del cuerpo. Todos sabemos que si nos cortamos, nuestro cuerpo se verá obligado a atravesar un proceso natural de curación a menos que algo, como una astilla por ejemplo, se lo impida. Aceptamos operarnos porque sabemos que nuestro cuerpo cicatrizará y curará las heridas, pero por alguna razón, creemos que los "problemas mentales" funcionan de manera diferente. No conviene olvidar, por tanto, que los recuerdos traumáticos están ubicados en el cerebro y que, puesto que el cerebro forma parte del cuerpo, también pueden curarse del mismo modo en que lo hace aquél. Resulta muy curiosa la facilidad con la que admitimos que las lesiones físicas de las víctimas de un crimen curan en cuestión de semanas y consideremos normal, no obstante, que la curación de las heridas psicológicas requiera años. Pero lo cierto es que las cosas no son necesariamente así y que nuestro cerebro puede curar con la misma prontitud con la que lo hace el resto del cuerpo.

La terapia EMDR se asemeja, en muchos sentidos, a la manipulación del traumatólogo que vuelve a colocar en su sitio un hueso dislocado. Ambos problemas son físicos y ambos, en consecuencia, necesitan cuidados que permitan la estimulación, activación y movilización de los recursos curativos del cuerpo. En este sentido, los terapeutas EMDR se hallan especialmente adiestrados para trabajar con el sistema de procesamiento de información, acceder a las experiencias perturbadoras y corregirlas con el fin de permitir, de ese modo, la rehabilitación completa del paciente.

¿Quién necesita la EMDR?

La EMDR ha sido empleada con veteranos de guerra, bomberos, policías, misioneros y trabajadores de los servicios de urgencia –personas, todas ellas, especialmente adiestradas para enfrentarse a situaciones difíciles que solicitan ayuda porque entienden que no hay que tratar a la mente de manera diferente al resto del cuerpo–. Todos, a veces, necesitamos ayuda, pero hay ocasiones en que resulta difícil encontrar el tipo de ayuda *adecuado*.

Las modalidades de terapia son, como las frutas, muy distintas y concluir «ya he probado la terapia y no funcionó» sería como decir «ya he probado la fruta y no me gustó». En los Estados Unidos, sin ir más lejos, hay centenares de miles de terapeutas que se dedican a la salud mental, cientos de técnicas distintas y modalidades muy distintas de terapia. Los terapeutas psicodinámicos pueden seguir los principios y las prácticas de muchos y muy reputados terapeutas, como Freud, Jung, Horney, Adler, etcétera. Los terapeutas cognitivo-conductuales, por su parte, pueden ser más conductistas o más cognitivos y apelar, basándose en su formación y experiencia vital, a una amplia diversidad de técnicas. La EMDR, por último, constituye una forma específica de terapia que se atiene a principios y apela a prácticas diferentes a esos y otros enfoques que, si bien integra aspectos procedentes de otras terapias, también proporciona al cliente una experiencia netamente distinta. El objetivo de este libro aspira a proporcionar al lector ejemplos de estas experiencias para que pueda estar seguro que recibe un tratamiento EMDR adecuado y no una versión distorsionada.

Desafortunadamente, una de las cosas que ha cambiado desde la época de la publicación de la primera edición de *EMDR: Eye Movement Desensitization & Reprocessing* es la cantidad de personas que son víctimas de los traumas…, y ese término incluye tanto a los Traumas con "T" mayúscula como a los traumas con "t" minúscula. Los Traumas son aquellas experiencias necesarias a la hora de diagnosticar un

trastorno de estrés postraumático (TEPT), como los desastres naturales, las guerras, los accidentes, las enfermedades
graves y la pérdida de un ser querido que, para muchas personas, pueden ir acompañadas de un diagnóstico de TEPT.
Los traumas con "t" minúscula, por su parte, son aquellas
experiencias más habituales, como humillaciones, fracasos o
un tipo u otro de pérdida, que nos hacen sentir inseguros,
menospreciados, descontrolados y desesperanzados. En el
caso de los niños, por ejemplo, pueden incluir el hecho de
sentirse acosado, excluido y hasta el caer de una bicicleta. En
este sentido, situaciones que carecen de importancia para el
adulto pueden tener, en el caso de los niños, consecuencias
devastadoras y muy duraderas. Son muchos, dado el estado
actual del mundo y las presiones e incertidumbres que acompañan a los problemas a los que habitualmente nos enfrentamos, los adultos que hoy en día necesitan ayuda... pero,
afortunadamente, también nos encontramos en mejor situación que nunca para proporcionar esa ayuda.

Cuando este libro vio la luz por vez primera había unos
20.000 terapeutas adiestrados en EMDR y cerca de un millón
de personas que habían recibido este tipo de tratamiento.
Pero por más que la eficacia de la EMDR se hallara entonces
tan corroborada por la investigación como cualquier otro tratamiento, era desconocida en muchos círculos y contempla-
da con cierta suspicacia por otros. El número de terapeutas
formados en EMDR se aproxima hoy en día a los 60.000 clínicos distribuidos por más de 80 países diferentes y son
muchos los estudios que concluyen que se trata de la terapia
de elección para el tratamiento de los traumas. También se
estima que el número de personas que ya se han beneficiado
de la EMDR se aproxima a los dos millones.

¿Funciona la EMDR?

La International Society for Traumatic Studies reconoce la EMDR como una terapia eficaz para el tratamiento de los traumas.[3] En el año 2002, el Israeli National Council of Mental Health designó la EMDR como uno de los tres mejores abordajes para el tratamiento de las víctimas de los atentados terroristas.[4] Ese mismo año, el Northern Ireland's Department of Health la calificó como uno de los dos tratamientos de elección para el tratamiento de las víctimas del trauma.[5] Más recientemente, el United States Department of Defense y el Department of Veterans Affairs publicaron nuevas directrices que ubicaban la EMDR en la categoría de las terapias de mayor eficacia demostrada y la recomendaban en el tratamiento del TEPT.[6] Todas esas organizaciones llegaron a esas conclusiones basándose en el gran número de investigaciones que determinaron la eficacia y los efectos duraderos de la EMDR, que han demostrado que basta con tres sesiones de 90 minutos de EMDR para eliminar el TEPT en el 80-100% de los civiles que han atravesado una experiencia traumática como, por ejemplo, una violación, un accidente o un desastre natural. Cuando los traumas han sido múltiples, por su parte, son necesarias más horas de tratamiento. La investigación subraya que entre 8 y 12 horas de tratamiento, puede eliminar, en el caso de los civiles que hayan sufrido múltiples traumas, entre el 77 y el 80% de los TEPT. Un estudio subvencionado por la Kaiser Permanente concluyó que el 80% de las víctimas de traumas múltiples y el 100% de las víctimas de un solo episodio traumático erradicaron los síntomas del TEPT en un promedio de seis sesiones. Pero no podemos, sin embargo, concluir que, en ese tiempo, puedan resolverse todos los síntomas en todas las personas, porque cada uno de nosotros tiene una constitución

biológica y psicológica diferente y se halla también sometido a un entorno distinto. A pesar de ello, no obstante, todas
esas investigaciones ofrecen a los terapeutas y sus clientes
una guía de lo que pueden esperar de la práctica clínica. (En
el Apéndice C presentamos una lista de todas las investigaciones publicadas sobre la EMDR mencionadas en esta
Introducción.)

Dada la incertidumbre que azota a nuestro tiempo, donde
tantos hombres y mujeres se ven enfrentados a la guerra, son
muchas las personas que están muy agradecidas a la ayuda que
les ha proporcionado la EMDR para afrontar adecuadamente
sus problemas y resolverlos. El único estudio aleatorio* que
evaluó, después de 12 sesiones, el tratamiento EMDR con
veteranos de Vietnam puso de manifiesto una desaparición, en
el 78% de los casos, de los síntomas del TEPT. Estos resultados corroboraron las conclusiones de un estudio de campo de
un programa del VA [Veterans Affairs] y muchos otros artículos que informaban de los efectos positivos de la EMDR con
veteranos de la II Guerra Mundial, de la guerra de Corea y de
la operación Tormenta del Desierto. Todo ello supone que,
independientemente de la duración de los síntomas, el tratamiento con la EMDR alivia el sufrimiento de los veteranos y
de sus familias (como veremos con detalle en el capítulo que
en este libro dedicamos a la guerra) y también implica la posibilidad de curar a los profesionales que a diario se enfrentan a
situaciones conflictivas en las calles de nuestras ciudades,
como los trabajadores de los servicios de emergencia, los
bomberos, los policías, etcétera.

---

*   Investigación en la que los participantes se ven azarosamente asignados a los
     distintos grupos de tratamiento en un intento de minimizar, de ese modo, las
     diferencias intergrupales (y en la que, por tanto, el tratamiento no se establece
     basándose en el tiempo, la ubicación ni las características personales).

Con independencia de lo fuerte que pueda ser una determinada persona, el hecho es que los recuerdos de las experiencias perturbadoras pueden almacenarse inadecuadamente en la memoria. Los pensamientos obsesivos, los sueños, las emociones perturbadoras y las sensaciones son el producto de problemas físicos que pueden verse aliviados sin necesidad de recurrir, para amortiguar el dolor, al uso del alcohol o las drogas. De hecho, un reciente estudio llevado a cabo por el National Institute for Mental Health (NIMH) informó que la eficacia de la EMDR es, en el tratamiento de los traumas, superior a la del Prozac.[7] Además cuando, en estos últimos, se retiraba la medicación, los síntomas volvían a presentarse, mientras que quienes habían sido tratados con la EMDR seguían mejorando.

ESTUDIOS COMPARATIVOS CON OTROS TRATAMIENTOS

Cuando este libro vio la luz por vez primera en 1997, eran muy pocas las investigaciones destinadas a comparar la eficacia de los diferentes tratamientos. De hecho, apenas si había estudios relativos a los efectos de los distintos tratamientos. Esto resultó evidente en un informe presentado por la división clínica de la American Psychological Association que llevó a cabo una investigación destinada a establecer la eficacia de todas las modalidades de tratamiento.[8] Sorprendentemente, la investigación realizada al respecto durante décadas sólo ha puesto de manifiesto la eficacia de 12 técnicas a la hora de enfrentarse a 12 problemas diferentes. El criterio empleado para establecer los resultados positivos de una determinada técnica era que se viese apoyada, al menos, por dos estudios diferentes que pusieran de relieve una eficacia mayor que la de otro tratamiento o un simple placebo. Por desgracia, no sólo se identificaron muy pocas técnicas, sino que sus resultados fueron estadísticamente muy pobres, lo que revela una eficacia muy limitada. Es de lamentar que esos estudios tampoco tuvieran en cuenta si las técnicas en cuestión erradicaban por completo los síntomas del estrés ni la duración de sus efectos positivos con lo que, dicho en otras palabras, podía considerar eficaz una terapia que tuviese un margen limitado de éxito o presentase una elevada tasa de abandono o recaída.

En esa época, la EMDR y otros dos abordajes concretos de la terapia cognitivo-conductual (la terapia de inoculación del estrés y la terapia de exposición) recibieron el estatus de "probablemente eficaces" y ninguno de ellos mereció el marchamo de "tratamiento eficaz" para la población TEPT. Todas esas investigaciones han puesto de relieve una tasa de éxito de la terapia de inoculación de estrés y de la terapia de exposición –abordajes no EMDR en los que el cliente imagina la experiencia traumática en la consulta del terapeuta– de entre el 55 y 60%.[9 y 10] Un estudio británico que empleó situaciones de exposición real en las que el terapeuta solicita al cliente, durante las sesiones de terapia, la identificación de los lugares perturbadores, incrementó la tasa de éxito hasta el 77%.[11]

Nueve estudios controlados destinados a comparar la eficacia de la EMDR con los tratamientos de terapia cognitivo-conductual y sus resultados pusieron de manifiesto una eficacia parecida en la EMDR y la terapia de exposición (con y sin terapia cognitiva o terapia de inoculación de estrés) en el tratamiento del TEPT. Para alcanzar sus efectos, sin embargo, las terapias cognitivo-conductuales requieren sesiones adicionales y/o entre una y dos horas de trabajo diario en casa, cuya duración varía entre las 30 y las 65 horas.

Además, los estudios que compararon la tasa de estrés durante la primera sesión descubrieron que era inferior a la de quienes habían recibido el tratamiento EMDR.[12 y 13]

El único estudio aleatorio que comparó los resultados de la EMDR y la terapia de exposición puso de manifiesto la superioridad de ésta en 2 de las 10 medidas de los síntomas[14] empleadas en la versión británica de la exposición[15] (con la exposición imaginaria o real asistida por el terapeuta durante las sesiones) y cerca de 60 horas de trabajo adicional en casa. El resto de los estudios aleatorios (que presentamos en el Apéndice C) se centraron en prácticas llevadas a cabo en los Estados Unidos y tuvieron resultados básicamente similares, aun con diferencias en cuanto al número de sesiones y de horas de trabajo en casa.

¿CUÁL ES LA DIFERENCIA QUE EXISTE ENTRE LA EMDR Y LA TERAPIA DE EXPOSICIÓN?

Aunque son varias las terapias cognitivo-conductuales que recurren a la exposición para el tratamiento del TEPT, la que más suele recomendarse es la exposición prolongada. En ella, el terapeuta pide al cliente que evoque mentalmente la experiencia perturbadora, que identifique y "experimente los sentimientos" que vayan aflorando y los describa con minuciosidad durante períodos de entre 60 y 90 minutos, diciendo cosas tales como: «Siento el dolor, veo la sangre, etcétera». Durante la sesión, no se permite que el cliente se desconecte de la experiencia, lo que es considerado como una "evitación" que, según se supone, no hace sino empeorar todavía más las cosas. La sesión se graba en audio y, al finalizar la sesión, se recomienda al sujeto que la escuche cada noche hasta el siguiente encuentro. Además, también se le

invita a ir al sitio que, como resultado de la experiencia traumática, le resulte inquietante –como el lugar en el que ocurrió el accidente de automóvil o la violación, por ejemplo– y
se le pide que permanezca ahí durante una hora al día, hasta
que el problema desaparezca.

En el caso de las sesiones de EMDR, por el contrario, el
terapeuta pide al paciente que centre su atención en algún
detalle inquietante del recuerdo y permita que su mente se
ocupe de "cualquier cosa que aparezca" durante una serie de
movimientos oculares u otras formas de estimulación bilateral y pase un breve período de tiempo atento al recuerdo perturbador. Aunque pueda aparecer una cierta inquietud, al
finalizar la sesión el cliente suele sentirse más tranquilo,[16, 17 y
18] y también tienden a aparecer nuevas intuiciones y nuevas
comprensiones. Cierto investigador de Harvard[19] ha esbozado la hipótesis de que esta tendencia se debe a procesos neurobiológicos similares a los que se presentan durante el
sueño REM (Rapid Eye Movement) o sueño con sueños.
Según parece, el sueño REM favorece el procesamiento de la
experiencia, al tiempo que reduce el desasosiego emocional
y alienta el aprendizaje de nuevas habilidades. Resulta fácil
reconocer las similitudes que existen entre el sueño REM y
la EMDR, porque la EMDR produce los mismos efectos. De
hecho, uno de los principios rectores de la terapia EMDR
implica la estimulación de la tendencia natural al procesamiento cerebral de información, sin limitar ni prescribir las
reacciones del cliente. En este sentido, el terapeuta EMDR
contribuye positivamente a este proceso ateniéndose a procedimientos y protocolos coherentes. Todas estas características de la EMDR se verán exploradas con más detenimiento
a lo largo de los distintos capítulos que componen este libro.

¿Cuál es la importancia
de los movimientos oculares?

La EMDR no se limita a ser una "terapia de movimientos oculares". Se trata, muy al contrario, de un complejo enfoque psicoterapéutico que las enciclopedias de psicología[20] ubican junto a la terapia psicodinámica, la terapia cognitiva, la terapia familiar, etcétera. En este sentido, la EMDR combina aspectos y procedimientos procedentes de abordajes terapéuticos muy distintos para enfrentarse a la persona completa. En lugar de centrarse, por tanto, en un determinado aspecto de la imagen clínica, la EMDR se ocupa de las emociones, los pensamientos, las sensaciones físicas, las actitudes, las conductas, etcétera, permitiendo que la persona vuelva a sentir alegría y amor y pueda establecer vínculos, conectar con los demás y sentirse bien consigo misma. Se trata, pues, de un enfoque que combina procedimientos y protocolos muy diferentes para alcanzar un éxito global que podríamos definir como la disminución de los síntomas y la recuperación de la capacidad vital de funcionar. Obviamente, las distintas modalidades de psicoterapia ocupan su lugar, pero cada una de ellas ofrece una experiencia diferente que permite al sujeto el logro de diferentes objetivos. Independientemente, pues, de que el sujeto tenga o no experiencia previa con la terapia, este libro aclarará al lector lo que puede esperar de la EMDR.

En 1987 bauticé, con poca fortuna, la terapia incluyendo una referencia al "movimiento ocular". Pero, después de que la EMDR lograse un cierto reconocimiento descubrí, en 1990, la eficacia de otras formas de estimulación. Así, por ejemplo, la solicitud de tratamiento de personas ciegas que, en consecuencia, no podían mover los ojos, nos permitió descubrir la eficacia del uso de los silencios y los tonos de audio. Son muchos los neurobiólogos que han señalado que el empleo de los silencios y los tonos se atiene al mismo principio básico en el que se sustenta la eficacia del movimiento ocular, desencadenando una respuesta cerebral de "orientación" o de "interés" que favorece el procesamiento. Hay quienes afirman que los diferentes estímulos afectan a "la pauta visoespacial de la memoria operativa". Otros sostienen la noción que discutiremos en el Capítulo 6, según la cual, la EMDR está relacionada con el mismo tipo de proceso que se da durante la fase REM del sueño o sueño con sueños.[21] Pero por más que sean muchas las teorías que tratan de explicar el funcionamiento de la EMDR,[22] todavía ignoramos demasiadas cosas en los dominios de la fisiología y de la neurobiología cerebral como para saber con certeza lo que realmente ocurre..., y lo mismo podríamos decir, por cierto, con respecto a cualquier otra forma de terapia. Y es que, aunque sepamos que algo funciona, porque podemos observar los resultados, todavía ignoramos *por qué* funciona. Nadie puede explicar, por ejemplo, a nivel neurobiológico, por qué funciona la terapia familiar, pero lo mismo sucede con la mayoría de los medicamentos.

Cuando se ha verificado la eficacia de los movimientos oculares empleando todos los procedimientos EMDR con personas que han recibido un determinado diagnóstico clínico, los resultados han sido muy distintos, lo que se debe a variables muy diversas, entre las cuales cabe señalar el uso de poblaciones erróneas y de una duración del tratamiento muy distinta. Como recogen las conclusiones del 2000 ISTSS [congreso de la International Society for Traumatic Stress Studies, celebrado en 2000], los análisis realizados resultan inadecuados y todavía se necesita mucha más investigación adicional.[23] Recientemente, sin embargo, varios experimentos han corroborado la eficacia de los movimientos oculares, que parecen mejorar las imágenes y emociones negativas, al tiempo que alientan la conexión con nuevas asociaciones necesarias y fomentan, de ese modo, el procesamiento de información.[24] Pero tal vez convenga insistir una vez más en que la EMDR no se limita al uso de los movimientos oculares, sino que apela a una combinación de procedimientos y protocolos que se atienen a ciertos principios, razón por la cual podemos afirmar que, quienes se limitan al uso exclusivo de los movimientos oculares, *no* están empleando adecuadamente la EMDR.

¿QUÉ DICEN LOS CRÍTICOS ACERCA DE LA EMDR?

Como sucede con cualquier nueva forma de terapia, el descubrimiento y la introducción de la EMDR fue criticada desde varias perspectivas.[25] Al comienzo, sus detractores afirmaron que la EMDR no funcionaba, pero cuando la investigación empezó a demostrar que sí lo hace, matizaron su afirmación inicial señalando que la EMDR no era más que una variante de la "terapia de exposición" y que, en consecuencia, los movimientos oculares eran superfluos. Pero las conclusiones realizadas por investigadores independientes y otros que han dedicado años a la investigación de las terapias de exposición subrayan claramente que los componentes esenciales de la EMDR son distintos hasta el punto de contradecir la teoría que impulsa la terapia de exposición.[26 y 27] Según las conclusiones de la ISTSS[28] (pág. 151), por ejemplo: «El descubrimiento de la eficacia de un procedimiento que recurre a exposiciones múltiples, breves e interrumpidas al material traumático nos obliga a reconsiderar la idea tradicional que subraya la necesidad de una exposición prolongada y continua» (Eysenck, 1979).[29] Conviene subrayar, en este sentido, que la eficacia que ha demostrado la EMDR en el tratamiento del TEPT se asemeja a la de la terapia de exposición sin la necesidad, no obstante, de recurrir al empleo de entre 30 y 60 horas de trabajo adicional en casa. Ocho investigaciones sobre el componente de los movimientos oculares subrayan también su importancia. (En el Apéndice D presentamos una breve discusión del análisis de los componentes y de los ocho estudios mencionados.)

El subtítulo del libro también provocó mucha polémica. Cuando fue publicado por vez primera en 1997, los críticos censuraron el uso del calificativo "revolucionario" para referirse a la EMDR, porque la investigación al respecto todavía era muy precaria, subrayando que el tratamiento de elección que más fundamentado se hallaba en la investigación era la terapia de exposición. Pero, de hecho, estaban equivocados porque, en esa época, la investigación en la que se basaba la terapia de exposición también era muy limitada. Los tres estudios controlados sobre la terapia de exposición con veteranos de guerra evidenciaron una tasa de éxito del 30% y una tasa de abandono del 30%,[30] mientras que el único estudio controlado con civiles concluía una tasa de éxito del 55% y una tasa de abandono del 28%.[31] Los investigadores experimentados de la terapia de exposición que estudiaron la eficacia de la EMDR con veteranos de guerra afirmaron que era superior,[32 y 33] mientras que los clínicos de la VA [Veterans Affairs] estaban tan entusiasmados que cuatro directores de las unidades de TEPT de la VA abogaban por su uso.[34] Además, los tres estudios controlados de la EMDR con 120 civiles (una muestra cuatro veces mayor que el único estudio realizado sobre la terapia de exposición) concluyeron que, después de sólo tres sesiones, entre el 84 y 90% de los sujetos dejaron de verse afectados por el TEPT.[35]

Los resultados de esta investigación parecen corroborar la experiencia de los clínicos especializados en este campo hasta el punto de que Joseph Wolpe, uno de los padres de la terapia de conducta, la ha resumido con las siguientes palabras: «El trastorno de estrés postraumático es un síndrome excepcionalmente estresante para tratar [...] un pronóstico que, en los últimos tiempos, ha experimentado una considerable mejoría gracias a la introducción de la desensibilización que apela al uso de los movimientos oculares [...] que [actualmente] emplean muchos terapeutas de conducta con resultados muy prometedores ya que, tras una sola sesión, se advierte una notable reducción de la ansiedad y prácticamente ninguna recaída».[36]

Todos estos factores han llevado a los terapeutas que utilizan la EMDR a calificarla como "revolucionaria", poniendo así de relieve que los resultados de la investigación han acabado corroborando lo que, hace siete años, algunos consideraban prematuro. En este sentido, el uso de la EMDR facilita una mejora coherente y duradera, sin necesidad de describir detalladamente el recuerdo inquietante, seguir controlando las reacciones y emplear entre 30 y 60 horas de trabajo en casa.

Todas las terapias tienen su lugar, pero una de las ventajas de la EMDR es que, para beneficiarse de ella, no se necesita trabajar durante mucho tiempo. En este sentido, los resultados de la investigación evidencian una disminución del estrés en la primera sesión y la erradicación en tres sesiones de los efectos de un trauma individual. Esto significa que los consumidores informados pueden corroborar su eficacia en un tiempo relativamente breve y también que el cliente y el terapeuta pueden evaluar cada semana el progreso. No es necesario, en este sentido, esperar meses ni años para acabar descubriendo que uno estaba siguiendo un camino equivocado.

Otro punto habitualmente subrayado por los críticos es que la EMDR "sirve para todo". De hecho, como sucede con la terapia cognitivo-conductual, la EMDR se emplea para corregir una amplia diversidad de problemas que podríamos calificar como "basados en los traumas". En este sentido, la EMDR parece mejorar todos los problemas basados en experiencias pasadas. Es cierto que muchas de esas condiciones todavía no se han visto corroboradas por la investigación, pero como ya hemos señalado anteriormente, lo mismo podríamos decir con respecto a la *mayoría* de los tratamientos para la *mayoría* de los trastornos. Dada la escasa investigación y la necesaria presión de los clientes, el clínico se halla a la vanguardia del proceso de toma de decisiones.[37] La terapia de exposición tal vez se halle bien asentada en la investigación para el tratamiento de algunas fobias, pero resulta difícil utilizar la terapia de exposición en vivo (es decir, la exposición real a las situaciones temidas) con las fobias a tragar, a las tormentas eléctricas, a las avispas, etcétera[38] (los lectores interesados en la investigación de los resultados de la EMDR para el tratamiento de las fobias y del pánico pueden echar un vistazo a los Apéndices B y C). No existe, en suma, hasta el momento, terapia para ninguno de los problemas descritos en este libro, ni para la mayoría de los problemas a los que habitualmente se enfrentan los clínicos, cuya eficacia se haya visto definitivamente respaldada por la investigación. Y si bien es cierto que todavía son necesarias investigaciones más concluyentes al respecto, las personas que sufren no pueden seguir esperando durante más tiempo los resultados de la investigación.

¿Cuándo debemos emplear la EMDR?

La práctica de la EMDR se atiene al modelo del procesamiento adaptativo de la información. Como sucede con las terapias psicodinámicas o conductuales, los principios de la

EMDR son ajenos a los mecanismos neurobiológicos con-cretos. El objetivo de cualquier modelo psicoterapéutico apunta a explicar los efectos clínicos, predecir los resultados exitosos con ciertos tipos de problemas y orientar la práctica clínica. En concordancia con el modelo del procesamiento adaptativo de la información, la EMDR se ocupa de las expe-riencias que han contribuido a la creación del problema. Mientras que algunos casos, como ciertas formas de depre-sión, pueden tener un fundamento biológico, otros se asien-tan o se ven modificados por la experiencia. En el Capítulo 4, por ejemplo, veremos el impacto de una afirmación cruel pronunciada por una figura de autoridad que tuvo un efecto duradero y devastador sobre una mujer hasta el momento en que emprendió la terapia.

Aunque el grueso de la investigación realizada sobre la EMDR se ha centrado en su eficacia en el tratamiento del TEPT, las revistas técnicas han corroborado la utilidad de muchas otras aplicaciones. Cierto artículo, por ejemplo, informó que cinco de las siete personas que llegaron a la terapia creyendo que había algo terriblemente negativo en su apariencia, descubrieron que se basaba en el impacto emo-cional de un insulto inapropiado,[39] y en sólo tres sesiones de EMDR vieron desaparecer sus problemas. A fin de cuentas, la visión que tenemos de nosotros mismos se basa en nues-tras experiencias previas. Por eso, quien se siente poco digno de ser amado, inútil, fracasado o culpable, no tardará en des-cubrir si la EMDR puede ayudarle. Independientemente de que este tipo de problemas le impliquen a usted o a un ser querido, la ayuda puede llegar tras pocas semanas. (En el Apéndice B, el lector interesado puede encontrar una lista de artículos profesionales relativos al tratamiento de los proble-mas mencionados.)

Es importante recordar que la buena terapia depende de la

adecuada interacción entre cliente, terapeuta y método. Por este motivo, en ausencia de un buen terapeuta resulta muy difícil llevar a cabo una buena terapia. Es muy importante que el cliente esté bien informado y que el cliente esté seguro de que el terapeuta elegido tiene formación y experiencia concreta en su problema. En el caso, por ejemplo, de que el paciente tenga problemas con el alcohol o las drogas, debe buscar la ayuda de un terapeuta especialmente adiestrado en el campo del abuso de substancias ya que si tiene el entrenamiento y la experiencia adecuada, sabrá cuándo y cómo utilizar la EMDR. Dicho en otras palabras, la EMDR debe integrarse siempre en el cuerpo acumulado de conocimientos al respecto.

Además de estar bien cualificado para corregir su problema concreto, también es importante que el cliente se asegure de que su terapeuta haya recibido una adecuada formación en la EMDR. En este sentido, conviene fijarse en que el terapeuta haya concluido un programa avalado por la EMDR International Association* o por la EMDR Europe Association** y se halle asimismo al tanto de los últimos descubrimientos. También conviene averiguar si el terapeuta está utilizando la EMDR como una mera "técnica" o como un "abordaje". Dicho en otras palabras, algunos clínicos pueden utilizar la EMDR solamente si sienten que algo está "atrapado", en lugar de emplearlo de manera sistemática para corregir todo el cuadro clínico.

Para recibir una terapia rigurosamente EMDR, el terapeuta debería enseñar a su paciente, antes de empezar el procesamiento directo empleando los movimientos oculares u otro tipo de estimulación, una técnica de autocontrol como, por ejemplo, un ejercicio del tipo "lugar seguro" que pueda, en el curso de la terapia, ayudarle a canalizar sus sentimientos y

*   http://www.emdria.org
**   http://www.emdr-europe.org

emociones. El clínico también deberá llevar a cabo un historial completo para identificar: 1) los eventos tempranos que puedan haber causado el problema, 2) las situaciones presentes que reestimulan la perturbación, y 3) las habilidades y las conductas que, en el futuro, el cliente necesite desarrollar. Tal vez uno no sepa cuáles fueron los eventos tempranos, pero el terapeuta diestro le ayudará a identificarlos empleando una amplia variedad de técnicas que habrá aprendido en el entrenamiento EMDR y en mi manual profesional. Si su terapeuta no ha recibido el entrenamiento estándar y lee el texto,[40] ampliará sus posibilidades como terapeuta EMDR.

También debemos señalar que la EMDR no sirve para todo el mundo. Así, por ejemplo, la EMDR no funciona en el caso de que la persona no esté dispuesta a permanecer en contacto con sus sentimientos, no quiera aprender las técnicas que puedan ayudarle o padezca determinados problemas físicos. En este sentido, por ejemplo, no es posible emplear la EMDR con quienes presenten problemas exclusivamente basados en desequilibrios que sólo puedan verse corregidos mediante la medicación. Algunas formas de depresión, sin embargo, se basan en experiencias que han dejado –como veremos en el capítulo 12– una impotencia y una desesperación muy profundas. Dado el tiempo requerido a fin de que la meditación surta efecto, quizás basten unas pocas sesiones de EMDR para descartar el uso de medicación.[41]

La duración de la terapia EMDR depende de multitud de factores, entre los cuales cabe destacar la historia personal del cliente y su predisposición a enfrentarse a sus propias emociones. Las personas, por ejemplo, con un historial de abuso infantil no podrán ser tratadas en unas pocas sesiones. Mientras que la investigación sobre el TEPT indica que basta con tres sesiones para completar el tratamiento de un trauma individual, la mayoría de los traumas requieren, no obstante, un tratamiento más prolongado porque, aunque quizás no sea importante corregir todas las experiencias traumáticas, en tal caso se necesitarán más sesiones. También debemos ser conscientes de la diferencia que existe entre la reducción del sufrimiento evidente en un determinado trastorno y el logro de la salud plena. El tratamiento global de la EMDR implica corregir las experiencias que contribuyen tanto a generar los problemas como a dificultar los logros. El éxito de la terapia se verá finalmente definido por la capacidad de la persona para amar, relacionarse, sentirse segura y gozar de la vida. (En el Apéndice A presentamos las pautas necesarias para que el lector interesado pueda seleccionar al terapeuta adecuado.)

¿POR QUÉ ESCRIBÍ ESTE LIBRO?

Las historias recopiladas en este libro proceden de personas reales que han querido que su relato pudiera ayudar a otros a encontrar su propio camino. Además de los capítulos dedicados a la evolución y estructura de la EMDR, cada uno de los distintos capítulos se centra en un tipo diferente de problema y pone de relieve sus causas y el abordaje más adecuado. Aunque estos problemas no son los únicos que pueden ser tratados por la EMDR, son millones las personas que están padeciendo innecesariamente este tipo de síntomas. El objetivo consiste en proporcionar al lector una comprensión adecuada de cómo puede ser ayudado, de dónde proceden sus problemas y de cuál es el aspecto que asume el tratamiento EMDR. Además, el Capítulo 12 esboza las fronteras de la EMDR y su "alcance global", lo que incluye una descripción del trabajo realizado por los Programas de Asistencia Humanitaria (HAP, Humanitarian Assistance Programs)* que recurre, sin fines de lucro, a la EMDR para ayudar a los desfavorecidos tanto de los Estados Unidos como del resto del mundo. Todos sabemos que la violencia genera más violencia y que el trauma no hace más que generar más sufrimiento. Creemos que los traumas no tratados se transmiten a la siguiente generación, ya sea de un miembro de la familia al siguiente, o a través de la ira que genera la mayor parte de las guerras etnopolíticas que asolan nuestro mundo. Si después de haber recibido la terapia EMDR, usted cree que le ha ayudado, considere la posibilidad de ayudar a las personas que sufren en todo el mundo. (En el Apéndice A presentamos información sobre el HAP y sus logros.)

Mi esperanza al escribir este libro es que quienes, en sus páginas, se reconozcan a sí mismos o a un ser querido, sepan que existe una posibilidad de ayuda. También quiero que este libro muestre el aspecto que tiene la buena terapia EMDR, para que los clientes puedan ser consumidores bien informados y encaminar adecuadamente su tratamiento. La mayoría de los clientes deberían estar, en unas pocas sesiones, en condiciones de emprender el procesamiento. No se necesitan meses ni años a la hora de discernir si la EMDR es adecuada para usted o para un ser querido. Quizá sea posible, pues, cambiar aquellas cosas que cree inmutables y que no necesite mucho tiempo para descubrirlo.

---

* http://www.emdrhap.org

1. EL VIAJE DEL DESCUBRIMIENTO

«La libertad es lo que haces con lo que te han hecho.»
JEAN-PAUL SARTRE

Linda Crampton se giró y, absorta en sus pensamientos, se encaminó lentamente hacia su dormitorio para acabar de vestirse. En ese mismo instante, la onda expansiva provocada por la explosión de un coche-bomba de dos toneladas y media en el edificio gubernamental Alfred P. Murrah, que se hallaba a una manzana aproximada de distancia, la levantó en vilo y la arrojó, atravesando la sala de estar y el comedor, contra la pared de la cocina, donde quedó tendida inconsciente sobre las baldosas. El sorprendente rebufo que siguió a la explosión succionó el contenido de los armarios de la cocina y arrancó de cuajo el microondas de su nicho en la pared, que le cayó encima. Eran las nueve y dos minutos de la mañana del 19 de abril de 1995 en Oklahoma City.

El escenario que contempló cuando, pocos minutos después, recuperó la conciencia, era la imagen misma de la desolación. Varillas de acero retorcido sobresalían de las paredes de hormigón. Todo estaba cubierto de una delgada capa de cristales rotos procedentes de los grandes ventanales que poco antes alegraban la estancia y, aunque su piel sangraba por centenares de pequeños cortes, no parecía sufrir grandes daños…, al menos físicamente.

Linda se irguió como mejor pudo sobre los restos de lo

que había sido la puerta de entrada de su casa y se dirigió en busca de su vecina Anna, una anciana que era, para ella, como una madre. La imagen que ofrecía el vestíbulo, semivelada por el humo procedente de los coches que ardían en la calle, parecía el escenario de una batalla. Por doquier se escuchaban gritos y gemidos y todo estaba cubierto de sangre y cristales rotos. Linda aporreó entonces con los puños y pies desnudos la puerta de la casa de Anna y, cuando finalmente abrió, descubrió a su amiga de pie y con el rostro salpicado de cristales.

Juntas se encaminaron entonces hacia el hueco de la escalera y bajaron a tientas los diecisiete pisos que las separaban de la planta baja junto a las otras 40 personas aproximadamente que, en el momento de la explosión, se hallaban en el edificio, una cuarta parte de los residentes del Regency Towers, que fueron sumándose a una sobrecogedora y sangrienta procesión. Entre ellas se hallaba Aren Almond, la vecina del piso de arriba de Linda, cuya encantadora hija pequeña Baylee estaba ingresada en el edificio Murrah, dos vecinas a las que Linda conocía bien y que el día anterior, sin ir más lejos, había acariciado, mientras subían en el ascensor, la cabeza de la niña.

Los cascotes les impidieron acceder a la puerta de salida, por lo que tuvieron que bajar un piso más, hasta llegar al garaje, y aunque la explosión había dañado el techo, todavía quedaba una pequeña abertura por la que pudieron salir a rastras. Una vez en la calle, el espectáculo resultaba todavía más dantesco y, entre la densa humareda, podía advertirse un fantasmagórico desfile de personas llorando, gritando y corriendo en todas direcciones. Linda y Anna giraron entonces hacia la derecha (alejándose del edificio Murrah) y avanzaron a trompicones unos 50 metros hasta acabar sentándose en mitad de la calle. Alguien, en un intento de contener la hemorragia, envolvió entonces con una toalla a Linda, que no paraba de llorar y temblaba de los pies a la cabeza. Un médico, viendo la toalla llena de sangre, se acercó a ella y, después de constatar la levedad de sus heridas, concluyó: «No tiene por qué preocuparse. Pronto se pondrá bien. Ahora permanezca aquí».

Pero lo cierto es que, como no tardaron en advertir su familia, sus amigos y sus colegas, Linda no estaba bien. Al principio, permaneció en un hotel junto a otros evacuados y luego fue a vivir a casa de un amigo. Algo funcionaba mal, porque ni siquiera podía recordar el día de la semana en que estaba. Tenían que recordarle que comiera, se duchara, se cepillase los dientes y se acostase a dormir. Entonces empezó a adelgazar a un ritmo de un par de kilos por semana. Cada noche se despertaba aterrorizada en mitad del sueño gritando, llorando y empapada en sudor. Pasaba durmiendo la mayor parte del día con un bruxismo [castañeteo de los dientes] tan intenso que podía escucharse desde la otra habitación, hasta el punto de que su dentista tuvo que recetarle un protector para evitar que acabase lastimándose la mandíbula.

Al cabo de un tiempo, Linda volvió a su trabajo como agente comercial, pero lo hizo, por así decirlo, en "piloto automático" ya que cuando llegaba al despacho, se sentaba y pasaba las horas llorando. Había olvidado cómo trabajar y tampoco recordaba la explosión y su desesperada huida del edificio con Anna. Era como si su mente se hubiera quedado estancada a las nueve y un minuto de la mañana del 19 de abril y lo último que recordaba era el rato anterior en que había cumplimentado su declaración de la renta. Ocho semanas después del incidente, Linda había perdido casi 40 kilos.

El 22 de junio, Linda estaba en el trabajo hablando con su jefe y su amigo Bob Harraldsen, pero no entendía lo que decían y sólo captó la palabra "bomba".

–¿Qué bomba? –preguntó entonces Linda.

–La bomba que tanto te ha afectado –respondió Bob.

–«¿Por qué estarán mintiéndome? –se preguntó entonces Linda–. ¿De qué están hablándome? ¡Yo no sé nada de ninguna bomba!» Y entonces empezó a gritar y arrojar cosas, destrozando su oficina.

Desde el primer momento, su jefe y sus compañeros de trabajo se dieron cuenta de que algo andaba mal, pero Linda no hacía sino negar todas sus insinuaciones al respecto. «¡Estoy bien! ¡Estoy bien! –solía responder, cuando le preguntaban– No me pasa nada.»

–Creo que es evidente que necesitas ayuda –le dijo entonces su jefe, cuando finalmente se calmó.

–¡No! –replicó Linda– Lo único que necesito es ir a casa y descansar un rato. Eso es todo.

–Llevas dos meses sin vivir en casa, Linda –le dijo entonces Bob–, los dos meses que han transcurrido desde el momento del atentado.

Bob llevó entonces a una sollozante Linda hasta Project Heartland, una organización que se dedicaba a ayudar a las víctimas de ese tipo de atentados. Pero, en el camino, Linda le hizo prometer que no permitiría que la hospitalizasen porque de pequeña había vivido en un orfanato y no quería volver a ingresar en una institución.

Considerando que el caso les desbordaba, los profesionales de Project Heartland la remitieron a una clínica de salud mental ubicada en los suburbios, donde Bob la llevó ese mismo día. El psiquiatra que la examinó vio a una mujer de apariencia anoréxica que estaba histérica y no podía dejar de temblar, escuchó la historia de Bob y evaluó la situación concluyendo: «Tenemos que ingresarla. La situación es grave y requiere medicación», lo cual Linda recibió con un «¡Nooo!» largo y fuerte. Bob la cogió entonces del brazo y la condujo hasta la puerta. Pero cuando el psiquiatra se adelantó para intervenir, se detuvo apenas vio el rostro de Bob y, como último intento, les dio la dirección de un centro llamado EMDR Free Clinic.

Linda Crampton cayó bajo el cuidado de un psicoterapeuta que formaba parte de un equipo de 36 psicoterapeutas EMDR que se habían desplazado por su cuenta y riesgo hasta Oklahoma City para atender a las víctimas del atentado. Aunque, en esa época, la EMDR era una técnica relativamente nueva, ya había demostrado su eficacia como terapia breve y completa a la hora de tratar a las víctimas del trauma.

–No me hospitalice, por favor –suplicó Linda al terapeuta–. Sólo ayúdeme.

Un año más tarde, Linda describió su primera sesión de EMDR como «lo más extraño, exceptuando el atentado, que jamás había experimentado». Como preludio a la primera sesión, Linda pasó por el chequeo y preparación estándar de la EMDR. Entonces se le pidió que evocase mentalmente un aspecto concreto del atentado, mientras seguía con sus ojos el movimiento de la mano del terapeuta desplazándose ante su campo visual (un componente habitual del tratamiento EMDR).

–Recuerdo que lloré mucho –dice Linda– y pensé que estaba observando algún cambio. Era como si estuviera sentada en una habitación contemplando un vídeo de todo lo que me había sucedido ese día. Entonces fue cuando mi mente volvió nuevamente a ponerse en marcha, recordé todo el atentado y me di clara cuenta de que estábamos en el mes de junio.

La EMDR estimuló el proceso curativo de Linda, al que cada persona responde de manera diferente. En el caso de Linda, el "vídeo" se desplegó durante 90 minutos y abarcó todos y cada uno de los aspectos del atentado y de su posterior escape del edificio destruido. Cuando finalizó la sesión, Bob estaba esperándola. «¡Dios mío –dijo entonces–, has vuelto!» y los dos rompieron a llorar.

Esa noche, Linda telefoneó a su hija y le contó lo ocurrido.

–¡Mamá! –exclamó entonces su hija– ¡Vuelves a ser tú!

Después de la primera sesión de EMDR, las pesadillas dejaron de acosarla y pudo retomar su trabajo. Pasada la segunda sesión, sus dientes dejaron de castañetear y, después de la tercera, volvió a sentirse como una persona normal.

Este caso, por muy increíble que parezca, resume perfectamente los informes presentados por cerca de 20.000 psicoterapeutas formados en la EMDR y el testimonio de más de un millón de personas que ya se han beneficiado de ella. La EMDR es un método complejo y poderoso que integra muchos de los elementos más exitosos de un amplio abanico de abordajes terapéuticos, incluido el análisis freudiano. Pero no se limita al uso del movimiento de los ojos, sino que también apela a muchas otras formas de estimulación rítmica, como las palmadas o los tonos, de modo que parece acelerar el sistema de procesamiento cerebral de la información.

Sus extraordinarios resultados justifican que se haya convertido en objeto de una viva y, en ocasiones, amarga, polémica en los ámbitos de la prensa, las revistas profesionales e Internet. La afirmación esgrimida con más frecuencia por los escépticos es la de que los informes al respecto «son demasiado buenos como para ser ciertos». No hay que olvidar que la controversia nunca está muy lejos de las innovaciones más espectaculares. El moderador de un foro de Internet que se ocupa de los problemas médicos de los veteranos de guerra equiparaba recientemente la resistencia a la EMDR con las dificultades de aceptación que tuvo que superar el ácido paraaminosalicílico (PAS) como tratamiento eficaz contra la tuberculosis.[1] Recordemos que, debido a sus modestos orígenes, el PAS, un fármaco derivado de la aspirina, tuvo que superar años de suspicacias antes de verse aceptado. Cierto cronista se refirió a esa resistencia diciendo que: «la inmensa mayoría de los médicos y pacientes permanecieron escépticos ante la eficacia del PAS hasta ver los efectos con sus propios ojos. El respeto que despertaba la tuberculosis, Leviatán eterno del horror, era tan grande y el pesimismo al respecto se hallaba tan instalado que debió pasar una década antes de que los clínicos acabasen aceptando el uso del PAS».[2] Y, aunque los escépticos hayan cuestionado la eficacia que pueda tener un elemento tan sencillo como el movimiento de los ojos, basta con cambiar, en la cita anterior, el término *tuberculosis* por el de *trastorno de estrés postraumático*, para tener una imagen clara de la historia de la EMDR. Afortunadamente, la década de pruebas de la eficacia de la EMDR se ve ahora jalonada con la publicación de este libro.

Pero como sucede con cualquier novedad, la EMDR no debe ser aceptada acríticamente. Uno de los beneficios que implica tener un coro de escépticos preocupados es que moviliza a sus defensores a sustentar sus afirmaciones en la investigación. Por eso, en la actualidad el número de estudios controlados que corroboran la eficacia de la EMDR supera con creces a cualquiera de los enfoques empleados en el tratamiento de los traumas.[3] Según los estudios más recientes,[4] entre el 84 y 90% de quienes utilizan la EMDR –las víctimas de una violación, de una catástrofe natural, quienes han perdido un hijo o quienes padecen enfermedades muy dolorosas u otros traumas– se han recuperado del estrés postraumático en sólo tres sesiones, algo inédito antes de la aparición de la EMDR. Tengamos en cuenta que la tasa de recuperación de otros métodos psicológicos orientados al tratamiento de los traumas no ha superado el 55% y ha requerido entre siete y quince sesiones.[5] Pero puesto que afirmaciones extraordinarias requieren demostraciones extraordinarias, es necesario –como sucede con cualquier otro método psicológico– realizar mucha más investigación adicional que siga corroborando la eficacia del tratamiento EMDR. Entre tanto, nosotros seguimos recopilando los relatos de las personas que se han beneficiado de su empleo.

Muchos de los éxitos de la EMDR nos han sido referidos por informadores procedentes de todo el mundo y son muchos los periódicos y revistas –entre los que cabe destacar el *Washington Post*, *Los Angeles Times* y *New York* y *Newsweek*– que le han prestado atención. La CNN también se ha ocupado de ella en un par de ocasiones y lo mismo ha sucedido con televisiones locales repartidas por todo el planeta. Pero por más gratificante que sea la cobertura mediática, algunos informes son más exactos que otros[6] y, consecuentemente, muchas personas han sacado la errónea conclusión de que la EMDR es una terapia que se limita exclusivamente al uso de los movimientos oculares, lo que dista mucho de ser cierto.

Por lo que respecta a su combinación única de elementos, la EMDR no se centra sólo en los sentimientos perturbadores, sino también en los pensamientos, las sensaciones físicas y las conductas relacionadas con esos sentimientos. Supongamos, por ejemplo, que el perro de un niño fue atropellado por un coche cuando, aprovechando un descuido, salió corriendo a la calle. Es posible que, en tal caso, el niño no sólo se sienta triste y enfadado por la pérdida de su perro, sino que también se sienta culpable del accidente (porque «debería haber echado el pestillo») e incluso pueda experimentar una sensación física de presión en el pecho y empezar a verificar obsesivamente día y noche que todas las puertas estén bien cerradas.

Nosotros esperamos que la EMDR ponga fin a *todas* las dimensiones del sufrimiento…, y que lo haga de un modo relativamente rápido. Sus sentimientos pueden evolucionar desde la tristeza hasta la aceptación, sus pensamientos de culpa pueden cambiar a «yo no tengo la culpa» o a la comprensión de que nadie es perfecto y la tensión en torno a su corazón puede relajarse y desaparecer su conducta obsesiva. Ya no es necesario que las personas que sufren tengan que esperar meses para ver si la terapia funciona, porque los cambios pueden advertirse después de cada sesión, poniendo así claramente de relieve la responsabilidad del terapeuta.

Son muchas las personas que han descubierto que la EMDR estimula algunas facetas de sus recuerdos traumáticos como primer paso hacia la curación. Es cierto que las sesiones de EMDR pueden ser duras, pero no lo es menos que, una vez se atraviesan, la persona ya no tiene que estar luchando con sentimientos de desesperación, culpa o enojo, ni mantenerse continuamente en guardia contra la emergencia de impulsos destructivos y recupera prontamente la salud. Gran parte de lo que consideramos trastornos mentales no es más que un resultado del modo en que la información se almacena en el cerebro y la curación, en consecuencia, empieza en el mismo momento en que desbloqueamos esta información y permitimos que vuelva de nuevo a fluir. En mi opinión, este proceso curativo moviliza la capacidad innata de cualquier persona para curar psicológicamente, como lo hace una lesión del cuerpo físico, un proceso autocurativo que tiene mucho sentido, porque todos estamos biológica y emocionalmente equipados para la supervivencia y el equilibrio mental.

La EMDR parece tener un efecto biológico directo sobre

el sistema nervioso, y puesto que todos compartimos el mismo tipo de sistema nervioso, los resultados de ciertas experiencias resultan relativamente predecibles. A fin de cuentas, lo que Linda vivió en Oklahoma City podría habernos sucedido, con las correspondientes diferencias interindividuales, a cualquiera de nosotros con la correspondiente necesidad, por tanto, de atravesar los mismos síntomas terribles por los que ella se vio obligada a atravesar. Por suerte, los efectos de los traumas son, en la mayoría de los casos, reversibles y el uso adecuado de la EMDR puede acabar con sufrimientos que han durado incluso varias décadas. Son muchos, en este sentido, los veteranos de la II Guerra Mundial y los supervivientes de abusos infantiles que, como Linda, han acabado recuperando la paz gracias al empleo de la EMDR.

Uno de los aspectos más interesantes de la EMDR es el gran número de personas a las que puede ayudar y la eficacia que ha demostrado. Tengamos en cuenta que el éxito de la EMDR no se limita a quienes han experimentado un trauma diagnosticable. La mente humana es milagrosamente compleja y hay ocasiones en las que lo que parece un evento inocuo puede dejar una impronta indeleble en el psiquismo y la conducta del individuo. El origen de todo sufrimiento que podemos definir y etiquetar como *desorden* –es decir, casi cualquier tipo de afección psicológica– suele remontarse a las primeras experiencias vitales, que también resultan accesibles a la EMDR. En este sentido, la EMDR nos permite acceder al recuerdo de esas experiencias, aunque no se asiente en ellas y no perdure, como sucede en el caso de la terapia tradicional, durante años. La EMDR es una terapia centrada y orientada hacia el presente que recurre a algunos de los descubrimientos más recientes llevados a cabo en el dominio de la neurofisiología. Otra de sus ventajas es que, a diferencia de lo que sucede con otras formas de terapia, no confía en los fármacos para provocar el cambio psicológico, lo que significa que cuando se utiliza adecuadamente, no tiene efectos colaterales debilitadores y no va acompañada de las recaídas tan frecuentes, por otra parte, cuando se pone fin a la medicación.

Siendo tan poderosa, la EMDR sólo debería ser utilizada por terapeutas autorizados y adiestrados. Uno de los principales objetivos de este libro consiste en desalentar a la pequeña industria de las "terapias de movimientos oculares" que tanto ha llamado la atención de los medios de comunicación, es decir, las terapias que no se atienen a los principios, protocolos y procedimientos recomendados por la EMDR. No es infrecuente que los terapeutas que utilizan esos métodos no han recibido la adecuada formación en el método y que, en muchas ocasiones, ni siquiera son terapeutas titulados. Es muy importante, pues, que los clientes se aseguren de que son tratados adecuadamente y que sepan lo que pueden esperar de la terapia aunque también resulta esencial, no obstante, que el cliente sepa que la rapidez de la EMDR no implica, en modo alguno, que se trate de una terapia de fácil aplicación.

Uno de los objetivos de este libro ha sido el de describir el funcionamiento de la EMDR, para que los lectores puedan ver por sí mismos cómo y lo bien que funciona cuando se utiliza de manera adecuada. Las historias incluidas en él proceden de hombres, mujeres y niños que han utilizado la EMDR para recuperarse, entre otras muchas cosas, de los estragos causados por la guerra, los traumas médicos, el abandono, el pánico, las fobias, la muerte de un hijo, la violación y la adicción a las drogas. Todos ellos han dado su permiso para incluir aquí sus historias y poder, de ese modo, ayudar a otras personas. También debo decir que todos los casos presentados en este libro son ciertos y que ninguno de ellos es una amalgama compuesta de varios casos. Todos los terapeutas presentados en él han sido entrenados en la EMDR y están utilizándola adecuadamente. De este modo, el lector tendrá una idea clara que le permita seleccionar al terapeuta adecuado con el que trabajar y asegurarse así de que su terapia se halla bien encaminada. Al final del libro presentamos información adicional que permitirá al lector interesado descubrir dónde encontrar a un terapeuta formado en la EMDR.[7]

La eficacia de la EMDR al combinar lo psicológico con lo fisiológico ha llevado a muchas personas a reconsiderar sus ideas sobre la salud, la curación y la interacción que existe entre el cuerpo y la mente. Esto, para mí, fue una necesidad cuando, en 1979, se me diagnosticó cáncer.

El hecho de tener cáncer –especialmente a finales de los 1970s, cuando su desenlace solía ser fatal– transformó mi vida a muchos niveles diferentes. Después de haber pasado por el quirófano y haberme sometido a radiación, los médicos que me trataron me dijeron: «Parece que todo está bien, pero debe saber que algunos pacientes recaen. No sabemos quiénes y tampoco sabemos por qué. Le deseamos que tenga suerte». Yo estaba desolada. Ahí estaba, viviendo en una de las culturas tecnológicamente más avanzada del planeta, pero todavía en la Edad Oscura por lo que respecta a nuestro propio cuerpo. Sabía que debía hacer algo para aumentar mis probabilidades de recuperación.

Entonces empecé a leer todo lo que encontré sobre la enfermedad y descubrí que la investigación estaba empezando a subrayar la importancia del estrés como uno de los factores determinantes de la enfermedad, especialmente del cáncer. Pero aparte de la prescripción de Norman Cousins sobre el poder curativo de la risa,[8] del libro *Recuperar la salud*, de Simonton y Craighton,[9] y de algún que otro tratado inédito sobre nutrición, descubrí muy pocos consejos prácticos que me dijeran lo que el paciente podía hacer.

Creí que, en algún lugar, debía haber algún tipo de información, pero ignoraba por qué no estaba disponible. Cuando descubrí que el tipo de colitis del que, a los nueve años, había muerto mi hermana pequeña, estaba relacionado con el estrés, mi sorpresa se trocó en determinación y me dediqué a buscar toda la información disponible sobre la interacción que existe entre el cuerpo, la mente y la curación, con la intención de transmitírsela al público al que, en mi opinión, pertenecía.

Así empezó el largo viaje de 20 años de duración que ha acabado conduciéndome a lo que actualmente se conoce como EMDR. Al comienzo, mi búsqueda no se centró exclusivamente en la psicología, sino en cualquier disciplina, con el objeto de encontrar algo que pudiera ayudar a las personas a curarse de las enfermedades severas. Esto incluía formas de utilizar la mente y el cuerpo para enfrentarse al estrés de un modo que no dañe nuestra salud. Mi búsqueda me llevó de un lado a otro del país y participé en decenas de talleres, seminarios y programas de formación, lo que me permitió conectar con muchas formas de psicoterapia, y cuando me doctoré en psicología clínica, empecé a trabajar como investigadora del Mental Research Institute de Palo Alto (California), uno de los lugares de nacimiento de la terapia familiar y de la terapia breve..., pero ésa es otra historia.

La semilla de la EMDR empezó a germinar una soleada tarde de la primavera de 1987, mientras daba un paseo por la orilla de un pequeño lago. Los patos se desplazaban lentamente por la superficie del lago y el césped verde estaba salpicado de manteles llenos de madres que jugueteaban con sus bebés. Mientras paseaba, me di cuenta de que había ocurrido algo raro. No recuerdo bien en qué estaba pensando, uno de esos molestos pensamientos negativos a los que la mente le da vueltas y más vueltas (sin digerir) hasta que nos vemos obligados a ponerle fin. Entonces descubrí que el pensamiento molesto se había esfumado y, cuando volví a pensar en él, no advertí el menor rastro de carga emocional negativa. Debo confesar que uno de mis héroes era mister Spock de *Star Trek* y que, como él, siempre había contemplado las emociones como una amenaza, pero nunca antes había advertido un cambio tan rápido en los pensamientos ni en los sentimientos. Y, puesto que, desde hacía ocho años, había estado empleándome a mí misma como laboratorio para investigar las relaciones que existen entre mi cuerpo y mi mente, ese cambio atrajo poderosamente mi interés.

Entonces, mientras seguía caminando empecé a prestar una cuidadosa atención y advertí que cuando un pensamiento inquietante entraba en mi mente, mis ojos empezaban a moverse espontáneamente de un lado a otro, realizando rápidos movimientos en diagonal desde la parte inferior izquierda de mi campo visual hasta la superior derecha. Al mismo tiempo, me di cuenta de que los pensamientos perturbadores habían cambiado y, cuando volvían a mi mente, ya no me resultaban tan inquietantes. Estaba muy intrigada y traté de emprender deliberadamente esos movimientos. Pensé en algo que me provocaba una ligera ansiedad, pero en esa ocasión realicé intencionalmente los movimientos oculares, con lo que el pensamiento acabó desapareciendo y, al volver, lo hizo despojado de toda carga emocional negativa.

Durante los días posteriores, el proceso siguió su curso y pedí a otras personas –amigos, familiares y alumnos– que trataran de hacer lo mismo. Poco importaba que se tratase de personas que no necesitaban psicoterapia, porque todo el mundo puede identificar algunos pensamientos perturbadores con los que experimentar. El proceso también parecía funcionar para ellos, aunque la mayoría necesitó ayuda en el momento de desplazar sus ojos de manera coherente. Entonces empecé a mover mi dedo índice en un gesto casual de apuntar hacia arriba y a pedirles que siguieran su rápido movimiento diagonal mientras pensaban en algo que les inquietaba.

En esos días, aunque bromeaba con "desconectar" la ansiedad, consideraba esa técnica como una forma de desensibilización, un procedimiento empleado por la terapia de conducta para reducir la ansiedad que experimenta una persona con respecto a un determinado tema. A medida que seguía experimentando el nuevo método con más personas advertía que aunque los movimientos oculares provocaban una clara desensibilización, la mayoría de las personas seguían padeciendo ansiedad, lo que evidenciaba que no bastaba, para garantizar el éxito, con el simple movimiento diagonal de los ojos. Entonces me di cuenta de que debía pedir a la persona que cambiara el foco de su atención (hacia un aspecto diferente de lo que le inquietaba) u orientar sus ojos en otra dirección, quizá horizontalmente o quizás más rápido o más despacio. Y cuanto más experimentaba, más claramente reconocía la necesidad de disponer de alternativas que me permitieran poner de nuevo en marcha el proceso cuando, por alguna razón, se quedaba estancado.

Después de haber trabajado con 70 personas, me di cuenta de que había desarrollado un procedimiento basado en el efecto de los movimientos oculares para disipar la ansiedad. Con el paso del tiempo, el método llegó a incluir elementos importantes procedentes de las grandes escuelas de psicoterapia, la psicodinámica (basada en la obra de Freud), la conductista, la cognitiva, la sistémica y la orientada hacia el cuerpo. Así fue como, gracias a las personas con las que trabajé, fui perfeccionando gradualmente el método. Lo único que tuve que hacer fue seguir un proceso de ensayo y error que me ayudó a perfeccionar y modificar el procedimiento. La rapidez de los cambios provocados en las imágenes, pensamientos y sentimientos de la persona (habitualmente en la misma sesión) facilitó la elaboración del enfoque global.

En su forma más sencilla, por ejemplo, el cliente y yo identificábamos algo que le resultaba ligeramente inquietante, como una pelea con un vecino. Luego le pedía que se concentrase en la pelea, sobre todo en sus aspectos más desagradables y, colocando un par de dedos a unos 30 centímetros de su rostro y moviendo luego la mano rítmicamente de un lado a otro de su campo visual, empezábamos la sesión de movimientos oculares. La persona debía seguir con sus ojos y sin mover la cabeza ese movimiento durante un tiempo (un minuto, por ejemplo), lo que yo llamaba una "serie", y luego nos deteníamos a revisar lo que había sucedido. Si la ansiedad con respecto a la pelea no se había modificado gran cosa, le pedía que se concentrase en un aspecto diferente e iniciábamos otra serie; y si, por el contrario, la ansiedad había cambiado, pasábamos rápidamente de una serie a la siguiente. Así fue como fui diferenciando lo que funcionaba de lo que no funcionaba.

Con una regularidad gratificante, las personas que seguían el proceso señalaban que sus pensamientos cambiaban positivamente, o que las imágenes mentales perturbadoras y la correspondiente ansiedad asociada se desvanecían por completo. A menudo se trataba de una experiencia emocionalmente intensa y me di repetidamente cuenta de la importancia que tenía la preparación apropiada de la persona y el empleo de las habilidades clínicas apropiadas en el entorno adecuado. Tampoco era infrecuente que aflorasen recuerdos inesperados mientras el sujeto iba pasando de las hojas y las ramas del problema a su raíz.

En ese tiempo, por ejemplo, una mujer me pidió que usara el proceso a fin de tratar su fobia a abandonar el país. La imagen mental que propuso para comenzar fue la llegada al aeropuerto de un país extraño, yendo de un lado a otro, sintiéndose desolada y abandonada. Cuando estábamos en medio del proceso, afloró una imagen mental muy desagradable de sí misma, a los seis años de edad, despidiéndose de sus padres en una estación de tren. Si hubiese trabajado con ella antes de haber puesto a punto el procedimiento, podría haber acabado más angustiada que al comienzo, pero empleamos algunas de las variantes que había perfeccionado para seguir adelante hasta que su ansiedad se diluyó y sus ideas acerca de viajar cambiaron de «no puedo hacerlo» a «viajaré cómodamente». Cuando, un mes más tarde, volví a verla, estaba preparándose para viajar a Grecia.

Es cierto que la mayoría de las terapias tradicionales habrían ayudado a esta mujer. Pero seguramente hubieran sido necesarios varios años de psicoanálisis para desenterrar el recuerdo infantil central sin que ello tuviera grandes efectos sobre su conducta; la terapia cognitiva, por su parte, podría haber modificado sus creencias negativas sobre sí misma, sin el menor efecto sobre su conducta, y la terapia conductual, por último, podría haber reducido su nivel de estrés emocional sin modificar, no obstante, un ápice el respeto que sentía por sí misma. El rápido cambio de sus emociones (con la consiguiente desaparición de la ansiedad) y de su conducta (viajando al otro lado del mundo), junto al reconocimiento de la razones de su malestar y el rápido cambio en la imagen que tenía de sí misma y de sus habilidades, son los resultados típicos de la EMDR.

Las historias recopiladas en este libro mostrarán al lector la posibilidad de erradicar los problemas emocionales más recalcitrantes, En estas páginas, el lector podrá reconocerse fácilmente a sí mismo, a un vecino, a un familiar o a un amigo. Todos experimentamos miedo, dolor, desesperación, culpa o una ira desbordante cuando convergen ciertas experiencias y presiones. El mensaje que queremos transmitir es que no es necesario seguir atrapados en esos sentimientos.

Las personas acuden a la consulta del terapeuta porque saben que algo está funcionando mal. Hay un "yo" que se siente atrapado y sabe que puede sentirse mejor. A lo largo de los años, sin embargo, he llegado a darme cuenta de que este "yo" es intrínsecamente sano. La EMDR puede eliminar el bloqueo que obstaculiza el movimiento natural hacia la salud y puede conducirnos, en consecuencia, hacia el presente que siempre hemos deseado para nosotros mismos, un presente en el que la persona se siente libre y puede controlar la situación. Hasta el momento, la EMDR ha llevado a miles de personas más allá de lo que jamás habían soñado, e incluso hay atletas olímpicos que la han empleado para mejorar su rendimiento.

Son muchas las personas que han intentado la psicoterapia y todavía están sufriendo, y muchas otras que no se han atrevido a emprenderla porque creen que sus problemas son irresolubles. En este sentido, la EMDR abre una puerta a la esperanza y, aunque no se trate de una panacea, puede volver a poner en marcha el sistema de salud psicológica innata y permitir que cambie con una rapidez anteriormente impensable.

La lectura de este libro permitirá al lector acceder a las historias internas de la EMDR. Resulta paradójico que aunque mi lucha con el cáncer me llevó a investigar los métodos curativos mente-cuerpo con la intención de transmitirlos a todo el mundo, haya acabado generando un nuevo enfoque. Este libro representa la culminación de ese viaje.

2. ASENTANDO LOS CIMIENTOS

> «No creas que por haberte dedicado a erigir castillos en el aire, tu
> esfuerzo ha sido inútil, porque es ahí donde deben estar.
> Lo que te queda por hacer es asentar bien sus cimientos.»
> HENRY DAVID THOREAU

¿Qué significa la palabra "trauma"? ¿Es traumático sufrir un accidente de automóvil en el que casi perdemos la vida? ¿Lo es acaso ser víctimas de un atraco o de una paliza, quedarnos atrapados en el coche en mitad de una tormenta o enterarnos de que tenemos que someternos a una operación? Cuando los terapeutas hablan de "trauma", suelen referirse a eventos que angustian a casi todo el mundo y que acostumbran desencadenar una reacción de miedo, impotencia o terror, y son muchas las personas (¡entre los que se cuentan también algunos psicoterapeutas!) que descartan erróneamente la importancia traumatizante de aquellos eventos que no cumplen con ese criterio. Por desgracia, son muchas las situaciones que, debido a su significado personal, pueden resultar angustiosas, como escuchar casualmente un comentario pasajero desagradable sobre nuestro aspecto, suspender un examen o presenciar la muerte de nuestro animal de compañía. Así pues, aunque muchos abordajes psicoterapéuticos convencionales establezcan una clara distinción entre ambos tipos de traumas se trata, desde la perspectiva de la EMDR, de una diferencia irrelevante. Tengamos en cuenta que la EMDR se ocupa de la experiencia personal y minimiza, en consecuencia, la importancia de lo que el terapeuta piensa acerca del evento y centra, por tanto, toda su atención en el modoen que el cliente se ve afectado por la experiencia.

La experiencia desempeña un papel muy importante en nuestra vida interior. Comencemos distinguiendo, por el momento, lo que podríamos llamar grandes Traumas, con "T" mayúscula, a los que la comunidad psicológica atribuye el origen de los trastornos de estrés postraumático (los TEPT), de lo que la EMDR denomina pequeños traumas, es decir, de los traumas con "t" minúscula. Entre los primeros podemos mencionar las guerras, los crímenes (como la violación, el secuestro o el atraco) y las catástrofes naturales (como los terremotos, los tornados, los incendios y las inundaciones) que el sujeto percibe amenazadores para su vida, o sea, eventos tan estresantes que desbordan fácilmente nuestra capacidad habitual de enfrentamiento[1] y desencadenan una repuesta de miedo o una sensación angustiosa de pérdida de control y de impotencia.

Los síntomas del TEPT abarcan dos modalidades de respuesta diametralmente opuestas. En la primera de ellas, la persona no puede escapar del trauma y se ve obligada a revivir una y otra vez el evento traumático a través de *flashbacks*, pesadillas, ataques de pánico y pensamientos obsesivos. En la segunda, por el contrario, el sujeto no puede acercarse a él y se ve obligado, por tanto, a mantenerse alejado apelando a todo tipo de maniobras de evitación, como el aislamiento social, la anestesia emocional y el abuso de substancias. Las víctimas de un trauma también tienen reacciones fisiológicas, como el insomnio, la hipervigilancia y la tendencia a sobresaltarse fácilmente ante cualquier estímulo que recuerde, en algún sentido, el evento traumático como, por ejemplo, un tipo especial de contacto o un determinado sonido.

Los traumas con "t" minúscula, por su parte, se manifiestan en las situaciones inofensivas, pero no por ello menos problemáticas, de la vida cotidiana que pueden desencadenar sentimientos y tener consecuencias tan duraderas como las que provocan los traumas con "T" mayúscula. Éste es un hecho del que fui consciente durante los primeros días de la EMDR gracias a Paul, un hombre que había sido diagnosticado de sida y que, pese a querer seguir algún tratamiento alternativo de curación, vio, no obstante, boicoteados todos sus esfuerzos por la creencia de que «no puedo buscar ni conseguir lo que quiero». Y aunque Paul no sabía por qué se sentía de ese modo, recordaba haberse sentido así toda su vida y solicitó ayuda apenas cobró conciencia de que esa creencia podía impedirle vivir con plenitud el tiempo que le quedase de vida.

La ausencia de recuerdo consciente que justificase el origen de esa creencia me llevó a pedirle que la evocase mentalmente durante el desarrollo del proceso. Después de una serie de movimientos oculares, afirmó sentir una extraña sensación debajo del brazo. Entonces le pedí que prestase atención tanto a la creencia como a la sensación física, y al cabo de unas pocas series, dijo que era como si se hubiese descorrido un velo y pudiese verse en una escena que se produjo a la edad aproximada de los cuatro años en la que, mientras estaba jugando con una pelota en el primer piso de la casa en que pasó su infancia, vio como la pelota cayó y, en un desesperado intento de cogerla, cayó por la escalera y se rompió el brazo. Su madre también corrió entonces tras él y cogiéndole del brazo, empezó a pegarle por el simple hecho de haber tratado –desde su infantil perspectiva– de conseguir lo que quería. El procesamiento de esa experiencia acabó liberándole de ella y le abrió a enfoques curativos alternativos, ampliando asimismo el abanico de sus relaciones personales y profesionales. Antes de morir me dijo que, durante los últimos años, había dejado de reprimirse y se sentía mucho más abierto que nunca a la vida.

Es evidente que la madre de Paul no era la culpable de esa situación. Son muchas, a fin de cuentas, las experiencias de ese tipo que, a lo largo de su proceso de desarrollo, se ven obligados a atravesar los niños. Pero como sucede con los traumas con "T" mayúscula, los traumas menores pueden acabar asentándose en la mente del sujeto y gobernar su conducta durante décadas. Y es que, si bien es cierto que estas experiencias menores no satisfacen la definición clínica de "trauma", sí que cumplen con la definición que, de él, nos proporciona el diccionario como «*shock* emocional que provoca un daño manifiesto y duradero y que, en ocasiones, lesiona seriamente la mente o las emociones».

Este trasfondo confirmaba exactamente lo que había descubierto en mi trabajo con los 70 voluntarios con los que comencé a experimentar la EMDR. Muchos de ellos habían empezado con un sentimiento negativo cuyo origen atribuían a una causa biográfica. Sabía que la EMDR servía para el tratamiento de los traumas con "t" minúscula, pero ¿funcionaría también con los traumas con "T" mayúscula? Ésa fue la pregunta que me llevó a emprender un estudio formal controlado sobre la EMDR, para lo cual seleccione a varias personas pertenecientes a los grupos que, hoy en día, son las principales víctimas del TEPT, es decir, los veteranos de guerra y las personas que han sido víctimas de abusos deshonestos o han sufrido una violación. Antes de emprender el estudio, sin embargo, necesitaba probar la EMDR con alguien que padeciese de un TEPT mayor a fin de asegurarme de que podría funcionar, y me apresté a ello, hasta que encontré un voluntario dispuesto a intentarlo.

Doug era un próspero y equilibrado hombre de cuarenta

y tres años que afirmaba tener un recuerdo de los días que pasó como marine en Vietnam que todavía le resultaba muy desagradable. Un buen día, según dijo, estaba descargando camillas de cadáveres de un helicóptero que acababa de llegar del frente. Cuando empezaron a depositar en el suelo los cuerpos muertos y mutilados, Doug se dio cuenta de que el *rigor mortis* ya había empezado a hacer efecto y, apelando al humor negro que, con tanta frecuencia, aparece en situaciones tan desesperadas, bromeó: «A éste podríamos usarlo como mesilla de café», a lo que su compañero replicó: «¡Sí! Y este otro nos servirá de silla». Pero cuando estaba a punto de seguir con la broma, Doug vio que uno de los heridos le miraba horrorizado con el rostro desencajado de dolor y súbitamente se sintió la persona más insensible y poco compasiva del planeta. Fue una experiencia que le conmovió hasta lo más hondo y persiguió durante los próximos veinte años. Por eso, independientemente de los clientes a los que Doug pudiera haber ayudado en su trabajo como consejero, apenas afloraba ese recuerdo (cosa que sucedía, todo hay que decirlo, con cierta frecuencia), se veía desbordado por sentimientos de vergüenza y pena que casi le paralizaban.

En el curso del proceso, pedí a Doug que evocase mentalmente la escena y, a medida que sus ojos seguían el movimiento rápido de mi mano, la expresión angustiada de su rostro iba intensificándose hasta acabar relajándose. Al finalizar la segunda serie de movimientos oculares dijo: «Todavía puedo ver la escena pero cuando mi compañero habla, no escucho ningún sonido procedente de su boca». Tras varias series más, comentó que la escena parecía ahora como si discurriese «debajo del agua» y que su tamaño se había reducido a un «pequeño desconchado». Luego añadió, casi como si hablara para sí: «La guerra ha terminado. Ya puedo decirle a todo el mundo que vuelva a casa».

Este tipo de metamorfosis de la escena traumática –que amortigua la intensidad y el dolor de las imágenes dolorosas– se convirtió en un tema recurrente de los clientes que utilizaban la EMDR. Cuando, más tarde, le pregunté a Doug, para verificar si la escena perturbadora reaparecía, lo que pensaba sobre Vietnam, a su mente afloró el recuerdo de la primera vez que aterrizó en el país. Con los ojos cerrados y una suave sonrisa, me respondió: «Era, para mí, la representación misma del jardín del paraíso». Ésa fue la primera vez en 20 años que Doug recordaba Vietnam sin verse asaltado por ninguna asociación relacionada con los horrores que tuvo que atravesar durante la guerra.

En noviembre de 1987 esbocé una investigación controlada en la que un grupo de sujetos traumatizados seleccionados al azar recibirían tratamiento con la EMDR, mientras que otro grupo de control recibiría un tratamiento que no esperábamos que tuviese ningún efecto significativo. Para ello, decidí dirigirme a los miembros del grupo de control como si estuvieran recibiendo la terapia "verbal" tradicional. Esas personas se centrarían en el evento traumático y me lo contarían detalladamente, mientras yo les interrumpiría preguntándoles: «¿Y cómo te sientes ahora?», el mismo número de veces que durante las series de movimientos oculares de la EMDR. Desafortunadamente, la terapia verbal ha demostrado tener el mismo éxito para el tratamiento del TEPT que la ingesta de un terrón de azúcar, de modo que usarlo como término de comparación en un estudio controlado me pareció muy adecuado como forma de corroborar la eficacia de la EMDR para liberar de manera sistemática, coherente y rápida a los sujetos de los síntomas que les aquejan.

La medición es la esencia de la investigación científica, hasta el punto de que si utilizamos una herramienta inadecuada, o no nos esforzamos lo suficiente en medir lo que nos interesa medir, nuestros resultados acaban siendo inútiles. Así pues, para determinar si la EMDR erradicaba los síntomas del TEPT debía medir tres momentos diferentes del mismo trastorno. El primer tenía que ver con el grado de perturbación del recuerdo traumático que experimentaba el sujeto antes, durante e inmediatamente después del tratamiento con la EMDR. También llevamos a cabo dos sesiones de seguimiento, un mes y tres meses después de la experiencia porque, a falta de resultados positivos duraderos, ningún tratamiento para el trauma puede considerarse exitoso. Cualquier resultado positivo inmediatamente posterior al tratamiento tan sólo podía ser un mero efecto placebo en el que la creencia del cliente en la eficacia del tratamiento va acompañada de una disminución de los síntomas que acaba revelándose exclusivamente provisional.

Como suelen decir los terapeutas, una cosa es decidirse a medir algo tan intangible como los sentimientos ansiógenos y otra, muy distinta, descubrir el modo de hacerlo. En mi caso decidí utilizar la escala de Unidades Subjetivas de Ansiedad (usa), una escala ampliamente aceptada elaborada hace ya 40 años por Joseph Wolpe, psiquiatra y figura destacada dentro del campo de la terapia de conducta.[2] Para ello, el sujeto evoca un determinado recuerdo y valora entonces el grado de ansiedad que ese recuerdo le genera en una escala de 0 a 10 (donde 0 representa la completa ausencia de ansiedad y 10 es la mayor ansiedad imaginable). En mi estudio, por ejemplo, solicitaba a los veteranos de guerra que recordasen algún incidente en el que hubieran caído en una emboscada del vietcong que, aunque referido a un evento ocurrido 20 años atrás, todavía solía suscitar en los sujetos un nivel de ansiedad de 8, de 9 o hasta de 10. Después del tratamiento con la EMDR, el nivel usa del sujeto descendía hasta 0 o 1, lo que suponía la posibilidad de evocar mentalmente el recuerdo de la emboscada sin sentirse angustiado por él.[3]

El segundo aspecto que mi estudio debía medir era el grado de sometimiento de los sujetos a las "lecciones" negativas que el trauma "les había enseñado". En este sentido, mi revisión de la literatura psiquiátrica puso de manifiesto la importancia de las creencias negativas sobre uno mismo que padecen las víctimas del TEPT. Las víctimas de una violación, por ejemplo, suelen tener pensamientos del tipo «No valgo nada», «Debería haber hecho algo» o «Soy un "juguete roto"». Entonces esbocé la hipótesis de que, si la EMDR funcionaba, todas esas creencias negativas desaparecerían para dejar paso a otras positivas, del tipo «Estoy bien», «Hice todo lo que pude» o «Soy una buena persona». Por eso, que mi intento se centró en determinar la intensidad de esos aprendizajes positivos.

La escala que entonces desarrollé para valorar el impacto de esas lecciones positivas –una escala que, por cierto, sigo utilizando hoy en día– pedía a mis sujetos que evaluasen la veracidad que atribuían a las creencias positivas que tenían sobre sí mismos en una escala de 1 a 7 (donde 1 significa "completamente falso" y 7 significa "completamente verdadero"). También les pedí que, en lugar de responderme lo que creían que debían sentir, se centrasen en su respuesta visceral, una medida a la que acabé denominando escala de Validez de la Cognición (voc). Hablando en términos generales, los clientes emprendían el tratamiento EMDR con una voc de 4 o inferior y, después de atravesar el proceso de tratamiento con la EMDR, solían referir un aumento en la veracidad de sus cogniciones positivas (creencias), y, a menos que la voc fuese de 6 o 7, seguíamos considerando irresuelto el recuerdo angustioso.

Todos aprendemos de nuestras experiencias pasadas, la cuestión es si aprendemos las lecciones correctas. ¿Quién no se sintió, alguna que otra vez, humillado en la escuela? ¿Qué

fue lo que esa lección nos enseñó, que éramos personas inep-
tas o inútiles, o nos sirvió, muy al contrario, como acicate
para el desarrollo de la perseverancia? Cuando nos hallamos
atrapados en el pasado, las creencias negativas que tenemos
sobre nosotros mismos gobiernan nuestra vida y siguen pro-
vocándonos un daño incalculable. En este sentido, la escala
voc, que valora las creencias positivas preferidas de la persona, constituye un claro reflejo de que hemos aprendido las
lecciones correctas o sanas, tanto antes como después del tratamiento.

La tercera y última medida que decidí incluir en mi estudio fue la frecuencia de ocurrencia de los síntomas postraumáticos como, por ejemplo, el número de pesadillas o pensamientos estresantes que la persona tiene por semana. Como
hice con las puntuaciones usa y voc, registré toda esa información antes del tratamiento con la EMDR y un par de sesiones de seguimiento posteriores que se llevaban a cabo un mes
y tres meses después de haber concluido el tratamiento. Para
asegurarme de que los sujetos informaban de manera correcta –o, dicho en otras palabras, para asegurarme de que no me
contaban sencillamente lo que suponían que me gustaría
escuchar– me ocupé de confirmar los cambios hablando con
el terapeuta, la esposa y otros miembros de su familia.

El rango de edad de los sujetos que participaron en el
experimento iba desde los 11 hasta los 53 años, siendo la más
joven de todas ellas una niña sexto grado víctima de una violación que todavía estaba muy asustada, aunque supiera que
el violador se hallaba entre rejas. Sus ocupaciones eran muy
diversas e iban desde trabajadores de cuello azul y cuello
blanco hasta artistas, terapeutas y un veterano de Vietnam
desempleado que vivía en el bosque. El trauma más reciente
tenía un solo año de antigüedad, mientras que el más antiguo
se remontaba 47 años atrás. La tasa de psicoterapia que habí-

an llevado a cabo en sus intentos previos de enfrentarse a sus traumas iba desde "muy breve" (un par de meses) hasta "desmesuradamente larga" (25 años), y el promedio giraba en torno a los seis años. Los síntomas experimentados por los sujetos, por su parte, iban desde *flashbacks* (hasta siete veces por semana) hasta pensamientos angustiosos (en torno a un promedio de seis por semana, aunque cierto sujeto informó de la presencia de unos seis pensamientos angustiosos al día), perturbaciones del sueño (alrededor de cuatro veces por semana) y dificultades para establecer relaciones íntimas.

Los resultados del experimento fueron muy estimulantes, porque casi todos los sujetos tratados con la EMDR acabaron con sus recuerdos traumáticos en una sola sesión, ya no les resultaba angustioso pensar en ellos y se sintieron mucho mejor consigo mismos. Fue como si los sujetos fueran desprendiéndose, ante mí, de la negación, el miedo, la culpa, la vergüenza y la ira y reemplazando esas emociones con autoestima, confianza, perdón y aceptación. Las frecuentes mediciones de los valores usa y los mismos comentarios de los sujetos pusieron de relieve cambios tan veloces que casi podía *verlos*, como si estuviera contemplando un proceso acelerado de asociación libre.

Por supuesto, todavía seguían presentándose algunos aspectos problemáticos, pero lo cierto es que resultaron muy interesantes, porque me enseñaron muchas cosas acerca del funcionamiento de la EMDR. La niña de once años anteriormente mencionada, por ejemplo, había sido objeto de abusos durante mucho tiempo y, especialmente durante las horas de escuela, se había visto sometida a frecuentes *flashbacks* en los que, según decía, el rostro de su maestro «iba transformándose hasta adquirir una apariencia amenazadora». Y lo mismo le ocurría con la gente con la que se cruzaba al pasear por la calle, quedándose paralizada al advertir la presencia de «gente rara que quiere secuestrar a un niño». Durante el tratamiento, esa niña estaba demasiada asustada como para evocar y concentrarse en el rostro del hombre que la había molestado, razón por la cual le pedí que imaginara la camisa y los pantalones de ese hombre el día en cuestión y luego tratase de imaginar o de ver su rostro. Éste fue un caso que me enseñó que no es necesario, para que la EMDR resulte exitosa, que el cliente tenga una imagen exacta del evento traumático porque, de este modo, pudo sortear el miedo y emprender el tratamiento.

Un veterano llamado Tony trabajó con el recuerdo de su esposa ingresándole en una institución mental después de su regreso de Vietnam. Su cognición negativa era la de «no poder controlar nada». Comenzó con un nivel de estrés de 8 usa (de un total de 10) y trabajó con el recuerdo durante varias series de movimientos oculares hasta que alcanzó un usa de 0, lo que significaba que, cuando pensaba en el evento, ya no sentía nada.

Pero por más excelente que fuera el resultado, Tony todavía no acababa de creerse la veracidad de la afirmación positiva «Puedo controlar fácilmente las cosas». Cuando le pregunté lo que le impedía afirmar sentir un 7 en la escala de validez cognitiva (es decir, "completamente verdadero"), respondió: «No me lo merezco» y, cuando traté de determinar de dónde procedía esa creencia negativa, me habló de una experiencia sexual negativa con una persona que, para él, había sido muy importante. Entonces repetimos el mismo procedimiento con este nuevo recuerdo, lo que le permitió conectar con el recuerdo de una ocasión en que no había podido llevar plasma a su unidad médica en Vietnam a tiempo para salvar a dos hombres. Procesando ese recuerdo, Tony estableció entonces contacto con su problema con la autoridad, derivado del hecho de no haber podido complacer nunca a su padre y, después de procesar con la EMDR su sensación de ser un "fracasado", pudo volver al primer recuerdo y lograr un voc de 7 (es decir, «Puedo controlar fácilmente las cosas»).

El caso de Tony resultó completamente normal, porque son muchos los sujetos en los que la imagen inicial del trauma deja paso a un recuerdo angustioso diferente y pone de relieve que, bajo el síntoma manifiesto, pueden ocultarse multitud de factores y eventos asociados. La sesión con Tony duró 90 minutos y fue la más prolongada de todas las celebradas durante el estudio que, por término medio, no llegaron a los 50 minutos. No había leído nada en la literatura sobre el tratamiento de trastorno de estrés postraumático (habitualmente descrito como duradero y refractario al cambio) que me hubiese preparado para la rapidez y magnitud de los cambios que entonces presencié. No sólo resultaba apasionante observar esos cambios, sino que era como contemplar al microscopio el funcionamiento de la mente.

La siguiente transcripción de una sesión con la EMDR con un veterano de Vietnam llamado Jonas, al que ya había tratado de varias experiencias traumáticas relacionadas con la guerra, ilustra perfectamente este proceso. El problema del que, en esta ocasión, quería ocuparse tenía que ver con su relación con un colaborador incompetente. Y es que, aunque la incompetencia de un colaborador siempre resulta muy molesta, la respuesta de Jonas estaba tan cargada de ira y ansiedad que le imposibilitaba trabajar.

Durante la parte de la sesión que emprendimos a continuación, le pedí a Jonas que evocase el objetivo (en este caso, el rostro del compañero incompetente) y lo mantuviera en su mente mientras conectaba con los sentimientos angustiosos que experimentaba al respecto. Entonces empezamos la serie de movimientos. Hay que señalar que cada nueva tanda de movimientos oculares permite la emergencia de nueva información que alienta la evolución de la perspectiva del cliente hacia un estado más sano. Al finalizar cada sesión, le preguntaba a Jonas:«¿Qué es lo que has conseguido?», a lo que él replicaba comentándome sus pensamientos, sentimientos e imágenes mentales, lo que me permitía interpretar la nueva información. En este ejemplo, el lector interesado podrá ver también el modo de emplear la escala usa para ayudar a Jonas a identificar la intensidad de sus sentimientos angustiosos.

En los siguientes capítulos presentaremos sesiones mucho más detalladas pero por el momento, veamos el aspecto general que suele presentar una sesión de EMDR.

FS: Empezaremos centrándonos en ese compañero de trabajo que tan incompetente te parece. ¿Qué palabra te parece que refleja mejor la creencia negativa que tienes sobre ti mismo cuando piensas en él?

JONAS: Me siento impotente.

FS: ¿Y qué querrías creer en su lugar?

JONAS: Que controlo la situación.

FS: ¿Y cuán verdadera te parece esa afirmación en una escala de 1 ("completamente cierta") a 7 ("completamente falsa")?

JONAS: Entre 3 y 5.

FS: ¿Cuál es la emoción que sientes cuando evocas simultáneamente la imagen de esa persona y la expresión «Me siento impotente»?

JONAS: Ansiedad e ira.

FS: ¿Cómo te sientes ahora en una escala de 0 a 10 (donde 0 es neutral y 10 es el peor sentimiento que podrías tener)?

JONAS: Un 7.

FS: ¿Y en qué parte de tu cuerpo lo sientes?

JONAS: En el estómago.

FS: Piensa ahora en la expresión «Me siento impotente», mírale a la cara y siente su incompetencia. Céntrate en el sentimiento, mientras sigues con tus ojos el movimiento de mis dedos.

En ese momento empezamos una serie de movimientos oculares, durante la cual, aunque Jonas no dijo nada, pude ver en su rostro que estaba empezando a elaborar el problema que tenía con su compañero de trabajo.

FS: Muy bien. Deja ahora a un lado todo eso y respira profundamente. ¿Qué es lo que ocurre?

JONAS: No lo sé. Creo que me siento un poco mejor. Antes de llegar, pensé un poco en ello y, al menos a nivel intelectual, me he dado cuenta de que… bueno, se trata del trabajo, llegaré tarde y algunas personas podrán molestarse, pero así son las cosas. Quiero decir que, cuando se trabaja con un ordenador, siempre hay alguien que llega tarde, así que empecé a hacer algunas asociaciones al respecto.

FS: Bien. ¿Cómo te sientes (en la escala de 0 a 10) cuando evocas el rostro de tu compañero y piensas en su incompetencia?

JONAS: Probablemente un 5.

FS: Permanece ahí –dije entonces, emprendiendo otra serie de movimientos.

Luego Jonas siguió una cadena asociativa relacionada con lo que él llamaba "aceptación".

JONAS: Creo que uno de los motivos que explican mi frustración se debe a la posición que ocupa mi jefe, que no le permite ver la incapacidad de mi compañero. Creo que le valora más que los demás porque, todos los que pueden verle, se sienten frustrados. Es como si necesitase que todos vieran lo que hace y, como mi jefe no puede verle, confío en que me necesite y me pida ayuda, para que todos puedan darse cuenta de mi competencia.

FS: Piensa en todo eso.

Nueva serie de movimientos oculares.

JONAS: De manera lenta, pero segura, estoy empezando a advertir que no necesito la aceptación de los demás. Son muchas las personas que me aceptan y probablemente se trata de las personas que, para mí, son más importantes. Pero todavía me resulta difícil, porque mi jefe es uno de ellos y probablemente no tengo su aceptación... pero ése ya no es mi problema. [Risas.]

Adviértase que Jonas está empezando a sacar sus propias conclusiones sin que nadie le dirija.

FS: Muy bien. Sigue pensando en eso.

Nueva serie de movimientos oculares.

JONAS: Creo que ya tengo la suficiente aceptación. Tengo toda la que necesito. Quiero decir que, como mi jefe me necesita, no creo que peligre mi trabajo y probablemente acabe consiguiendo lo que necesito.

FS: Muy bien. Piensa en eso.

Nueva serie de movimientos oculares.

JONAS: En los próximos dos meses llevaremos a cabo un proyecto que creo que pondrá de manifiesto mis capacidades.

FS: Muy bien. Sigue pensando en eso.

Nueva serie.

JONAS: Sigo con lo mismo.

Jonas regresó entonces al objetivo original.

FS: Muy bien. ¿Qué es lo que sucede cuando vuelves a evocar el rostro del compañero que te parece incompetente?

JONAS: Me molesta. Sé que, en el futuro, seguirá frustrándome, pero no creo que olvide lo que ahora estoy viendo.

Adviértase que, aunque el nivel de ansiedad de Jonas ha disminuido, todavía se siente molesto. Durante la siguiente serie, los movimientos oculares estimulan otros recuerdos asociados a la "incompetencia" que ponen de manifiesto el impacto que tuvo en Jonas la experiencia de la guerra de Vietnam, donde la incompetencia estaba indisolublemente unida a la muerte.

FS: Evoca nuevamente su rostro y siente su incompetencia. Nueva serie de movimientos.

JONAS: Lo que me viene a la mente es que, en este caso, el listón no está muy alto. ¿Qué importa, a fin de cuentas, que yo esté en lo cierto y que mi compañero sea realmente un incompetente y le elijan a él y lo fastidie todo? [Risas de Jonas.] Quiero decir que, en el peor de los casos, siempre podemos comenzar de nuevo.

FS: Así es. Sigue pensando en eso.
Nueva serie de movimientos.

JONAS: Hummm… Está bien saberlo, está bien pensar en lo que nos jugamos y darnos cuenta de que sólo se trata de un montón de ordenadores. Las cosas serían muy distintas si alguien muriese por ello. ¡*Eso* sí que sería irreversible!

FS: ¿Qué sucede cuando te mantienes en esa imagen?

JONAS: ¡Me resulta más bien cómico!

FS: Sí.

JONAS: Quiero decir que es una persona muy brillante, es una persona muy capaz, pero cuando veo el tipo de errores que comete, me resultan muy cómicos, porque son los mismos en los que incurriría cualquier aprendiz. Ya sabes, descubres un problema y sólo lo resuelves parcialmente. Hay un problema gigantesco y vas y ¡sí! ¡perfecto, lo resuelves!, porque era lo único que podías hacer. [Risas de Jonas.] Y resulta que estás tan excitado por haberlo descubierto que pretendes ser el único. Y los demás también lo ven y resulta que finalmente ellos han hecho mejor las cosas. Creo que siempre han estado riéndose de mí entre dientes. Ya sabes… «¿Qué quieres que haga en el nivel en el que se encuentra?». Ellos lo harían mejor, pero todos ellos lo ven también y me parece desproporcionado que crea que puede resolver los problemas del mundo.

FS: Muy bien. Sigue pensando en eso.

Nueva serie de movimientos.

JONAS: Sigo igual.

FS: Perfecto.

JONAS: Sí. Me parece bien. Me parece muy bien no seguir atrapado en la frustración y la ira… en la que he estado sumido la última semana. Me había perdido y me sentía completamente impotente al respecto. Y por más que trataba de despegarme, no podía conseguirlo.

Aunque esta parte de la sesión sólo requirió, incluidos las nueve series breves de movimientos oculares, unos cinco minutos, tuvo un impacto muy poderoso en Jonas, que no sólo cambió el modo en que sentía y pensaba sobre su compañero de trabajo, sino que también modificó su conducta con respecto a él. Cuando, siete años más tarde, volví a ver a

Jonas y le pregunté cómo se encontraba, me respondió con toda naturalidad: «Me hizo mucho bien darme cuenta de que ya no estaba en Vietnam».

El problema al que se enfrentan muchas víctimas del trauma es que las experiencias angustiosas del pasado (incluidos los sentimientos, las creencias, las sensaciones físicas y las conductas) permanecen "atrapadas" en el sistema nervioso y gobiernan, como si de un titiritero se tratara, las reacciones del sujeto ante los avatares que le depara la vida. En el caso de Jonas, la intensidad de su enfado con su compañero de trabajo se asentaba en sus experiencias de la guerra de Vietnam. Este tipo de sesiones EMDR me demostraron claramente que las experiencias traumáticas previas se hallan, de algún modo, relacionadas con el presente, una observación que me ayudó a perfeccionar los protocolos de la EMDR que veremos con más detenimiento en los próximos capítulos.

Durante el invierno y la primavera de 1988 llevé a cabo sesiones de seguimiento un mes y tres meses después del tratamiento con cada uno de los 22 sujetos que habían pasado por la EMDR. Fue precisamente en esa coyuntura crítica cuando verifiqué si los efectos positivos del tratamiento EMDR perduraban y si los sujetos seguían informando de la presencia de algún cambio en sus síntomas.

El primer sujeto al que entrevisté, un veterano de Vietnam que llevaba 21 años sufriendo *flashbacks* y pesadillas recurrentes, me dijo que, después del tratamiento, sólo había tenido una pesadilla. Aunque el sueño incluía a un intruso armado con un cuchillo entrando a rastras en el búnker en que se ocultaba, y me dijo que «se trataba de una imagen bastante inquietante», también señaló que había descubierto que el rostro del asaltante era el suyo y que «la persona que trataba de degollarme era yo». Jamás volvió a tener ese sueño.

Otro sujeto, un terapeuta que, cuando era niño, había sido objeto de abusos y tenía un largo historial de pesadillas que se repetían con una frecuencia de una a dos por semana, se había centrado, durante las sesiones de tratamiento, en uno de sus sueños recurrentes. Según me dijo, durante la noche posterior al EMDR tuvo una de sus pesadillas habituales en la que se había visto perseguido por samurais que trataban de matarle. Pero en esa ocasión, sin embargo, se enfrentó y «se postró ritualmente» ante ellos, que le devolvieron entonces el saludo, antes de «recuperar fuerzas y marcharse juntos». La esposa del terapeuta confirmó que, desde ese día, dejó de dar vueltas en la cama y se mostró mucho más relajado. Este tipo de experiencias me enseñaron el extraordinario poder movilizador de la imaginería onírica. Desde entonces, cada vez que un cliente me habla de una pesadilla angustiosa recurrente, ése se convierte en uno de nuestros primeros objetivos.

Tony, el veterano de Vietnam que había asistido a la emergencia de tres experiencias traumáticas durante su sesión EMDR, me informó de la desaparición de sus ataques de pánico cotidianos. Durante el mes que siguió al tratamiento, sólo tuvo un ataque y, según dijo, jamás volvió a experimentar *flashbacks*, ni se vio obligado a buscar cobijo cuando los aviones sobrevolaban su cabeza y, por primera vez en tres años –agregó, con una sonrisa–, pudo conseguir y mantener una erección.

La madre de la niña que se había visto agredida me dijo que su hija ya no se despertaba gritando en medio de la noche y que su rendimiento escolar estaba mejorando. (Años más tarde me enteré de que el agresor había salido de la cárcel y que, al verle, la niña, ahora ya una adolescente, se había encarado a él en una tienda espetándole: «¿Y a ti quién te ha dejado salir?».)

Durante esas entrevistas de seguimiento descubrí el efecto generalizador de la EMDR. Recuerdo, por ejemplo, en este sentido, el caso de una mujer que había trabajado el recuerdo de haber sido molestada por su padre. Cuando, durante la sesión de seguimiento, le pedí que evocase mentalmente ese recuerdo, el miedo y la ansiedad habían desaparecido, pero todavía se sentía indignada. Entonces le pedí que evocase otra ocasión en que la hubiera molestado y, aunque no se había centrado en ese recuerdo concreto durante la sesión de EMDR, señaló que la ansiedad había dejado paso a una mezcla de indignación y miedo. El trabajo con la EMDR me permitió advertir este efecto generalizador, lo que significa que no es preciso centrarse aisladamente en todos los recuerdos paralizantes, porque el efecto positivo de la EMDR acaba expandiéndose a eventos similares a los que van elaborándose.

En términos generales, los resultados de las entrevistas de seguimiento fueron espectaculares. La ansiedad que los sujetos mostraban hacia sus traumas seguía manteniéndose baja y las sensaciones positivas sobre sí mismos permanecían elevadas. También desaparecieron los síntomas presentes al comienzo del estudio, un hecho que tuve la ocasión de verificar hablando, en todos los casos menos cuatro (en los que, por cierto, no puede encontrar a una persona que pudiera corroborar la veracidad del cambio), con el terapeuta del sujeto o un miembro de su familia.

Pero también debo señalar la existencia de una excepción muy notable, el caso de Marie, una víctima de violación cuyo nivel de ansiedad se había intensificado considerablemente. Su usa (que había comenzado en 8 en la escala de 10) pasó de una puntuación de 0 inmediatamente después del EMDR a 4 en la sesión de seguimiento que se produjo un mes después del tratamiento. Cuando le pedí que me comentara algo al respecto, Marie me dijo que unos amigos acababan de decirle que el violador volvía a merodear por la zona y temía que tratase, como la había amenazado, de volver a violarla. Según dijo, aunque los pensamientos angustiosos hubieran desaparecido y se sintiera más desapegada y con un mayor control, consideraba, dada la situación, "muy realista" su nivel de ansiedad. Ése fue uno de los primeros indicios que tuve de que cuando los sentimientos negativos resultan apropiados, la EMDR no siempre desensibiliza al sujeto. Éste es un punto que me parece muy importante porque considero que, en ciertas ocasiones, el hecho de sentir miedo o de estar enfadado tiene mucho sentido –y constituye una respuesta completamente adaptativa, porque ese nivel de ansiedad remanente es el que obligaba a esta paciente a prestar atención a las puertas y a no pasear sola de noche.

Este tipo de respuestas rápidas y adaptativas parecen significar que, de algún modo, la EMDR está sirviéndose del sistema psicológico de la persona para facilitar la emergencia de la sabiduría y la salud innatas. Son muchas, pues, las cosas que ocurren además de la desactivación de las emociones negativas. Mis sujetos parecían contemplar su sufrimiento pasado en el contexto de toda su vida, lo que les permitía advertir que sus recuerdos no eran más que una parte muy pequeña –aunque no por ello menos dolorosa– de la totalidad. De este modo, el significado de la experiencia cambia, por ejemplo, de «Esto me sucedió porque soy un perdedor» a «A fin de cuentas, no era más que un niño e hice las cosas lo mejor que pude». Así pues, no sólo habían hecho las paces con sus traumas, sino que también habían recuperado la paz.

Como este proceso curativo se originaba en el interior, mi función consistía simplemente en actuar como guía, orientación y testigo, pero en modo alguno, *causante* de los cambios que experimentaban. Yo no les había hablado a través de sus miedos, ni había analizado sus sueños. Y tampoco había cuestionado repetidamente sus creencias más tenaces, irracionales y negativas, ni les había sugerido cómo debían interpretar las cosas. De hecho, las comprensiones de los sujetos habían seguido su propio discurso lógico (y emocionalmente sano) pasando, por ejemplo, de «Yo tengo la culpa» a «Era muy joven», «Hice las cosas lo mejor que pude» y, finalmente, «La culpa no fue mía. Ahora me encuentro bien».

Era evidente, pues, que las personas estaban sirviéndose de la EMDR para curarse a sí mismas. El resultado de mi estudio se publicó en 1989 en el *Journal of Traumatic Stress* y en el *Journal of Behavioral Therapy and Experimental Psychiatry*.[4] Hoy en día, seis años más tarde se han llevado a cabo estudios independientes objetivos sobre cientos de sujetos que no hacen sino corroborar mis descubrimientos originales.[5]

¿Qué es lo que facilita el rápido funcionamiento de la EMDR? No cabe la menor duda de que la EMDR es una terapia compleja y de que son muchas, en consecuencia, las variables que intervienen determinan su eficacia. La verdad es que todavía no sabemos exactamente lo que provoca el movimiento de los ojos. Y, aunque se hayan escuchado varias sugerencias interesantes y se hayan esbozado algunas posibles hipótesis, los científicos todavía desconocen demasiadas cosas sobre los complejos procesos cerebrales implicados como para corroborar la veracidad de algunas de ellas.

Mi primera teoría se basaba en la obra de Ivan Pavlov.[6] En 1927, Pavlov esbozó la existencia, en el cerebro, de un equilibrio excitatorio-inhibitorio que se ocupa de activar el procesamiento normal de la información. Cualquier desequilibrio (o sobreexcitación) en este sentido desencadena una patología neuronal, un problema en los circuitos, por así decirlo. Según Pavlov, en consecuencia, el modo más adecuado de recuperar el funcionamiento normal y curar una neurosis consiste en recuperar el equilibrio entre excitación e inhibición. Aunque pocas personas siguen empleando hoy el término "neurosis" –que, en el campo de la psicología, ha quedado obsoleto– cabe la posibilidad de que la teoría pavloviana pudiera aplicarse a la EMDR. Quizás el trauma provoque una sobreexcitación del sistema nervioso y tal vez los movimientos oculares desencadenen un efecto inhibidor (una relajación) que se encarga de reestablecer el equilibrio.

Esta teoría puede explicar también lo que sucede durante la fase REM del sueño. Existe cierta evidencia de que los movimientos oculares rápidos que se producen durante alguna de las fases del sueño favorecen la elaboración de las experiencias. Quizás, cuando los recuerdos angustiosos aparecen en los sueños, los movimientos oculares rápidos vayan acompañados de un efecto relajante que facilita el procesamiento de la experiencia.[7] Quizás el efecto se deba, yendo un paso más allá, a lo que Joseph Wolpe denominó "inhibición recíproca", el elemento responsable de la liberación de la ansiedad provocada por la desensibilización sistemática.[8] Recordemos que la desensibilización sistemática se ocupa de descondicionar al cliente de su miedo (como, por ejemplo, el miedo a volar), enseñándole primero a llevar a cabo una relajación muscular profunda en presencia de una versión leve del objeto temido concreto (como la imagen de un aeroplano, por ejemplo) para pasar luego progresivamente a versiones más intensas (como imaginarse, por ejemplo, en un aeropuerto) y llegar, finalmente, a una versión mucho más intensa (en la que el sujeto, por ejemplo, se imagina instalado ya en su asiento del avión). La teoría afirma que la relajación muscular profunda inhibe la ansiedad de baja intensidad y, en la medida en que van tratándose los niveles inferiores, disminuye también la intensidad de la jerarquía del miedo. De este modo, al cabo de varias sesiones de tratamiento, la imagen de estar en un avión acaba desensibilizándose y va acompañada de una considerable reducción de la ansiedad.

En su momento esbocé que los movimientos oculares del sueño quizás inhibían recíprocamente el estrés. Si la angustia de la persona es lo suficientemente leve (como sucede en las preocupaciones cotidianas), quizás los movimientos oculares que se dan durante el sueño puedan compensarla. Esto podría explicar la experiencia común de ir a dormir preocupado por algo y contemplar, a la mañana siguiente, las cosas de manera diferente. Pero si la preocupación es excesiva, quizás neutralice el efecto de los movimientos oculares. Tal vez ésa sea la razón que explique que los veteranos de guerra despierten en mitad de una pesadilla en lugar de completarla.

Son muchos los "quizás" de mi teoría original REM, pero, a pesar de ello, seguí desarrollándola. Lamentablemente, los investigadores decidieron entonces que los movimientos oculares que suceden durante el sueño sólo reflejan el proceso de escaneo del soñante del entorno onírico.[9] Hubo que esperar hasta 1994 para que otros estudios concluyesen que la tasa de sueño REM estaba relacionada con la intensidad de las emociones negativas presentes en el sueño.[10] Antes de eso, la comunidad psicológica desconfiaba de mi hipótesis y consideraba erróneas tanto mi teoría como mi aplicación de la teoría pavloviana.

Pero debo mencionar que un par de equipos de psiquiatras (de Australia e Inglaterra) han acabado esbozando teorías similares, basadas también en la obra de Pavlov, para explicar el éxito de la EMDR.[11] Según estos autores, es posible que la evolución de los mamíferos les haya llevado a desarrollar un reflejo que les permite observar el peligro y que la excitación resultante desencadene la respuesta de lucha o de huida. En su opinión, los movimientos oculares de la EMDR estimulan un mecanismo innato asociado que inhibe esa respuesta, provo-

cando una rápida reorientación psicológica que va acompañada de una sensación de seguridad. Por el momento, sin embargo, todas esas no son más que meras hipótesis cuya veracidad
todavía debe ser corroborada por la investigación.

Otra posible explicación me fue sugerida en 1987 por un
neurobiólogo que había estado estudiando la memoria de las
ratas aplicando repetidas descargas eléctricas de bajo voltaje a
electrodos implantados en sus cerebros.[12] Esta corriente, en su
opinión, provocaba un cambio en el potencial sináptico (la
carga eléctrica que existe en el espacio que separa los recepto-
res cerebrales) que quizás esté directamente relacionado con el
procesamiento de la memoria. Según me dijo, el movimiento
ocular podía estar provocando el mismo efecto, algo que me
pareció –y todavía sigue pareciéndome– muy razonable. En
este sentido, la activación neuronal provocada por los movimientos oculares rápidos (como una corriente de bajo voltaje)
puede provocar un efecto inhibidor en la ubicación del recuerdo traumático que corrija la patología neuronal, y también es
posible que lo mismo suceda durante la fase REM del sueño.

En los siguientes capítulos veremos algunas de las teorías
recientemente esgrimidas que, sin embargo, aún no han sido
corroboradas. Éste es un punto que la investigación todavía no
ha resuelto, y quizás tengan que pasar años antes de que se
desarrollen procedimientos neurobiológicos lo suficientemente precisos como para proporcionarnos esas respuestas. Pero la
falta de una explicación veraz no debería impedir que las personas que sufren puedan beneficiarse ya de la EMDR. Son
numerosos los descubrimientos científicos que se utilizan
mucho antes de ser perfectamente comprendidos. Fue necesario que transcurrieran 40 años, por ejemplo, para entender el
funcionamiento de la penicilina, pero ello no impidió que,
durante todo ese tiempo, los médicos se sirvieran de ella con
el fin de curar a sus pacientes.

Así pues, aunque no podamos ofrecer una explicación concluyente del funcionamiento de la EMDR, sí que podemos, sin embargo, describir lo que *parece* estar sucediendo. Para ello he desarrollado una teoría a la que llamo modelo del procesamiento acelerado de la información.[13] Y a pesar de que, como sucede con la mayoría de los modelos, no sea más que una mera hipótesis, parece corresponderse perfectamente con lo que afirman los neurobiólogos sobre la fisiología cerebral. En los próximos capítulos veremos algunas aplicaciones de este modelo a la práctica clínica y echaremos también un vistazo a la investigación que parece apoyarlo.

Cada uno de nosotros dispone de un sistema de procesamiento de información que está orientado al mantenimiento de la salud mental y se ocupa de procesar los eventos angustiosos. Cuando sucede algo desagradable, pensamos, hablamos y soñamos sobre ello hasta que deja de preocuparnos, momento en el cual podríamos decir que hemos llegado a una "solución adaptativa". Así es como vamos aprendiendo los aspectos útiles de la experiencia (como el peligro que supone caminar por una calle poco iluminada) y los almacenamos en nuestro cerebro junto a la emoción adecuada para que, en el futuro, pueda servirnos de guía. Del mismo modo descartamos también lo que resulta inútil, como las emociones, sensaciones físicas y creencias negativas sobre uno mismo derivadas del evento.

Pero cuando sucede un acontecimiento traumático, este sistema de procesamiento innato puede fallar y, en tal caso, nuestra percepción del evento (que vimos, oímos, sentimos, etcétera) puede quedarse atrapada en nuestro sistema nervioso en la misma modalidad en que lo experimentamos. Estas percepciones sin procesar acaban manifestándose en forma de las típicas pesadillas, *flashbacks* y pensamientos obsesivos que acompañan al TEPT. Durante la EMDR pedimos al sujeto que piense en el evento traumático y estimulamos su sistema de procesamiento de información para que pueda procesar y "digerir" adecuadamente la experiencia traumática. En la medida en que se lleva a cabo ese proceso de "digestión", el sujeto desarrolla comprensiones, establece las asociaciones necesarias, aprende lo que resulta útil y recupera las emociones apropiadas.

La EMDR puede activar rápidamente el sistema de procesamiento de la información y el proceso de recuperación psicológica puede resultar entonces tan veloz como el proceso de rehabilitación de un trauma físico. El cuerpo de la persona que ha sido violada, por ejemplo, puede entrar en *shock*, sangrar o temblar, pero si recibe el tratamiento adecuado, puede recuperarse en cuestión de días o semanas. ¿Por qué habría de necesitar la mente más tiempo para curarse? ¿No depende acaso nuestra mente del estado fisiológico del cerebro que, obviamente, forma también parte del cuerpo? Creo que la EMDR permite que el sistema de procesamiento de la información cerebral establezca contacto con el evento que ha sido mal almacenado. Y cuando se pone en marcha este proceso de curación natural, el trauma acaba digiriéndose y las heridas mentales pueden curar con tanta rapidez como lo hacen las lesiones corporales.

La EMDR no se limita a la curación de los grandes traumas, y, en consecuencia, el modelo del procesamiento acelerado de la información permite que los terapeutas puedan ayudar a personas que sufren problemas muy diversos. Dos de las primeras cuestiones que suelo preguntar a mis clientes son las siguientes: «¿Qué haces que no quieras hacer?» y «¿Qué es lo que no puedes hacer?», cuyas respuestas me ayudan a adentrarme en las causas presentes de la desesperación y del "malestar". Y a menos que la queja psicológica esté causada por factores estrictamente orgánicos o químicos (como sucede en el caso del daño cerebral propio de algunas formas de esquizofrenia), probablemente se base en la historia personal. Las experiencias vitales tempranas, muchas de las cuales se produjeron durante la infancia, es decir, en una época previa a toda posibilidad de elección, parecen ser una de las razones clínicas primordiales que explican la persistencia de algunas formas de depresión, fobia, ansiedad, estrés, baja autoestima, dificultades de relación y adicciones. En los siguientes capítulos espero poder demostrar la utilidad de la EMDR para resolver rápidamente muchos de esos problemas.

Aunque la mayoría de los clientes presentados en este libro han experimentado traumas mayores, los principios curativos expuestos son aplicables a todos ellos. Uno de mis objetivos al escribir este libro consiste en desmitificar el porqué, el qué y el cómo de la terapia. Después de leer estos relatos, el lector entenderá por qué aparecen los síntomas y lo que sucede cuando cambian y, lo más importante de todo, podrá entender que, independientemente de lo predecibles y comprensibles que sean, detrás de todos los síntomas hay un individuo único que puede hacerlos florecer. Este libro, en suma, nos permite investigar el entramado universal de la mente y celebrar también el triunfo del individuo.

3. EL ESPÍRITU Y LA ESPADA: EL LEGADO TRÁGICO DE LA GUERRA

«Honramos a nuestros guerreros porque son valientes y porque la visión de la muerte en el campo de batalla les lleva a reconocer y respetar la grandeza de la vida.»

WINNEBAGO ELDER

Cabe destacar, de entre los resultados iniciales más espectaculares de la EMDR, la eficacia que demostró en el tratamiento de veteranos de la guerra de Vietnam que, 15 años después de haber regresado a casa, seguían padeciendo síntomas de TEPT. Cuando en 1988 crucé por vez primera el umbral de un centro de la Veterans Administration (VA), me sorprendió descubrir el gran número de personas (tanto hombres como mujeres) que todavía sufrían las consecuencias de la guerra y enterarme de que el porcentaje de quienes acabaron desarrollando un auténtico TEPT casi alcanzaba el 33%. Hoy en día, más de 20 años después de haber firmado el armisticio, la mitad de ellos todavía padece alguna que otra secuela de esa experiencia.[1]

Es importante subrayar que los síntomas de los trastornos psicológicos, incluido el TEPT, son extrapolaciones de conductas que a todos nos afectan. No es nada infrecuente, por ejemplo, que cuando nos enfadamos con una persona que nos importa, nos descubramos dándole vueltas, lo queramos o no, a esa situación. En tales casos, nuestra mente se ve asaltada, en el momento más insospechado –como cuando estamos trabajando en la oficina o después de escuchar un comentario casual en televisión–, por imágenes mentales relativas a la escena o por la ira, la ansiedad, el miedo, o lo que fuese que experimentásemos en esa situación. Al cabo de un tiempo, sin embargo, la cuestión deja de preocuparnos y ya no volvemos a pensar más en ello. En el caso del TEPT, no obstante, los pensamientos obsesivos y angustiosos no se desvanecen con el simple paso del tiempo y pueden perdurar años y años. Por eso, quienes padecen TEPT pueden despertarse gritando en mitad de la noche soñando la misma pesadilla recurrente día tras día, mes tras mes e incluso año tras año. Imagine lo que podría suponer verse obligado a revivir una y otra vez el momento en que explotó una bomba o la muerte de un buen amigo. Es como si, en tal caso, el cerebro se hallase atrapado en un estado de *shock* y se viese obligado a revivir una y otra vez las mismas escenas, en el momento más inesperado y sin importar que uno esté despierto o dormido. Y hay veces en los que la intensidad de los sentimientos experimentados durante esos *flashbacks* es tal que el sujeto llega a creer que está reviviendo la situación.

En todos esos casos, el trauma del combate permanece fijado en el sistema nervioso del sujeto y se ve reactivado casi a diario por un sonido intenso, un sueño recurrente, el dolor físico o las meras vicisitudes de la vida cotidiana. En la cabeza de esas personas resuena entonces el estallido de las bombas, las imágenes de los amigos despedazados, los gritos de auxilio a los que no pudieron responder y los rostros de las personas que perdieron la vida. Es como si esos soldados se vieran obligados a seguir caminando por los senderos minados de un escenario bélico que el resto del mundo olvidó hace ya mucho tiempo.

Hace mucho tiempo que los médicos conocen el impacto psicológico de la guerra. En 1871, Jacob Mendes Da Costa llevó a cabo un estudio sobre los veteranos de la guerra civil que se quejaban de los síntomas de una angina de pecho sin evidencia alguna de enfermedad cardíaca,[2] una enfermedad para la que no pudo encontrar remedio alguno y a la que denominó *corazón irritable*. Después de la I Guerra Mundial, este fenómeno clínico se vio rebautizado como *corazón de soldado* o *shellshock*, un término cuyo significado literal se refiere a las consecuencias psicológicas de las conmociones cerebrales provocadas por el estallido de los proyectiles de artillería.

Durante la II Guerra Mundial, los psiquiatras identificaron con el nombre de *neurosis de guerra* al estrés emocional duradero que presentaban los veteranos de guerra. Para muchos, ese nombre refleja la creencia freudiana de que la verdadera causa del sufrimiento del paciente reside en la historia infantil o en la predisposición psicológica del sujeto que la guerra no ha hecho sino poner de manifiesto. Hasta los años 1970s, la mayoría de los profesionales de la salud mental creían que la persona normal podía enfrentarse sin problemas a cualquier tipo de estrés bélico, pero esa línea de pensamiento no hizo sino estigmatizar cualquier expresión del trauma. Por eso, los veteranos que se atrevían a revelar su sufrimiento se veían rápidamente descalificados como débiles o anormales. No es de extrañar que, en tales condiciones, generaciones enteras de soldados falleciesen llevándose consigo a la tumba la gravedad de sus lesiones psicológicas.

Pero hubo, sin embargo, quienes no pudieron mantener silencio. Fueron muchos los veteranos de guerra que, al finalizar la II Guerra Mundial, empezaron a engrosar las filas de los pacientes de los hospitales de la VA víctimas de esta enfermedad psicológica a la que actualmente se conoce como *fatiga de combate*. Aun hoy en día, los veteranos de la II Guerra Mundial y de la guerra de Corea siguen llamando a las puertas de los hospitales de la VA aquejados del sufrimiento provocado por los recuerdos traumáticos. Y es que la jubilación parece alentar los mismos sentimientos de aislamiento y falta de control que experimentaron en el campo de batalla y desencadenar las mismas espantosas imágenes mentales asociadas que se vieron obligados a vivir.

No obstante, a pesar del reconocimiento logrado por esta enfermedad, fueron muchos los profesionales de la salud que siguieron minimizando los efectos del combate. En 1968, cuando la guerra de Vietnam se hallaba en pleno apogeo, el trauma de combate era tan raro que la nueva edición del manual diagnóstico oficial de la American Psychiatric Association acabó descartando cualquier mención a los trastornos de estrés.[3] Poco tiempo después, sin embargo, de la publicación del manual, el número de soldados emocionalmente destrozados por su paso por Vietnam que acudían a los centros de apoyo de veteranos alcanzó cotas inauditas, porque esa guerra parecía estar afectando a una cantidad mucho mayor de militares (tanto hombres como mujeres) que cualquier otra contienda anterior. Quizás ello se debiera a la mayor inexperiencia de las tropas, ya que la mayoría de los soldados desplegados por los Estados Unidos en Vietnam tenían entre 18 y 19 años. Otro factor desencadenante tal vez haya que buscarlo en la caótica situación política de Vietnam y en la falta de objetivos claros, una situación muy distinta a los patrióticos objetivos establecidos durante la II Guerra Mundial. Además, la actitud con que fueron recibidos al regresar a casa los veteranos de Vietnam no tenía nada que ver con los desfiles triunfales que dieron la bienvenida a quienes habían luchado en las contiendas anteriores. Cuando los soldados que lucharon en Vietnam regresaron, se encontraron con una sociedad civil que los menospreciaba. Algunos fueron literalmente recibidos por multitudes que los insultaban y recriminaban su conducta con expresiones manifiestamente antibelicistas. Han sido muchos los veteranos que, años más tarde, todavía lloraban al relatarme esas escenas.

Fueron necesarios otros 12 años y la revisión de 1980 del manual oficial de diagnóstico psiquiátrico para que el sufrimiento de los veteranos de Vietnam se viese reconocido y etiquetado formalmente como TEPT del que, por fin, acabaron diagnosticados casi un millón de los hombres y mujeres que sirvieron en Vietnam. Veinte años después, la mitad de ellos todavía seguía padeciendo el trastorno[4] y un 11% adicional (cerca de 400.000 personas) todavía sufre de algunos de los síntomas del TEPT, como pensamientos obsesivos, pesadillas y *flashbacks*.

Pero el reconocimiento oficial y generalizado de una enfermedad psicológica no implica su comprensión. A finales de los años 1980s, los profesionales de la psicoterapia todavía no se ponían de acuerdo en el modo más adecuado de tratar el TEPT. Lo único en lo que todos coincidían era que se trataba de un síndrome muy difícil de curar y que eran muy pocos los que abandonaban la consulta o el hospital completamente liberados de sus síntomas.

La controversia entre las diferentes escuelas de psicología no es nada nuevo. Tengamos en cuenta que aunque su tasa de curación era excepcionalmente baja, los distintos tipos de terapia siempre han hecho lo que mejor sabían. Los terapeutas psicodinámicos insistían en que, para superar el pasado, los veteranos traumatizados necesitaban "hablar". Los terapeutas de conducta, por su parte, consideraban que el simple hecho de hablar es una pérdida de tiempo y que lo que el sujeto debía hacer era descondicionarse de las viejas, inapropiadas y automáticas respuestas de combate con las que trataba de enfrentarse a los problemas suscitados por la vida civil. Los terapeutas cognitivos, por su parte, se centraban en las creencias negativas que los veteranos tenían sobre sí mismos y trataban de enseñarles, en consecuencia, a pensar en el trauma de manera diferente, y los farmacoterapeutas, por último, seguían, como siempre, recetando antidepresivos y ansiolíticos.

Pero ninguno de esos enfoques resolvía completamente el problema. Miles de veteranos de guerra probaron, durante dos décadas, las distintas modalidades de terapia que, en la mayor parte de los casos, no hicieron mella alguna en su sufrimiento. Y según afirman algunos directores de los centros de tratamiento del TEPT, cada año que pasa resulta más difícil cambiar las cosas.

Cuando conocí a Eric Smith, era un pulcro, afable y educado programador informático que estaba a punto de cumplir 40 años. También había servido como marine en Vietnam y llevaba 20 años sumido en una lucha infernal con la depresión, el insomnio, las ideas obsesivas, la sensación de culpabilidad y las pesadillas recurrentes, una situación que trataba de amortiguar abusando del alcohol y de las drogas. Eric acabó convirtiéndose, para mí, en un símbolo de los miles de hombres y mujeres que se quedaron atrapados en las garras de la guerra de Vietnam. La primera vez que le vi, el sufrimiento de este hombre extraordinario me conmovió profundamente.

Un año después de salir del instituto, la tranquila vida de Eric que, por aquel entonces, tenía 19 años y vivía con sus padres en Santa Barbara (California), se vio sacudida por un vendaval que acabó arrastrándole al otro extremo del mundo.

El presidente Lyndon B. Johnson había aceptado la petición del comandante general William Westmoreland de aumentar, a finales de ese año, a 542.000 personas el contingente de tropas estadounidenses desplegados en Vietnam. La escalada de la guerra había comenzado y, en junio de 1967, Eric fue llamado a filas.

Al enterarse de la noticia, Eric no se inmutó, porque el médico que atendía a la familia le había asegurado que su tímpano perforado y su úlcera le librarían del alistamiento forzoso, pero no sólo superó el reconocimiento físico, sino que a las pocas horas se hallaba en un avión camino del campamento de Fort Bliss (Texas) sin haber tenido tiempo siquiera para hacer la maleta, coger el cepillo de dientes y la maquinilla de afeitar y llamar a su madre para decirle que esa noche no iría a cenar.

Siete meses más tarde, en enero de 1968, el avión que transportaba al soldado de primera clase Eric Smith, de la 199ª compañía de infantería ligera, aterrizó en el bochornoso clima de Saigón. La infame ofensiva Tet estaba a punto de comenzar pocas semanas después, el 31 de enero. Eric no sabía nada de Vietnam y menos todavía de la guerra. «No era más que un muchacho que cumplía órdenes –me dijo–. Cuando el ejército me dijo: "Tienes que ir a Vietnam" simplemente cumplí con el programa que me habían designado. ¿Tenía acaso otra alternativa? Cuando aterricé en Vietnam, pensé: "Sí, es terrible pero estaré aquí el tiempo que tenga que estar, haré lo que tenga que hacer y luego volveré a casa".»

Poco después de su llegada, Eric recibió un permiso para volver a los Estados Unidos, porque su padre, con el que siempre había tenido problemas de relación, acababa de ser diagnosticado de un grave cáncer de pulmón. Tres semanas después, sin embargo, su padre murió y, a los tres días, Eric se hallaba de nuevo en territorio vietnamita. Cuando el avión despegó, un sargento que viajaba junto a él le dijo: «Ahora que tú padre ha muerto vamos a por los vietnamitas».

Su bautismo de fuego sucedió un mes después de haber llegado al país. Su compañía había sido enviada a patrullar por el cauce de un río cuando Eric cayó súbitamente en cuenta de la ausencia de su compañero Paul, el único hombre del pelotón que se había apiadado del asustado recluta y le había enseñado cómo funcionaba todo. Pero cuando se dio la vuelta, dispuesto a buscar a Paul, escuchó el grito del teniente diciendo: «¡Quédate donde estás! ¡Que nadie retroceda!». Poco después descubrieron el cuerpo de Paul y Eric fue el encargado de meter cuidadosamente el cadáver de su amigo en una bolsa y llevárselo a hombros hasta el helicóptero.

Pero el infierno no había hecho más que empezar. Una noche en que su compañía cayó en una emboscada y estaba siendo diezmada por el fuego de mortero, Eric tuvo que llamar por radio solicitando cobertura de artillería que podía arrasar una aldea próxima en la que vivían muchas mujeres y niños. A la mañana siguiente, su compañía tuvo que marchar muy temprano, y aunque no tuvo ocasión de enterarse de las bajas provocadas por ese ataque, le horrorizaba pensar en ello. Otra noche vio cómo varios compañeros dejaron escapar deliberadamente a un prisionero vietcong para acabar acribillándole luego con sus M16. En otra ocasión recibió la orden de seleccionar y entrenar a un recluta que le sustituyera como avanzadilla mientras él estaba descansando, pero no logró sobrevivir a la primera misión. Finalmente, un día de septiembre de 1968 en el que formaba parte de una patrulla de tres hombres, pisó una mina y se vio arrojado por los aires a más de seis metros de altura. La metralla atravesó el cráneo del soldado que le precedía y reventó el pecho y el abdomen del que iba detrás, acabando con la vida de ambos.

La granada convirtió las piernas de Eric en jirones sanguinolentos, una acción que le hizo merecedor del Corazón Púrpura y le dejó inmovilizado en una silla de ruedas. Poco tiempo después, los médicos del ejército le dijeron que jamás podría volver a utilizar las piernas.

Tras pasar seis meses en un hospital militar de Japón, Eric fue enviado de vuelta a casa, donde emprendió un proceso de rehabilitación fisioterapéutico intensivo que, si bien en principio sólo debía durar un par de años, acabó finalmente requiriendo una década, para recuperar el control de sus piernas. Luego fue a la universidad, se casó, tuvo dos hijos y encontró un buen trabajo en la industria informática.

No fue su cuerpo, sino su mente, su corazón y su alma los que se negaron a curar. Eric sufría pesadillas recurrentes, empezó a beber y no tardó en convertirse en un alcohólico. Luego se interesó por el paracaidismo y se pasaba fines de semana enteros en la zona de lanzamiento buscando el subidón adrenalínico que le liberase del intenso miedo del combate. Eric sentía una fuerte atracción inconsciente por un deporte de alto riesgo como ése, porque la adrenalina liberada bloqueaba la emergencia de los pensamientos y sentimientos que tanto le obsesionaban, al tiempo que le proporcionaba también una actividad que le permitía canalizar su ansiedad. Con cierta frecuencia, los veteranos que padecen de TEPT suelen verse inconscientemente impulsados hacia conductas que reflejan su experiencia de la guerra y no hacen sino empeorar su sufrimiento. No es de extrañar tampoco que eviten las relaciones íntimas, se distancien de sus familias y sufran frecuentes ataques de ira que, en ocasiones, les llevan a agredir a su esposa o a sus hijos. De un modo u otro, el sufrimiento que esas personas experimentaron en Vietnam se halla fijado en su sistema nervioso, como también lo está la intensa ira que les llevó a matar a otros seres humanos.

Pero por más que se odien a sí mismos por lo que hacen, no pueden entenderlo, y mucho menos controlarlo.

Las cinco escenas de violencia que hemos mencionado se reproducían una y otra vez, día tras día y hasta 20 veces al día dentro de la cabeza de Eric, hasta el punto de que llegó a creer que estaba volviéndose loco. Entonces llegó a la conclusión de que había sido un cobarde, que todas las decisiones que había tomado en Vietnam estaban equivocadas y que hubiera sido mejor morir en la jungla. Se sentía culpable de todas las muertes que había presenciado y estaba seguro de que, de haber sido un buen soldado, podría haberlas impedido.

Los pensamientos obsesivos de Eric incluían una espantosa fantasía en la que se veía obligado a asistir impotente asesinato de sus hijos. También imaginaba que en mitad de una situación feliz como una fiesta, por ejemplo, se veía desbordado por un súbito ataque de violencia que asustaba a todos los presentes y le humillaba a sí mismo. Ésas eran dos de las escenas que se repetían una y otra vez en su mente, como si se hallase atrapado en un círculo infernal. Y por más marihuana que fumase, LSD que tomase y cocaína que esnifase, no conseguía escapar de sus pensamientos obsesivos. Dormía muy poco y, muy a menudo, estaba demasiado deprimido como para, al comenzar el nuevo día, levantarse de la cama, desayunar y vestirse.

A veces, Eric preguntaba a los médicos por su problema y éstos, mirándole amablemente, le respondían: «La guerra es el infierno y Vietnam fue muy duro, pero tú estás bien», con lo que acabó dejando de preguntar. Un buen día, nueve años después de haber sido evacuado del combate, Eric estaba sentado en un bar cuando uno de sus compañeros paracaidistas mencionó la guerra de Vietnam y Eric, negándose a hablar, se levantó y se marchó.

Un año más tarde, Eric se despertó una noche gritando

mientras estaba hospitalizado a causa de un accidente de paracaidismo. Se había roto la cadera, habían tenido que colocarle un tornillo en una pierna y su cuerpo estaba fajado y suspendido en la cama exactamente igual que los seis meses que pasó en el hospital de Japón después de la devastadora herida provocada por la mina. El hospital envió entonces a un psiquiatra para hablar con Eric que, tras escuchar su historia, le dijo: «La guerra es el infierno. Tú estás bien. No tienes ningún problema. Átate bien los machos y sigue adelante».

Varios meses después le dieron el alta. Luego se divorció de su esposa, y ella se quedó con la custodia de sus hijos. Entonces Eric se cerró emocionalmente, dejó de ver a sus amigos y los reemplazó por conocidos que sólo le querían para surfear, volar o tirarse en paracaídas. También dejó de mantener relaciones próximas, porque no quería que nadie se enterase del infierno interior que estaba destrozándole.

Uno de los síntomas más desgarradores que aquejan a los veteranos que padecen de TEPT les empuja a evitar todo aquello que pueda recordarles el trauma, lo que les lleva a romper cualquier relación, aun con sus compañeros veteranos, que son quienes más podrían ayudarles. Esto también significa que se desconectan de cualquier recuerdo positivo ligado al combate, como la camaradería y la relación con otros soldados. No es de extrañar, en tal caso, que recurran al alcohol o las drogas para amortiguar su dolor y dejar así de pensar en Vietnam. También suelen restringir sus actividades y evitar aquellos lugares y situaciones que puedan desencadenar la emergencia de sus síntomas. Los hay que ni siquiera pueden pasear por la calle, ir a los centros comerciales o asistir a espectáculos deportivos por temor a que las muchedumbres y los lugares ruidosos y caóticos despierten sus viejos fantasmas y desencadenen terribles reviviscencias.

Durante esos *flashback*, las imágenes, los sonidos, los olores, las sensaciones físicas y las emociones del evento original regresan con tal intensidad que el veterano cree que ha vuelto a Vietnam y llega incluso, en ocasiones, a tirarse al suelo al escuchar el ruido de un avión o la sirena de un coche de bomberos, en una respuesta refleja cuyo control escapa completamente de sus manos.

Los *flashbacks* y otros síntomas obsesivos forman parte de la respuesta fisiológica automática a viejos estímulos y su presencia constituye uno de los rasgos distintivos del TEPT, desencadenando una hipersensibilidad que exacerba la vulnerabilidad de quien lo padece. No es de extrañar que, en tales casos, situaciones tan benignas como la mano de un amigo posada en el hombro desencadenen una reacción fisiológica inmediata de miedo, ansiedad o dolor, síntomas que evidencian la existencia de un evento traumático fijado en su sistema nervioso que, al no haber sido adecuadamente elaborado, sigue presente y activa la emergencia repetida de viejas imágenes, sentimientos y miedos.

En 1985, Eric se dio cuenta de que no podía postergar por más tiempo esa situación. Entonces decidió acudir a un centro local de veteranos y empezó a reunirse con ellos, escuchando sus historias y atreviéndose, por vez primera, a contar dolorosamente la suya. Eso le proporcionó una especie de salvavidas, porque entonces descubrió que su caso no era el único y que eran muchos los veteranos que se hallaban aquejados por los mismos síntomas. Y aunque las vidas de todos ellos fuesen muy diferentes, todos compartían los mismos síntomas y los mismos problemas.

Después de este descubrimiento, Eric emprendió lo que acabaría convirtiéndose en dos años de sesiones semanales de psicoterapia individual. El terapeuta que le atendía, un veterano que había servido en su misma unidad, conocía al dedillo el territorio por el que se movían sus pesadillas. Eric también asistió a terapia de grupo, donde conoció a otros veteranos, con los que diseccionó sus experiencias de Vietnam y se dio cuenta de que, después de todo, sus decisiones no habían sido tan malas y de que no había sido un soldado tan incompetente como creía. También acabó aceptando que todas las vidas que había arrebatado habían sido en defensa propia, lo que mitigó considerablemente su sensación de culpabilidad. La guerra *era* el infierno, concluyó entonces Eric y, después de haber atravesado ese umbral, no tuvo otra alternativa. Pero por más que, de ese modo, pudiera perdonarse intelectualmente, todavía le quedaba mucho camino para poder perdonarse emocionalmente. Y para ello no bastaba con la terapia tradicional.

Fueron muchos, del millón aproximado de veteranos de Vietnam que padecieron los síntomas del TEPT, los que como Eric acudieron al Department of Veterans Affairs en busca de tratamiento. En los últimos 20 años, la VA ha estado ofreciendo a estos hombres y mujeres la posibilidad de emprender una terapia individual, una terapia de grupo y hasta una terapia en régimen interno (lo que incluía terapia psicodinámica, terapia conductual, terapia de grupo y farmacoterapia, entre otras). Por desgracia, sin embargo, han sido muy pocas las investigaciones controladas realizadas a este respecto y los pocos resultados objetivos logrados han sido más bien pobres. El único hallazgo claro de las investigaciones realizadas sobre el efecto de los fármacos ha sido que el TEPT se muestra muy refractario al efecto placebo,[5] lo que sugiere que antes de alcanzar la curación, es necesario corregir algunos aspectos fisiológicos del TEPT. Ninguna de las investigaciones controladas sobre el tratamiento del TEPT con veteranos de guerra había demostrado, antes de la aparición de la EMDR, una tasa de éxito superior al 30%.

No existe ninguna investigación controlada sobre la eficacia de la terapia grupal proporcionada por el sistema VA. El testimonio personal de los veteranos, sin embargo, indica que las sesiones grupales pueden proporcionar el consuelo de saber que su caso no es el único. Pero la comprensión que acompaña al hecho de hablar de los problemas que se produce durante la terapia grupal no parece tener mucho efecto sobre los síntomas. Y es que el simple conocimiento intelectual resulta insuficiente. Quizás un veterano pueda, en terapia grupal, perdonar a los demás por haber actuado, en la guerra, de un determinado modo, pero ello no implica que pueda perdonarse emocionalmente a sí mismo. Y lo más curioso es que la fuente del sufrimiento de los veteranos resida, precisamente, en su propia nobleza. Resulta muy paradójico que se descalifiquen por lo que hicieron en Vietnam porque si realmente fuesen tan malvados como parecen sugerir sus pensamientos obsesivos, no se sentirían tan mal por ello y no seguirían sufriendo después de tantos años. Pero por más que puedan advertir esa paradoja en los demás, es muy inhabitual que la reconozcan en sí mismos.

Independientemente de lo claro que tuviese que no estaba loco, los sentimientos de Eric sobre la guerra de Vietnam seguían sin cambiar y tampoco lo hacían sus pesadillas, sus pensamientos obsesivos y sus flashbacks. Diecinueve años después de haber regresado de Vietnam, en invierno de 1987, Eric estuvo a punto de suicidarse, mientras estaba a solas en su habitación del 6º piso de un hotel de Salt Lake City, a donde había ido a esquiar. Eran las 11 de la noche y, siguiendo las indicaciones que le había sugerido su terapeuta, estaba escribiendo en su diario, tratando de recordar los elusivos detalles de uno de sus recuerdos más inquietantes y obsesivos de la guerra. Pero en el mismo momento en que empezó a escribir, todo el evento se desplegó delante de él. «Una vez más –me dijo más tarde– asumí la responsabilidad por los muertos, pero no podía afrontar esa situación. Pensé que había matado a gente y que no merecía vivir».

Eric se puso entonces en pie y se encaminó hacia la ventana, con la intención de saltar, pero por alguna razón desconocida, se detuvo a medio camino, se dejó caer al suelo y descolgó el teléfono Y cuando el recepcionista respondió, le dijo, sumido en lágrimas: «Haga el favor de llamar a la policía. Tengo problemas».

Eric fue enviado entonces a sala de urgencias de un hospital, donde le ingresaron en la sección de psiquiatría, en la que pasó tres espantosos días, observando a los demás pacientes y preguntándose si él también estaría volviéndose loco. Cuando regresó a casa presentó una solicitud para participar en un programa interno de 90 días de tratamiento intensivo del TEPT que aceptaba a veteranos con posibilidad de recuperación. La mayoría de los terapeutas y varios de los médicos del respetado programa eran veteranos de Vietnam, y aunque la tasa de éxito no era muy elevada –porque no alcanzaba el 15%– superaba con mucho, en esa época, la de otros tratamientos parecidos.

Después de tres meses de tratamiento intensivo residencial, sin embargo, Eric seguía igual, se hallaba sumido en la depresión y viéndose acosado por los mismos pensamientos obsesivos de los cinco terribles eventos que había vivido en Vietnam. Luego regresó al centro de veteranos de San Jose (California) y emprendió una terapia grupal. Pero por más que tratase de mantener una actitud positiva, había perdido toda esperanza, y los antidepresivos, que tan bien le habían funcionado anteriormente, dejaron de proporcionarle consuelo.

La investigación ha demostrado que la gravedad de un determinado TEPT depende de la cantidad de traumas que la persona haya experimentado, del número de acciones de servicio en las que haya participado y de la magnitud de los factores estresantes.[6] Además, los eventos traumáticos de la
infancia pueden tornar a la persona más vulnerable al TEPT
(lo que, en el caso de Eric, podía estar ligado a los problemas
de relación con su padre y a su súbita muerte).

Una noche, el terapeuta que dirigía las sesiones grupales les
habló de mi trabajo y les dijo que estaba tratando de corroborar la eficacia de mi método con veteranos de guerra que
padeciesen pensamientos obsesivos. La mayoría de los asis-
tentes se negaron, porque no querían trabajar con una mujer,
pero, en realidad, lo cierto era que no querían trabajar con
nadie que no fuese un veterano de Vietnam, es decir, con
nadie que no hubiese estado allí. Tampoco querían participar
en un nuevo tratamiento "experimental" porque, desde el
comienzo de la guerra, no habían dejado de sentirse como
peones y cobayas. Pero Eric no pensaba lo mismo, a él no le
importaba que el terapeuta fuese un hombre, una mujer, un
veterano, un civil o un alienígena y, aunque no albergaba
grandes expectativas, se mostró dispuesto a intentarlo.

Eric y yo empezamos a trabajar en marzo de 1988, 20
años después de que, por vez primera, pisara territorio vietnamita. En la primera de lo que acabarían siendo cinco sesiones de EMDR de 90 minutos que se extendieron a lo largo de
las cinco semanas siguientes, le pedí que me hablase de sus
pensamientos obsesivos. Con voz tranquila empezó entonces
a describir la guerra que, después de 20 años, todavía seguía
desplegándose en el interior de su cabeza.

–Siento como si tuviera una atracción enfermiza por esos
sentimientos, como el asesino que se ve obligado a regresar

una y otra vez a la escena del crimen. Estoy atrapado en un círculo vicioso del que no puedo salir –comenzó Eric, mirando varias veces a la ventana, al tiempo que tragaba repetidamente saliva–. Veo escenas de Vietnam, situaciones en las que todavía no puedo decidir si estaba haciendo o no lo correcto.

Cuando me contó los detalles, resultó evidente la sensación de culpabilidad con la que contemplaba dos situaciones concretas en las que se sentía responsable de la muerte de varios seres humanos. Entonces decidí comenzar la EMDR con esos dos eventos y ver dónde nos conducían.

–Comenzaremos con el incidente del prisionero –dije amablemente–. Cuéntame más sobre él.

–Muy bien –respondió Eric, mirándome a los ojos–. Después de haber caído en una emboscada que nos había tendido un batallón norvietnamita, logramos capturar a un vietcong. Durante toda una noche y un día estuvieron hostigándonos desde lo alto de una colina y acabando poco a poco con nosotros, hiriendo y matando a 100 de los nuestros. Cuando finalmente conseguimos tomar esa colina, nos dimos cuenta de que los vietnamitas se habían ido y de que ahí ya no quedaba nadie. Estábamos realmente frustrados por las pérdidas sufridas y porque nunca sabríamos quién lo había hecho.

»Entonces organizamos guardias de un par de horas. Al parecer, en una de las ocasiones en que yo estaba dormido –a eso de las dos de la madrugada–, uno de los muchachos que estaba de guardia liberó al prisionero con la intención de disparar luego sobre él. Esos disparos me despertaron –agregó Eric, con voz apenas audible y la respiración entrecortada, inclinándose hacia adelante y con el torso manifiestamente tenso– y entonces vi al muchacho que estaba junto a mí disparar también. Todavía sigo pensando que, al ser el mayor, debería habérselo impedido.

–Debería haber *hecho* algo –repitió–, cuando le pedí que resumiera en pocas palabras los sentimientos asociados a ese incidente. Luego evaluó la intensidad de su sensación de culpabilidad como un 9 en la escala usa de 0 a 10. Y cuando le pedí que elaborase una afirmación positiva que reflejara cómo le gustaría sentirse al respecto, respondió de inmediato: «Yo no era responsable», un comentario que auguraba un buen comienzo.

–Muy bien –dije entonces–. Ahora imagina la escena y recuerda la frase «Debería haber hecho algo» –con la expectativa de activar, de ese modo, el aspecto de la memoria que necesitaba curar–. Para estimular el sistema de procesamiento de la información, empecé a mover rápidamente mi mano, dejando que los ojos de Eric siguieran el movimiento en diagonal de mis dedos en su campo visual. Entre una serie y otra, le decía: «Ahora olvídate de todo y respira profundamente».

Después de un par de series de movimientos oculares, Eric comentó que si bien la imagen seguía sin cambiar, la intensidad de sus sentimientos al respecto había descendido a 6 o 7.

–Escucho el ruido del M16 a medio metro de mi cabeza y me doy cuenta de lo que está ocurriendo –me dijo entonces.

Después de tres nuevas series, Eric se rió sorprendido y dijo:

–El ruido se me antoja ahora más distante y mis sentimientos parecen haber disminuido a 4. Es como si no tuviera nada que ver conmigo. Es cierto que ha muerto una persona, pero…

»Ahora la intensidad debe ser de 2. Es como si estuviera viendo una película –señaló, tras varias series más.

–¿Qué te hace sentir ahora la frase «Yo no era responsable»? –pregunté entonces.

–Me siento mejor. Pero, aunque realmente no era responsable –respondió Eric, después de una respiración profunda en la que sus hombros parecieron relajarse–, todavía me siento triste. Por más que contemple la escena y me vea inmerso en ella, lo cierto es que murió una persona. No creo, pues, que los sentimientos negativos hayan desaparecido.

»Es cierto que murió un ser humano –dijo, tras un par de series más–, pero yo no era responsable y me siento menos amenazado, lo que me da cierta confianza en el procedimiento [la EMDR]. Es evidente que si tú puedes mantenerte a cierta distancia de la escena, yo también puedo hacerlo.

»Ahora la intensidad de los sentimientos parece haber disminuido a 2 –dijo, tras varias series más.

Luego realizamos varias series sin que se produjera ningún cambio.

–¿Qué necesitarías para que la intensidad se redujese a 1? –pregunté entonces.

–Nada –replicó Eric–. No puedo olvidar que murió un ser humano. Yo me hallaba físicamente presente y podía haber hecho algo, de modo que no resulta tan sencillo abdicar de mi responsabilidad. Como ser humano pude haber hecho algo que impidiera la muerte de otro ser humano.

»No tenía la suficiente presencia mental –agregó, expresando un nuevo pensamiento–, acababa de despertarme y no veía bien a quién le estaban disparando. Es cierto que veía que disparaban a una persona, pero detrás de ella podrían haberse ocultado muchos más.

»Lo cierto es que no creo que hubiera podido hacer mucho más de lo que hice –dijo de repente, después de mantenerse en silencio unos instantes y asentir con la cabeza–. Nunca antes lo había pensado así. Creo que hice lo que debía.

Esa comprensión espontánea de Eric era idéntica a otras que había advertido en los integrantes de un estudio anterior.

Lo único que podía hacer era esperar que augurase el mismo tipo de cambios que había presenciado en los participantes de mi estudio. Era evidente que no bastaba con la mera comprensión intelectual y que Eric debía desarrollar nuevas creencias positivas.

Cuando vi el camino seguido por Eric a través del campo minado de sus recuerdos, me pareció que siempre había tenido acceso al conocimiento de haber actuado bien no poniendo fin al tiroteo. Después de todo, la información era objetivamente cierta y no se había visto modificada por ningún dato nuevo, pero algo parecía impedirle conectar con ella. Fue como si el método seguido abriese una puerta en su sistema de procesamiento que le permitiera acceder a esa información y solucionar el trauma. Si esa hipótesis era cierta, Eric había conectado con el sistema curativo innato puesto de relieve por mi estudio anterior.

Todo parece cobrar ahora un nuevo sentido. Nuestro cuerpo está fisiológicamente preparado para la supervivencia y, para ello, nos adaptamos al entorno físico. ¿Por qué debería, nuestra mente, funcionar de manera diferente? También ella debe estar en condiciones de dar respuestas adaptativas que incrementen nuestras probabilidades de supervivencia. En este sentido, la respuesta de tristeza de Eric relativa a la muerte del guerrillero era más adaptativa que la sensación (errónea) de ser el responsable de su muerte. Pero hasta que la EMDR no le permitió acceder al recuerdo del tiroteo, que se hallaba almacenado en su sistema nervioso, no podía conectar con un conocimiento más adaptativo y apropiado, que también se hallaba neurológicamente almacenado.

–Vamos a trabajar ahora la escena de la aldea –le dije, después de 40 minutos de sesión.

–Muy bien –replicó, con una evidente tensión en la mandíbula que no auguraba un desarrollo tan sencillo.

»Habíamos caído en una emboscada y estaban bombardeándonos. En un determinado momento descubrí dónde se ocultaba el mortero del vietcong y llamé por radio a la artillería, pero como no tenía mucha experiencia al respecto, temía que los datos transmitidos fuesen inexactos y acabasen bombardeando una aldea cercana. Te aseguro que me resultó muy difícil –añadió Eric, con los ojos anegados, esquivando mi mirada.

»Los niños… –trató de agregar entonces, pero las palabras no podían atravesar su garganta–. No sé si los proyectiles alcanzaron la aldea y mataron a alguien o no.

Eric resumió entonces las lecciones negativas que había aprendido del bombardeo con la frase «Todo lo hago mal». Luego calificó la intensidad de su miedo –miedo a morir, miedo a hacer algo para lo que no estaba cualificado y miedo a hacer las cosas mal– como un 8 en la escala usa. Entonces emprendimos una serie de movimientos horizontales.

–Tengo problemas para conectar con esto –dijo Eric, después de la primera serie.

Como, al cabo de otra serie, las cosas seguían igual, hicimos un par de series más con movimientos diagonales.

–Estaba en una situación –me dijo luego Eric cuando revisamos lo sucedido– en la que tenía que pedir apoyo a la artillería, pero no sabía cómo hacerlo. Es cierto que me dieron todo tipo de instrucciones, pero… era de noche. Lo primero que, en tales casos, suele hacerse, es enviar una primera ronda de bengalas de iluminación que, aunque cayeron a eso de un kilómetro y medio, parecía que lo hiciesen a mi lado. Cuando le pasé la información al muchacho de la radio, me respondió: «Muy bien, ahí va el primer ataque».

–Mantén simultáneamente en tu mente la imagen y la sensación de peligro –dije entonces.

Al cabo de tres de series de movimientos en diagonal, me di cuenta de que, en esta ocasión, las cosas avanzaban mucho más lentamente y la intensidad de los sentimientos de Eric era de 4.

–Ahora advierto un cambio –dijo Eric, tras varias series más–. Antes estaba en Vietnam, pero ahora puedo ver el lugar en el que estoy [la consulta]. Me siento seguro. Estoy bien.

Después de un par de series más, el miedo de Eric descendió a 2.

–Todavía estoy asustado. Aunque sé dónde estoy y me encuentro emocionalmente aquí, pero la situación todavía me asusta.

Tras un par de series más, la intensidad del miedo había descendido a 1,5.

–¿Qué sucede cuando contemplas la escena y la sientes? –pregunté.

–Me resulta difícil decir «ya ha pasado».

Después de otra serie, el miedo volvió a subir a 2 o 3.

–Por alguna razón que se me escapa, cuando digo «ha desaparecido», todavía me preocupa –admitió Eric–. El miedo aún no ha desaparecido y todavía estoy asustado.

Tras una nueva serie, la intensidad del miedo seguía manteniéndose en 2.

–¿Cómo te sientes cuando piensas en la frase «Hice las cosas lo mejor que pude»? –pregunté, después de un par de series.

–Me molesta. Es cierto que hice las cosas lo mejor que pude, pero eso no significa que lo que hice parezca me bien. Hice las cosas lo mejor que supe, pero ignoro cuáles fueron sus consecuencias –replicó Eric, inclinando la cabeza hacia un lado y frunciendo levemente el ceño–. Es verdad que el bombardeo acabó con el fuego de mortero, de modo que sí que debí hacer algo bien, pero ignoro a costa de cuántas muertes. No tengo la suficiente información para saber si hice bien las cosas y si las hice lo mejor que pude.

»Creo que es muy probable –añadió entonces, con las cejas arqueadas y el rostro sereno y relajado– que lo hiciera bien. A fin de cuentas, el ataque acabó con el fuego de mortero. Debieron darles de lleno. Quienes estaban disparándonos murieron, lo que nos ahorró muchas vidas –dijo, relajando el mentón y asistiendo con la cabeza.

–¿Cómo te sientes ahora?

Eric había empezado a llorar. Su miedo se había trocado en tristeza.

–Murieron muchas personas. Murió gente a la que conocía –señaló, irguiéndose y apoyando los codos en los brazos de la silla, con las manos todavía fuertemente entrelazadas. Sollozaba y no quiso coger un pañuelo de papel. Al cabo de un rato, empezamos otra serie y Eric siguió el movimiento de mis manos con los ojos enrojecidos. Fue la serie más larga que habíamos realizado hasta entonces.

–¿Y ahora? –pregunté amablemente.

–Aunque la intensidad es menor…–replicó, tras un largo silencio– sigo sintiéndome triste.

Nueva serie.

–Un 6.

Varias series más.

–Un 5.

–¿En qué piensas ahora?

–En que murieron seres humanos. Pero ahora es como si leyera la noticia en los periódicos. En esta última ocasión, no me hallaba personalmente implicado, porque desconocía a la gente que murió.

Después de una nueva serie, la intensidad de la tristeza bajó a 4.

Nueva serie y siguió bajando a 3.

Tras una nueva serie, siguió en 3 y apareció un nuevo miedo.

–Cuando pienso en que, después de 20 años, todavía sigo así, me siento mal y me asusto, porque creo que jamás podré desembarazarme de este sentimiento.

Otra serie. Un 2.

Nueva serie. Un 2.

–¿Cómo te sientes ahora?

–Me siento triste por lo que sucedió; me siento triste por todas esas muertes; me siento triste por todas las personas que murieron o fueron heridas. Nosotros sólo estábamos haciendo nuestro trabajo, pero no puedo dejar de pensar en sus familias… –dijo Eric, rompiendo a llorar, pero aunque tenía el rostro inundado de lágrimas, se mantenía erguido en la silla.

–¿Y cómo te sientes en la escena?

–Tengo… –dijo Eric, mirando al suelo, mientras seguía llorando– tengo sentimientos encontrados. Estoy contento por estar vivo y haber podido salvar la vida de algunos amigos, pero también estoy asustado porque todo fue cuestión de suerte. No se trataba de que muriesen los malos y los buenos los matasen, sino que todo dependió sencillamente del lugar en el que nos habían colocado los acontecimientos. Sobreviví a esa noche porque no estaba en el objetivo del fuego de los morteros –concluyó Eric, inclinando la cabeza y sollozando.

»Todo es muy confuso… ¿Cómo decidir quién debe morir y quién no?

–¿Eso fue lo que hiciste tú? –pregunté.

–¿A qué te refieres?

–¿A si fuiste tú quien tomó la decisión?

–Yo podía haber decidido no llamar a la artillería –prosiguió Eric llorando–, pero de no haberles bombardeado, los muertos hubiésemos sido nosotros. Yo decidí quién debía morir. Y no fue una decisión difícil, porque conocía a los hombres de mi compañía y desconocía a los vietcong y a la gente de la aldea. Tomar la decisión fue relativamente sencillo. Lo difícil fue verme obligado a tomarla, una situación muy parecida a la situación en que se ve implicada la protagonista de la película *La decisión de Sofía*.

Después de una nueva serie, Eric seguía llorando y manteniendo los dedos entrelazados.

—Ahora la intensidad es menor.

Nueva serie.

—Todavía es menor.

Nueva serie. Eric había dejado de llorar y tenía la mirada perdida en la ventana que estaba a su izquierda.

—¿Cuán intenso es ahora? —pregunté.

—Un 4 —replicó.

—¿Y cuál es el sentimiento?

—Todavía me siento triste por la muerte de toda esa gente. Pero la intensidad es menor, porque puedo contemplar las cosas más racionalmente y me doy cuenta de que no tenía otra elección. Yo no decidí si la gente debía o no morir. Dada la situación, no me quedaba otra alternativa...

Las lágrimas se quedaban atrapadas en la garganta de Eric y movía la cabeza una y otra vez.

—Yo conocía a las personas de uno de los bandos y desconocía a las del otro, así que no tuve que pensármelo mucho. Me pareció, y sigue pareciéndome, una decisión evidente. Estaban atacándonos con fuego de mortero y teníamos que defendernos.

»Hice las cosas lo mejor que pude —agregó Eric, tras una pausa, mirándome avergonzado y con una sonrisa forzada.

—Seguro que sí —apostillé—. Y acabaste con el fuego de mortero.

—Sí, dejaron de atacarnos. Pero el ruido de ese mortero sigue martilleando en el interior de mi cabeza.

—¿Es posible asumir esta sensibilidad —le dije entonces, inclinándome hacia él—, es decir, el amor que sientes por toda forma de vida sin negar por ello al mismo tiempo que, dadas las circunstancias, hiciste las cosas lo mejor que pudiste, que hiciste las cosas bien y contribuiste a salvar las vidas de las personas que te rodeaban?

–No me resulta sencillo –respondió Eric–. La situación fue provocada porque yo estaba tratando de evitar la muerte, pero sus resultados fueron igualmente letales. –Y, tras una larga pausa, agregó:

»Por algún que otro motivo, me he quedado atrapado en el hecho de que mi acción no consiguió evitar la muerte. Y también he tenido problemas en asumir la idea de que, probablemente, mi acción evitó más muertes de las que podría haber habido.

–¿Puedes asumir simultáneamente la imagen de estar implicado en ello y la frase «hubo menos muertos»?

–Sí.

»Me siento mejor –dijo, tras una nueva serie–. No es fácil, pero me siento mejor.

»Todo sigue igual –insistió Eric, tras una nueva serie y respirar profundamente.

Nueva serie.

–Ahora me siento mejor –dijo Eric–, porque hice un buen trabajo, les descubrí y acabé con su ataque.

En su recuerdo, la intensidad del miedo de Eric había empezado en 8 (en la escala de 0 a 10), luego fue disminuyendo poco a poco hasta 1,5 y luego, aparentemente, volvió a subir hasta 6. Cuando más tarde revisamos esa situación, me di cuenta de que la emoción que sentía y que habíamos estado valorando había cambiado. Así, el miedo se había convertido en tristeza y el aumento de intensidad se refería a la nueva emoción. Pero, a medida que fuimos trabajando con ella, la intensidad de la tristeza también disminuyó. Al pasar desde el miedo y la culpa («Todo lo que hago está mal») a la tristeza («Murió gente»), Eric llegó a una resolución más sana y adaptativa de su trauma.

Cuando una semana después volvimos a vernos, Eric me dijo que, desde nuestra primera sesión, no había tenido ninguna pesadilla. Era la primera vez en 20 años que podía dormir profundamente de un tirón siete noches seguidas.

Al comienzo de nuestra segunda sesión, Eric y yo revisamos su lista de cinco recuerdos perturbadores de Vietnam y establecimos nuevas puntuaciones usa de cada una de ellas, descubriendo una disminución de la intensidad de las emociones asociadas a algunos de los recuerdos que todavía no habíamos elaborado. Se trataba del mismo tipo de efecto de generalización que había advertido en mi estudio anterior y que me proporcionó un atisbo del funcionamiento de la mente. Los recuerdos y emociones no sólo emergen asociativamente durante la sesión de EMDR, sino que la resolución emocional de un determinado incidente traumático desencadena, de algún modo, un efecto dominó que parece atenuar sentimientos similares relativos a otros incidentes.

Luego prestamos atención a los problemas que le preocupaban y le frustraban. Cerca del final de la segunda sesión prestamos atención a los intensos sentimientos de Eric sobre la mina que casi le deja lisiado de por vida. Después de varias series de movimientos oculares, Eric empezó a llorar. No podía recordar lo que había sucedido y se sentía demasiado bloqueado como para seguir adelante, de modo que tuvimos que postergarlo hasta el siguiente encuentro.

Al comenzar nuestra tercera sesión, le pregunté a Eric por la intensidad de sus sentimientos al haber tenido que pedir apoyo de artillería tan cerca de una aldea, a lo que me respondió que era un 6 en la escala de 10 y que los sentimientos que experimentaba eran de ansiedad y miedo.

–Realmente ignoro lo que ocurrió esa noche y cuántas

personas murieron –dijo Eric–. Lo único que puedo hacer es imaginármelo. Todavía no puedo recordar muchas cosas. Tal vez, si tuviera un vídeo, me enteraría de algo que no quiero saber.

–¿Y cuál es la veracidad que atribuyes a la creencia «Ha sido culpa mía»? –le pregunté entonces.

–Emocionalmente sigue pareciéndome cierta aunque, intelectualmente, sé que hice lo que tenía que hacer. Dada la información con la que contaba, tomé la decisión correcta.

Luego pasamos a ocuparnos de las aterradoras y dolorosas secuelas causadas por la mina, su viaje en helicóptero en peligro de muerte y junto a dos hombres muertos, su conmoción al darse cuenta de que había perdido las dos piernas y la sensación de impotencia y miedo que le embargaba ante la posibilidad de pasar el resto de su vida confinado en una silla de ruedas. El mismo tratamiento que le obligaría a permanecer seis meses en un hospital y cerca de una década de rehabilitación, despertaba su desesperación y le parecía interminable.

En esta ocasión, aunque no pudo recordar la explosión sí que pudo imaginar la escena y experimentar el miedo asociado. En un determinado momento entre una serie y otra, me dijo que casi había decidido que le amputaran la pierna más gravemente herida, para poder reemprender así prontamente su vida. Después de varias series más dijo: «Estoy contento de no haber renunciado a ella».

Nueva serie.

–Ahora sé cuál es el resultado.

Una serie más.

–Me encuentro mejor.

Nueva serie.

– Ahora puedo contar mi historia –concluyó Eric, sintiéndose en paz con esa situación.

Al finalizar la tercera sesión, le pregunté a Eric por segunda vez ese día sobre su llamada de apoyo a la artillería.

–Me siento mejor. Estoy seguro de haber tomado la decisión adecuada. Ahora veo las cosas mucho más claras. Y la intensidad de la emoción es de un 1 o un 2.

–¿Y cuál es la veracidad que atribuyes a la afirmación «Hice las cosas lo mejor que pude» en la escala voc de 1 a 7?

–Un 4. El problema es que hubo gente que murió. Quizá, en tales casos, resulte imposible tomar una buena decisión, ni sentirse bien al respecto. Lo único que puedo hacer es decir que «dada la situación, hice las cosas lo mejor que pude», pero no creo que nunca pueda llegar a sentirme bien por ello. El nombre de ese juego es el de «muerte» y, por más que hiciera las cosas lo mejor que pude, eso no impidió que muriesen varias personas –y luego se quedó pensativo durante unos momentos.

»Probablemente la intensidad sea de 6 o 7, por más que hiciera las cosas lo mejor que pude.[7]

Durante las sesiones cuarta y quinta, Eric y yo empleamos la EMDR para tratar otros recuerdos de la guerra y luego pasamos a situaciones presentes que desencadenaban la emergencia en él de pensamientos obsesivos. Éstos resultaron estar claramente conectados con su pasado, en el sentido de que los sentimientos de descontrol experimentados en Vietnam le tornaban hipersensible a experiencias presentes similares. No era de extrañar, por tanto, que las situaciones de descontrol presentes reactivasen sus viejos sentimientos de Vietnam. Se trataba, obviamente, de un círculo vicioso que, muy a menudo, se ve impulsado por la necesidad de supervivencia porque si no aprendemos a responder al peligro, no podemos sobrevivir.

Aunque no seamos conscientes de ello, el pasado influye sobre el presente. Éste es, probablemente, el mayor regalo de Freud a la psicología y, gracias a los efectos extraordinariamente rápidos de la EMDR, he tenido la ocasión de presenciarlo una y otra vez en mi experiencia terapéutica. Tengamos en cuenta que el pasado no necesariamente provoca disfunciones, sino que nos enseña cosas que acabamos incorporando a nuestras reacciones emocionales y a nuestro proceso de toma de decisiones cotidiano. Muy a menudo, estas enseñanzas tienen que ver con algo que suponemos o percibimos como un peligro y que desencadena nuestra respuesta de lucha o huida.

Una de las cosas que desencadenaba el estrés presente de Eric, por ejemplo, era el intenso miedo que experimentaba cuando una situación se le escapaba de las manos. Cualquiera que haya trabajado en una situación de alta presión, como la que existía en la empresa en la que trabajaba Eric, sabe que una cierta cantidad de ira y frustración resulta inevitable. Pero la vida de Eric se veía sorprendida por estallidos cuya intensidad escapaba a su comprensión. Cuando nos centramos en un reciente incidente laboral, Eric súbitamente se detuvo y me dijo: «Acabo de darme cuenta de que ésa es la misma ira que experimenté en Vietnam. Eso fue, precisamente, lo que me llevó a matar».

En la cuarta sesión, trabajamos con la rabia y elaboramos la cognición positiva «Ahora he recuperado el control», lo que no sólo significaba que tenía otras alternativas, sino también que ya no debía seguir temiendo su propia ira. Entonces dijo: «He descubierto que, cuando permanezco con ella, ya no me siento desbordado. Ahora puedo manejarla». Luego me dijo que en el trabajo se sentía mucho más cómodo, que podía reaccionar más naturalmente ante sus compañeros, que disfrutaba más del trabajo y que también era más productivo.

Así pues, el procesamiento de los residuos de la experiencia de Vietnam le permitió asumir con mayor claridad su papel en el presente.

Un mes después de nuestra quinta y última sesión, llamé a Eric para ver si los efectos de la EMDR se habían mantenido y me enteré de que no había vuelto a sufrir ninguna pesadilla y de que los pensamientos obsesivos y la depresión parecían haberse esfumado. Lo mismo me dijo cuando, un año y dos años más tarde, volví a hablar con él con esa misma intención.

Hoy en día, ocho años después de esas cinco sesiones de EMDR, Eric Smith es un hombre completamente feliz. Liberado de los grilletes que le encadenaban al pasado, se siente gozosa y plenamente en el presente. Ha puesto en marcha su propia empresa de *software*, se ha vuelto a casar y está educando a una nueva hija. Ha recuperado, en suma, su vida. «He encontrado la luz al final del túnel y debo decir que es muy brillante» –afirma, con una sonrisa.

¿Qué hizo, en el caso de Eric, la EMDR que no pudieron hacer las terapias anteriores? Fueron muchas las sesiones de terapia que Eric llevó a cabo con personas muy diestras antes de apelar a la EMDR. Todas ellas le ayudaron a liberarse de las drogas y del alcohol y le proporcionaron la comprensión intelectual de que no era el responsable de las muertes que se atribuía. Pero lo cierto es que no bastaba con la mera comprensión intelectual.

Eric todavía no sabía si las mujeres y los niños de esa aldea habían muerto. Creía que probablemente habría muerto porque, después de todo, un ataque de artillería no discrimina entre quiénes deben morir y quiénes no. Por más que sus superiores le felicitasen posteriormente por haber hecho un buen trabajo, su corazón no estaba, ni jamás podría estar, de acuerdo con ellos.

–No supe lo que significaba estar en el ejército hasta que fui a Vietnam, pero entonces ya era demasiado tarde –me dijo Eric–. De hecho, mientras no lo vives, no sabes lo que está en juego. Nunca me he sentido bien por haber estado en Vietnam y por haber estado implicado en todo aquello. Hice cosas en las que no creía. Mi misma abuela me dijo: «La guerra es así. Y eso está bien». Pero lo cierto es que no está bien. Ni la guerra ni los militares significan nada para mí. Todos somos seres humanos.

Cuando, hoy en día, Eric habla de Vietnam, hay ocasiones en que sus ojos todavía se llenan de lágrimas. Pero ya no son lágrimas de vergüenza, miedo y culpa, sino lágrimas de compasión por los muchachos de 19 años que se vieron obligados a pasar 20 años perdidos en las violentas junglas de Vietnam.

4. LA ESTRUCTURA DEL TRATAMIENTO: DESCUBRIENDO LAS RAÍCES OCULTAS DEL DOLOR

«Lo que hemos dejado atrás y lo que yace entre nosotros son cuestiones secundarias comparadas con lo que se oculta en nuestro interior.»
RALPH WALDO EMERSON

Adentrarse en el mundo del trauma es como mirar un espejo roto porque, desde esa perspectiva, hasta las cosas más familiares se nos presentan como algo inquietante e inconexo. Entonces se despliega ante nosotros un mundo extraño y desconocido, revelando la existencia de profundos estratos de dolor en las personas que menos sospecharíamos que están sufriendo. Recuerdo que esto es algo que vi muy claramente con una de mis primeras clientas, una mujer muy "correcta" de 62 años procedente de una "buena familia" que mantenía una vida social muy activa. Su aspecto en modo alguno revelaba el menor indicio de la lucha que, durante toda su vida, había mantenido con el miedo y el pánico que le habían provocado el abuso sexual de que había sido objeto por parte de su padre. Su descripción de como estuvo deambulando de un lado a otro de su casa sin saber qué hacer después de la violación y aguardando la llegada de su madre resultaba espeluz-

nante, como también lo era la tristeza que tuvo que sobrellevar durante los años en que se vio obligada a luchar infruc-
tuosamente con su dolor. Otra mujer, una profesional jubila-
da de 68 años, vivía sumida en *flashbacks* e imágenes obsesivas de una violación que había sufrido el año anterior. Su
comentario de que la mera visión del perro de presa que se
había comprado para defenderse evocaba en ella las imágenes
y el terror asociado a ese incidente, resultaba conmovedor. No
obstante, a medida que fuimos procesando ese recuerdo, se
dio cuenta de que nunca se había permitido estar en paz y que
esa terrible situación podría suponer una auténtica oportunidad para cambiar de una vez por todas esa actitud.

Éstas y otras muchas historias similares me han enseñado
la importancia de ver más allá de las apariencias. Es cierto
que las situaciones angustiosas forman inevitablemente parte
de la vida, pero aun los síntomas más evidentes pueden ocul-
tar todo indicio de sus secuelas a largo plazo. Las dos mujeres antes mencionadas respondieron con gran rapidez a la
EMDR y la severidad de sus síntomas disminuyó también, en
consecuencia, espectacularmente. No obstante, las asociaciones adicionales que aparecieron durante el proceso evidenciaron la necesidad de emplear la EMDR para mucho más que el
simple hecho de desembarazarse de sus pesadillas y de sus
flashbacks. Entonces me di cuenta del papel que desempeña
el trauma en el contexto de la vida y del sistema social y asimismo me di cuenta de la necesidad de desarrollar una modalidad más comprensiva de tratamiento. Fue entonces cuando decidí que el objetivo de la terapia EMDR debe ser el de
ayudar al cliente a provocar los efectos más duraderos y profundos posibles que le permitan sentirse más seguro y equilibrado y a manejar adecuadamente la situación.

Con este objetivo en mente esbocé lo que hoy en día se
conoce como el enfoque de ocho fases de la EMDR,[1] que

integra aspectos importantes de muchas modalidades diferentes de psicoterapia, como la psicodinámica, la cognitiva, la conductual y la interaccional. Las ocho fases mencionadas incluyen: la elaboración del historial del cliente y la planificación del tratamiento, la preparación, la evaluación, la desensibilización, la reinstalación, la observación corporal, el cierre y la reevaluación. Aunque, con el fin de ahorrar espacio, hayamos omitido algunas de ellas, la mayoría de los casos presentados en este libro se atuvieron a estas ocho fases. En cualquiera de los casos, el terapeuta formado en la EMDR utiliza las ocho fases para llevar a cabo un tratamiento realmente comprehensivo.

Durante la primera fase del tratamiento EMDR, el terapeuta lleva a cabo un historial completo del cliente y esboza un *plan de tratamiento*. Ésta es una fase esencial, porque la EMDR puede movilizar estratos de emoción muy intensos que, en algunos casos, pueden resultar físicamente contraproducentes. No olvidemos que entre el 10 y 15% de las personas tratadas con la EMDR reviven intensamente su trauma. Por eso, aunque el período de malestar resulte relativamente breve, las personas con problemas cardíacos o respiratorios y las embarazadas harían bien en consultar con sus médicos antes de emprender el tratamiento EMDR.[2]

Una vez determinada la adecuación, para un determinado cliente, del tratamiento EMDR, el terapeuta debe formular cuestiones concretas relativas a su historia, características y pautas de reacción personales. Esta fase incluye una charla sobre el problema concreto que le ha llevado a solicitar terapia, las conductas derivadas de ese problema y sus síntomas. Con esta información, el terapeuta esboza un plan de tratamiento que establece los objetivos concretos a los que debe apuntar la EMDR, entre los cuales cabe señalar el evento o eventos pasados que generaron el problema, las situaciones presentes que provocan angustia y las habilidades o conductas clave que el cliente necesita aprender para su futuro bienestar. En este sentido, por ejemplo, un cliente puede revelar que se siente angustiado cada vez que recibe una llamada telefónica de su madre. ¿Qué es lo que hace que un hombre de 20, 30 o 40 años, siga todavía sintiéndose como un niño? Porque lo cierto es que, si no hay nada en su presente que explique esta respuesta inapropiada, la razón debe hallarse en su historia. ¿Cuáles fueron, en tal caso, los eventos tempranos que aún están atrapados en su sistema nervioso y le hacen sentirse intimidado? ¿Qué habilidades tiene que aprender para empezar a establecer fronteras más apropiadas?

Para entender mejor a mis clientes suelo pedirles que elaboren una lista de los diez eventos más angustiosos de su infancia. Aunque la mayoría de las personas recuerdan épocas en la que se sintieron humillados en la escuela, esas situaciones resultan más o menos perturbadoras en función de su experiencia vital. Por ello les pido que evoquen esos eventos perturbadores y los valoren en la escala usa de 0 a 10. Tengamos en cuenta que, por más que sucedieran hace ya mucho tiempo, muchos de ellos todavía siguen siendo muy angustiosos. En tal caso, el recuerdo puede arrojar luz sobre los problemas actuales que el sujeto tiene con la autoridad, el aprendizaje o situaciones similares. También trato de determinar el modo en que los clientes se explican esos eventos a sí mismos. Cuando un cliente se concentra sobre un determinado recuerdo, suelo preguntarle cuáles son las palabras que automáticamente acuden a su mente que mejor describen sus sentimientos sobre sí mismo o su conducta en esa situación. Si sus cogniciones son negativas y, por ejemplo, dice: «Soy un fracasado», «No valgo para nada», «No merezco ser querido» o «No puedo soportarlo», sé que ese recuerdo debe ser corregido durante el tratamiento. Si, por el contrario, sus cogniciones son positivas y afirman cosas tales como: «Puedo tener éxito», «Soy una persona valiosa», «Merezco ser querido» o «Ahora tengo oportunidades de las que antes no disponía», doy por hecho que el recuerdo ha sido procesado y ocupa el lugar que le corresponde en su pasado. Tengamos en cuenta que, cualquier evento, independientemente de la época vital de que proceda, puede tener un efecto dañino. Dependiendo de las respuestas del cliente, desarrollo un plan de tratamiento global que tenga en cuenta los efectos a largo plazo de las experiencias vitales.

Uno de los efectos inusuales de la EMDR es que quienes buscan tratamiento no han de discutir detalladamente ninguno de sus recuerdos perturbadores. Aunque algunas personas se sientan a gusto, o incluso prefieran dar detalles concretos otras, sin embargo, presentan tan sólo una imagen o un esbozo general. Cuando el terapeuta, por ejemplo, pregunta: «¿Recuerda algún evento que le hiciera sentir inútil o incapaz?», la persona puede responder de manera general diciendo algo así como: «Fue algo que me dijo mi hermano». Ésta es toda la información que necesita el terapeuta para identificar el evento y convertirlo en un objetivo de la EMDR.

La segunda fase del tratamiento EMDR es la *preparación*, una fase cuya importancia jamás lo subrayaremos lo suficiente. Uno de sus objetivos fundamentales consiste en establecer una relación de confianza entre el cliente y el terapeuta. Aunque el cliente no tenga que entrar en detalles sobre sus recuerdos inquietantes, mal podrá informar con exactitud a su terapeuta de lo que siente y de los cambios que experimente durante la sesión si no confía en él. Si simplemente quiere complacer al terapeuta y dice que se siente bien cuando, en realidad, sigue sintiéndose igual de mal que antes, no habrá terapia en el mundo que pueda solucionar su trauma. En cualquier forma de terapia es mejor considerar al clínico como un orientador o como un guía que necesita, para ayudar a su cliente a lograr el objetivo, enterarse de cualquier daño, necesidad o decepción que experimente. No olvidemos que la EMDR va mucho más allá del simple movimiento de los ojos y que, a fin de permitir que el proceso siga adelante, el terapeuta necesita saber cuándo tiene que emplear tal o cual variante.

Durante la fase de preparación, el terapeuta explica la teoría y el funcionamiento de la EMDR y lo que la persona puede esperar durante y después del tratamiento. Finalmente, el terapeuta enseña al cliente varias técnicas de relajación que le permitan tranquilizarse ante cualquier perturbación emocional que aflore durante o después de la sesión. Este aprendizaje es una herramienta que sirve para cualquiera. La persona más feliz del planeta tiene formas de relajarse y descomprimirse de las inevitables y frecuentemente insospechadas situaciones estresantes con las que debe enfrentarse a lo largo de la vida. Uno de los objetivos fundamentales de la terapia EMDR consiste en asegurarse de que el cliente sepa cuidar adecuadamente de sí mismo.

Siendo un tratamiento centrado en las necesidades del cliente, el terapeuta debe proporcionar a su cliente formas para asegurarse de que puede mantener un cierto control de la situación. Aunque resulte comprensible que la persona comience eludiendo el material perturbador puesto de manifiesto por la EMDR, no debemos olvidar que esta evitación es, precisamente, la que mantiene vivo el problema. Por eso, para contrarrestar la evitación sin generar nuevos problemas, el terapeuta debe enseñar al cliente a mantener una doble atención centrada, en primer lugar, en el material perturbador del pasado reactivado por los movimientos oculares y, en segundo lugar, en el hecho de que, en el presente, se siente seguro. Desde una perspectiva ideal, quien atraviesa la

EMDR debe sentirse como si estuviera desplazándose en un tren y los eventos angustiosos fueran un mero escenario pasajero.

La tercera fase del tratamiento EMDR consiste en la *evaluación*, durante la cual, el terapeuta identifica los aspectos del objetivo que deberán ser procesados. En el primer paso de este estadio, el sujeto tiene que seleccionar una imagen o escena concreta del evento elegido (identificado durante la fase 1) que mejor representa al recuerdo. Luego tiene que esbozar una afirmación que exprese alguna creencia negativa sobre sí mismo asociada al evento. Es importante, aunque intelectualmente sepa que tal afirmación es falsa, que se centre en ella. Las creencias negativas son verbalizaciones de las emociones inquietantes que todavía se hallan presentes. Tales cogniciones negativas suelen incluir afirmaciones del tipo: «Soy impotente», «No merezco la pena», «Soy una persona indigna de ser amada», «Soy una vergüenza» o «Soy malo». Luego debe esbozar una afirmación positiva que contrarreste esa creencia, lo que podría incorporar una sensación interna de control como, por ejemplo, «Soy una persona que merece la pena» (o una persona que merece ser amada, una buena persona, una persona que controla la situación, etcétera) o «Puedo alcanzar el éxito». Cuando la emoción fundamental es el miedo, como suele suceder después de un desastre natural, las cogniciones negativas pueden ser «Estoy en peligro» y la correspondiente cognición positiva puede ser, por ejemplo, «Estoy seguro». La cognición «Estoy en peligro» es negativa cuando el miedo resulta inapropiado, o está atrapado en el sistema nervioso aunque el peligro ya haya pasado. La cognición positiva, por su parte, refleja la realidad presente.

En este punto, el terapeuta le pide a la persona que valore la veracidad que atribuye a su creencia positiva utilizando la escala voc, que va de 1 a 7. Durante la fase de evaluación, el cliente también identifica las emociones negativas (como miedo o ira, por ejemplo) y las sensaciones físicas (tensión en el estómago o manos frías, por ejemplo) asociadas al objetivo y las valora utilizando la escala usa de 1 a 10.

Las tres primeras fases asientan los cimientos para el tratamiento y reprocesamiento global de los eventos concretos que se hayan determinado. Quiero insistir en que aunque, a lo largo de las tres fases siguientes, suelan utilizarse los movimientos oculares, esta compleja terapia no se limita a ellos. En este sentido, el uso del enfoque de ocho pasos permite al terapeuta EMDR adecuadamente adiestrado y experimentado maximizar, de manera lógica y estandarizada, la eficacia del tratamiento. Y también permite que el cliente y el terapeuta controlen el avance en cada una de las sesiones de tratamiento.

La cuarta fase se denomina *desensibilización*, porque se centra en las emociones y sensaciones angustiosas evaluadas mediante la escala usa. Esta fase abarca todas las respuestas de la persona (que no sólo incluye los recuerdos, sino también las comprensiones y asociaciones que puedan presentarse a lo largo de las sesiones) a medida que el evento seleccionado va modificándose y se solucionan sus facetas perturbadoras. De este modo, el proceso asociativo automático ofrece la posibilidad de identificar y resolver eventos similares que, de un modo u otro, puedan estar asociados al objetivo. Así, el cliente puede superar los objetivos iniciales y curarse más allá de sus expectativas. Durante la fase de desensibilización, el terapeuta dirige a la persona a través de una serie de movimientos oculares (con variaciones y cambios de foco apropiados) hasta que su nivel usa se reduce a 0 o, en el caso de que resulte apropiado, a 1 o 2.

Eric, por ejemplo, el veterano de la guerra de Vietnam del que hablamos en el Capítulo 3, llegó a un nivel de tristeza de

2 que ya no pudo reducir más y, cuando le pregunté lo que podría estar obstaculizando esa reducción, respondió «Alguien murió». Una vez más, vemos que la EMDR no modifica las emociones ni las creencias apropiadas. Los seres humanos no son máquinas y no podemos esperar que no reaccionen, por más que estén siendo tratados con la EMDR, ante las tragedias que puedan haber experimentado. Es importante, sin embargo, asegurarnos de que esa reacción es sana y útil. Por desgracia, las personas suelen creer que la tristeza, la vergüenza, la culpa o la ira que experimentan son apropiadas, por el simple hecho de haberlas experimentado. Pero como trataremos de demostrar en este libro, las creencias negativas que tenemos sobre nosotros mismos suelen ser residuos inadecuados del trauma. Lo que hemos de preguntarnos es: «¿Soy feliz?», y si la respuesta es negativa, considerar la necesidad de emprender una terapia que nos permita cambiar.

La quinta fase del tratamiento de la EMDR se denomina *instalación*, porque el objetivo consiste en "instalar" e intensificar la fortaleza de la creencia positiva esbozada por la persona para reemplazar su creencia negativa original. En este sentido, por ejemplo, el cliente puede comenzar con una imagen mental de verse golpeado por su padre y la creencia negativa de que "soy impotente". Durante la fase de desensibilización, reprocesa el miedo asociado a ese evento infantil y se da clara cuenta de que, siendo adulto, dispone de una fuerza y de una posibilidad de elección de las que, siendo niño, carecía. Así pues, la quinta fase del tratamiento instala y fortalece la cognición positiva que dice: «Ahora estoy en condiciones de controlar la situación». Luego se valora, mediante la escala voc, la veracidad que el sujeto atribuye a esa cognición positiva. El objetivo consiste en que la persona acepte la veracidad completa de su afirmación positiva sobre sí misma a un nivel de 7 (es decir, "completamente verdadero"). Lamentablemente, del mismo modo que la EMDR no puede conseguir que la persona se despoje de los sentimientos negativos apropiados, tampoco puede lograr que crea en una afirmación positiva inadecuada. Si la persona es consciente de la necesidad de aprender una nueva habilidad, como aprender técnicas de autodefensa, por ejemplo, para acabar controlando la situación, la validez de su creencia positiva sólo llegará al nivel correspondiente de la escala voc como, por ejemplo, 5 o 6.

La sexta fase de la EMDR consiste en la *observación del cuerpo*. Después de haber instalado y fortalecido la cognición positiva, el terapeuta pide a la persona que evoque mentalmente el evento original y observe la presencia, en su cuerpo, de alguna tensión residual, en cuyo caso, reprocesa esas sensaciones físicas.

La evaluación de miles de sesiones EMDR ha puesto de relieve el efecto corporal de los pensamientos sin resolver. Este descubrimiento se ha visto confirmado por investigaciones independientes sobre la memoria que indican que, cuando una persona se ve afectada negativamente por un trauma, la información relativa al evento traumático se almacena en la memoria motora (o sistemas corporales), en lugar de hacerlo en la memoria narrativa, razón por la cual la persona retiene las emociones y sensaciones físicas negativas relativas al evento original.[3] Cuando esta información se ve, no obstante, procesada, puede pasar a la memoria narrativa (o verbalizable), con lo que desaparecen los sentimientos negativos y las sensaciones corporales asociadas. Por este motivo, no damos por concluida una sesión de tratamiento EMDR hasta que el cliente pueda evocar la imagen objetivo original sin experimentar ninguna tensión corporal. Y es que, por más importantes que sean las creencias positivas acerca de uno mismo, no basta con creer en ellas de manera exclusivamente intelectual.

La séptima fase del tratamiento EMDR se denomina *cierre* y garantiza que el cliente llega al final de la sesión mejor que cuando la inició. Si el procesamiento del evento traumático elegido no se ha completado en una sesión, el terapeuta apela entonces a varias técnicas de relajación para recuperar la sensación de equilibrio. A lo largo de la sesión de EMDR, el cliente ha controlado la situación (levantando, por ejemplo, las manos en el gesto de "stop" en alguna que otra ocasión) y es importante que este control prosiga fuera de la consulta. El terapeuta también informa al cliente de lo que cabe esperar entre una sesión y la siguiente (como, por ejemplo, que el procesamiento puede continuar y la aparición incluso de nuevo material) y de la necesidad de llevar un diario en el que registrar esas experiencias y las técnicas a las que puede apelar para tranquilizarse.

La última fase del tratamiento EMDR, llamada *reevaluación*, se produce al comienzo de cada sesión de terapia posterior a la primera. En tal caso, el terapeuta se asegura de que los resultados positivos logrados en la sesión anterior (como un bajo usa, un alto voc y ninguna tensión corporal) se mantienen, identifica nuevas áreas que requieran tratamiento y sigue alentando el procesamiento de objetivos adicionales. La fase de reevaluación guía al terapeuta a través de los diferentes protocolos de la EMDR (elaborados para clientes que presentan diferentes problemas) y del plan de tratamiento global. Como sucede con cualquier terapia, la fase de reevaluación es esencial para poder determinar el éxito del tratamiento a lo largo del tiempo. A pesar de que, con la EMDR, el cliente pueda sentirse liberado casi de inmediato, resulta tan importante completar las ocho fases del tratamiento como finalizar un tratamiento con antibióticos.

Aunque la rapidez de la EMDR supere a la de cualquier otra modalidad terapéutica, éste no es el objetivo fundamental y es muy importante señalar que cada cliente tiene sus propias necesidades. Un determinado cliente, por ejemplo, puede necesitar semanas a la hora de establecer la necesaria confianza para emprender el procesamiento (segunda fase), mientras que otro, por su parte, puede proceder rápidamente a través de las primeras seis fases hasta acabar descubriendo la presencia de algo más importante. La siguiente historia es un ejemplo de este último caso. Los ojos del terapeuta bien adiestrado pueden identificar las pautas y reacciones que abren la puerta a alternativas cuya existencia ignoraba el cliente.

Jocelyne Shiromoto fue una de las primeras personas entrenadas en la EMDR, Jocelyne era una trabajadora social de San Diego que había oído hablar de la EMDR a un psiquiatra con el que estaba compartiendo un caso. Jocelyne había llegado a un momento de su carrera en el que estaba dispuesta a considerar todo aquello que pudiera servir para ayudar a sus clientes. Estaba cansada de cobrar sin poder ayudarles, estaba cansada de los círculos en torno a los que giraba interminablemente la terapia verbal y, por encima de todo, estaba cansada de ver tanto sufrimiento y poder hacer tan pocas cosas para aliviarlo.

Cuando empezó a utilizar la EMDR en su práctica privada, Jocelyne trabajaba con un abordaje ecléctico en el que combinaba la terapia psicodinámica, la cognitiva y la conductual. Utilizaba la EMDR con algunos clientes y la evitaba con otros. Uno de los casos en los que resultó ser sorprendentemente útil fue el de Emily Zazaroff.

La madre de Emily, Mary Beth Ritter, llevaba un tiempo acudiendo a la consulta de Jocelyne en un intento por resol-

ver los contradictorios sentimientos que, desde hacía más de
30 años, llevaba arrastrando sobre su matrimonio y su marido. Es cierto que había hecho algún que otro progreso, pero
todavía se hallaba muy confusa y dolorida cuando su hija
casada Emily le dijo que iba a comenzar una terapia con
Jocelyne. Emily había visto los esfuerzos realizados por su
madre para asumir su vida y sabía que conseguía resolver los
problemas suscitados por su matrimonio. Su madre necesitaba hechos, que sólo Emily podía proporcionarle.

En su primera sesión, Emily, que tendría unos 30 años, le
contó a Jocelyne que, sobre los siete u ocho años, su padre
empezó a ir de noche a su habitación y abusó repetidamente
de ella. En esa época, una parte de ella sabía que eso estaba
mal, pero otra parte anhelaba su atención. Bill Ritter era un
padre ausente, desatento, crítico y ocasionalmente violento,
y cuando empezó a manosearla, Emily experimentó la única
ternura que jamás le había mostrado. Por ello se sentía tan
importante como culpable.

Emily le contó a Jocelyne que, alrededor de los 20 años,
había descubierto un modo de enfrentarse a esa culpa,
emprendiendo una terapia grupal y hablando mucho de su
padre. Entonces se dio cuenta de que ella no era la responsable del abuso y de que su tendencia a relacionarse con hombres violentos estaba estrechamente ligada a su pasado.
Entonces decidió que ya había llegado el momento de romper el silencio sobre el incesto, porque creía que esa información sería muy provechosa para la terapia de su madre y con-
tribuiría muy poderosamente a la curación de toda la familia.
Para ello, pidió a su padre que acudiese con ella a la consulta porque le quería, y temía, puesto que sus hermanas menores tenían hijos pequeños, que el abuso acabase transmitiéndose a otra generación.

A la semana siguiente tuvieron un encuentro en el que

también participaron los padres de Emily. Cuando Emily reveló el incesto, su madre se escandalizó y entristeció, pero su padre asumió la responsabilidad completa de lo que había hecho y accedió a emprender una terapia. Parecía como si la esperanza de Emily de una familia más unida y sana empezase a despuntar.

Irónicamente, Emily y su marido, Tom, tenían graves problemas para crear su propia familia. Los médicos les habían dicho que aproximadamente el 90% de las parejas estadounidenses sanas concebían al año de intentarlo, pero Emily y Tom llevaban cuatro de los seis años de matrimonio sin conseguirlo. Ésa fue una amarga medicina para Emily, que se había quedado embarazada un par de veces antes de cumplir los 20 años, mientras estaba tomando la píldora y llevaba un dispositivo intrauterino, dos embarazos que acabaron aborto cuando se vio atropellada por un coche y cuando le quitaron el DIU, respectivamente.

Todas las pruebas realizadas y los médicos a los que visitaron confirmaron que el sistema reproductor de Emily funcionaba perfectamente y que, en consecuencia, no había razón fisiológica alguna que explicase las dificultades de quedarse embarazada. Hay que decir que Emily trabajaba como enfermera en el servicio de urgencias de un hospital y que conocía perfectamente los pasos que debía dar para recibir un consejo experto. También había tomado Clomid durante más de dos años para estimular la ovulación y aumentar así la fertilidad. Los médicos que se ocuparon de su marido, por su parte, descubrieron que si bien tenía un recuento de espermatozoides inferior a la media, tampoco alcanzaba una tasa alarmante que justificase la infertilidad. Finalmente, Emily y Tom decidieron probar la inseminación artificial. Su primer intento fue programado para dos meses más adelante, a comienzos de agosto, y, a finales de junio,

Tom recibió una inyección de testosterona con el fin de aumentar las probabilidades de fecundación cuando donase esperma para la inseminación artificial; también se les informó de que la tasa habitual de éxito de la inseminación intrauterina suele girar en torno al 10%.

Los cuatro años que pasó tratando de quedarse embarazada habían sido tan dolorosos para Emily que revisó toda su vida en un intento por descubrir cualquier cosa que pudiera justificar su infertilidad. ¿Acaso los dos abortos habían tenido un efecto que los médicos no sabían calibrar? ¿La habría abandonado Dios? ¿Sería una mala persona que no merecía tener descendencia? En su trabajo, Emily observaba los rostros de las embarazadas que atravesaban la puerta de su despacho en su camino al departamento de obstetricia y ginecología. ¿Por qué todas esas mujeres podían tener hijos y ella no? Cuando descubrió que sólo había una razón que lo justificase, la sangre casi se le hiela en las venas, porque significaba que la causa de la infertilidad residía en ella y no quería pensar en el tema y menos todavía hablarlo en la consulta del terapeuta. De hecho nunca, hasta entonces, lo había hecho.

A lo largo de los tres meses siguientes, Emily trabajó con Jocelyne cuestiones relativas al abuso de que había sido objeto por parte de su padre y otros eventos dolorosos de su vida. Durante algunas de estas sesiones, Jocelyne y Emily utilizaron la EMDR para trabajar los viejos sentimientos y asegurarse de que Emily realmente había superado el abuso sexual. En una de estas sesiones, Emily le dijo a Jocelyne que, alrededor de los veinte años, había sido agredida y violada por un compañero de trabajo en una habitación del hospital de Nueva York en el que había empezado a trabajar. Pero aunque el incidente no tuvo mayor trascendencia, se sintió maltratada por la administración del hospital. Emily no denunció la violación hasta varios días después y, cuando habló con el personal de seguridad del hospital, no la creyeron, llamándola a casa a horas intempestivas o interrumpiendo su jornada laboral porque seguían sin creerla

Paradójicamente, la dirección del hospital se tomó muy en serio su caso, pero ello no hizo sino provocarle más daño todavía, porque la obligaron –pese a su negativa por lo que consideraba como una invasión de su intimidad– a visitar a una psiquiatra del hospital. Entonces fue cuando asistió a regañadientes a unas pocas sesiones con una psiquiatra a la que pronto dejó de acudir. Cuando Jocelyne le pidió detalles acerca de la violación y el fracaso del hospital en investigarla, Emily habló voluntariamente de todas esas cuestiones, pero se mostró extrañamente imprecisa con respecto al tratamiento psiquiátrico.

Un buen día, Emily le contó a Jocelyne la frustración que experimentaba por no poder quedarse embarazada. Cuando Emily reveló los detalles de su prolongado esfuerzo por concebir, Jocelyne se preguntó si el incesto o la violación podrían ser un factor psicológico que obstaculizase su camino a la maternidad. Pero por más plausible que pareciese esa explicación, Jocelyne no lo veía así, porque ninguno de esos traumas parecía preocuparle y daba la impresión de haberlos superado y aceptado como parte de su historia.

En la siguiente sesión, Emily estaba más nerviosa de lo habitual. Sus manos parecían aferrarse a los brazos de la silla y mantenía las manos tensamente cerradas. Escenas de la reunión familiar del día anterior revoloteaban por su mente como tráileres de una película familiar en la que sus cuatro sobrinos iban por la casa gritando, riendo, saltando, peleándose y llorando; y ella misma se hallaba sentada en el suelo de la sala de estar jugando con su sobrino Matthew y sus camiones de juguete, cuatro niños con los rostros enrojecidos y despiertos, todos ellos nacidos en los últimos doce meses.

–Los niños –dijo entonces Emily– me gustan mucho, pero, en ocasiones, resulta muy difícil estar con ellos.

–¿A qué te refieres? –le preguntó entonces Jocelyne.

–Ya sabes. Con ellos me siento tensa y ansiosa. De hecho, siempre me he sentido así con los niños. Hasta hace muy poco había una foto, en la puerta de mi frigorífico, en la que estaba con mi sobrino pequeño, que tendría unos cuatro meses y llevaba un peluche rojo, mientras yo le sostenía con una mano en el culo y la otra en la espalda para mantener su cabeza erguida. Fue una foto que, en las últimas Navidades, tomó mi hermana Jennifer y me la envió. Era una foto muy hermosa, pero cuando la veía, me sentía muy mal y el fin de semana pasado, en un arranque, la rompí, sumida en el llanto.

–¿Qué piensas acerca de ese sentimiento?

–Quizás tenga miedo de abusar de él –dijo Emily, con la mirada fija en la pintura que había detrás del escritorio de Jocelyne.

–¿Y qué te hace pensar eso?

–Eso fue, precisamente, lo que me dijo la psiquiatra a la que visité cuando me violaron.

Emily recuerda haber tenido sólo dos o tres sesiones con la doctora Virginia Loder [aunque, obviamente, ése no era su nombre real] y que se dio cuenta de que su reticencia a ver a la doctora Loder era correcta cuando le preguntó por su infancia y su familia.

–¿Qué quiere decir? –respondió entonces Emily–. Mi familia no ha tenido nada que ver con la violación.

Pero la doctora Loder siguió preguntando, Emily volvió a negarse a responder y, cuando insistió de nuevo, perdió los nervios y dijo:

–¡Deje de presionarme! Me siento como si me hubieran violado toda la vida. ¡Soy una buena persona y no merezco esto!

–¿Qué quiere decir –preguntó entonces la doctora Loder– con eso de que la han violado toda su vida?

Entonces Emily le contó a la psiquiatra la historia de abusos de la que había sido objeto por parte de su padre.

–¿Qué sucedió entonces? –preguntó Jocelyne.

La mano derecha de Emily se dirigió en ese momento a su brazo izquierdo y lo apretó fuertemente, un hábito que Jocelyne había advertido ya en otras ocasiones.

–Entonces se quedó en silencio, me miró directamente a los ojos durante unos minutos que, a mí, me parecieron una hora. Luego se inclinó hacia adelante y, sin dejar de mirarme, me espetó: «Debo advertirle que las personas que han sido objeto de abusos deshonestos suelen abusar sexualmente de sus hijos».

–¿Y cuál fue tu reacción?

–Vomitar. Vomité en su consulta. Entonces lloré y le supliqué que me dijera que eso no era cierto. Fue realmente muy dura y se limitó a decir que lo que me acababa de transmitir era un mero dato clínico. Y luego añadió: «Por ello le recomendaría que no tuviera nunca hijos».

Jocelyne Shiromoto respiró entonces profundamente. Frente a ella se hallaba una mujer joven y sana que si bien no tenía ninguna razón fisiológica para ser infértil, sí que tenía una poderosa razón emocional.

–¿Y todavía crees eso, Emily?

–No, mi cabeza no lo cree. Fui directamente de su consulta a casa y lloré, grité, recé y acabé enfureciéndome. Entonces llegué a la conclusión de que esa mujer no sabía de lo que estaba hablando y tomé la decisión de no volver a verla.

–¿Así que no te crees lo que dijo?

–¡No! Pero lo cierto es que todavía me preocupa –respondió Emily, mientras su mano derecha apretaba rítmicamente su brazo izquierdo–. Durante los años siguientes traté de confirmar esos supuestos "datos clínicos" y lo único que encontré fueron unos breves artículos en revistas como *Redbook* o *McCall's* yconcluí que algún idiota habría llegado a la redacción de esas revistas con algún pequeño estudio... y decidí no tomármelo en serio. Pero lo realmente peligroso es que, por más que supiera que no tenía nada que ver conmigo, esa afirmación sigue todavía ahí... lo que me dijo todavía sigue en mi interior, junto al correspondiente miedo.

–¿Podrías verbalizar ese miedo?

Emily agachó entonces la cabeza y su largo pelo rubio rozó el puente de su nariz.

–Creo que el hecho de haber sido víctima de incesto me llevará a abusar de mi propio hijo –confesó entonces Emily, con la respiración entrecortada–. Debo enfrentarme al hecho de que padezco una especie de enfermedad infecciosa. Estoy condenada. Es como una sentencia de muerte. Y, aunque no me lo crea, no por ello deja de pesarme.

»Quizás la infertilidad sea culpa mía –agregó entonces, mientras las lágrimas rodaban por sus mejillas–. Quizás, en lo más profundo de mi ser, tema que pueda abusar de mi hijo y mi cuerpo se proteja evitando el embarazo.

Cuando Emily confesó que temía acabar abusando de su propio hijo, Jocelyne vio una ocasión ideal para emplear la EMDR. El miedo se derivaba de un incidente concreto claramente definido que podía estar bloqueando, si la causa de sus problemas para concebir era psicológica, su camino hacia la salud. Aunque la infertilidad parece un problema biológico, todos hemos oído hablar de casos en los que las mujeres, después de años de infructuosos intentos por concebir, acaban tirando la toalla y adoptando un niño... para quedarse embarazadas al poco tiempo. Lo que parece estar sucediendo en tales casos es que la presión psicológica y el estrés que experimenta la mujer por tener un hijo (aunque se trate de una tensión autoimpuesta) obstaculizan la concepción. No es difícil admitir que, en estos tiempos en que tan evidente resulta la existencia de una relación entre el cuerpo y la mente, el estrés pueda llevar a una mujer anteriormente fértil a generar, por ejemplo, un entorno ácido que obstaculice la fecundación. No en vano Freud sugirió, hace ya un siglo, que ciertos tipos de parálisis son reacciones histéricas a conflictos psicológicos. Resulta evidente, por tanto, que cualquier cosa que afecte al cuerpo, como un desastre natural, un accidente de automóvil o una agresión física, puede acabar afectando también a la mente. Y lo mismo sucede en sentido contrario, porque son muchos los ataques cardíacos que se producen cuando nuestra mente se ve "asaltada" por alguna información terrible.

Otro espectro muy interesante del caso de Emily es que su reacción traumática al estrés parece haber sido provocada por un incidente que, superficialmente considerado, no parece tan lesivo como el incesto o la violación. Pero el rasgo distintivo de todo buen psicoterapeuta se asienta en la visión de conjunto necesaria para identificar las creencias negativas que puedan estar movilizando la conducta o el estado mental de sus clientes. En este sentido, Jocelyne fue capaz de ver más de lo evidente y no seguir insistiendo en que la infertilidad de Emily se debía al abuso o a la violación.[4]

Los sentimientos de vergüenza y culpa de Emily desencadenados por su encuentro con la psiquiatra eran muy intensos y apuntaban directamente a un bloqueo que necesitaba ser aclarado y a un recuerdo que debía ser procesado y que todavía tenía sobre ella un efecto negativo. Se sentía humillada y aterrorizada por esa idea y también tenía sensaciones físicas relacionadas con la experiencia. Pero… ¿cuáles eran los efectos que el incidente podría tener sobre su cuerpo?

Aun en el caso de que la EMDR no tuviera el menor efecto sobre su infertilidad, podría ser importante para erradicar su sensación de culpabilidad. El buen terapeuta debe adaptar la EMDR a las necesidades del cliente y, en el caso de Emily, a un "trauma secundario" tan lesivo como el original. La buena terapia es el fruto de una interacción dinámica entre el terapeuta, el cliente y el método. Siempre me sorprende escuchar a alguien que dice: «No me sirve. ¡He intentado la terapia y no funciona!», porque lo que, en tales casos, se ha probado, no deja de ser más que uno o dos terapeutas concretos… y quizá, en consecuencia, no se haya dado con el terapeuta adecuado.

Aunque Emily se había recuperado del trauma del abuso y de la violación, todavía se hallaba atormentada por la culpa y el miedo derivados de una acusación cruel hecha por una figura de autoridad en un momento en el que se hallaba emocionalmente desbordada y era, por tanto, muy vulnerable. El efecto de la acusación sobre su cuerpo fue tan intenso que cuando escuchó su condena, Emily vomitó literalmente en su consulta. Así pues, el modo en que la víctima es tratada –o maltratada– por el personal del hospital, por la policía, por los amigos y por la familia puede resultar tanto o más dañino que la agresión sexual.

Jocelyne le preguntó entonces a Emily si le gustaría trabajar el episodio con la psiquiatra empleando la EMDR, advirtiéndole que no podía garantizarle que ese intento tuviera ningún efecto sobre su infertilidad. No olvidemos que, en muchos Estados, es delito asegurar que un determinado tratamiento psicológico sirva para resolver tal o cual problema, de modo que no dijo nada que pudiese sugerir tal cosa.

Siete días después, Emily volvió de nuevo a la consulta de Jocelyne. Durante su visita anterior, Jocelyne la había preparado para la sesión de procesamiento y se hallaban ya en condiciones de empezar. Emily había formulado una afirmación negativa que resumía sus miedos: «He sido víctima de abusos deshonestos y, en consecuencia, abusaré de mis hijos». Cuando Jocelyne le preguntó por la intensidad de ese miedo en la escala usa de 0 a 10, Emily lo valoró como un 9. También le había propuesto que formulase una afirmación positiva que expresara lo que, en su lugar, le gustaría creer, que esbozó como: «Jamás molestaría a mis hijos. No estoy condenada a actuar de ese modo». Y cuando Jocelyne le pidió que evaluase la veracidad de esa afirmación en la escala voc de 1 a 7, afirmó sentirla como un 2 o un 3.

–Empezaremos con la escena que sucedió en la consulta de la psiquiatra –dijo Jocelyne–. Evoca esa imagen en tu mente junto a la creencia negativa y observa los sentimientos que se presentan. ¿De acuerdo? Ahora sigue el movimiento de mis dedos.

Cuando Jocelyne dirigió a Emily los movimientos oculares, Emily empezó a revivir el momento en que la psiquiatra del hospital le dijo que acabaría abusando de sus propios hijos. Entonces su estómago se tensó y un sabor amargo llenó su boca.

–Me siento muy mal –le dijo a Jocelyne, tras la primera serie de movimientos oculares–. Durante la siguiente serie, Emily apretó las manos convertidas en tensos puños, gimió y gritó, pero siguió con el movimiento de los ojos. En una de las pausas destinadas a revisar lo que acababa de ocurrir, Emily le dijo que el intenso miedo con el que había empezado se había convertido en una sensación de desesperación total y completa.

»Es como si alguien hubiera despedazado ante mí mis sueños y mis esperanzas. Después de eso, nunca volví a ser la misma persona –dijo Emily, mientras las lágrimas rodaban por sus mejillas, la cabeza caída y las manos completamente abiertas, revelando pequeñas incisiones donde las uñas habían desgarrado su piel.

Luego hablaron del daño que puede provocar una afirmación tan rotunda e inexacta pronunciada por una figura de autoridad y, finalmente, emprendieron otra serie de movimientos oculares.

Emily advirtió entonces la irrupción de un flujo de ira que parecía hallarse al rojo vivo.

–¡Abusó de mí! –gritó Emily, con el rostro desencajado por la ira–. ¿Cómo pudo decirme algo así? ¡Si estuviera en esta habitación le arrancaría los ojos!

–Permanece con esta sensación –le dijo entonces Jocelyne.

Luego emprendieron otra serie de movimientos oculares, durante la cual Emily cogió su brazo izquierdo y se centró en el movimiento de los dedos de Jocelyne. Ahora sintió un nuevo flujo de enfado con sus jefes, que la obligaron a acudir a la consulta de la psiquiatra.

–Si quieres que te diga la verdad, la violación no fue tan terrible como el modo espantoso en que me trató esa psiquiatra. ¡Ésa es otra forma manifiesta de violación!

»Pero…¿cómo pude creerme eso? –dijo finalmente, tras varias series más enfadada, en esta ocasión, consigo misma.

En un determinado momento, el incidente de la consulta de la psiquiatra cambió y Emily recordó otra situación relativa a abusos deshonestos en la que también había sentido vergüenza y miedo. A los 11 años, Emily había trabajado como voluntaria en el centro de día de su iglesia y una mañana de domingo había estado limpiando los pañales de un bebé que estaba muy sucio.

–Acababa de lavarle (debo decir que, en esa época, una canguro se encargaba de limpiar a mi hermano y mi madre siempre le decía: «Asegúrate de que está limpio, porque, en caso contrario, podría coger una infección»), pero en el momento en que estaba asegurándome de que estaba limpio, entró su madre y me lo arrebató de las manos. Siempre me he sentido culpable y avergonzada al respecto, como si me hubieran descubierto haciendo algo malo –dijo Emily–. Ahora sé que lo que esa madre hizo fue completamente normal. A fin de cuentas, se trataba de su hijo y no hizo sino encargarse de él.

Mientras siguió hablando, la intensidad de sus emociones fue relajándose. Su mano liberó la tensión sobre su brazo izquierdo y su estómago se relajó. Al finalizar la sesión, Emily sacudió la cabeza y luego, serena pero firmemente, dijo: «Eso ya no está en mí». Ahora sabía con el corazón –y no sólo con la cabeza– que jamás abusaría sexualmente de un niño.

–He perdido muchos años temiendo que podía abusar de un niño –dijo por fin mirando directamente a los ojos de Jocelyne–. Una auténtica pérdida de tiempo.

Cuando Jocelyne empleó la EMDR para tratar de resolver las creencias negativas de Emily, evitó contradecir, discutir y reestructurar el modo en que Emily pensaba sobre el incidente que se produjo en la consulta de la psiquiatra. La comprensión intelectual no tenía nada que ver. El trauma era mucho más profundo y la curación tenía que ocurrir a un nivel fisiológico y emocional. Por ello confió en que la EMDR pondría en marcha el proceso natural de curación de Emily.

–¿Cuál es la veracidad, en la escala de 1 a 7, que ahora atribuyes a la afirmación «Jamás molestaría mis hijos. No estoy condenada a actuar de ese modo»? –le preguntó Jocelyne, al acabar la sesión de movimientos oculares.

–Sin duda alguna un 7 –replicó Emily, sonriendo, mientras se limpiaba el rostro con las manos.

Ésa fue la única sesión de movimientos oculares que Emily Zazaroff y Jocelyne Shiromoto llevaron a cabo sobre el tema de su infertilidad. Una semana más tarde –en torno a finales de junio–, Emily volvió y hablaron de lo que la EMDR había puesto de relieve. Y aunque Emily todavía estuviera enfadada –muy justificadamente, en opinión de Jocelyne– con la psiquiatra, estaba tranquila y tenía muy claro lo que había ocurrido en la consulta de la psiquiatra.

–Era como si una parte de mi cerebro dijese: «Esto es completamente falso», pero otra parte no lo tuviese tan claro y dijera: «¿Pero y si...?». Pues bien, asa parte ha desaparecido por completo.

Dos semanas y media después de la sesión de EMDR, el fin de semana del Día de la Independencia, Emily se quedó embarazada.

Jamás sabremos con seguridad si el embarazo de Emily Zazaroff se debió al tratamiento con la EMDR o a la inyección de testosterona que, a finales de junio, recibió su marido Tom. Pero el hecho de que Emily y Tom concibieran un segundo hijo sin ayuda médica parece dejar las cosas bastante más claras. Hoy en día, Emily y Tom consideran a su hijo con un regalo de la EMDR.

–Fue la primera vez en mi vida –concluyó Emily– en que me sentía como si realmente estuviera en condiciones de quedarme embarazada. Hasta entonces, siempre había sentido que, en mi mente, había algo que me lo impedía, aunque no supiera muy bien de qué se tratara. Ahora ya no hay absolutamente nada que me lo impida.

Emily también dice que, sin la EMDR, jamás hubiese podido relacionarse con su bebé.

–Cuando jugaba con mis sobrinos –dijo–, siempre me mantenía a cierta distancia y nunca acababa de conectar con

ellos. Pero cuando tuve a mi hija, sentí una libertad que
nunca antes había experimentado y puedo estar con ella,
besarla y tocarla libremente. Soy inocente como nunca lo he
sido en toda mi vida. Creo que un año de EMDR me ha ahorrado 30 años de terapia.

Debo decir que el nombre de la primera hija de Emily es
el de Elizabeth y que tiene una preciosa cabellera llena de
rizos pelirrojos.

5. LOS MUCHOS ROSTROS
DEL MIEDO: LAS FOBIAS
Y LOS ATAQUES DE PÁNICO

«Cuando te ha mordido una serpiente vas con cuidado
hasta con una cuerda enrollada.»
DALAI LAMA

Algunas de las historias que cuentan al psicoterapeuta quienes han sobrevivido a un trauma son tan duras que a las personas normales y corrientes les resultan difíciles de entender. En este libro, por ejemplo, el lector conocerá la historia de un maquinista de tren cuya locomotora de 19 toneladas arrolló a un niño de seis años, y la de una mujer que fue violada mientras su hija pequeña permanecía en la cama junto a ella. Pero aunque la mayoría no hayamos vivido situaciones tan espantosas, nuestras reacciones fisiológicas y psicológicas son muy semejantes y solemos reaccionar, ante los problemas, de manera parecida. Conviene, pues, recordar que el miedo es uno de los aspectos de la experiencia humana que todos compartimos.

Aunque cada uno de nosotros sea único, todos compartimos una serie de principios comunes que configuran y determinan nuestro desarrollo. Uno de los principios –subrayado por el modelo del procesamiento acelerado de la información– que determinan la práctica de la EMDR es que las patologías o "defectos" del desarrollo del carácter se originan en nuestras experiencias más tempranas. Y, a menos que la causa de un determinado problema sea orgánica o bioquímica, todos nuestros sentimientos, pensamientos y acciones dependen de nuestras experiencias anteriores, con las que se hallan estrechamente unidos en la red de nuestra memoria asociativa.

Las respuestas del ser humano no son azarosas, sino que dependen, muy al contrario, de una realidad interna de naturaleza asociativa. Por eso, con la intención de dar sentido a nuestras experiencias, la percepción presente se vincula automáticamente, en la red de nuestra memoria, al pasado, lo que explica que en determinados momentos nos veamos desbordados por emociones negativas almacenadas. La EMDR permite al terapeuta identificar la experiencia negativa desencadenante del problema. Hay veces en que esas experiencias resultan evidentes y embargan a la persona con una sensación de terror y miedo a la muerte como sucede, por ejemplo, con los trastornos de estrés postraumático, mientras que, en otras, por el contrario, se trata de simples experiencias cotidianas que, a pesar de ello, tienen un impacto muy profundo. Alguien, por ejemplo, puede estar riendo durante una excursión y, a partir de ese momento, sin embargo, sentirse mal en situaciones similares. Y esa respuesta puede ir desde la simple reacción cotidiana de inseguridad cuando se le pide la opinión hasta la sensación de incomodidad cuando se halla en grupo, o el ataque de ansiedad que le lleva a temblar, enrojecer y querer escapar apenas se le pide que haga algo en público. Todas nuestras experiencias se hallan, de algún modo, vinculadas entre sí, como ilustra la reacción de cierta mujer que, después de sentirse mal en público al descubrir que su marido la engañaba, era incapaz de salir de su casa.

Aunque la respuesta patológica al presente dependa de las experiencias vitales tempranas, su nombre depende de los síntomas de los que vaya acompañada. En este sentido, el trastorno de estrés postraumático, el ataque de pánico, el trastorno de pánico y la fobia son subconjuntos de la misma categoría conocida como *trastornos de ansiedad*. Cuando la persona atraviesa una experiencia que pone en peligro su vida y, partir de entonces, desarrolla pensamientos obsesivos y conductas de evitación al respecto, le llamamos *trastorno de estrés postraumático*. Pero las situaciones que ponen en peligro la vida y otras dificultades de naturaleza más cotidiana pueden determinar también la emergencia de otro tipo de trastornos. Cuando la persona experimenta ataques discontinuos e intensos de ansiedad y de miedo, hablamos de *ataques de pánico*; si los ataques recurrentes de pánico van seguidos de un mínimo de un mes de preocupación por sufrir otro ataque, les llamamos *trastornos de pánico*, y si, por último, los objetos o situaciones temidas concretas despiertan una ansiedad y una evitación intensa, son conocidos como *fobias*. Independientemente, sin embargo, de que los factores biológicos predispongan a algunas personas a la ansiedad o la reacción de pánico, el culpable último se asienta en una o varias de las experiencias vitales tempranas que permanecen fijadas en nuestro sistema nervioso y reactivan el problema.

La EMDR aborda los diferentes trastornos de ansiedad con protocolos especialmente destinados al efecto. Para maximizar los efectos del tratamiento, la EMDR no sólo procesa los recuerdos antiguos, sino también los eventos y situaciones recientes en los que el cliente supone que acabará viéndose implicado. No olvidemos que la red asociativa de la memoria es muy compleja y que queremos abarcar el mayor número posible de dimensiones del problema. La misma conexión asociativa que existe, a muchos niveles, en la red de nuestra memoria, entre el pasado y el presente, explica que los efectos del tratamiento positivo acaben generalizándose a todo el sistema y que la persona empiece a responder positivamente a situaciones similares.

Si bien la EMDR parece permitir el acceso a la red de la memoria y modificarla en consecuencia, la razón por la que las experiencias tempranas pueden provocar una respuesta tan distorsionada se asienta en una compleja cadena de estímulos y respuestas. La causa inicial de la mayoría de los síntomas de los trastornos de ansiedad se asienta en una experiencia perturbadora, y la ansiedad generada puede asociarse a muchas de las cosas (como, por ejemplo, sonidos u objetos) que, en ese momento, se hallaban presentes. Posteriormente, cualquiera de esos estímulos puede desencadenar la emergencia automática de la ansiedad y la respuesta puede volver a asociarse a cualquier cosa que *entonces* se halle presente. No es de extrañar que, con el paso del tiempo, la red de respuestas ansiosas vaya extendiéndose y tornándose más complejo. Afortunadamente, la solución suele ser bastante sencilla y los conceptos en los que se basa el tratamiento se remontan a la obra de un genio llamado Ivan Pavlov.

Aunque los distintos enfoques psicológicos nos brinden explicaciones diferentes, lo más adecuado, en mi opinión, consiste en contemplar los trastornos del miedo a través de las lentes pavlovianas del estímulo-respuesta, donde el estímulo es el evento inquietante y la respuesta, por su parte, es la conducta motivada por el miedo.[1] Hace aproximadamente un siglo, Pavlov descubrió, de manera casi accidental, la posibilidad de enseñar a un perro a salivar en respuesta al sonido de una campana que sonaba poco antes de darle de comer. Centenares de investigaciones posteriores con seres humanos han corroborado el mismo tipo de respuesta automática en una amplia diversidad de condiciones.[2]

El fenómeno del estímulo-respuesta se conoce, en el mundo de la psicología, como *condicionamiento clásico* y explica que las caricias de la madre puedan poner fin al llanto de un bebé hambriento que haya aprendido a asociar a la madre con el alimento y el bienestar. El concepto de condicionamiento constituye la piedra angular de la psicología conductual y su uso en nuestra cultura se ha convertido en algo tan habitual que ni siquiera lo advertimos. Una versión de este modelo, conocida con el nombre de *condicionamiento operante*, se produce cuando alguien establece una asociación entre una acción y su correspondiente consecuencia. Por ello se castiga al niño que corre hacia la calle, con la esperanza de que aprenda a asociar esa acción al castigo y extinguir, de ese modo, esa conducta. Y lo mismo sucede, sólo que con la intención contraria, con las primas laborales que se ofrecen a los trabajadores. Y por más que el estímulo-respuesta no sea más que uno de los muchos procesos mentales que existen, es cierto que se trata de uno de los más básicos y elementales. A fin de cuentas, los procesos fisiológicos y mentales se hallan inextricablemente unidos.

Uno de los mecanismos que permiten a la EMDR la rápida resolución de los trastornos basados en el miedo y la ansiedad tiene que ver con el condicionamiento clásico. Del mismo modo que el miedo se asocia a ciertos estímulos, provocando fobias y trastornos del pánico, ciertas evidencias parecen sugerir que la EMDR puede descondicionar rápidamente el sufrimiento y reemplazarlo por una poderosa respuesta de relajación. En una reciente investigación dirigida por David Wilson *et als.*,[3] por ejemplo, se pedía a personas que tenían recuerdos angustiosos que los evocasen mientras se llevaba a cabo el procesamiento EMDR empleando los movimientos oculares o manteniendo los ojos cerrados, al tiempo que se hallaban conectados a un equipo de *biofeed-*

back. Después del tratamiento, un polígrafo independiente valoraba su tasa cardíaca, su respiración, la presión sanguínea y la respuesta galvánica de la piel (es decir, la resistencia eléctrica de la piel asociada a la excitación emocional).

Los resultados de esta investigación han revelado la existencia, en los sujetos que utilizaban los movimientos oculares mientras evocaban un recuerdo inquietante, de una respuesta automática de relajación física que no se presentaba en quienes mantuvieron los ojos cerrados. Este descubrimiento parece poner de manifiesto la existencia, en el ser humano, de un mecanismo fisiológico interno que, cuando se ve activado y adecuadamente dirigido, favorece la curación emocional. Los resultados de este estudio también subrayan la fortaleza del vínculo que existe entre nuestra fisiología y nuestra psicología, porque bastó una sola sesión de EMDR para que los síntomas desapareciesen.

La interconexión que hay entre el cuerpo y la mente todavía resulta más evidente en el estudio de las fobias. Por más que los terapeutas que trabajan con clientes fóbicos discrepen sobre el modo más adecuado de abordar las fobias coinciden, no obstante, en que el núcleo del problema se deriva de alguna asociación que el cliente ha establecido entre ciertos estímulos (como arañas, por ejemplo) y una respuesta de miedo que tiene una raíz fisiológica. Cuando el miedo es tan intenso que entorpece el funcionamiento normal de la persona, se denomina fobia. Una reciente encuesta realizada en este sentido estima que, en los Estados Unidos, una de cada diez personas padece algún tipo de fobia, que va desde la fobia social (como el miedo a hablar en público) a otra forma mucho más concreta (como el miedo a volar o conducir, las más comunes, por cierto, de todas las fobias) y el miedo a los animales (la más infrecuente de todas).[4]

La respuesta más habitual de la persona que padece fobia

consiste en evitar aquellas situaciones u objetos que provocan el miedo, una respuesta de evitación que, según la psicología conductista, no hace más que alimentar la fobia. Desde esa perspectiva, el único modo de curar la fobia consiste en emprender una terapia en la que la persona se vea repetidamente expuesta al objeto de sus miedos (ya sea de manera exclusivamente imaginaria o en la vida real) sin hallarse, no obstante, expuesta a sus consecuencias negativas (como ser picado por una araña). Así es como el miedo va extinguiéndose progresivamente hasta que deja de ser un problema. La investigación realizada al respecto ha demostrado los excelentes resultados obtenidos por los abordajes conductuales para el tratamiento de las fobias. Desafortunadamente, sin embargo, los terapeutas que trabajan con clientes fóbicos saben bien que la solución a los problemas que afectan a quienes padecen de fobias complejas no siempre es tan sencilla como la de los sujetos especialmente seleccionados y controlados que suelen participar en una investigación. Éste es el motivo por el cual la EMDR insiste en la importancia de la planificación global del tratamiento.

Aunque todavía no se haya llevado a cabo ningún estudio comparativo controlado acerca de la eficacia de la EMDR en el tratamiento de los clientes fóbicos, son centenares los terapeutas que afirman haber conseguido excelentes resultados.[5] El protocolo EMDR que hemos diseñado especialmente para el tratamiento de las fobias se centra en el evento que la causó y en alguna circunstancia que pueda estar sosteniéndola. Tengamos en cuenta que la causa de una fobia es, con mucha frecuencia, bastante más compleja de lo que, a primera vista, parece. En cierta ocasión trabajé con una clienta que tenía miedo a volar, un problema que habitualmente habría abordado de manera directa. La revisión de su biografía, no obstante, me permitió descubrir que su marido era representante y que el miedo a volar era la única justificación válida que podía sustraerla a la necesidad de verse arrastrada a acompañar a su marido en sus viajes por todo el país. Es evidente que, en tal caso, no se trataba de una decisión consciente, sino de un *beneficio secundario*, una expresión que se refiere a la ventaja que el trastorno proporciona a quien lo padece. Así fue como, para tratar exitosamente a esta mujer empleando la EMDR, empezamos centrándonos en su relación de pareja utilizando la terapia familiar y, cuando desarrolló la suficiente asertividad, pudo establecer sus propios límites, sin verse así obligada a que su fobia los estableciese por ella.

Otro aspecto importante del protocolo de la EMDR es que se enfrenta a todos los estímulos presentes que puedan activar el miedo. Si, por ejemplo, un hombre tiene miedo a volar, no debemos olvidar que son muchas las actividades que acaban conduciendo a un avión. Para corregir las distintas dimensiones del problema, que incluyen la ansiedad anticipatoria, es necesario que el cliente imagine, escena tras escena, la "película" entera del viaje, comenzando en su planificación y concluyendo en el regreso seguro. Cualquiera de los estímulos que rodean a la experiencia de volar (la llamada telefónica a la línea aérea, el viaje en coche hasta el aeropuerto o el paseo que conduce a la puerta de embarque) puede servir de desencadenante, sobre todo en el caso de que el cliente tenga una experiencia previa de ella en un estado de miedo. Del mismo modo, si el problema en cuestión es la claustrofobia, es importante procesar todas aquellas situaciones que desencadenan el miedo, como quedarse bloqueado en un atasco, estar atrapado en un ascensor, viajar en un autobús atestado, etcétera.

Insistamos una vez más en que la respuesta de miedo se deriva de alguna experiencia vital temprana, ya se trate de un trauma personal, de haber atestiguado el daño de otra persona, o de una acumulación de advertencias relativas al peligro que conlleva una determinada situación. Hay veces, sin embargo, en las que el evento central se halla sepultado en los estratos más profundos de la historia temprana del cliente. Recuerdo, en este sentido, el caso de un cliente que, durante el procesamiento con la EMDR, descubrió que su miedo a volar se derivaba de haber presenciado la muerte de su madre y de sus consiguientes sentimientos de inadecuación. Después de haber procesado todo el evento, el efecto se generalizó a través de la red asociativa de su memoria, facilitando el tratamiento de su problema, el miedo a volar. Hay ocasiones en las que el tratamiento del evento central puede desencadenar la curación completa de toda la red de la memoria.

Aunque muchas fobias hayan sido causadas por una determinada experiencia traumática, su raíz puede también asentarse en una acumulación de eventos. Así es como diferentes estratos de incidentes angustiosos pueden acabar provocando una existencia sutilmente angustiosa. Y cuando esas personas no se dan cuenta de la posibilidad de recibir ayuda, acaban sumidos en el sufrimiento. Otros pueden verse obligados a emprender una terapia porque los tentáculos de esos eventos llegan a obstaculizar el desempeño de actividades tan normales como, por ejemplo, conducir. Lo que parece, pues, una fobia aislada puede acabar convirtiéndose en una oportunidad para curar muchos estratos problemáticos asociados.

Jessica Spenser era una estudiante de periodismo de Los Ángeles que tenía 22 años cuando sufrió el primer episodio de lo que acabaría convirtiéndose en una fobia a conducir y una serie de ataques de pánico que la atormentaron durante 14 años. También era una atleta que disfrutaba de los deportes de riesgo, como el *windsurfing*, la navegación, el subma-

rinismo y el barranquismo, pero a pesar de toda esta actividad, Jessica se sentía vacía, inestable y angustiada y tenía un
miedo difuso que bien podríamos resumir diciendo que tenía
miedo a perder el control.

Una noche en la que estaba conduciendo por el carril central de una autopista de Los Ángeles a unos 100 kilómetros por
hora empezó a pensar en el amasijo de metal retorcido y cuerpos rotos que podría provocar si, a esa velocidad, se desmaya-
se y perdiera el control de su vehículo. Todo su pensamiento
racional se detuvo, la adrenalina inundó su torrente sanguíneo
y su corazón y su mente empezaron a galopar. Hacía aproximadamente un año que se había desvanecido mientras estaba
en la ducha y ahora tenía la misma sensación de estar a punto
de perder el control de su cuerpo. Aterrorizada ante la posibilidad de desmayarse, Jessica pisó el pedal del freno y centró
toda su atención en atravesar los dos carriles que la separaban
del arcén, donde podría estar segura, pero las luces parecían
llegar de todas partes y coches y camiones se vieron obligados
a esquivarla bruscamente tocando el claxon.

Aunque Jessica consiguió llegar finalmente al arcén sana
y salva, las cosas no acabaron ahí porque, esa misma noche,
afloraron a la superficie las semillas del miedo que llevaba
tanto tiempo sembrando y que fue ramificándose en el curso
de la próxima década, arrojando una sombra cada vez más
oscura sobre todo su mundo.

En la época en la que Jessica conoció a la psicoterapeuta
Deany Laliotis, una asistenta social licenciada que pasaba
consulta en Washington D.C., su miedo a conducir había crecido y generado nuevos miedos. Llevaba 14 años evitando las
autopistas y limitándose a conducir –aunque sólo de día– por
las carreteras secundarias. Su carrera estaba a punto de venir-
se abajo, porque era una periodista *freelance* cuyos encargos
la obligaban a ir de un lado a otro. Había ocasiones en que lo

que hubiera sido un sencillo viaje de 25 minutos, acababa convirtiéndose en una expedición de un par de horas a través de atascos interminables, zonas escolares y barrios desconocidos. Entonces Jessica relajó su búsqueda de empleo y empezó a renunciar a aquellas actividades en las que el desmayo resultara potencialmente peligroso. Entonces fue cuando abandonó la vela, el barranquismo, el submarinismo y el *windsurf*. Los años fueron pasando y Jessica se sentía cada vez más aislada y retirada, hasta el punto de que sólo se relacionaba con su marido.

Entonces buscó ayuda para superar el miedo a conducir. En todos esos años había intentado la terapia individual, la terapia grupal (que todavía proseguía), la hipnosis y el *biofeedback* logrando, en ocasiones, una aparente mejora que no tardaba en revelarse provisional. Finalmente oyó hablar de la EMDR y decidió emprender una terapia con Deany.

Jessica trabajó con Deany durante cinco meses. Ella comenzó a contarle los ataques de pánico y las numerosas ocasiones en que, a lo largo de toda su vida, desde su infancia hasta el presente, se había desmayado y perdido el control de su cuerpo. Jessica era la menor de tres hermanos y la única chica. Su madre trabajaba fuera de casa a tiempo parcial, dejándola a cargo de su padre, una responsabilidad que parecía molestarle, descargando sobre ella todo su enfado. Por eso, cuando la encontraba jugando se irritaba, alzaba la voz, tiraba cosas al suelo y cambiaba el canal de la televisión hasta conseguir que Jessica se marchase a otro cuarto. También la obligaba a comer cosas que no le gustaban y a hacer tareas para las que no estaba lo suficientemente madura, y aunque nunca le puso, en ningún sentido, la mano encima, siempre estaba asustada y se sentía acosada. A eso de los seis años empezó a quedarse sola en casa, una situación a la que Deany atribuyó el origen de sus males.

Las cosas empezaron a empeorar cuando Deany se enteró de que Jessica había sido sometida a tres operaciones en los primeros cuatro años de vida, dos de la vista y la tercera de la uretra y que, en todos esos casos, pasó sola la convalecencia en el hospital. Su madre la visitaba ocasionalmente, pero su padre jamás fue a verla y tuvo que enfrentarse sola a las intervenciones quirúrgicas. No es de extrañar que, cuando acabaron las operaciones, hubiera desarrollado un miedo muy intenso a los médicos, las agujas y las inyecciones y que actualmente –con 37 años–, según le contó a Deany, lleva muchos años sin haberse sometido a un chequeo médico.

El maltrato y el abandono que se vio obligada a atravesar en la infancia se convirtieron en terreno abonado para el desarrollo de multitud de miedos y disfunciones. Muchas eran, pues, las oportunidades para trabajar con la EMDR, pero puesto que su principal queja era la incapacidad de conducir, decidieron empezar centrándose en ella. Como ambas ignoraban la causa concreta del miedo, eligieron como objetivo el primer (y peor) ataque de pánico –que había sucedido en la autopista de Los Ángeles– y los intensos sentimientos y creencias que le acompañaron («Soy una inepta», «No puedo controlar esta situación», «Hay algo malo en mí» o «El problema soy yo»). Cuando comenzaron la serie de movimientos oculares, Jessica asistió al desfile de una serie de imágenes que se asemejaban a una película que iba desde el pasado hasta el presente, y viceversa, acompañado de sentimientos tales como el miedo, la sensación de culpabilidad y un sufrimiento y una desesperación intolerables.

En una de las sesiones, Jessica trabajó con la imagen de conducir dentro de un túnel. Súbitamente, la imagen cambió a otra en la que se veía rodeada de camiones por todas partes. Entonces fue cuando uno de los camiones se convirtió en su padre, provocando la misma secuencia de amenaza y sumisión que había padecido en su infancia. Las asociaciones movilizadas por la EMDR se vieron entonces acompañadas de un flujo de emociones y comprensiones. Entonces se dio cuenta de que había pasado toda su vida sumida en el miedo y de que la idea de perder el control que tanto la aterrorizaba estaba estrechamente unida a las muchas ocasiones en que se había visto obligada a presenciar la pérdida de control de su padre.

Con esta comprensión, Deany y Jessica empezaron a abordar los problemas familiares. En una de las sesiones, Jessica recordó el bochornoso día de verano en que su padre la mandó a cortar el césped. Jessica, que sólo tenía 11 años y era muy pequeña para su edad, sacó la pesada segadora del garaje, pero no pudo arrancarla. Finalmente, tiró tan fuerte de la cuerda que la ponía en marcha que acabó rompiéndola. Su padre se enfadó entonces mucho y le ordenó que la arreglase mientras Jessica, con la cabeza gacha porque no tenía dinero para llevarla al mecánico, lloraba en silencio viendo cómo sus lágrimas caían al suelo.

Fueron varias las sesiones que Jessica y Deany llevaron a cabo sobre el miedo a conducir, como cruzar puentes, chocar con camiones y circular por autopistas interestatales con separadores de cemento, situaciones, todas ellas, en las que Jessica se sentía atrapada e incapaz de controlar tanto su cuerpo como las situaciones que la rodeaban. Deany pensó entonces que todas estas cuestiones debían estar relacionadas con las operaciones a las que se había visto sometida, de modo que su atención se centró en esas imágenes. Durante la serie de movimientos oculares, Jessica recordó detalladamente ese tiempo, incluido el olor de amoníaco que impregnaba el hospital. Los movimientos oculares le permitieron experimentar de nuevo el sufrimiento y el miedo que había experimentado cuando la abandonaron y se vio obligada a enfrentarse a solas con personas extrañas que hacían cosas dolorosas a su cuerpo. La elaboración de esas experiencias no sólo redujo el impacto de las creencias negativas sobre sí misma, sino que también la liberó del miedo a los médicos y a las inyecciones. Entonces se sintió más segura y desarrolló la confianza de que su cuerpo no la abandonaría desvaneciéndose.

Jessica fue saliendo lentamente de su concha. A medida que fue procesando sus recuerdos infantiles, muchos de sus problemas, que hundían sus raíces en su infancia e impregnaban su sensación de identidad, fueron desapareciendo y su personalidad empezó a tornarse más sociable, más asertiva, más segura y con una mayor confianza en sí misma. Deany estaba muy contenta con todos esos cambios, pero como ya llevaban un par de meses trabajando, le parecía que el avance no era tan rápido como es habitual en la EMDR. Además, tampoco habían conseguido eliminar el miedo a conducir. Algo parecía estar impidiéndoselo. Jessica abandonaba cada sesión transmitiendo a Deany la impresión de que, en esa ocasión, cogería el coche e iría a la autopista, pero lo cierto es que cuando estaba sola en casa, se veía paralizada por la ansiedad y no encontraba el momento de hacerlo. Por desgracia, la única ocasión en que lo intentó fue una noche –una condición adversa sobre la que no habían trabajado– y se vio desbordada por un ataque de pánico. No hace falta decir que fue un auténtico contratiempo. ¿No podría, en tal caso, desmayarse y atropellar a alguien? ¿No podía poner en peligro la vida de alguien e incluso la suya propia? El trabajo posterior tampoco consiguió acabar con la ansiedad. Algo, pues –a lo que por cierto, no habían logrado acceder–, seguía alimentando el miedo.

Finalmente, Deany decidió acompañarla a la autopista. De este modo, cada vez que Jessica empezaba a sentir la emergencia del miedo, se apartaban al arcén y empleaban la

EMDR con el estímulo que lo hubiera activado. Así pasaron las cuatro sesiones siguientes, despertando la curiosidad de los conductores que pasaban junto a ellas, pero haciendo grandes avances. Además de proporcionarle el apoyo que no había obtenido de su familia, Deany estaba combinando la EMDR con la técnica de la exposición en vivo (es decir, en la vida real) habitualmente utilizada por los terapeutas conductistas. Este procedimiento les permitió acceder a todos los miedos de Jessica y a los estímulos que los provocaban y procesarlos con la EMDR, cosa que no había sido posible en la consulta.

Después de que esta "terapia sobre ruedas" eliminase el último reducto de sus miedos, la vida de Jessica experimentó un cambio espectacular. Su autoestima creció, puso nuevamente en marcha su talento periodístico y cogía el coche cuando quería para ir donde quería, llegando incluso a acompañar a su marido en un viaje de negocios a la costa Este. Su miedo a los médicos y a las agujas también había desaparecido.

No es infrecuente que los problemas identificados sobre los que se centra la EMDR acaben remitiendo a otros eventos relacionados. Y es que aunque, a primera vista, no lo parezcan, esas conexiones son siempre lógicas. Por eso, el cliente que empieza a trabajar centrándose en un evento traumático como, por ejemplo, el día en que su padre le abandonó, puede acabar recordando episodios similares de abandono y otras ocasiones en que experimentó idéntica desesperación. También es posible que el cliente recuerde otras experiencias angustiosas que haya vivido con su padre, o situaciones en las que había tenido pensamientos negativos del tipo «No merezco el amor». Todo esto, como ya hemos dicho, se debe a que, en la red de la memoria, nuestras experiencias vitales del pasado se hallan fisiológicamente ligadas a eventos similares que ocurren en el presente.

La capacidad de la EMDR para acceder a las redes de la memoria y procesar las viejas experiencias permite que las personas concluyan el tratamiento obteniendo una curación que les permite trascender el problema original. Fue así como Jessica abandonó la terapia EMDR con mucho más que una renovada capacidad de conducir. El proceso facilitó la rápida superación de problemas que habían sido sembrados mucho antes de la emergencia de su fobia, los cuales, de formas muy distintas, acabaron afectando a su autoestima. De este modo, los síntomas manifiestos que habían motivado su búsqueda de ayuda acabaron convirtiéndose en una oportunidad para llevar a cabo un cambio mayor.

Este tipo de interacciones entre el pasado y el presente fue descubierto cuando un grupo de terapeutas de la EMDR voló a Florida con el fin de ofrecer a los clientes una sesión de tratamiento para tratar a las víctimas del huracán Andrew. Según dijeron, el 30% de los clientes que participaron en ese programa empezó a procesar el recuerdo de algún trauma infantil en el que habían vivido una sensación semejante de caos y descontrol. En este sentido, el huracán les proporcionó una ocasión para liberarse de los residuos de situaciones vividas mucho tiempo atrás.

Las viejas experiencias pueden empeorar las reacciones negativas a las nuevas lo que, a su vez, pueden exacerbar las reacciones de aquéllas. De hecho, una de las cosas que nos ha mostrado repetidamente la EMDR es que el pasado todavía se halla presente. Y es que, por más que creamos haberlo sepultado, su mano férrea puede atraparnos cuando menos lo esperemos.

En marzo de 1990, Susan Rafertty y Sam, su segundo marido, estaban sentados en el sofá escuchando el viento que surcaba la noche de Colorado. De hecho era Sam el que lo estaba escuchando, porque Susan se apresuró a amortiguar como mejor pudo la intensidad del aullido del viento y la nevada contra el cristal de la ventana. A pesar de que el miedo no era un rasgo distintivo de su personalidad, ya que era una mujer de 40 años segura, expresiva, asertiva y llena de vida, Susan tenía miedo a las tormentas desde su infancia. Madre de dos hijos adultos, trabajaba, llevaba la casa y todavía encontraba tiempo para estar siempre impecablemente vestida y peinada.

La mente de Susan dejó entonces a un lado la tormenta, pero se quedó atrapada en otro tema igualmente angustioso, su nuevo trabajo, que aún no llevaba un mes desempeñando. Era la jefa de compras de una empresa contratada por el Departamento de Defensa de Colorado Springs y, aunque anteriormente había trabajado para la misma empresa y era conocida como una excelente secretaria, se sentía desbordada por sus nuevas obligaciones. Era tanto el dinero que estaba en juego que pasó las primeras semanas sumida en el pánico, algo que contrastaba considerablemente con su habitual desempeño "supercompetente".

Cuando Susan se giró para decirle algo a Sam, la mitad de su rostro se quedó súbitamente insensible. Sam la llevó entonces rápidamente en coche por las calles heladas hasta el hospital más próximo, temiendo que se tratara de un derrame cerebral, pero los médicos no detectaron nada y la enviaron de vuelta a casa.

Nadie sabía entonces que Susan acababa de tener el primero de una serie de los muchos ataques de pánico que, a partir de ese momento, iba a sufrir. Aunque la intensificación de los latidos del corazón sea la reacción física más habitualmente asociada al pánico, son muchos los síntomas que suelen acompañarlo, como la pérdida de sensibilidad, la sensación de hormigueo, las dificultades respiratorias, los mareos, los vértigos, los temblores, el dolor de pecho, las náuseas, el malestar abdominal y los escalofríos. Como ya hemos visto en el capítulo anterior con el caso de Emily Zazaroff (la mujer que no podía quedarse embarazada), el cuerpo es una parte inseparable del proceso psicológico y, con cierta frecuencia, son los síntomas físicos los que nos transmiten el relato real de todas las inquietudes que el cliente no logra expresar de forma verbal. Esto es especialmente cierto en el caso de las personas muy activas y de quienes están siempre cuidando a los demás, es decir, de personas que suelen preocuparse mucho por las personas que les rodean y que, en consecuencia, tienen poco tiempo para ocuparse de sus propias necesidades, ya sean psicológicas o de cualquier otro tipo. No es infrecuente que este tipo de personas consideren sus emociones como una debilidad que no pueden permitirse. Resulta paradójico que, en este sentido, las personas más fuertes suelan ser también las que más se reprimen y las que peor están.

Los meses que siguieron fueron muy angustiosos para Susan, en la medida en que, tanto en el trabajo como en casa, su estrés no hacía sino aumentar. Su hijo tenía sida y su cuñada acababa de ser diagnosticada de cáncer y se vio sometida a una operación. Su hijo pequeño, Ernie, estaba en las fuerzas aéreas y formaba parte del contingente militar que los Estados Unidos estaban a punto de enviar al Golfo Pérsico, y el hijo mayor de Sam, que también estaba en las fuerzas armadas, estaba seguro de que iban a movilizarle. Susan, por su parte, estaba muy preocupada. La insensibilidad de brazos y pies era cada vez mayor, tenía dificultades respiratorias, mareos y unas embarazosas e inexplicables diarreas, síntomas que parecían presentarse en oleadas, con una frecuencia de cuatro o cinco veces por semana. Su médico le prescribió una resonancia magnética para ver si padecía esclerosis múltiple, pero los resultados fueron negativos.

Seis meses más tarde, Susan se encontraba empujando su carrito de la compra por los pasillos abarrotados y ruidosos de un supermercado. Los altavoces difundían mensajes ensordecedores y Susan tuvo la sensación de que la mercancía apilada en los estantes estaba a punto de caérsele encima. Súbitamente, se dio cuenta de que no podía respirar, su pecho se contrajo, su corazón se aceleró, todo su cuerpo empezó a temblar y su piel se humedeció. Entonces pensó: «Me estoy volviendo loca. Si no salgo pronto me moriré» y, dando media vuelta y dejando atrás su carro medio lleno, echó a correr hacia la puerta de salida, tropezando con los clientes que iban en dirección contraria.

De nuevo en el coche, Susan se agarró al volante durante varios minutos hasta que consiguió atenuar la intensidad de sus sensaciones. Luego recuperó el control de sí misma y trato de ser práctica. Habían sido muchas las situaciones difíciles a las que, en los últimos seis meses, se había enfrentado, de modo que no había razón alguna para que, en este caso, no pudiera también hacer lo mismo. «Muy bien. –se dijo en voz alta–. No volveré a este supermercado. A fin de cuentas, tampoco me gusta.»

Una semana después de esa infausta mañana, Susan cogió su lista de la compra y se dirigió hacia otro supermercado más pequeño, pero en esa ocasión, volvió a ocurrir lo mismo ya que, en medio del bullicio, volvió a sufrir súbitamente un ataque de pánico y tuvo también que escapar corriendo hacia la puerta. Los síntomas físicos que acompañaron a esta situación fueron los mismos que los que había experimentado la primera vez: diarrea, dificultades respiratorias, temblores y una aceleración del latido cardíaco. Luego, mientras se recuperaba sentada en el coche, se dijo: «Esto es ridículo. No puedes pasarte la vida evitando los supermercados».

Fue entonces cuando Susan se decidió a visitar al médico, que le dijo que sus ataques podían deberse a una bajada de la tasa de azúcar en sangre, por lo que la sometió a una prueba de tolerancia a la glucosa, que implicaba cinco tomas de sangre en un lapso de cinco horas para verificar los cambios en el nivel de azúcar. Como era mucho el tiempo que había entre una prueba y otra, Susan y Sam decidieron dar la vuelta por el edificio y entraron en una tienda. De pronto, Susan volvió a sentir entonces todos los síntomas que ya había experimentado: la diarrea, las dificultades respiratorias, el sudor, el pánico y la flojedad en las piernas. Sam la tomó entonces del brazo y la llevó rápidamente al médico, que inmediatamente le hizo un análisis de sangre. Susan temblaba tanto que la enfermera tuvo dificultades para tomar una muestra de sangre del brazo y tuvo que pincharla en un dedo, pero la tasa de azúcar era normal.

Cuando el médico volvió a la consulta llevaba entre las manos un libro en cuya cubierta podían leerse las palabras "trastornos de ansiedad". «Susan –dijo entonces el doctor–, creo que sufres de ataques de pánico y quiero que leas este libro para que puedas entender algo más lo que te ocurre. También te recetaré, entretanto, algún ansiolítico.»

Susan leyó ese libro y todo lo que cayó en sus manos sobre la ansiedad y los ataques de pánico descubriendo, en esos textos, una clara descripción de todos los síntomas que había experimentado. No estaba loca, ni tampoco estaba muriéndose, sino que tenía un trastorno de ansiedad, como las personas sobre las que acababa de leer. Pensó que resultaba paradójico que el simple conocimiento de que son miles las personas que padecen esa enfermedad la hiciera sentirse mejor. La medicación ansiolítica que, al comienzo, tomó religiosamente, pareció liberarla de sus ataques, pero sólo de un modo provisional, porque no tardaron en reaparecer. Además, los efectos colaterales de la medicación resultaban muy desconcertantes porque después de cada una de las tres píldoras que debía tomar diariamente, Susan se sentía aturdida durante unos 45 minutos.

Finalmente, Susan renunció a la medicación, pero se negó a rendirse a la enfermedad. Sus lecturas le habían enseñado que los ataques de pánico suelen abocar hacia una agorafobia completa y no quería que el miedo acabase convirtiéndola en una reclusa. Por ello se obligó a ir a las tiendas y a los supermercados, por más que sólo tuviera ganas de quedarse en casa y sentarse a solas en la oscuridad. A pesar de todos sus esfuerzos por luchar contra el pánico, sin embargo, los ataques siguieron presentándose a un ritmo de cuatro o cinco veces por semana de manera aparentemente inesperada a la vuelta del trabajo, en lugares ruidosos y atestados e incluso, en ocasiones, mientras conducía. La red de estímulos estaba expandiéndose, pero cada vez que afloraba un miedo, Susan se enfrentaba a él. En el mismo instante, por ejemplo, en el que, mientras estaba conduciendo, sentía la aparición de un nudo en la garganta o de una constricción en el pecho, ponía en funcionamiento la radio y cantaba a todo pulmón hasta disminuir la intensidad del pánico. Luego respiraba profundamente y seguía conduciendo. En ciertas ocasiones, no obstante, la pérdida de sensibilidad y el dolor en el pecho eran tan intensos y semejantes a un ataque cardíaco que Susan renunciaba a tratar de reprimirlo e iba corriendo a urgencias.

En las horas y días posteriores a un ataque, Susan se sentía desbordada por el miedo, preguntándose cuándo –y dónde– se produciría el siguiente ataque. Este miedo anticipatorio, combinado con los ataques de pánico, la convirtieron en una perfecta candidata al diagnóstico de trastorno de pánico, un problema más difícil de tratar que el ataque de pánico porque, en tal caso, el miedo a sufrir otro ataque alimenta el miedo original. Para muchas personas, el más leve indicio de sensación física puede desencadenar, aun en ausencia de factor estresante alguno, un ataque de pánico. Y es que no hay modo alguno de escapar al miedo a las propias reacciones corporales.

Fueron muchas las cosas a las que Susan apeló para tratar de tranquilizarse, incluido el *biofeedback* y un programa intensivo de tres días de reducción del estrés, pero nada de ello pareció funcionar. Finalmente, cambió de compañía de seguros y se apuntó a otra que cubría también la psicoterapia. George Dunn, un asistente social y psicoterapeuta, pasó entonces a Susan una batería de tests (que corroboraron el diagnóstico de ansiedad y depresión) y llevó a cabo su historial, momento en el cual le habló del tornado de 1984 que arrancó su casa desde los mismos cimientos, esparciendo todo su contenido por los alrededores, el mismo tornado que había acabado con la vida de su primer marido, poniendo así un abrupto final a un feliz matrimonio de 20 años.

Susan había crecido en Missouri y, como todos los niños nacidos y criados en el llamado "cinturón de los tornados", había desarrollado, aun antes de hablar, un miedo sano a las tormentas y a los tornados que suelen acompañarles. Susan sabía que cuando el viento empezaba a ulular como un escuadrón de bombarderos, debía ir corriendo al sótano y acuclillarse en la esquina del sudoeste, la dirección en que suelen originarse los tornados, antes de que tuviera la oportunidad de arrancar el horno, la lavadora y el sofá y lanzarlos sobre uno a una velocidad capaz de romper los huesos a cualquiera.

En 1984, Susan vivía con su primer marido, Keith, en el pequeño pueblo de Barneveld (Wisconsin), donde él trabajaba como profesor de educación física en el instituto local. La leyenda decía que Barneveld, una apacible comunidad productora de leche con una población de 600 personas ubicada en las colinas de color esmeralda del Sur de Wisconsin, estaba a prueba de tornados gracias a sus colinas protectoras, localmente conocidas como Blue Mounds. Cuando Susan, Keith y sus dos hijos se mudaron allí, en 1979, desde Colorado, compraron una casa nueva de dos pisos a pie de colina y ubicada junto al cuartel de bomberos. Apenas se marchó el camión de mudanzas, Susan fue de inmediato al sótano para ver cuál era la esquina sudoeste, mientras Keith, Joel y Ernie –nativos, todos ellos, de Colorado y que nunca habían sufrido un tornado– intercambiaban sonrisas de condescendencia. Fueron muchas las bromas que Susan tuvo que soportar a lo largo de los años que pasaron en Barneveld porque cada vez que soplaba una tormenta, Susan invitaba a "sus hombres" a ir al sótano, no fuese que la tempestad acabase provocando un tornado, una invitación de la que ellos solían burlarse.

El 7 de junio de 1984 era un día bochornoso en el que soplaba mucho viento. Susan llegó a casa procedente del trabajo, besó a Keith, saludó a Ernie y subió al primer piso, dispuesta a cambiarse. Luego, como hacía demasiado calor para cocinar, fueron a cenar al Village Restaurante. Cuando volvieron a casa, el viento soplaba con violencia y Susan convenció a Keith para que esa noche no durmieran en su habitación con aire acondicionado del primer piso, sino en el cuarto de huéspedes, donde el constante aullido del viento no sería tan intenso.

Pasados 50 minutos de la medianoche, un relámpago y su correspondiente trueno despertaron a Susan. Estaba lloviendo. Mientras se despertaba, Susan escuchó un silbido bajo y persistente, como el viento que sopla en un alero o el sonido apagado del claxon de un automóvil que casi se ha quedado sin batería. En ese mismo momento, Ernie, que también se había despertado, se presentó en la habitación de huéspedes.

Quizás, pensaron, se trataba de la alarma de tornado del pueblo de al lado. Pero cuando Susan miró por la ventana, sólo vio una oscuridad total. Las farolas estaban apagadas y no había ni una sola luz en la ciudad ni en el cuartel de bomberos. El silbido no era la alarma que advertía de la proximidad del tornado, sino el tornado mismo.

–¡Vamos Keith! –gritó entonces Susan, empezando a correr, ¡Bajemos al sótano!–. Ernie la siguió y Keith, aunque estaba despierto, no se precipitó tras ellos porque, después de los años pasados en Barneveld, había desarrollado una actitud condescendiente hacia lo que consideraba la actitud alarmista con la que su mujer reaccionaba ante los tornados. Entonces se puso a buscar los pantalones, mientras Susan atravesaba la cocina y abría la puerta a las escaleras que conducían al sótano, donde dormían los animales. El gato se escurrió corriendo entre sus piernas en dirección al comedero, mientras que el perro permanecía en la oscuridad, sin dejar de ladrar. Luego se escuchó un estruendo ensordecedor mientras la estructura de la casa empezaba a crujir y, finalmente, todo desapareció.

Cuando Susan despertó, se descubrió en la esquina sudoeste del sótano en la más completa oscuridad, empapada y sepultada bajo un metro de escombros. La lluvia empapaba su pelo y su camisón. El aire apestaba a gasoil, evidenciando sin la menor duda la rotura del depósito del sótano. La escalera había desaparecido y lo mismo había sucedido con los estantes, en los que se apilaban las cajas, las maletas viejas y todos los trastos que, con el paso del tiempo, habían ido relegando al sótano. También el techo y la casa entera habían desaparecido.

Ernie estaba junto a ella y, aunque Keith no estaba, Susan sentía instintivamente –con ese "sexto sentido" en el que había llegado a confiar a lo largo de los años– que su marido estaba bien. En algún lugar de la oscuridad se escuchaban todavía los ladridos de su perra Samantha.

Cuando la tempestad se aplacó, Ernie se escabulló como mejor pudo de debajo de los cascotes, salió de aquel vertedero que hasta el día anterior había sido su sótano y corrió en busca de ayuda. Cuando Susan se quedó sola, abrazó el cuerpecillo empapado de Samantha e hizo lo que siempre solía hacer en situaciones críticas, ser práctica, y empezó a pasar mentalmente lista a las cosas que tendría que hacer. Primero debía cancelar las tarjetas de crédito, por si alguien las encontraba y trataba de aprovecharse de ellas. Luego tendría que dar de baja la electricidad y el teléfono y después debería solicitar un duplicado del permiso de conducir. Ignorando el desastre emocional que se le avecinaba y refugiándose en las cuestiones prácticas, la mente de Susan había comenzado a funcionar con el piloto automático.

Finalmente llegaron los servicios de urgencia –conocidos, todos ellos, de Susan–, con luces, y colocaron un tablón para que Susan, empapada de gasoil, pudiera subir. La luz puso de relieve todo lo que faltaba. El coche ya no estaba, como tampoco las paredes, el suelo, el techo, los muebles, las cañerías, los electrodomésticos y casi todas sus pertenencias. La casa de sus vecinos también había desaparecido, y lo peor de todo, no había el menor rastro de Keith.

Entonces llegó una amiga y le ofreció resguardarse de la lluvia en su coche. Poco después llegó otra amiga que le brindó una cama para pasar la noche, cosa que Susan aceptó, porque sabía que Ernie se sumaría al equipo de rescate y probablemente no dormiría en toda la noche. A la mañana siguiente llegó Ernie con ropas y zapatos que había pedido prestados para ella y se pusieron en camino hacia Barneveld o, mejor dicho, trataron de hacerlo, porque la policía les impidió el acceso.

–Lo siento, señora, pero no podemos dejar pasar a nadie
–dijo un policía de aspecto agotado–. Deberán esperar aquí.

–¡De ningún modo! –respondió Susan–. Le guste o le desagrade, yo vivo ahí y aún no tengo noticias de mi marido.

Susan y Ernie subieron a un coche de la policía y fueron
llevados hasta el puesto de mando, ubicado en el centro del
pueblo. Durante el camino se dieron cuenta del daño provocado por el tornado. El desastre era realmente desolador.
Once de las 12 casas que componían el vecindario habían
sido destruidas. Un viento huracanado de 500 kilómetros por
hora había destruido tres iglesias, el ayuntamiento, el cuartel
de bomberos, el American Legion Hall, el bar y el restaurante Village y el salón de belleza Mil Rizos. Lo único que quedaba del banco era el sótano, y de la iglesia luterana sólo se
mantenía en pie el campanario. «Bastaron 20 segundos –dijo
posteriormente la revista *Time*– para que Barneveld "se viese
barrido del mapa".»[6]

Cuando llegaron al puesto de mando, Susan y Ernie fueron conducidos hasta el policía de servicio que, con aspecto
triste y ojeroso, les dijo:

–Keith ha muerto, Susan –y luego, dirigiéndose a Ernie,
añadió–. Tú le encontraste anoche, ¿por qué no le has dicho
nada a tu madre?

–No po-po-podía creer que se tratase de mi padre –replicó, temblando, el muchacho.

Los ojos de Susan se abrieron entonces de par en par.
Quizás fuese por ello que Ernie no había ido esa noche a casa
de la amiga que les había acogido.

–¿Así que ya lo sabías? –preguntó.

–Sí, mamá.

Pero antes de permitirse sentir el impacto de la realidad,
Susan puso nuevamente en marcha el piloto automático y
dijo, al salir del puesto de mando:

–Muy bien. ¿Dónde han llevado a Keith? ¿Está en Dodgeville? ¡Pues vamos a Dodgeville!

Durante los 50 kilómetros que les separaban del hospital de Dodgeville, Susan se enteró, por boca de los amigos que les acompañaban, de nuevos detalles sobre el tornado. Había causado nueve bajas en Barneveld, siete de los cuales eran vecinos suyos, entre ellos Jill, su mejor amiga, su marido y su hija de ocho años. Su hijo había sobrevivido, pero quedaría paralizado de cintura para abajo el resto de su vida. El número de heridos ascendía a 88.

Una vez en el hospital, Susan tuvo que convencer a las autoridades para que le dejaran ver el cadáver de su marido. Pero por más que le insistieran en que no era necesario, que ya había sido formalmente identificado y que verle no le haría ningún bien (porque el accidente le había roto todos los huesos), Susan no se dejó convencer.

Cuando abrieron la puerta del depósito de cadáveres, Susan contó nueve cuerpos cubiertos con sábanas blancas desde la cabeza hasta los pies. La sábana que cubría una de las camillas se había desplazado un poco, dejando ver el codo de un hombre. Pero cuando se dio cuenta de que no se no se trataba del codo de un hombre, sino del codo de Keith, su corazón dio un vuelco y su rostro habitualmente enérgico y asertivo empezó a resquebrajarse. Sólo luego cayó en la cuenta de que los otros ocho cuerpos inertes que se hallaban en la sala eran los de sus amigos y vecinos.

En los días posteriores, Susan fue sumiéndose en una profunda depresión. Cuando las autoridades permitieron el acceso a los residentes, éstos no mostraron gran interés en ver lo que podían rescatar de los escombros. A comienzos de julio, la revista *People* publicó un reportaje fotográfico en el que subrayaba la capacidad de recuperación de los valerosos ciudadanos de Barneveld que, a pesar de todo, seguían casándose, dando a luz, cobrando su salario y reconstruyendo sus silos y la escuela a fin de que estuvieran a tiempo para la recolección y para el próximo otoño, respectivamente.[7] Pero cuando Susan leyó el artículo, rompió a llorar, porque no se sentía valiente, sino que tan sólo hizo lo que tenía que hacer.

Por más paradójico que pueda parecer, uno de los principales obstáculos que impedían su recuperación radicaba, precisamente, en su autosuficiencia. Era capaz de ignorar la destrucción de su hogar centrándose en las cosas que tenía que hacer y afrontaba con la misma actitud la pérdida de Keith. Pero esa actitud, unida a la necesidad de cuidar de su hijo y de recuperar su vida, no le permitieron concederse el tiempo necesario para vivir el duelo, lo que impidió la adecuada cicatrización de sus heridas. Había decidido permanecer ahí un año más, hasta que Ernie acabase sus estudios secundarios y, para ello, se buscó un apartamento (con sótano) en Mt. Horeb, a unos 20 kilómetros de Barneveld, una distancia que muy pocas veces, sin embargo, recorrió. Sin el apoyo de sus amigos y vecinos de Barneveld, Susan se vio obligada a reconstruir a solas su vida. Así fue como, en lugar de explorar sus miedos y su tristeza con personas que pudieran empatizar con ella y entenderla, Susan acabó condenándose al aislamiento. Después de haber hecho todo lo que pudo por salvar sus pertenencias, su atención se centró exclusivamente en el futuro.

Pero el clima, no obstante, no contribuyó a la superación del problema. Junio, julio y agosto trajeron consigo muchas tormentas estivales, varias advertencias de tornado e incluso otro tornado (que, por cierto, pasó a un kilómetro de su nueva casa). Fueron muchas las noches que pasaron durmiendo en un camastro que habían habilitado, para situaciones de emergencia, en la esquina sudoeste de su sótano, tratando de ignorar el aullido del viento. Cada tormenta iba acompañada de la correspondiente sensación de caos y falta de control, una situación que no sólo no le ayudó a superar el problema sino que, por el contrario, no hacía más que ahondar la herida.

Independientemente de que hubieran sufrido pérdidas o de que formaran parte de los pocos afortunados, todos los habitantes de Barneveld se vieron alentados a emprender una psicoterapia, y Susan concertó una cita con una terapeuta de su seguro médico. Cuando el terapeuta le preguntó cómo se encontraba, Susan le respondió que las tormentas la aterraban y que su corazón se aceleraba con sólo escuchar el sonido del viento.

–Creo que está bien –le dijo la terapeuta–. No tendrá problemas en curarse. Nosotros tenemos tratamientos para trabajar los miedos irracionales, pero los suyos no lo son.

Susan sonrió, porque la psicoterapeuta acababa de confirmar que estaba afrontando su pérdida de la manera adecuada, evitando mirar hacia atrás, haciendo lo que tenía que hacer y ocupándose de las cuestiones reales. Todavía debían pasar varios años antes de que Susan se diese cuenta de que esa psicoterapeuta no estaba adecuadamente entrenada para trabajar con las víctimas de desastres naturales y que su modo de enfrentarse a la situación distaba mucho de ser apropiado.

Cuando Ernie se graduó y fue a la Universidad, Susan decidió mudarse a su ciudad natal, donde había vivido los primeros 14 años de su matrimonio con Keith y donde todavía vivían sus padres. Cuando se hubo establecido, su vida experimentó una franca mejoría, encontró trabajo como secretaria y empezó a rehacer su vida. Varios años después conoció a Sam Rafferty, que provenía de una numerosa familia católica irlandesa y se casó con él.

Hablar de esos terribles eventos con George Dunn la

ayudó a entender el modo en que las consecuencias del tornado que, 10 años antes habían destruido su vida, estaban generando un nuevo caos. La convergencia de todos esos factores, incluyendo el estrés de su vida actual y el trauma de la tormenta, bastó para inclinar definitivamente la balanza y desencadenar su primer ataque de pánico. El miedo no tardó en adquirir vida propia. Ahora lo entendía, pero los ataques de pánico empezaron a sucederse mes tras mes.

Un buen día escuchó una noticia sobre una víctima de violación que había sido exitosamente tratada con la EMDR del subsiguiente pánico y de otros síntomas postraumáticos. La noticia despertó su interés porque pensaba que si conseguía liberarse de los pertinaces ataques de pánico, su terapia podría avanzar. En septiembre de 1994, Susan llevaba ya cuatro años y medio padeciendo ataques de pánico. Entonces buscó una terapeuta EMDR y acopió el dinero suficiente –ya que su seguro médico no lo cubría– para sufragar las cinco o seis sesiones, de 90 minutos cada una que, según estimaba esa terapeuta, necesitaría para resolver su problema.

La terapeuta EMDR en cuestión era una psicóloga titulada llamada Beverly Schoninger, que llevaba seis años ejerciendo como psicoterapeuta. Durante el primer encuentro, Susan la puso al corriente de su historia personal, y cuando llegó el momento de hablar del tornado, enrojeció y empezó a hiperventilar. Parecía estar a punto de sufrir un ataque de pánico, pero siguió relatando detalladamente su historia. En el curso del relato, Susan mencionó que, en alguna que otra ocasión, había deseado que su casa se viniera abajo, para poder cobrar el dinero del seguro y empezar así una nueva vida.

Beverly confirmó el diagnóstico de trastorno de pánico. Pero, en tanto terapeuta EMDR, afirmó la necesidad, no sólo de cambiar las creencias de Susan acerca del pánico y de enseñarle las habilidades adecuadas para enfrentarse a sus sentimientos y sensaciones físicas, sino de corregir también el evento fundamental que había desencadenado su respuesta de pánico.

Antes de que concluyera la sesión de 90 minutos, Beverly le enseñó a crear un "lugar seguro" dentro de sí en el que pudiera refugiarse y tranquilizarse apenas advirtiese la emergencia de una sensación intensa de miedo, que resultó ser la cama de su infancia, que había sido su pequeño rincón del mundo. La cama, de madera de frutal, formaba parte del mobiliario estilo Reina Ana de su habitación con el que sus padres la habían obsequiado en su décimo cumpleaños. Beverly le hizo representar a Susan la habitación en la que estaba la cama y experimentar la sensación de seguridad que sentía en ella, y luego empleó una serie de movimientos oculares para contribuir así a fortalecer sus emociones positivas. Susan no tuvo dificultad alguna en evocar esa imagen y experimentar los sentimientos positivos asociados a ella. Esa herramienta le permitiría abandonar toda sensación de inquietud que aflorase durante las sesiones y podría también emplearla en cualquier otra situación problemática que apareciese fuera de la consulta de Beverly.

En su segunda sesión, que se llevó a cabo al día siguiente, Beverly le pidió que rellenase un cuestionario específicamente centrado en los ataques de pánico. En respuesta a la cuestión: «¿Cuáles son los sentimientos, emociones y sensaciones que experimenta con más frecuencia?», Susan respondió: «Ansiedad, un nudo en la garganta, sensación de aturdimiento, mareos, sensación de carecer de límites, desorientación, dolor en el pecho, en el cuello y en los hombros y hormigueo en las manos y en los pies. Y también me siento muy cansada». En respuesta a la cuestión «¿Cuándo es más probable que pierda el control de su cuerpo?», respondió: «Cuando en mi cuerpo sucede algo que no comprendo como, por ejemplo, un dolor que no puedo explicarme, cuando estoy en una tienda abarrotada o cuando estoy en la oficina».

Después de haber completado el cuestionario, Beverly guió de nuevo a Susan a través del ejercicio del "lugar seguro". Quería asegurarse de que podía tranquilizarse en el caso de que, durante la EMDR, aflorase el pánico.

En la tercera sesión, que fue dos semanas más tarde, Beverly y Susan establecieron el objetivo del reprocesamiento. Para ello, Beverly empezó preguntándole cuál había sido la "mala" lección que, sobre sí misma, había aprendido en el momento del tornado.

–Que no controlo la situación y que ya no sé muy bien quién soy. No soy la persona que creía –respondió, colocándose un cojín detrás de la cabeza a modo de apoyo.

–¿Te sientes, de algún modo, culpable de lo que le ocurrió a Keith? –preguntó entonces Susan, muy amablemente.

–No. No me siento culpable

–Muy bien. Sabes que habría quienes se sentirían culpables por ello. No es infrecuente que, cuando las personas mueren, sus seres queridos sientan, por más que no sea cierto y no haya el menor motivo, que ha sido por su culpa. Mira profundamente en tu interior y deja que respondan tus vísceras, no tu mente. ¿Crees que puede haber alguna sensación de que la culpa ha sido tuya?

–¡Oh! –dijo Susan, abriendo completamente los ojos. Luego se hizo una larga pausa, tras la cual Susan añadió, con los ojos anegados–: Instintivamente siento que sí, que la culpa fue mía, que yo fui la culpable de la muerte de Keith.

–Muy bien –dijo Beverly–. Así que la lección que el tornado te ha enseñado es la de que «Ha sido por mi culpa». ¿Y qué es lo que, por el contrario, te gustaría creer?

–«Podría –dijo Susan después de una leve vacilación– haber hecho las cosas mejor».

–Eso está muy bien.

Cuando Beverly le pidió que valorase la veracidad que atribuía a esa afirmación en una escala de 1 a 7, Susan respondió que un 3 (y, aunque Beverly creía que la puntuación era todavía inferior, no dijo nada). Luego evaluó la intensidad de la ansiedad generada por la imagen perturbadora como un 8 en la escala usa de 0 a 10. También identificó las sensaciones negativas que experimentaba como tristeza, y cuando Beverly le preguntó en qué parte de su cuerpo la sentía, respondió que en el pecho y la garganta.

Concentrarse en las sensaciones corporales es uno de los mejores caminos a la hora de establecer contacto con la red de la memoria. La imagen mental y las creencias negativas bastan para acceder a la información disfuncional, y la atención al cuerpo puede facilitar el procesamiento sin necesidad de implicarse en excesivas verbalizaciones ni recriminaciones. También es muy importante, cuando se trabaja con trastornos del pánico y fobias, que el cliente se concentre en las sensaciones físicas porque, en tales casos, el cuerpo mismo se ha convertido en una continua fuente de miedo. Ahora que conocía el ejercicio del "lugar seguro", Susan pudo concentrarse bastante fácilmente en esas sensaciones, pero ése no era más que el comienzo.

El primer objetivo que Susan y Beverly eligieron trabajar fue la noche del tornado, empezando en el mismo momento en que Susan se despertó, y así rehacer, a partir de ahí, todos los pasos que dio esa noche.

Apenas empezaron los movimientos oculares, Susan empezó a llorar. Estaba reviviéndolo todo, instante tras instante: el rayo y el trueno que la despertaron, el gemido del tornado, despertar a Keith, hablar con Ernie y correr hacia la ventana. Cuando llegaron al punto en el que estaba de pie frente a la escalera que conducía al sótano, su rostro se contrajo.

–¿Qué es lo que ocurre ahora? –preguntó Beverly.

–Acabo de darme cuenta de que, esa noche, mi sexto sentido estaba equivocado. Y es que, por más que insistiera en que Keith estaba bien, en mi fuero interno sabía que eso no era cierto y que estaba muerto. Pero resultaba un pensamiento intolerable –respondió Susan, llorando.

–Muy bien. Ahora trata de quedarte con ese pensamiento.

A lo largo de las distintas series de movimientos, las emociones de Susan desaparecían y volvían a presentarse como si estuviera moviéndose en una montaña rusa que la hundía, en ocasiones, en una sensación de culpabilidad que contraía su pecho, y elevaba, en otras, hasta una aceptación agotadora.

–Yo no quería que muriese –gimió, entre sollozos. Y luego añadió–: Yo he provocado su muerte.

En ese mismo instante experimentó un dolor muy intenso en el pecho. Un poco más tarde añadió, respirando más fácilmente:

–Ahora me siento mejor –y, al poco, añadió–: ¿Por qué no habré muerto yo también?

Susan se sentía frustrada y estaba enfadada consigo misma. Creía que podría haber protegido a Keith, porque, habiendo crecido entre tornados, era la única que los conocía. Poco después, Susan experimentó una nueva punzada de culpabilidad que, en esta ocasión, localizó en la garganta, porque el tornado había descoyuntado el cuerpo de Keith, mientras que ella había salido indemne sin un solo rasguño.

La sensación de culpabilidad por haber sobrevivido es una de las reacciones más habituales ante la muerte de un ser querido, especialmente en este tipo de catástrofes. Es algo que solemos ver con mucha frecuencia en los veteranos de guerra y en el personal de los servicios de emergencia que, pese a todos sus intentos, no siempre consiguen salvar a la víctima. No basta, en tal caso, con el conocimiento intelectual de que «no había nada que hacer». No olvidemos que nuestras emociones –que son las que, a fin de cuentas, determinan todo este movimiento– no se atienen, por más que lo queramos, a las leyes de la lógica.

–Hay algo en mi interior que me dice que no soy una buena persona. Es absurdo. No sé de dónde viene todo esto –dijo Susan, sacudiendo la cabeza, después de la última serie de movimientos de ese día.

Trabajar con su sensación de culpabilidad mediante los movimientos oculares permitió a Susan acceder a su núcleo tóxico, la vergüenza, la sensación, no sólo de haber hecho algo malo, sino de *ser* mala.

Al finalizar la sesión, la intensidad de la sensación de culpabilidad de Susan se había reducido considerablemente, desde 8 hasta 5, pero la vergüenza parecía haber debilitado su creencia positiva de que podía haber hecho las cosas mejor, cuyo grado de veracidad había bajado de 3 a 2. La mayor parte de las veces, el uso de la EMDR intensifica las creencias positivas de la persona, al tiempo que disminuye sus sensaciones negativas. Pero no era eso lo que ocurría en el caso de Susan. Ésa era la primera ocasión en que Susan se daba conscientemente cuenta de que su creencia de haber hecho las cosas lo mejor que podía no era más que una fachada que, por cierto, también afectaba a muchas otras dimensiones de su vida. La EMDR le permitió ver lo que había detrás de esa fachada, es decir, la culpabilidad que sentía por la muerte de Keith. También empezaron a aflorar entonces a la superficie otras cuestiones que Susan hacía mal. Todo ello explica la reducción del nivel de veracidad de la creencia positiva establecida al comienzo de la sesión («Hice las cosas lo mejor que pude»).

Este caso ejemplifica también perfectamente el hecho de que la EMDR no lleva a nadie a creer en la veracidad de algo manifiestamente falso. Parte del proceso natural de curación consiste en que la persona asuma la responsabilidad adecuada de lo que ha sucedido y de que trabaje con ello. Así pues, era necesario, en el caso de Susan, seguir con el procesamiento, cosa imposible de lograr en una sola sesión. Pero una vez iniciado el procesamiento, las personas suelen seguir experimentando cambios de manera espontánea.

Beverly concertó otra sesión con Susan para dos días más tarde, porque no quería que Susan permaneciese mucho tiempo con un elevado nivel de estrés (de 5 porque «La culpa ha sido mía») y con un bajo nivel de autoestima. Cuando Susan llegó a la próxima sesión, sin embargo, estaba mucho más tranquila y afirmó no haber experimentado ningún ataque de pánico desde la última sesión.

–¿Recuerdas la creencia negativa con la que finalizamos nuestro último encuentro? –le preguntó entonces Beverly.

–Sí. Era algo así como «creo que el tornado ha sido culpa mía», un sentimiento que, a nivel consciente, ignoraba tener. Y aunque me considere una persona demasiado inteligente como para creer en algo tan irracional, lo cierto es que está ahí.

–¿Cuál es, si echas un vistazo a tus sentimientos viscerales al respecto, su intensidad en una escala de 0 a 10?

–Un 2 –replicó Susan, después de cerrar los ojos y de pensar en ello unos instantes–. He estado dándole muchas vueltas y me siento mucho mejor como si, desde entonces, hubiera estado digiriendo todo lo sucedido.

»Quizá podría haber hecho algo para que Keith cobrase conciencia de la gravedad de la situación –dijo, después de un nuevo silencio. Luego, tras una larga pausa, agregó, con voz triste–: Pero él debería haber aprendido a escucharme.

–¿De dónde proviene, pues, toda esa tristeza?

Las lágrimas anegaron entonces, a modo de respuesta, el rostro de Susan.

–Vamos ahora a hacer algunos movimientos oculares con

la afirmación de que «Debería haber conseguido que Keith cobrase conciencia de lo que realmente estaba sucediendo».

Después de esa serie, la intensidad de la tristeza de Susan aumentó de 8 hasta 9 e incluso a 10, mientras que su cognición positiva permanecía en 2. Luego le dijo a Beverly que se sentía triste y frustrada:

–¿Por qué me abandonó? –lloró, una sensación que ubicaba corporalmente en el pecho y en la garganta.

Después de varias sesiones más, Susan parecía mucho más tranquila.

–Él fue quien tomó esa decisión –añadió–. No tiene nada que ver conmigo. Es nuestra alma la que elige.

–Permanece ahí, mientras sigues con tus ojos el movimiento de mis dedos.

–Puedo cuidar de mí misma –dijo Susan, al finalizar esa serie, rompiendo nuevamente a llorar–. Pero fue él quien tomó la decisión de vivir o morir. Y parece que estaba dispuesto a irse.

»Me siento triste –añadió, tras otra serie de movimientos.

»Ahora estoy empezando a racionalizar. Me siento abandonada por mi familia. No parece preocuparles lo que me ha sucedido –dijo, tras otra serie de movimientos.

–La angustia de Susan había descendido a 2 o 3. Luego añadió:

–También me siento culpable. La situación me benefició porque habíamos asegurado la casa.

–Creo que él hizo todo lo que pudo –dijo, tras otra serie de movimientos–. A fin de cuentas, era un soñador. Ya sabes, el tipo de persona que dice: «No pienses más en eso y acabará desapareciendo». Yo era la que se encargaba de las cuestiones prácticas.

»¿Qué hay en mí –preguntó Susan, tras otra serie– en lo que todavía pueda confiar?

–¿Qué quieres decir?

–No soy la persona que creía ser. No soy la persona competente que se ocupa de todo y hace lo que debe hacerse. Antes era así, pero ahora ya no sé muy bien quién soy.

Ésa era una pregunta muy profunda. Finalmente había llegado a darse cuenta de que, en última instancia, no podía controlarlo todo.

Después de la última serie, Susan valoró su angustia como 0 y evaluó con un 7, es decir, "completamente verdadera", la veracidad de su cognición positiva («Hice las cosas lo mejor que pude»).

Tres días después, Susan y Beverly tuvieron una última sesión de media hora. Susan parecía casi flotar en la consulta de Beverly y dijo sentirse muy bien, aunque había experimentado un ligero ataque de pánico que, según precisó, ocurrió "en una tienda". Ahora sabía que los ataques sucedían en las tiendas abarrotadas debido a su respuesta de miedo al estímulo de varios indicios ambientales asociados al episodio del tornado, como los estantes llenos de ropa (como los que revestían las paredes del sótano de su casa), la intensidad del ruido (semejante al estruendo caótico de la casa arrancada de cuajo por un huracán de 500 kilómetros por hora) y la inquietud provocada por sentir muchas cosas sucediendo al mismo tiempo. Pero su carga devastadora había, finalmente, desaparecido.

–Ahora ya no siento las cosas que antes le sucedían a mi cuerpo –dijo a Beverly. Incluso en el trabajo, donde desempeño el trabajo de dos personas, dejo que las cosas discurran a su aire.

»Siguen sin gustarme los grandes supermercados –añadió, con una amplia sonrisa–, pero no creo que eso sea nada especialmente malo. No es necesario que, por ese motivo, experimente un ataque de pánico.

6. EL TERROR QUE ACECHA EN MITAD DE LA NOCHE: LOS TRASTORNOS DEL SUEÑO Y LOS TRAUMAS INFANTILES

> «Aunque no puedas disipar la oscuridad,
> sí que puedes encender la luz.»
> Proverbio antiguo

Mi hipótesis original sobre la relación entre la EMDR y el sueño REM se vio corroborada al enterarme de la existencia de un vínculo entre el TEPT y la interrupción del sueño REM.[1] No es infrecuente que las víctimas del TEPT se despierten, gritando y empapadas en sudor, en mitad de una pesadilla relacionada con su experiencia traumática. Todavía ignoramos si despiertan debido a las reacciones fisiológicas provocadas por la pesadilla (como, por ejemplo, el aumento de la tasa cardíaca), o lo hacen a causa de una sobrecarga de los mecanismos oníricos que, en circunstancias normales, les permiten sobrellevar su angustiosa experiencia. Pero, sea como fuere, el soñante está atrapado en un callejón sin salida. Quizá los movimientos oculares rápidos en estado de vigilia faciliten un avance hacia la curación mayor que el que se produce durante el sueño.

Los investigadores llevan décadas investigando el fenómeno fisiológico del sueño[2] utilizando, entre otros instrumentos, el electroencefalógrafo (EEG), que registra la actividad eléctrica del cerebro. Las investigaciones realizadas al respecto han puesto de relieve la existencia, en el sueño, de varias fases diferentes. Las fases que van desde la 1 hasta la 4, se denominan sueño no-REM o NREM. La fase REM, por su parte –que, dicho sea de paso, alterna con las fases no-REM–, se caracteriza por el movimiento rápido de los ojos de un lado a otro. Los resultados de la investigación pionera al respecto, dirigida por Eugene Aserinsky y Nathanial Kleitman,[3] pusieron de relieve que el 80% de los participantes que eran despertados durante la fase REM afirmaban estar experimentando sueños muy vívidos, cosa que no sucedía cuando se les despertaba durante las fases no-REM. Cuando, de hecho, se despertaba a los sujetos mientras se hallaban en alguno de estos últimos estados, no recordaban estar soñando, y los pocos que lo hacían no mencionaban ningún despliegue vívido de imágenes. Y si bien la investigación realizada posteriormente en este sentido ha sugerido la presencia, durante las fases no-REM, de una actividad onírica superior a lo que anteriormente se creía, no parecen ir acompañadas de las ricas y significativas narraciones personales que suelen estar asociadas al hecho de soñar. Desde cualquier punto de vista, pues, lo que ocurre durante las fases 1, 2, 3 y 4 no parece tener mucho que ver con lo que habitualmente entendemos como soñar.

La investigación electroencefalográfica realizada al respecto también ha puesto de manifiesto una similitud entre las ondas cerebrales asociadas al sueño REM y las que acompañan al estado de vigilia ordinaria. Además, el sueño REM también se denomina *sueño paradójico* porque, aunque el cerebro del soñante permanezca activo y alerta, sus músculos están relajados y laxos, dos hallazgos que, a la luz de las observaciones realizadas durante el tratamiento con la EMDR, parecen muy interesantes. Y es que aunque, durante la EMDR, el cliente permanezca despierto y alerta, gran parte de su éxito parece gravitar en torno a una activación parasimpática que, recordémoslo, controla la relajación muscular. La investigación ha demostrado la presencia simultánea, durante el sueño REM, de los movimientos oculares sacádicos, generados por el mesencéfalo, y de una relajación muscular provocada por la formación reticular. Tal vez la presencia de ambos mecanismos explique el efecto de descondicionamiento,[4] o quizás esos mismos mecanismos se vean activados por los movimientos rítmicos oculares externamente inducidos por la EMDR y sean la causa de la "respuesta impuesta de relajación" que, utilizando el *biofeeback*, han identificado David Wilson y sus colegas.[5]

Resulta muy interesante constatar, a la luz de las observaciones realizadas por la EMDR, que la investigación ha establecido la existencia de un vínculo entre el sueño REM y una amplia variedad de trastornos psicológicos.[6] Aunque el sueño REM y las otras cuatro fases no-REM se sucedan de manera continua y cíclica a lo largo de toda la noche, la tasa de tiempo dedicado al sueño REM parece ir aumentando con el discurrir de la noche. Quizás sea por ello que la privación de sueño REM desencadene una amplia diversidad de reacciones, entre las que cabe destacar la irritabilidad, la desorientación y la intensificación de la ansiedad. Como han demostrado los estudios realizados sobre la privación del sueño, el estado de sueño parece tan necesario que, cuando se interrumpe, provoca en el soñante un "efecto rebote" que se evidencia en el aumento en el tiempo dedicado, en las noches posteriores, al sueño. También es muy probable, por otra parte, que las víctimas de un trauma que se despiertan en mitad de un sueño REM acaben atrapados en un círculo vicioso en el que la privación de sueño no haga sino intensificar todavía más su ansiedad.

La función que cumple el sueño ha sido objeto, desde hace varios decenios, de un acalorado debate. En opinión de Freud, los sueños son deseos inconscientes que, cuando no pueden ser reprimidos, afloran durante la noche.[7] En su opinión, el psiquismo "edulcora" la naturaleza violenta y erótica de los deseos, disfrazándolos simbólicamente para atenuar, de este modo, su perturbadora naturaleza. En el otro extremo del espectro, sin embargo, hay quienes consideran los sueños como un simple epifenómeno de la actividad aleatoria del cerebro.[8] Estos investigadores sugirieron inicialmente que las imágenes desarticuladas que aparecen en los sueños dependen de la activación azarosa de diferentes regiones de la corteza cerebral que el cerebro del soñante no hace sino tratar de sintetizar y dar sentido. Pero esta teoría, no obstante, se vio más tarde refutada[9] por oponerse al sentido común, ya que no explica los sueños recurrentes y el hecho de que los contenidos de muchos de nuestros sueños tienen que ver con aspectos de nuestra experiencia cotidiana fácilmente explicables.

El teórico del sueño cuya obra parece más compatible con el modelo de procesamiento acelerado de la información empleado por la EMDR es Jonathan Winson,[10] según el cual los mamíferos procesan, durante la fase REM del sueño, información que cumple con una función imprescindible para la supervivencia. La mayor parte de la investigación realizada por Winson se ha centrado en estudios sobre animales que exhiben una determinada actividad cerebral (la presencia de ondas theta en el hipocampo), generada cuando el animal tiene experiencias relacionadas con el bienestar o la supervivencia (como alimentarse o escrutar el entorno que le rodea en busca de posibles amenazas) y durante el sueño

REM. Winson sugirió que, en el sueño REM, el animal sintetiza y almacena en la memoria todo lo que ha experimentado durante el día para aumentar, de este modo, su probabilidad de supervivencia futura.

Aunque esta teoría resulte imposible de corroborar (debido a la inexistencia de procedimientos no invasivos que implicarían la investigación del tipo concreto de ondas theta estudiadas por Wilson, que todavía no permite su aplicación al caso del ser humano), resulta muy interesante esbozar la hipótesis de que los movimientos oculares rítmicos empleados por la EMDR pueda estimular un proceso ligado a las ondas theta rítmicas identificadas en otros mamíferos.[11] Y aunque tal vínculo no deje, por ahora, de ser más que una mera especulación, no cabe la menor duda de que la EMDR estimula el procesamiento emocional y cognitivo. Así es como la persona integra la información relativa al evento angustiante («Estoy en peligro»), procesándolo y almacenándolo junto a una emoción más apropiada («Ya ha pasado» o «Ahora estoy seguro»).

Son varios los estudios realizados, tanto con animales como con seres humanos, que parecen corroborar la idea de que, durante el sueño REM, se produce un procesamiento semejante de la información. Esos estudios han evidenciado que la privación del sueño REM va acompañada de una disminución del aprendizaje de una habilidad recién aprendida que también se conoce como retraso en el aprendizaje.[12] También parece razonable que los sueños revelen una integración adaptativa del material mientras que las pesadillas, por su parte, evidencien un procesamiento insuficiente. No cabe la menor duda de que los traumas afectan negativamente al sueño y tal vez puedan dañar al hipocampo, la región cerebral más estrechamente ligada a la memoria.[13] Asimismo resulta muy interesante constatar la posibilidad de que los movimientos oculares que se dan durante la EMDR vuelvan a abrir una ventana esencial para una actividad semejante a la REM necesaria en la integración y el aprendizaje.

La investigación ha demostrado asimismo que la tasa de movimientos oculares rápidos depende, en los sueños, de la intensidad de las emociones negativas.[14] En este sentido, cuanto más intensa es la rabia que experimenta una determinada persona y cuanto más intensa la perturbación, más rápidos son también los movimientos oculares. Esto parece sugerir que el sueño REM favorece el procesamiento emocional, algo que también ocurre durante la EMDR. Los clientes empiezan con sentimientos de vergüenza y culpabilidad y, desde ahí, van desplazándose progresivamente hasta la rabia, la aceptación y el perdón. Además, no cabe la menor duda de que la EMDR facilita el procesamiento de la información experiencial, cosa que también sucede durante el sueño REM. Éste es el motivo por el cual las imágenes oníricas nos proporcionan objetivos perfectos para trabajar con la EMDR. Recuerdo, en este sentido, el caso de una mujer que se quejaba de una pesadilla en la que se veía perseguida por un monstruo mientras se hallaba en el interior de una caverna. Después de trabajar un par de series con esa imagen, el velo simbólico se descorrió y la mujer exclamó: «¡Pero si es mi padrastro persiguiéndome en la casa de mi infancia!». Y es que, cuando se trabaja en la EMDR con la imagen de una pesadilla recurrente, la persona suele descubrir la experiencia vital implicada y procesar el incidente, momento en el cual el sueño se desvanece para siempre.

Otro paralelismo que existe entre la EMDR y el estado REM es que son muchas las cosas que, en ambos casos, pueden aprenderse en un tiempo relativamente corto. Aunque la fase REM sólo dure entre 20 y 60 minutos cada vez, el soñante puede creer que son muchas las experiencias que, durante ese tiempo, ha vivido. Asimismo, el procesamiento que se produce durante la EMDR discurre muy rápidamente y son muchos los eventos que pueden desplegarse en cada una de las series. Así, por ejemplo, la persona que ha decidido trabajar con el recuerdo de un huracán o de un accidente de automóvil, suele pasar de un hito sobresaliente de la experiencia a otro sin tener que asistir al despliegue de todo el evento. Como sucede, pues, con el sueño, la experiencia con la EMDR es rápida y única para cada individuo.

Pero por más fascinante que resulte todo esto, es mucha la diferencia que separa una hipótesis de una demostración. Quizás, en la medida en que la neurobiología vaya avanzando, acabemos descubriendo que lo que sucede durante el sueño REM, es una buena analogía de lo que ocurre durante la EMDR. Pero puesto que la EMDR no se agota en los movimientos oculares, no podemos esperar que una determinada teoría explique todos los efectos del tratamiento. Una de las cosas que sabemos sobre la EMDR, sin embargo, es que puede tener un efecto muy profundo sobre las perturbaciones del sueño que afectan a las víctimas del trauma de cualquier edad.

Aunque todavía ignoremos la función exacta que cumple el sueño REM, sabemos que los bebés pasan, en ese estado, casi el 50% del tiempo de su sueño, es decir, unas ocho horas al día. Son muchos, en este sentido, los investigadores que creen que puesto que el adulto sólo pasa unas dos horas por noche en sueño REM, el tiempo REM extra empleado por los bebés contribuye a la estimulación de su desarrollo neuronal.[15] Sólo a partir de los dos años el hipocampo del niño se halla lo suficientemente maduro como para almacenar recuerdos diferentes y permitir la emergencia de pautas REM adultas. El hecho, por otra parte, de que el hipocampo del bebé todavía no haya alcanzado un estado de completa funcionalidad, ha llevado a algunos investigadores a esbozar la hipótesis de que el bebé no puede retener la mayoría de sus experiencias más tempranas, mientras que hay quienes, por su parte, especulan que las experiencias más tempranas no tienen mucha influencia en el desarrollo posterior de la persona.

Pero esas interpretaciones, sin embargo, no concuerdan con los descubrimientos clínicos realizados sobre los efectos del trauma y la deprivación en la temprana infancia.[16] Tengamos en cuenta que el estrés intenso no sólo inhibe el desarrollo cerebral, sino que los eventos traumáticos que suceden durante la primera infancia pueden establecer una pauta disfuncional que persista hasta la edad adulta. Hay veces en que esos eventos tienen que ver con la noción aprendida de que nadie les salvará de sus miedos. Aunque haya pocas cosas más inquietantes que el llanto de desesperación de un bebé en mitad de la noche, hay veces en que los padres se resisten o son incapaces de hacer algo para consolarle, una situación que va acompañada de terrores que pueden tener un efecto muy negativo sobre el psiquismo infantil. El neurobiólogo Joseph LeDoux, que se ha dedicado al estudio de los fundamentos de la memoria emocional, ha señalado que aunque algunos eventos puedan no almacenarse en la memoria visual o verbal se hallan, de algún modo, almacenados a nivel sensorial o emocional.[17] El hecho de que las experiencias tempranas no puedan ser recordadas visualmente, ni verbalmente expresadas, no debería, pues, llevarnos a extraer la precipitada conclusión de que las experiencias más tempranas de privación o estrés no tienen ningún efecto destructivo profundo.

En éste y en los próximos capítulos exploraremos la reacción del niño ante las experiencias perturbadoras y las distintas formas en que pueden ser tratadas utilizando la EMDR. En el primer caso, un niño se ve desbordado por terrores nocturnos que es incapaz de describir y definir. Pero, como acabamos de señalar, el hecho de que un niño no pueda verbalizar sus experiencias no significa, en modo alguno, que no le afecten. Aunque muchos miedos cotidianos puedan ser ignorados o dejados de lado, el particular llanto nocturno del niño en busca de atención y consuelo activa un poderoso impulso automático de nuestra especie.[18] Y es que, a pesar de que los padres también necesiten del bálsamo que les proporciona el sueño, quizá la interrupción de su reposo y la obligación de encontrar una solución al problema del niño tenga, para éste (y para toda la especie), un importante valor de supervivencia.

Claire Tibbett estaba sentada en la sala de espera del hospital junto a su marido Jack, dando golpecitos con los pies sobre el gastado linóleo en un intento de tranquilizarse. Al final del pasillo, su hijo adoptivo Davy, de 14 meses, al que trataban como si fuera su hijo, estaba viéndose sometido a la segunda operación de paladar hendido de su corta vida. Claire cerró apresuradamente el libro que acababa de comprar y lo metió en la bolsa porque su mente, preocupada por la operación, no podía concentrarse en la lectura.

Diez meses atrás, Claire y Jack habían pasado ya por esa misma sala, esperaban que su hijo saliera del quirófano en que estaban operándole de su primera intervención de cirugía plástica para corregir el labio leporino. Cuando finalmente pudieron ver a Davy que, por aquel entonces, sólo tenía cuatro meses, tenía entablillados ambos brazos (para que no pudiera tocarse los puntos de sutura), llevaba una protección oral metálica en forma de U y los labios llenos de coágulos de sangre.

Al recordar esas imágenes, los ojos de Claire se empañaron de lágrimas. A veces la gente les preguntaba por qué se habían hecho cargo de otro niño –un niño, por otra parte, con un defecto físico– precisamente ahora que sus tres hijos se habían hecho mayores. La respuesta era muy simple aunque no, por ello, fácil de explicar. Si bien Davy había llegado a este mundo con varios problemas, era un niño sumamente amoroso. A eso de los cuatro meses, por ejemplo, la abrazaba y hundía su rostro en su cuello cuando ella le arrullaba. A Claire le gustaba el modo en que Jack lo decía: "Davy da mucho, mucho más de lo que recibe". ¡Qué alegría y qué sorpresa que formase parte de su vida!

–¿Señor y señora Tibbett? –dijo la voz tensa de una enfermera, interrumpiendo sus recuerdos.

–¿Sí? –replicó Claire, apartando con el pie la bolsa a un lado y poniéndose rápidamente en pie. Jack se levantó entonces despacio, tomándola de la cintura.

–Háganme el favor de acompañarme a la sala de rehabilitación. Necesitamos su ayuda.

Cuando el efecto de la anestesia pasó, Davy había despertado llorando y temblando de miedo. Las enfermeras no lograban calmarle, y se había arrancado a patadas la sonda intravenosa que llevaba en la pierna. Claire se acercó entonces al niño, lo cogió delicadamente entre sus brazos y le acunó, acariciándole repetidamente la espalda. Davy cerró los brazos en torno a su cuello y se abrazó a ella como si su vida estuviera en peligro, negándose a regresar a la cama. Y, cuando Claire se cansó, fue Jack quien le cogió en brazos. Para que pudiera dormir, le habían suministrado una fuerte dosis de calmantes, pero en el momento en que sus padres trataban de dejarle para colocarle nuevamente en la camilla, se despertaba llorando. A pesar de la presencia de Claire y de Jack, las enfermeras no pudieron, por más que lo intentaron, llevarle de nuevo a su habitación. Finalmente, Claire le llevó consigo, mientras Davy la abrazaba más fuerte que nunca.

Aunque Davy no pudiera contar a sus padres cuál era el

problema, lo cierto es que algo estaba muy mal, porque el niño parecía aterrorizado. Jack y Claire permanecieron en el hospital manteniéndole en brazos durante 72 horas, mientras el bebé dormía bajo los efectos de la operación. «Al menos así descansa –pensó Claire–. Espero que, cuando regresemos a casa, todo vuelva a la normalidad.»

Durante la primera noche que pasó en casa, tuvieron que acariciarle hasta que concilió el sueño, pero media hora más tarde, volvió a despertar llorando. Claire y Jack fueron entonces a verle, le cogieron en brazos y trataron de consolarle, pero no consiguieron aplacar sus gritos. No parecía escucharles ni reconocerles y tampoco tenía palabras para explicar lo que le estaba ocurriendo, sólo emitía espantosos alaridos. Al cabo de una hora, Davy se tranquilizó y permitió que le acariciaran hasta que pudo conciliar el sueño. Ésa fue, aunque Claire y Jack entonces lo ignorasen, la agotadora rutina que durante los meses siguientes iba a presidir la vida familiar.

Davy sufría de terrores nocturnos, una enfermedad semejante al sonambulismo, en el sentido de que la persona parece estar despierta cuando, de hecho, no lo está. Por eso, cuando Davy estaba sentado en la cama, con los ojos abiertos y gritando, Jack y Claire creían que estaba despierto y se angustiaban ante la inutilidad de todas sus tentativas de consuelo. No se daban cuenta de que, como atestiguan algunos escritores que durante su infancia han experimentado terrores nocturnos,[19] el intento de refrenar y consolar al bebé puede resultar aterrador para él, porque los padres pueden acabar entonces formando parte del universo onírico del niño. En un proceso evolutivo paradójicamente erróneo, la presencia de los padres no sólo se mostraba infructuosa para neutralizar su dolor, sino que, muy al contrario, sólo lo intensificaba.

Los terrores nocturnos son más intensos y persistentes que las pesadillas. A diferencia de los sueños, no se producen durante la fase REM y, a la mañana siguiente, el niño no los recuerda. Según se ha dicho, se trata de un trastorno en el que el contenido cognitivo que debe elaborarse durante el sueño REM desborda la capacidad de procesamiento del sueño.[20] De hecho, los efectos del tratamiento de la EMDR han proporcionado a los investigadores una posible explicación de las intensas emociones experimentadas por la víctima.[21] Quizás la intensidad del terror se deba a que las propiedades descondicionadoras de los movimientos oculares rápidos (en comparación con la atonía muscular) que la investigación ha descubierto en la fase REM, no se hallan, durante los terrores nocturnos, disponibles para facilitar el procesamiento de la información.

Los expertos no parecen ponerse todavía de acuerdo en las causas de los terrores nocturnos,[22] pero, puesto que no hay tratamiento conocido, suelen aconsejar a los padres paciencia hasta que el problema desaparezca con el desarrollo, cosa que suele ocurrir entre los 5 y los 12 años. A diferencia, sin embargo, de los terrores nocturnos que suelen acosar a los niños –que duran entre 10 y 30 minutos–, los de Davy se prolongaban durante casi una hora.

A veces, cuando Jack y Claire trataban de acariciarle y consolarle, Davy respondía agitando compulsivamente los brazos y las piernas como si, en lugar de sus padres, se hallase frente a unos monstruos. Pero no se trataba de los ataques ocasionales que, según afirman las revistas, son normales en los niños. Claire creía que la situación requería una atención inmediata, de modo que llevó a Davy a un pediatra para ver si el llanto nocturno de su hijo estaba provocado por algún dolor físico, pero el médico no descubrió causa orgánica alguna que justificarse sus ataques.

A medida que las semanas fueron pasando, Claire advirtió la aparición de otros síntomas. Además del miedo a dormir (ya que debían acariciarle en la espalda incluso para que pudiera hacer la siesta), Davy tenía miedo a estar solo. Antes de la segunda operación, Claire podía dejarlo a solas en su parque ubicado en la sala de estar, mientras iba a la cocina a preparar la comida o lavar los platos, algo que Davy admitía perfectamente siempre que la escuchara cerca. Ahora, sin embargo, bastaba con que Claire desapareciese de su campo de visión para que Davy rompiese a llorar y a gritar. Además, cuando Davy despertaba –ya fuese durante la siesta o en mitad de la noche–, se esforzaba tanto en buscar a sus padres que literalmente acababa cayéndose de la cama, porque era la única manera en que podía escapar de la situación. Finalmente, Jack le preparó una camita a la altura del suelo, para que pudiera salir de ella sin hacerse daño.

El pequeño también desarrolló miedo a la oscuridad y a las personas desconocidas, nada de lo cual le había inquietado especialmente antes de la operación. Pero lo más angustioso era el modo en que empezó a darse golpes de cabeza contra la pared. Tres semanas después de la operación, de hecho, Davy parecía, en muchos sentidos –algunos de ellos indefinibles–, una persona tan diferente que Claire se descubrió diciéndole a uno de los cirujanos: «Es como si fuese otro niño. ¿Qué sucederá a continuación? No es nada, pero lo es todo. Es una persona completamente diferente. Tiene miedo a la oscuridad y hasta diría que tiene miedo a dormir». El cirujano le dijo entonces que quizás se hubiese despertado en medio de la operación, pero que se tratara de lo que se tratase, acabaría superándolo.

Ésa fue la primera de una larga serie de opiniones superfluas que Claire, en los meses posteriores, logró de los médicos con los que habló del caso de Davy. Hubo quienes dijeron: «Todo eso sólo está en su imaginación», «Usted es una madre superprotectora», «Los síntomas de Davy no son reales», «Está exagerando», e incluso «Cuanto más se preocupe por la situación más la empeorará». Fue una experiencia dolorosa que la dejó confundida, impotente y también un tanto asustada.

Durante el año siguiente, los terrores nocturnos de Davy fueron distanciándose y presentándose dos o tres veces por semana en lugar de cada noche, pero los demás síntomas perduraron y aparecieron otros nuevos. Un buen día, Claire le llevó a un centro comercial para que le hicieran una fotografía y el bebé empezó a llorar en el mismo instante en que el fotógrafo encendió los focos. También descubrió que tenía miedo de llevar ropa apretada. Un año después de que estallasen los miedos, la familia Tibbett se mudó desde Georgia a Colorado. Llegaron en enero y, como Davy nunca había visto la nieve se quedó, como cualquier niño, fascinado por ella. En el mismo instante, sin embargo, en el que Claire le abrigó con ropa de invierno, empezó a llorar. La mudanza a Colorado y el hecho de hallarse en un territorio desconocido alentó nuevamente los terrores nocturnos de Davy, que volvieron entonces a presentarse una o dos veces por noche.

Retrospectivamente considerados, todos los síntomas apuntaban de manera directa a algo que había ocurrido durante la operación de paladar hendido, pero en esa época, los árboles no permitían a Claire ver el bosque. Durante todo ese tiempo, le había preguntado a Davy qué era lo que ocurría, pero él no quería –o, mejor dicho, no podía– comunicárselo. (De hecho, hubo una corta temporada posterior a la operación en la que Davy perdió hasta la capacidad de hablar, una reacción bastante frecuente en los bebés que se han visto sometidos a alguna intervención quirúrgica.) Claire y los especialistas a los que había consultado no tenían la menor idea de lo que estaba sucediendo. Davy, que por aquel entonces tenía dos años y medio, presentaba muchos síntomas diferentes que necesitaban ser explicados.

A veces, por ejemplo, se daba golpes de cabeza contra la pared, lo que llevó a cierto médico a registrar en su expediente clínico que tenía tendencias autistas. Otro psicólogo le hizo un test y descubrió un retardo de un año en la adquisición del lenguaje y otras habilidades. Otro señaló que Davy era hiperactivo, establecía poco contacto ocular y presentaba un gran déficit atencional. Una psicóloga preguntó si su madre había estado tomando alcohol o drogas durante el embarazo, a lo que Claire respondió positivamente, ya que su madre adolescente había bebido mientras estaba embarazada de Davy, aunque no sabía cuánto. Este dato, junto a la existencia del labio leporino y del paladar hendido, llevó a un neurólogo del hospital pediátrico de Denver a diagnosticarle sufrimiento fetal debido al alcohol, una versión leve del síndrome de alcoholismo fetal. Este diagnóstico, en esta ocasión exacto, daba cuenta de muchos de los problemas conductuales y evolutivos de Davy, pero seguía sin explicar los terrores nocturnos, los intensos miedos y los golpes de cabeza contra la pared.

Claire no olvidaba lo que le había dicho el cirujano de Georgia y removió cielo y tierra para conseguir una copia del informe de la operación y, cuando finalmente lo consiguió, recabó la ayuda de una vieja amiga dispuesta a interpretárselo. La enfermera echó entonces un vistazo a la transcripción de la operación y a las lecturas de todos los monitores a los que Davy había estado conectado.

–Aquí parece haber algo.

–¿Qué? –pregunto Claire, ansiosa.

–Parece que, en este momento, se despertó.

–¿Y eso qué significa?

–Que Davy recuperó la conciencia durante la operación, algo que sucede con cierta frecuencia, sobre todo en el caso de los niños hiperactivos. Ten en cuenta que los niños metabolizan la anestesia de manera diferente a los adultos, razón por la cual, a esas edades, tratan de no sedarles demasiado, porque luego les resulta difícil recuperar el estado de vigilia.

»Y aquí parece que volvieron a sedarle nuevamente –dijo, prosiguiendo la interpretación de los registros.

Esta situación explicó a Claire el dolor y la confusión en la que habían vivido los últimos 16 meses. No era de extrañar que Davy tuviera miedo de los desconocidos y de las luces brillantes. Y también entendió por qué tenía miedo a ser vestido con ropas apretadas, ir a lugares nuevos o quedarse a solas y las razones que explicaban su miedo a ir a la cama. Ahora que sabía lo que estaba mal, Claire supo que tenía que ayudar a Davy a superar sus miedos.

En la época en la que la familia se estableció en su nuevo hogar de Colorado, los terrores nocturnos de Davy todavía suponían un grave problema, pero Claire creía que estaban empezando a controlar la situación. Sin embargo, estaba equivocada, porque la empresa en la que Jack trabajaba, le obligó a desplazarse a Alabama para recibir un curso de formación de ocho semanas, y en el mismo momento en que abandonó el hogar, las cosas no hicieron sino empeorar. Con la desaparición de Jack, los terrores nocturnos de Davy se intensificaron y empezaron a presentarse dos o tres veces por noche. El pequeño temblaba, farfullaba y se agitaba en el lecho, gritando a pleno pulmón: «¡No! ¡No lo hagas! ¡Aléjate de mí!», hasta el punto de que los vecinos, al escuchar los gritos, y temerosos de que el pequeño estuviera sufriendo malos tratos, llamaron a la policía.

Pocas noches después, Claire estuvo a punto de llegar al límite. Había estado tratando de sostener a Davy durante uno de sus terrores nocturnos para que no se hiciese daño –cosa bastante probable, por otra parte, dados los menos de 18 kilos que pesaba, un peso ciertamente inferior al promedio de su edad– cuando uno de sus puños la golpeó salvajemente en el rostro. Claire finalizó esa noche con el ojo morado y el corazón sumido en el pesimismo, porque nada de lo que hacía parecía servir para consolar a su bebé.

Física y emocionalmente magullada, Claire también estaba exhausta. Cada uno de los episodios de terror nocturno de Davy duraba unos 45 minutos aproximadamente y necesitaba entre 30 o 45 para poder conciliar nuevamente el sueño. Obligada a pasar dos o tres episodios de ese tipo por noche, todas y cada una de las noches de la semana y sin poder contar con la ayuda de Jack, Claire ya no podía soportarlo más y estaba a punto de entrar en crisis. Después de varios días sin dormir, Claire se sentía tan mal que acabó pidiendo ayuda. «Estaba dispuesta a ir al manicomio –recuerda–, pero rompí a llorar en el consultorio del médico y se lo conté todo.»

Ese médico la remitió a un psiquiatra que, contando con la información que Claire le había proporcionado sobre lo que había sucedido durante la operación de Davy, reconoció la miríada de síntomas del niño como un trastorno de estrés postraumático provocado por haberse despertado en mitad de la operación.

Uno de los hechos más lamentables del caso de Davy fue los 18 meses que se vio obligado a sufrir antes de encontrar a alguien que diagnosticase adecuadamente el origen de sus numerosos síntomas. Pero por más lamentable que sea, no resulta sorprendente. La amplia diversidad de los miedos de Davy, junto a aquellas conductas derivadas del síndrome de alcoholismo fetal, debieron acabar confundiendo a todos aquellos que se acercaron con la intención de ayudarlo. ¿Qué tenía que ver el miedo a la oscuridad con el miedo a las luces brillantes? ¿Y de qué manera se relacionaba todo ello con la ropa de invierno, la siesta y las personas desconocidas, cosas, todas ellas, que le aterrorizaban?

La diversidad de los miedos de Davy nos proporciona otro ejemplo de generalización del estímulo, una situación en la que la persona no sólo tiene miedo al evento principal, sino también a los diferentes estímulos presentes en el momento del trauma. Por eso, en el caso de Davy la generalización del estímulo no sólo le llevó a temer las operaciones (una situación que ni siquiera apareció, porque le hubiera aterrado), sino también las luces brillantes y grandes, la ausencia de su madre y de su padre, la presencia de personas extrañas, a la sensación provocada por las ropas apretadas (como las sábanas que lo mantenían atado a la camilla del hospital), etcétera.

Son muchos los casos de TEPT en los que podemos advertir los efectos de esta generalización del estímulo. Ése fue también, dicho sea de paso, el motivo por el cual una mujer que se había visto agredida sexualmente saltaba literalmente de miedo cuando su marido se le acercaba sin avisar mientras estaba lavando los platos. Esa reacción, que cualquier extraño interpretaría como algo desproporcionado, tenía mucho sentido en el contexto del efecto de la generalización del estímulo que había acabado grabándose a fuego en su sistema nervioso.

Pero el hecho de que los síntomas desarrollados por una persona se hayan ido constelando en torno a un trauma central que posteriormente se ha generalizado, también nos trae buenas noticias porque, debido a ese mismo motivo, la cura resulta también relativamente sencilla. Con ello quiero decir que bastará, en tal caso, con tratar el evento central y sus indicios sensoriales para hacer desaparecer toda una amplia diversidad de síntomas. Y en el caso de que alguno de ellos perdure, siempre es posible centrarse, en sesiones sucesivas, en los demás factores desencadenantes. Ésta es una pauta que se presenta de continuo en el uso de la EMDR con las víctimas de los traumas. El hecho, pues, de que los síntomas parezcan invadirlo todo no siempre es un indicador de la dificultad del caso.

Pero una cosa es el diagnóstico y otra, muy distinta, la resolución. Del mismo modo en que Susan reaccionaba automática y fisiológicamente a los desencadenantes asociados al tornado, Davy estaba haciendo lo propio con aquellos otros relacionados con su operación. El problema era que Davy no podía razonar, no podía evitar los desencadenantes y tampoco podía comunicar lo que le estaba sucediendo. Lo único que podía hacer era expresar mediante gritos, llantos y golpes el terror y el pánico que le embargaban. Su caso ejemplificaba perfectamente las consecuencias de un trauma que se complicaba además con problemas relacionados con el sueño y la angustia de la separación. Aun los golpes de cabeza contra la pared podían explicarse en relación con esa situación, porque ciertas investigaciones han demostrado que ese tipo de conducta autodestructiva está ligado al miedo y el aislamiento.[23] Hay veces en que la terapia resulta de gran ayuda, pero Davy era demasiado pequeño para ser tratado con la terapia habitual, sobre todo porque tenía un desarrollo verbal y evolutivo muy inferior al de los niños de su edad. El psiquiatra que le trató le recetó sedantes nocturnos, que sólo sirvieron para demorar las crisis de terror sin reducir, no obstante, su frecuencia, y no tardó en darse cuenta de que si quería ayudar a esa familia, debía hacer algo rápidamente. La madre adoptiva del niño estaba extenuada y no podía pasar mucho más tiempo sin dormir. Como último recurso, el psiquiatra remitió a Davy a un psicólogo infantil que conocía y estaba formado en la EMDR. Quizás –pensó– eso funcionaría en el caso de Davy.

En agosto de 1993, el psicólogo, el doctor Robert Tinker, conoció a David y Claire Tibbett. Davy había acumulado toda una serie de diagnósticos graves, como TEPT, efecto del alcohol sobre el feto, trastorno de hiperactividad y déficit de la atención (THDA) y un retraso en el desarrollo del lenguaje. Desde comienzos de los setenta, Bob había estado trabajando con niños y llevaba casi tres empleando la EMDR con sus jóvenes clientes.

Cuando vio al pequeño por primera vez, Bob esbozó una amplia sonrisa. Con sus ojos completamente abiertos, su nariz respingona, flequillo oscuro y enmarañado y cejas largas y espesas, Davy era un niño adorable. Claire le relató entonces la historia de Davy y Bob trató de hablar con el niño, pero no había nada que hacer, porque Davy no respondía. Luego Bob trató de acercarse estableciendo simplemente con él un contacto ocular, pero tampoco ocurrió nada. Davy no sólo se mostraba huraño, obstinado y poco cooperativo, sino que su atención saltaba de una parte a otra de la habitación, buscando frecuente refugio en el rostro de su madre.

Bob dirigió entonces su atención al niño. Sus problemas de verbalización, su hiperactividad y su déficit atencional imposibilitarían el empleo de la EMDR. ¿Cómo podría seguir el movimiento de sus dedos si ni siquiera podía centrar su atención? ¿Cómo podía Bob saber si el niño estaba pensando en el evento traumático si ni siquiera hablaba? Ese mismo día llamó al psiquiatra que le había derivado al niño y le dijo: «Acabo de ver a Davy y Claire Tibbett, pero no creo que pueda ayudarles mucho. Es muy probable que, hasta dentro de un año, no pueda emplear con él la EMDR. Es incapaz de establecer contacto ocular y carece de la atención suficiente como para emprender la EMDR».

–Vaya problema. Si las cosas no mejoran, tendremos que considerar la posibilidad de hospitalizarle provisionalmente con el fin de que Claire pueda dormir. Está a punto de entrar en crisis y no creo que pueda soportar mucho más –replicó el médico.

Ya eran muchos, en esa época, los informes clínicos que corroboraban la utilidad de la EMDR para trabajar exitosamente con niños, aunque sólo tuvieran dos años, adaptando, obviamente, el procedimiento a la limitada capacidad verbal de los niños y a su reducida capacidad atencional. Así fue como los terapeutas que empleaban la EMDR en el tratamiento con niños les inducían a realizar los movimientos oculares llamando su atención con muñecos colocados a modo de dedal o moviendo juguetes de un lado a otro en una pauta característica izquierda-derecha-izquierda. En el caso de Davy, Bob Tinker tuvo que desarrollar una nueva versión que sirviera para atraer y mantener la atención de un niño hiperactivo, evolutivamente retrasado y aquejado de un déficit de atención.

La mente de Bob galopaba. Recordó que durante su proceso de aprendizaje de la EMDR, había oído hablar del uso de palmadas o de tonos de audio con personas que tenían dificultades para llevar a cabo los movimientos oculares. Entonces concertó otra cita con Davy con la finalidad de probar ese enfoque alternativo. Cuando le explicó a Claire lo que quería hacer, ella habló del tema con Jack, y aunque pensaron que se trataba de una cosa un tanto extraña, «habíamos llegado a un punto –recuerda Jack– en el que hubiésemos aceptado cualquier cosa».

La reacción de Bob fue la misma que la de algunos terapeutas creativos que emplean la EMDR y han puesto a punto enfoques alternativos a los movimientos oculares destinados a clientes que tienen necesidades especiales. El primero de todos fue Robbie Dunton, que quería utilizar la EMDR en estudiantes con problemas de aprendizaje que tenían dificultades para seguir con sus ojos el movimiento de la mano, y con niños vergonzosos o indiferentes que ni siquiera levantaban la mirada. Otros terapeutas, como Priscilla Marquis, por ejemplo, desarrollaron independientemente el mismo procedimiento en el trato con clientes ciegos. Ambos descubrieron que la mejor alternativa era la de usar palmadas que alternaban de una mano a otra y tonos musicales alternativos que iban cambiando sucesivamente de una oreja a otra.[24]

Aunque Bob Tinker jamás había utilizado ninguno de estos métodos, su formación en EMDR le había enseñado que la investigación sobre el modo en que el cerebro procesa la información estaba arrojando cierta luz sobre el funcionamiento de ese tipo de alternativas.[25] En uno de esos estudios, el neuropsicólogo Gregory Nicosia había examinado a muchos clientes de la EMDR usando una técnica denominada *electroencefalografía cuantitativa* (EEGC) o mapeo cerebral en colores, un procedimiento que nos proporciona un registro de la actividad eléctrica del cerebro que permite al terapeuta observar el tipo de onda cerebral generado por la persona cuando está pensando en un evento angustioso. Nicosia descubrió la presencia, después de la EMDR, de una intensa sincronización de las ondas cerebrales procedentes de los hemisferios derecho e izquierdo. Entonces sugirió que la norepinefrina, una hormona que se ve liberada durante los traumas, puede suprimir la fase REM del sueño y desencadenar una desincronización interhemisférica, y esbozó la hipótesis de que ese desajuste interhemisférico podía impedir el procesamiento cerebral del evento traumático. Según concluyó, los movimientos oculares rítmicos y repetitivos utilizados en la EMDR resincronizaban el funcionamiento de los hemisferios derecho e izquierdo, remedando así la actividad del "marcapasos" ubicado en la corteza cerebral que se encarga de cumplir con esa función.

Aunque la investigación al respecto todavía sea muy incipiente como para corroborar la hipótesis de la resincronización, lo cierto es que se trata de una vía de investigación muy sugestiva. También debemos señalar otra línea de investigación independiente que se inició hace unos 10 años y que proporciona cierto apoyo a esta teoría. En su formación como terapeuta EMDR, Bob se había enterado de las minuciosas investigaciones realizadas, tanto en los Estados Unidos como en Holanda, sobre el funcionamiento de los dos hemisferios examinando los efectos de la manipulación de la mirada.[26] Esas investigaciones descubrieron la presencia, cuando la persona contempla un objeto (como una fotografía en color de una escena de la naturaleza) ubicado a su derecha, de una respuesta más positiva que cuando contempla el mismo objeto ubicado a la izquierda. Estos estudios parecían corroborar la hipótesis de que el hemisferio dominante, que se ve activado cuando la persona diestra mira hacia la derecha, procesa la información positiva mientras que, por el contrario, el hemisferio no dominante, que se ve activado cuando la misma persona mira hacia la izquierda, se ocupa de procesar la información negativa. Así pues, una de las aplicaciones prácticas de esta investigación parece indicar que cuando queremos impresionar a alguien, deberemos situarnos a su derecha. Esta investigación también sugiere el hecho de que el movimiento alternativo de izquierda a derecha, que se lleva a cabo durante la EMDR, provoca una activación de ambos hemisferios.[27]

La investigación también ha descubierto el mismo efecto con las manipulaciones auditivas y físicas. Así, por ejemplo, cuando hacemos escuchar a un sujeto un sonido a través de un audífono ubicado en su oído derecho, reacciona positivamente, mientras que cuando el mismo sonido es escuchado exclusivamente con el audífono izquierdo, su reacción es negativa.

Parece, pues, que el tipo de estimulación utilizada no es tan importante como el acto de cambiar la atención de la persona de un lado a otro. Con esta investigación en mente, Bob Tinker se decidió a emplear la EMDR con Davy, utilizando un conocido juego infantil y su propia intuición clínica.

El día en que Davy tuvo su primera sesión faltaban tres meses para que cumpliese los tres años y llevaba más de la mitad de su corta vida sufriendo violentos terrores nocturnos.

Bob y Davy se sentaron con las piernas cruzadas en el suelo de la consulta. A su alrededor se hallaban desparramados multitud de juguetes, coches, castillos, casas y aviones de intensos amarillos, azules y naranjas. Davy estaba maravillado, con el cuerpo un tanto alejado de Bob, contemplando en silencio la profusión de juguetes que se desplegaban ante su sorprendida mirada.

–¡Mira esto! –dijo Bob alegremente, acercando un caramelo hasta unos 30 centímetros del rostro de Davy–. ¿Qué es?

Davy miró el caramelo unos instantes y volvió a girarse. Sus brillantes ojos castaños estaban completamente abiertos y tenían un aspecto soñador y su boca permanecía ligeramente abierta.

–¡Mira esto, Davy! –insistió Bob–. ¿Qué es? ¡Mira! –consiguiendo de él un nuevo vistazo, antes de que su mirada se perdiese nuevamente.

»¡Bien! –respondió amablemente Bob.

Luego trató de mover el caramelo de un lado a otro del rostro del niño.

–¡Mírame Davy! ¡Mira el caramelo! ¿Dónde va? ¡Mira! –lo que mereció un tercer vistazo de Davy.

»¡Muy bien! –exclamó Bob, satisfecho, dándole el caramelo. Pero eso –pensó– todavía no bastaba.

Bob apoyó entonces ligeramente sus manos en los hombros de Davy. Si quería que el procedimiento funcionase debía conseguir atrapar la mirada del niño.

–¡Mírame, Davy! ¡Gírate un poco! ¡Así es! –dijo, mientras el pequeño cuerpo de Davy se giraba hacia el hombre con gafas de montura metálica. Ahora estaban finalmente cara a cara. Bob tomó entonces suavemente la mano izquierda de Davy, la colocó palma arriba y le dio una palmada con la suya.

»¡Mira Davy! ¡Haz esto! –dijo Bob.

Davy volvió entonces a echar un vistazo a los juguetes que se hallaban dispersos por el suelo. De algún modo, había logrado girar nuevamente su cuerpo. Bob tomó entonces las manitas de Davy con las suyas y las giró palmas arriba.

–Ahora vamos a jugar –le invitó, golpeando ligeramente la palma izquierda de la mano del pequeño con la suya–. ¡Ahora hazlo tú!

»¡Bravo! –dijo Bob, cuando Davy dio un golpe torpe que casi yerra la mano abierta de Bob–. ¡Muy bien!

El pequeño esbozó entonces una amplia sonrisa y dirigió una mirada feliz a su madre, que se hallaba sentada a su lado. Luego volvió a mirar al suelo. Habían pasado dos minutos desde el comienzo de la sesión.

Poco a poco, Bob fue llevando a Davy a jugar a una versión simplificada del juego de las palmadas en la que Bob mantenía sus propias manos palmas arriba, mientras que Davy debía golpearlas alternativamente. Fue necesario un minuto aproximado para que Davy entendiese el funcionamiento del juego.

–¡Muy bien! –exclamó Bob, después del primer golpe–. ¡Ahora haz lo mismo con la otra!

Davy fue entrando gradualmente en el juego sonriendo de oreja a oreja cada vez que golpeaba la mano izquierda de Bob, luego la derecha y de nuevo la izquierda con palmadas cada vez más y más fuertes. Parecía gustarle el ruido de los golpes, pero su boca no emitió sonido, palabra ni risa alguna.

Después de ocho o nueve golpes seguidos, la atención de Davy pareció flaquear de nuevo y empezó a mirar a todas partes. Bob le llamó entonces delicadamente la atención, le tomó la mano y retomó el juego, pero en esta ocasión inventó una variante en la que, después de cada golpe, cogía la mano de Davy y exclamaba: «¡Tocado!».

Al escucharle, el rostro del pequeño se iluminó y rió a carcajadas. Ese juego realmente parecía gustarle.

–¡Bien! –gritó entonces Bob–. ¡Más deprisa! ¡Más deprisa!

Davy estaba riéndose a carcajadas y golpeando con todo su cuerpo al tiempo que lo balanceaba hacia adelante y hacia atrás con cada nuevo golpe, mientras trataba de sacar la mano rápidamente para que Bob no pudiera alcanzarle.

–¡Más rápido! ¡Tocado! ¡Más rápido! ¡Tocado! ¡Muy bien, muy bien! ¡Tocado!

La sesión de EMDR concluyó cinco minutos después de haberla empezado. Davy había aprendido el juego y, durante un breve lapso, consiguió cambiar la atención de la mano izquierda a la derecha y nuevamente a la izquierda.

–¡Muy bien! ¡Buen trabajo! –dijo Bob, dándole palmadas de aliento en la espalda–. Ahora puedes ir a jugar.

Durante esa primera sesión, Bob no consideró siquiera la posibilidad de que Davy determinase el evento sobre el que debían comenzar centrando su atención. En lugar de ello, aplicó toda su energía a enseñar al pequeño los movimientos musculares necesarios para jugar al juego de las palmadas y en proporcionarle una experiencia positiva tanto del juego como de sí mismo lo que, en su caso, resultaba especialmente importante. Su retraso evolutivo requería un tiempo extra para aprender el juego de la mano izquierda y de la mano derecha, y Bob no quería arriesgarse a ocuparse del trauma (hablar de la operación) hasta que hubiese adquirido las habilidades necesarias con los que procesarlo.

La EMDR suele funcionar más rápidamente con los niños que con los adultos. En este sentido, los adultos parecen necesitar sesiones de 90 minutos, mientras que los niños suelen acceder y procesar los recuerdos que les aterrorizan en un tiempo que va de los 10 a los 30 minutos. Quizás ello se deba al hecho de que los niños no hayan tenido, en su vida, tantas experiencias diferentes que puedan reforzar el miedo original y sus reacciones ante él. Aun en aquellas situaciones en las que el niño ha sido víctima de múltiples agresiones, sus síntomas suelen desaparecer centrándose en uno de los eventos. En cierta ocasión trabajé con una niña de cinco años que había sido objeto de reiterados abusos físicos. Nos centramos en el evento más reciente y en la frase «No se lo digas a nadie», que había escuchado, a modo de advertencia, muchas veces de boca de su agresor. La pequeña no tardó en empezar a reír y a calificar la EMDR como "mi magia". Pero lo más importante es que uno no tiene problema alguno en determinar la eficacia de la EMDR, porque los síntomas desaparecen rápidamente. Con mucha frecuencia, las pesadillas y el hecho de mojar la cama, por ejemplo, desaparecen tras una sola sesión de EMDR.

En el caso de Davy, la alternancia de la atención de derecha e izquierda ilustra perfectamente el modo en que funciona el modelo de procesamiento de la información. A través de la concentración deliberada en un evento angustioso, el proceso de la EMDR nos permite acceder y acabar resolviendo el sentimiento dominante que se hallaba presente en el momento del trauma original. Si la agitación mostrada por Davy durante su primera sesión era un resultado del trauma (más que un síntoma del trastorno de hiperactividad y déficit de la atención), el juego de las palmadas podría conectar directamente, a través de esa agitación, con las demás facetas del evento traumático. Si tal cosa era cierta, podríamos esperar ver algunas mejoras inmediatas en los terrores nocturnos y en el resto de los miedos de David.

Diez días más tarde, Bob y Davy se encontraron para lo que sería su segunda –y última– sesión. En esta ocasión, se sentaron en las sillas de la consulta de Bob, alejados de los juegos que pudieran distraerlo. Claire comunicó entonces a Bob que, desde la primera sesión, los terrores nocturnos de Davy eran menos frecuentes y que el pequeño parecía diferente, quizás más tranquilo, una diferencia que Bob también advirtió. Y es que aunque en sus ojos todavía podía vislumbrarse un atisbo de desconfianza, lo cierto es que estaba bastante más tranquilo. Estaba quietamente sentado en el borde de una silla demasiado grande para él, con la espalda erguida, la cabeza levantada y sus piernecillas colgando.

Bob le invitó a jugar a una versión ligeramente más difícil del mismo juego, gritando: «¡Ésta! ¡Ésta! ¡Más fuerte! ¡Más fuerte! ¡Así es!», cada vez que Davy golpeaba una de las palmas de Bob y luego la otra. El niño sonrió, río tranquilamente y miró a su madre, pero siguió jugando.

–¡Así es, Davy! ¡Mira! –exclamó Bob, llamando su atención.

El pequeño tenía una expresión estupefacta como si, de algún modo, supiera que algo estaba a punto de ocurrir, pero no pudiera imaginarse de qué se trataba. Al cabo de un par de minutos, la atención de Davy se desvío y dejó de jugar y le preguntó a Bob algo sobre un objeto que había visto en la librería que se hallaba detrás de él. Bob respondió brevemente y retomó de nuevo el juego que, en esta ocasión, atrapó por completo la atención de Davy. Sus brazos se movían rítmicamente y la tensión de sus labios expresaba con claridad su grado de concentración. Sus ojos, desenfocados pero intensos, estaban fijos en el pecho de Bob. David se había zambullido en su propio mundo.

A los dos minutos del comienzo de la sesión, Bob dejó brevemente de jugar y cogió las manos de Davy.

–¡Mírame, Davy! ¿Puedes decir... –los ojos del pequeño buscaron entonces brevemente el consolador apoyo de la mirada de su madre–, mírame, "luz brillante"?

–Luz brillante –respondió Davy casi susurrando, pero dispuesto a colaborar.

–¡Muy bien! Ahora dame un golpe en la mano –y, cuando el pequeño le dio un fuerte golpe, respondió–: ¡Eso es! ¡Dilo otra vez!

–Luz fuerte –dijo Davy, en un tono algo más elevado.

Bob estaba estupefacto. Le había pedido al pequeño que dijera "luz brillante" y había respondido diciendo "luz fuerte". Parecía que algo dentro de su cabecita había establecido ya una conexión entre lo que sucedía en esa habitación y su terrible experiencia en la sala de operaciones.

–¡Di "luz brillante"! –repitió Bob.

–Luz brillante –concedió Davy. Nuevo golpe en la mano.

–Ahora di "luz grande".

–Luz grande –nuevo golpe.

–¡Muy bien! ¡Dame un golpe en la mano! –nuevo golpe–. Luz grande.

»Luz grande –repitió nuevamente Davy–. Nuevo golpe.

–Di otra vez "luz grande" –nuevo golpe.

»Una vez más "luz grande" –otro golpe más.

El rostro de Davy asumió entonces un aspecto serio y resuelto. Bob le hizo repetir siete u ocho veces más "luz grande", antes de que la atención del pequeño empezase nuevamente a fluctuar y dejase de repetir las palabras, unos tres minutos después de haber comenzado la sesión.

–¿Puedes ahora decir "mal", Davy?

–Mal –repitió Davy, sonriendo.

–¡Golpéame la mano! –nuevo golpe.

»¡Golpéame la mano! –otro golpe más.

»¡Eso es! –nuevo golpe–. ¡Eso es!

Davy tenía una expresión pensativa. Levantaba y bajaba los brazos ritmicamente y su esfuerzo y su concentración resultaban evidentes.

–¡Muy bien! Ahora di "dolor de labios".

–Me duelen los labios –nuevo golpe.

–¡Muy bien! Ahora di "Me duele la boca".

»¡Eso es! –nuevo golpe.

»¡Así es! –nuevo golpe.

»¡Eso es! –nuevo golpe.

»¡Muy bien! –nuevo golpe.

»¡Perfecto! –nuevo golpe.

»¡Muy bien! –nuevo golpe.

»¡Más fuerte! –nuevo golpe.

»¡Muy bien! –nuevo golpe.

»¡Más fuerte! –nuevo golpe.

»¡Eso es! –nuevo golpe.

Davy empezó a enlentecer el ritmo de su movimiento y, con aspecto ausente, miró hacia su madre.

–¿Puedes ahora decir "doctor"? –insistió Bob, mientras Davy seguía mirando a su madre.

»¡Mírame! –pidió Bob, sin obtener ninguna respuesta.

»¡Mírame! –insistió de nuevo, obteniendo el silencio por respuesta.

Finalmente Bob giró suavemente el rostro de Davy en dirección al suyo y luego sostuvo una mano con dos dedos alzados ante él.

–Mira mis dedos –dijo Bob, mientras empezaba a mover horizontalmente su mano a la altura de los ojos de Davy.

Davy miró brevemente el extraño movimiento que Bob estaba haciendo. Luego giró de nuevo su cabeza, pero esta vez en la otra dirección. Fueron necesarios varios intentos para captar de nuevo la atención de Davy. Cuando por fin lo consiguió, colocó al mismo tiempo sus dos manos frente a él, subiendo y bajando alternativamente los índices izquierdo y derecho.

–¡Mira esto! –le dijo.

Davy miró el nuevo juego y rió, pero ahora golpeaba alternativamente la silla con sus piernas, al tiempo que movía el tronco. Luego sus ojos volvieron a desplazarse de un lado a otro. Con eso bastaba.

Bob decidió entonces dar por terminada la sesión ocho minutos después de haberla comenzado. En su opinión, según dijo, Davy había empezado a procesar el trauma bloqueado de la operación aunque, como era obvio, no podía estar seguro de ello. Era la primera vez que Bob utilizaba la técnica de las palmadas, puesto que Davy no había alcanzado todavía el desarrollo verbal necesario para comunicar lo que estaba sintiendo. En efecto, Davy mostraba algunos signos positivos –como decir, por ejemplo «me duelen los labios» y «me duele la boca»– ¿pero bastaría con ello? Bob lo ignoraba. Finalmente, le dijo a Claire Tibett que observase cualquier cambio en la conducta de Davy.

Pocos días después, Bob Tinker recibió una llamada de Claire que, con voz incrédula, le contó que los terrores nocturnos de Davy habían desaparecido y que, hasta el momento, no habían vuelto a presentarse.

Davy recibió un total de 30 minutos de EMDR durante los cuales no sabemos con certeza lo que ocurrió en su mente. «Todavía estoy –dice Jack Tibbett– asombrado del cambio y del tiempo que sido necesario para provocarlo.»

Esto es algo con lo que Bob Tinker está completamente de acuerdo. «Lo que sucedió durante la sesión no fue muy significativo. Lo realmente importante fue el cambio de conducta que ocurrió posteriormente.»

–Jamás olvidaré esa primera noche –recuerda Claire, sacudiendo la cabeza–. Esa mañana me desperté presa del pánico y salté literalmente de la cama.

–¿Qué sucede? –preguntó Jack. Y entonces se dio cuenta–. ¡Davy! ¡Davy no había llorado en toda la noche!

Luego ambos fueron corriendo a su habitación para asegurarse de que el niño se encontraba bien y descubrieron asombrados que estaba durmiendo a pierna suelta.

–Davy durmió perfectamente y nosotros también pudimos dormir durante toda la noche. ¿Qué diablos había ocurrido? Fue una auténtica liberación.

Claire y Jack habían sobrevivido a casi dos años de privación de sueño y a la agonía de sentirse incapaces de ayudar a su hijo. En lo que respecta a Davy, también sobrevivió a los horrores de despertarse en mitad de una operación y descubrir su cuerpo atado a la mesa, los ojos cegados por las brillantes luces del quirófano y la boca terriblemente dolorida, sin poder advertir la presencia de sus padres. Desde entonces, Davy ha sufrido otra intervención quirúrgica y su padre ha tenido que desplazarse para otros períodos de formación, pero los terrores nocturnos jamás han vuelto a presentarse. Ahora puede conciliar fácilmente el sueño después de que le cuenten un cuento y le den un beso, y permanece dormido durante toda la noche. Tampoco tiene miedo de estar solo y sigue sin gustarle la ropa de invierno…, pero sin la necesidad de hacer de ello un drama. Además, y como suele ocurrir en el caso de los niños, el efecto positivo del tratamiento con la EMDR se ha generalizado desde el objetivo principal –la operación– al resto de los miedos asociados que Davy desarrolló como resultado de la generalización de los estímulos.

Ahora Davy está trabajando con otros profesionales el retraso evolutivo provocado por el efecto fetal del alcohol. También recibe sesiones de terapia verbal y acude a una escuela para niños con retraso del desarrollo. Todo ese trabajo está ayudándole a refrenar su hiperactividad, mientras sus padres acuden a una terapia que les enseña a tratar a un niño hiperactivo. «Davy vuelve a parecerse al pequeño que conocíamos antes de que se desencadenase toda esa tragedia» –dice Claire feliz–. La familia, finalmente, ha logrado recuperar la normalidad.

La EMDR no borró la terrible experiencia de Davy. Hoy en día, con nueve años ha comenzado a hablar de lo que sucedió ese día en el quirófano. Repite las frases que Bob Tinker le dijo durante su sesión (como "luz brillante") y le cuenta a su madre cómo se sintió al descubrirse acostado en una cama con un dolor tan intenso en la boca. Cuando uno de sus terapeutas le regaló un quirófano de juguete, Davy lo construyó perfectamente, puso al muñeco en la camilla sobre la minúscula mesa de operaciones y anunció que el paciente era él.

No hace mucho, Davy y Claire estaban sentados en el sofá viendo la televisión cuando apareció una escena de una sala de urgencias. Claire se tensó, pensando cuál sería la reacción de su hijo. Entonces Davy se giró, la miró con sus ojos de terciopelo marrón, le tiró de la manga y le preguntó: «¿Le duele la boca?».

Desde la última sesión de EMDR, el sueño de Davy no se ha visto interrumpido y tampoco lo ha sido el de sus padres, y sus sueños se ocupan ahora simplemente de procesar los problemas cotidianos característicos de la infancia y del parentaje.

7. VÍNCULOS QUE ATAN: LOS TRASTORNOS DEL APEGO

«No podemos vivir sólo para nosotros mismos. Miles de fibras nos conectan con nuestros semejantes, y a través de esas fibras, a modo de hilos hechos de compasión, nuestras acciones generan causas que vuelven a nosotros en forma de efectos.»

HERMANN MELVILLE

La EMDR ha reabierto el viejo debate de la relación que existe entre naturaleza y cultura. El desarrollo físico y psicológico de una persona depende de un par de factores: los genes y el ambiente, cuya interrelación lleva mucho tiempo fascinando a los científicos.[1] Y es que, por más que la inteligencia tenga un fundamento esencialmente hereditario, nadie se atreve ya hoy en día a poner en duda la influencia que, en ella, tienen las cuestiones relacionadas con el entorno. El niño innatamente brillante que se vea criado en una familia que desprecia el aprendizaje y la educación, acabará siendo menos capaz que el niño de inteligencia media que se haya visto criado en el seno de una familia que le brinde un mayor apoyo. Así pues, aunque los genes establezcan los niveles potenciales de logro, la conducta de la persona parece depender de las experiencias ambientales.

El hecho de que la EMDR nos permita elaborar las experiencias más tempranas puede ayudarnos a diferenciar mejor los problemas psicológicos que se asientan en la herencia o en factores orgánicos de aquellos otros que dependen básicamente del entorno y contribuir, de ese modo, a liberar a la gente de las prisiones genéticas que anteriormente se consideraban inmutables. Las primeras investigaciones realizadas en este sentido, por ejemplo, señalaron que la esquizofrenia es hereditaria,[2] pero las últimas han destacado el importante papel que, en ella, desempeñan el entorno, el estrés y las habilidades de enfrentamiento.[3] También existen evidencias de que un entorno cordial, estable y positivo puede impedir que los hijos de padres esquizofrénicos sucumban a la enfermedad y de que los hijos de padres normales, por el contrario, acaben tornándose disfuncionales.[4] Será muy interesante, por tanto, determinar si la EMDR puede ayudar a corregir las experiencias disfuncionales de esta población. Y aunque no podamos esperar que la EMDR modifique los efectos de la herencia (es decir, las predisposiciones biológicas), sí que es posible que nos ayude a procesar los factores ambientales estresantes que desencadenan las manifestaciones del trastorno.[5] ¡La herencia, pues, no necesariamente es el destino!

Obviamente, la EMDR no puede proporcionarnos respuestas concluyentes a todas las cuestiones suscitadas por el dilema naturaleza-cultura, y es muy difícil determinar la causa de determinados rasgos, disfunciones o conductas, porque la experiencia personal se origina en el momento mismo de la concepción. Las investigaciones realizadas al respecto han demostrado que los niños que suelen escuchar la voz de su madre mientras están en el útero son capaces de distinguirla, después del nacimiento, de entre otras muchas voces femeninas.[6] Por otra parte, el entorno fetal desempeña también un papel muy importante en el desarrollo físico del niño (un punto ilustrado en el Capítulo 6 por el daño fetal que provocó, en el sistema nervioso de Davy, el abuso de alcohol de su madre).[7]

Independientemente de que estén provocadas genéticamente o que se deriven de una experiencia intrauterina, los factores bioquímicos desempeñan un papel muy importante en el desarrollo del niño. Un ejemplo muy ilustrativo a este respecto es el niño con THDA (como Davy), cuyas dificultades de concentración fueron patentes desde muy temprano. Este tipo de niño tiene una tendencia bioquímica a distraerse fácilmente, pero con la ayuda de la medicación, sin embargo (en el caso de que sea útil), y, lo que es más importante, con la adecuada educación y apoyo, puede aprender a enfrentarse a este trastorno y llevar adelante una vida exitosa y productiva. Si, por el contrario, el niño con THDA permanece mucho tiempo sin recibir ayuda, serán muchas las experiencias que refuercen esa deficiencia y acaben así dañando la imagen que tiene de sí mismo. Además, los traumas y la ansiedad ante el posible fracaso pueden exacerbar las dificultades de concentración, complicando todavía más las cosas. Así es como las "experiencias de fracaso" perpetúan un ciclo de pobres expectativas y de un éxito atenuado. En cualquiera de los casos, no obstante, la EMDR puede ayudarnos a corregir los efectos negativos del entorno, un tratamiento que resulta tanto más eficaz cuanto más temprano se acometa.

En el caso de Davy, por ejemplo, bastaron un par de sesiones para cambiar las cosas. Pero no debemos olvidar que Davy sólo había sufrido un episodio gravemente traumático y que vivía con una familia que le adoraba. Por eso, una vez resuelto su trama no tuvo dificultad alguna en aprender lo que necesitaba para establecer buenas relaciones y triunfar en la vida. Cuando, por el contrario, un trauma mayor permanece sin tratar, sus efectos no sólo afectan a la vida de la persona, sino que pueden llegar a interferir en la vida de la próxima generación. En este sentido, por ejemplo, los padres que sufren de un trauma pueden, cuando los eventos presentes movilizan sus sentimientos irresueltos, explotar en accesos de violencia y llegar a desconectarles emocionalmente, tornándose entonces introvertidos e inaccesibles. Y aunque ningún padre se comporte intencionalmente de este modo, las consecuencias para el niño pueden llegar a ser catastróficas.

La siguiente historia ilustra la estrecha –a la par que inconsciente– relación que vincula a padres e hijos, al tiempo que subraya que la eficacia de la EMDR depende de su integración en la realidad clínica. El amplio y confuso espectro de síntomas presente en este caso obligó a la terapeuta que se ocupó de él a trabajar como un detective para identificar los objetivos sobre los que debía centrar el trabajo terapéutico. Este caso también pone de manifiesto la estrecha relación existente entre la naturaleza y la cultura y evidencia que experiencias que atentan contra los mecanismos de supervivencia, que tan profundamente se hallan grabados en nuestro código genético, puedan llegar a provocar los efectos psicológicos más terribles y caóticos. El vínculo entre una madre y su hijo es una de las leyes fundamentales de la naturaleza que cumple claramente con la función de garantizar la supervivencia de la especie. Pero ¿qué ocurre cuando se rompe la ley de la naturaleza y ese vínculo no se establece?

La doctora Joan Lovett inspiró profundamente, luego expulsó poco a poco el aire y se aprestó a reordenar la multitud de síntomas que acababa de escuchar en una imagen coherente de la niña. Era un verdadero y trágico embrollo. Quizás la mujer exhausta que se hallaba ante ella no fuese la madre más desesperada que había conocido en sus 20 años de ejercicio de la pediatría, pero si no lo era, le faltaba muy poco.

Joan cerró su cuaderno, levantó la cabeza y se encontró frente a un par de ojos aterrados. Vamos a ver –se dijo, recapitulando–, la niña se llama Ashley, tiene cinco años, es rubia

y muy bonita. Va a la guardería. Su madre opina que acabará convirtiéndose en una toxicómana, su abuela considera
que deberían ingresarla en un hogar de acogida y su hermano menor cree –y muy probablemente esté en lo cierto– que
la niña trata de matarle.

La expresión "rivalidad fraterna" se quedaba muy corta
para describir los sentimientos que Ashley experimentaba
hacia su hermano pequeño Charlie, que era 11 meses menor
que ella. Ashley lo odiaba con auténtica violencia. Le pegaba con mucha frecuencia, dejándole oscuros cardenales en
los brazos y el pecho, y hasta llegó a meterle los dedos en los
ojos. No hace mucho, había empujado a Charlie hasta hacerle caer de su cunita, una caída ciertamente peligrosa para un
niño de su edad. Un bien día, Ashley le dijo que le odiaba y,
en cierta ocasión en que tuvieron que llevarle al hospital
debido a un grave ataque de asma, no tuvo empacho alguno
en decirle que le gustaría que se muriese y no volviese a
casa.

Ashley también odiaba a su madre. No dejaba que la acu-
nase, no establecía contacto ocular con ella y se negaba a
hacer las cosas más sencillas, como ponerse el pijama para ir
a dormir, por ejemplo, sin montar un escándalo. Ashley tenía
las mismas rabietas que un dictador de pacotilla, durante las
cuales se pasaba una media hora arrojando cosas al suelo,
gritando, llorando y vomitando. Se despertaba en mitad de
pesadillas recurrentes en las que se veía asediada por animales que le mordían las manos, se veía amenazada por desconocidos y sufría terribles accidentes. Recientemente había
robado un brazalete de casa de la chica que la cuidaba y
luego mintió para conservarlo. También se mordía los labios
hasta llegar a hinchárselos. Un buen día encontró una cuchi-
lla de afeitar en la basura y la usó para cortarse. Tenía un
miedo casi fóbico a los perros y a las puertas cerradas y bas-

taba con que su madre abriese la puerta al cartero para que empezase a gritar.

El incidente que llevó a su madre al límite de lo soportable y la empujó a emprender una terapia había ocurrido seis semanas antes, durante la fiesta de Acción de Gracias que organizaron en la guardería y a la que habían invitado a todos los padres a una comida que iba a ser servida por sus hijos. Ese día, Ashley cogió un plato de pavo relleno, caminó lentamente hacia su madre y se lo tiró encima gritando: «¡No te quiero! ¡Te odio!».

Joan Lovett sintió auténtica compasión por la mujer que estaba en su consulta. Maura Sullivan parecía asustada, desbordada y exhausta, aunque claramente decidida a hacer lo que fuese necesario para ayudar a su hija. Era una mujer de 33 años que trataba de ganarse la vida y de criar a sus dos hijos con muy poco dinero. Estaba recuperándose de la toxicomanía y de la adicción al alcohol y se culpaba a sí misma de la conducta de Ashley (por haber consumido heroína durante su embarazo). Su ex marido Charles era un actor que, durante su matrimonio, pasó muy poco tiempo con ellas, ya fuese porque estaba trabajando fuera o debido al efecto de las drogas. También la maltrataba físicamente. La noche en que nació Ashley, la policía le detuvo y se lo llevó, y Maura y se vio obligada a atravesar sola el parto. Cuando la niña nació, Maura estaba demasiado agotada, aturdida y desbordada y no estaba disponible para su hija. Por eso creía haber perdido la ocasión de establecer un vínculo con su hija y consideraba que ya era demasiado tarde.

Once meses después del doloroso nacimiento de Ashley, Maura dio a luz a su hijo al que, con su habitual optimismo, bautizó con el nombre de su padre, Charlie. Cuando Charlie tenía un año y Ashley dos, ese padre emocionalmente agresivo y con el que jamás pudieron contar –porque nunca se sabía cuando iba a estar en casa– acabó abandonándoles. Maura recordaba perfectamente una escena de ese día en la que Ashley se mantenía precariamente en pie sobre sus torpes piernecillas levantando los brazos en dirección a su padre en el gesto universal con el que los niños piden a sus progenitores que les cojan en brazos, cuando su padre dio media vuelta y se marchó, cerrando violentamente la puerta.

–Fue una época muy difícil –explicó Maura a Joan– y en la que, en varias ocasiones, estuve a punto de sufrir un colapso emocional. Debido a los problemas generados por la relación con mi marido y con mi recuperación de una adicción a las anfetaminas que había durado dos o tres años, no tenía tiempo ni disposición para cuidar de Ashley. Por supuesto que satisfacía sus necesidades físicas –es decir, le daba de comer, le cambiaba los pañales y ese tipo de cosas–, pero emocionalmente hablando, no estaba en condiciones de ocuparme de ella. ¡Dios mío! ¡Me sentía tan necesitada que estoy segura de que hasta Ashley se daba cuenta de ello! ¡Qué difícil debe haber sido para ella no haber podido contar con su madre cuando más la necesitaba!

»Estoy muy asustada, doctora Lovett –prosiguió Maura, moviéndose inquietamente en la silla–. No sé qué puedo hacer para ayudar a Ashley. Pierde el control con mucha frecuencia y entonces empieza a llorar, luego se le une Charlie y acabamos llorando los tres. A veces me siento tan mal que no me queda más remedio que encerrarme con llave en la habitación –dijo, mientras las frases salían a borbotones de su boca, en un desesperado intento de explicarse–. Trato de ser una buena madre. Quiero a mis hijos. Me preocupo de que estén limpios y vacunados y de que coman alimentos sanos y quiero tratarles del mismo modo, pero parece que no basta con eso. Las cosas no funcionan e ignoro lo que tengo que hacer.

–¿Qué quieres decir con "tratarles del mismo modo"? –preguntó entonces Joan.

»Que cuando uno de ellos tiene hambre, por ejemplo, les doy de comer a los dos, y que cuando uno está cansado, también les pongo a dormir a la vez –prosiguió, en un tono que a Joan le pareció levemente didáctico.

»Así que –prosiguió Maura– cuando uno necesita zapatos, debo esperar a tener el suficiente dinero para comprarles calzado a ambos. Y, del mismo modo, cuando llega el cumpleaños de alguno de ellos, también le hago un regalo al otro. No permito que uno tenga algo que no pueda también darle al otro. No sería justo. Esto es algo que me parece muy importante –dijo, en un tono casi agresivo.

–Parece, pues, que "ser justo" significa tratarles a los dos exactamente igual.

–Así es. Tengo que tratarles a los dos exactamente igual –respondió, esperando la respuesta de Joan, que la miraba atentamente, sin decir nada.

–Estoy segura de que si mis padres nos hubieran tratado así –prosiguió Maura, tras un silencio largo e incómodo–, no tendría la mitad de los problemas que ahora tengo.

Entonces Joan se levantó, se dirigió a un estante ubicado en el otro extremo de la habitación y cogió una bolsa de terciopelo violeta. Luego regresó a su silla, se sentó y se la entregó a Maura.

–¿Querrías jugar conmigo a un juego para mostrarme más cosas sobre tu familia? Dentro de esta bolsa hay piedras de muchos colores. Selecciona las que necesites para representar a los miembros de tu familia de origen. Luego colócalas sobre esta cartulina, esboza su contorno y establece el tipo de relación que, en tu opinión, mantenían los distintos miembros de tu familia.

Maura metió entonces la mano en la bolsa y palpó con las

yemas de los dedos la superficie lisa y pulida de las piedras. Una tras otra fue sacando seis piedras y las ubicó sobre el tablero.

–Mi madre y mi padre (ambos alcohólicos), luego yo (la hija mayor), después Sara (tres años menor), Stephanie (tres años menor todavía) y, finalmente, Bill, mi hermano adoptivo (diez años más pequeño).

Maura trazó entonces líneas gruesas para representar las relaciones fuertes y líneas sinuosas para representar las relaciones más débiles, mientras Joan observaba en silencio todas esas operaciones. Cuando Maura pareció haber concluido, cogió de nuevo la bolsa, moviéndola incesantemente entre sus manos.

–Tengo que decirte –continuó– que, antes de Bill, tuve otro hermano adoptivo –y, tras una larga pausa, agregó, sin ninguna emoción en su voz–, pero acabó desapareciendo.

Poco a poco, Maura fue contando la historia. Cuando tenía ocho años, sus padres decidieron adoptar a un niño de seis meses, al que llamaron Shannon, un niño del que Maura se enamoró, como sólo puede hacerlo una niña de ocho años. Shannon, que tenía grandes ojos azules, un sedoso cabello rubio y siempre estaba sonriendo, se convirtió en *su* hijo. Para Maura se trataba del bebé más hermoso del mundo. Le acunaba, le daba el biberón, le cambiaba los pañales y siempre le llevaba consigo a todas partes.

Una noche, dos semanas después de la llegada de Shannon, toda la familia estaba en la cocina lavando los platos cuando una sartén resbaló de las manos de su padre y cayó estrepitosamente al suelo. Todos los ojos se dirigieron entonces hacia el bebé, dispuestos a calmarlo y consolarlo, pero Shannon ni siquiera parpadeó. Entonces el padre de Maura cogió la sartén y, observando con atención al niño, la golpeó ruidosamente con una cuchara, pero Shannon permaneció tranquilamente sentado sin reaccionar. La madre de Maura rompió entonces a llorar.

Al día siguiente llevaron a Shannon al hospital pediátrico para someterle a unas pruebas. El médico que lo examinó descubrió que era sordo y recomendó varias pruebas. Durante las semanas que siguieron, Shannon fue diagnosticado de parálisis cerebral y trastornos digestivos tan graves que precisaba alimentación intravenosa. Necesitaba cuidados intensivos y no esperaban que viviera más de tres o cuatro años, una mala noticia que sus padres ocultaron a Maura.

Un buen día, dos semanas después del incidente de la cocina, Maura llegó a casa procedente de la escuela y descubrió que Shannon ya no estaba allí.

–Mis padres le habían devuelto a la agencia de adopción –contó entonces Maura a Joan, con una voz despojada de toda emoción.

Sus padres le dijeron que Shannon debía pasar el resto de su vida en un hospital y que como ellos no tenían dinero para sufragar los gastos, la agencia había encontrado una familia que podía hacerse cargo de la situación. Jamás volvieron a verle.

–¿Y cómo viviste tú esa situación? –le pregunto entonces Joan.

–Estoy segura de que mis padres creían estar haciendo lo correcto. ¿Pero sabes lo que más extraño me parece? –agregó, sacudiendo la cabeza–. Que, desde ese día, no había vuelto a pensar en ello.

–¿Y cómo te sientes ahora –insistió Joan– al recordarlo?

–No siento nada especial –afirmó Maura–. Poco después, sin embargo, estalló en sollozos. Después de veinticinco años de reprimir su dolor, acababa de abrirse una brecha en el muro y Maura empezaba a desmoronarse.

Resulta imposible imaginar el dolor que debió sentir una niña de ocho años a la que acaban de quitarle "su" bebé y el espantoso sufrimiento que acabó tapiando su corazón a cal y canto. Según parece, la pérdida de Shannon la incapacitó para establecer vínculos con las personas más importantes de su vida incluida, mucho tiempo después, su propia hija. No es de extrañar que, privada del afecto materno, Ashley se comportara en consecuencia y no expresara sentimiento positivo ni mostrase gesto afectuoso alguno hacia las personas que la rodeaban.

Pero no fue sólo la pérdida de Shannon la que estimuló la compleja pauta intergeneracional que se hallaba profundamente arraigada en el sustrato de su familia: el alcoholismo de sus padres, su impredecible e incontrolable entorno familiar y el modo errático en que le mostraban y le retiraban el afecto. En un entorno emocionalmente tan caótico, Maura había encontrado un objeto estable de amor –su hermano adoptivo Shannon– que no tardó en serle arrebatado. Así fue como la reacción de Maura acabó transmitiéndose a la próxima generación, evidenciando su impacto en la conducta violenta de Ashley. Los niños tienden a culparse de las faltas de sus progenitores. Además de no sentirse queridos, tampoco creen merecer el trato que reciben y, cuando sienten insatisfecha su necesidad innata de establecer vínculos, concluyen que no pueden hacer nada para cambiar las cosas y que tampoco pueden fiarse de nadie.

Este caso evidencia la compleja relación que existe entre naturaleza y cultura. Determinados clínicos subrayarían que, siendo los padres y los abuelos de Ashley alcohólicos, algunos de sus rasgos eran, por tanto, hereditarios.[8] Otros, por el contrario, afirmarían que sus características se hallaban biológicamente determinadas por el abuso prenatal de alcohol y heroína en el que había incurrido su madre, y otros analistas

esbozarían una imagen bastante más tétrica de la salud emocional de Ashley. Afortunadamente, terapeutas como Joan no
dejan de subrayar la importancia que, en este sentido, desempeña el entorno. La capacidad de Joan de disociarse de su
dolor emocional, por ejemplo –que había aprendido cuando
se llevaron a Shannon–, suponía que Ashley había recibido,
de algún modo, un tipo de educación que generaba problemas psicológicos.[9] Son muchos los estudios que demuestran
el profundo impacto que, sobre un hijo, puede tener la falta
de disponibilidad emocional de su madre, un impacto que
puede llegar incluso a poner en peligro su vida.[10]

Los niños que han sufrido un trauma de este tipo suelen
acabar convirtiéndose en pasivos o reactivos, llenando entonces su vacío con miedo, con rabia o con ambas cosas a la vez
y entrando entonces en un ciclo de conducta violenta e
inapropiada que les aleja de las personas que les rodean. Y
cuanto más intensa es la expresión de una conducta inapropiada, más aislados se encuentran, lo que refuerza la visión
que tienen de sí mismos como personas indignas de ser ama-
das. Además, la tendencia de Ashley a dañarse (mordiéndose
los labios o cortándose) suele presentarse también en las personas disociadas, algunas de las cuales emplean el dolor
como una forma de sentir *algo* y recordarse, de ese modo, que
están vivas.[11] Las heridas autoinfligidas pueden ser asimismo
una forma de distracción muy necesaria ya que, en tal caso, el
nuevo dolor distrae la atención de la persona del dolor viejo
o presente, o provoca una sensación de bienestar mediante la
liberación de endorfinas.

La rabia que Ashley sentía hacia su hermano, Charlie, probablemente se basaba en varios factores. En primer lugar,
Ashley debía compartir con su hermano la escasa atención
que su madre era capaz de ofrecerles. En segundo lugar, podía
tratarse de la expresión del dolor provocado por la deserción

de su padre. En tercer lugar, Maura podía haber estado utilizando inconscientemente a Charlie como sustituto de su querido Shannon, al que había acabado perdiendo hacía tanto tiempo. Tal vez, en este sentido había estado favoreciendo a su hijo e identificándose con él, lo que no hacía sino exacerbar el dolor de Ashley.

Aunque no podemos acahcar todos los problemas que aquejaban a esa familia a la pérdida de Shannon, es evidente que ese evento, combinado con la educación que había recibido, sentó las bases para las pautas de deprivación emocional y de falta de parentaje que impedían a Ashley establecer vínculos de identificación con los miembros más próximos de su familia.

Maura tuvo que procesar, para poder restablecer contacto con su propia capacidad de amar, el recuerdo de la pérdida de Shannon y recorrer todo el amplio abanico de emociones (desde el sufrimiento hasta la culpa y la ira) asociadas, una progresión de sentimientos que reflejaba el proceso curativo natural que descarriló en el momento en el que sucedió la pérdida traumática de Shannon.

Mientras Maura lloraba, Joan reflexionó acerca del devastador impacto que la temprana pérdida de su hermano debió haber provocado en esta mujer que, un cuarto de siglo más tarde, seguía afectando a su capacidad para cuidar de sus propios hijos. Joan se dio entonces cuenta de que, antes de emprender la terapia con Ashley, debía eliminar el dolor residual de Maura. Aunque Joan había sido entrenada como pediatra especializada en los problemas conductuales de los niños, era de la opinión de que debía tratarse tanto al padre como al hijo, porque había visto demasiados padres cuyos propios problemas irresueltos acaban reflejándose en el comportamiento de sus hijos.

Cuando los sollozos de Maura se aquietaron, Joan le habló de la EMDR y le pidió permiso para utilizarla en su próxima sesión para despedirse de Shannon, una petición a la que Maura, conmovida por la intensidad de su reacción al relato de su hermano, accedió.

Cuando Maura volvió a la consulta de Joan con motivo de su primera sesión de EMDR, trajo un largo poema mecanografiado que había escrito para despedirse de Shannon. También le contó que el día posterior a su primera sesión, había ido a dar una vuelta en bicicleta pensando en Shannon, mientras las lágrimas rodaban por sus mejillas.

–Me hizo sentir mejor –dijo asombrada–. Si no hubiera sido por tu bolsita y no me hubieras pedido que eligiera una piedra para representar a cada uno de los miembros de mi familia, no me habría dado cuenta de lo mucho que amaba a Shannon. Creo que ni siquiera hubiera mencionado su existencia.

Pero, evidentemente, no bastaba con hablar de Shannon y de la liberación que había sentido, porque eso no cambiaba un ápice los sentimientos subyacentes que estaban emponzoñando la relación con su hija.

Joan empezó la sesión de EMDR pidiéndole a Maura que verbalizase la dolorosa lección que había aprendido cuando perdió a Shannon. Maura respondió de inmediato: «No quiero sentirme nunca más cerca de nadie», una afirmación que iba acompañada de una sensación de ansiedad que valoró con una intensidad de 9 en la escala usa de 0 a 10. Luego Joan le pidió que esbozase una afirmación positiva que reflejase el modo en que le gustaría sentirse. Y después de cerrar los ojos durante unos instantes dijo, con tono ciertamente dubitativo, como si fuese una pregunta: «Le ame como cualquiera puede amar a un hermano y ahora soy libre para amar de nuevo» y, cuando Joan le pidió que valorase la certidumbre que le merecía esa afirmación en la escala de 1 a 7, sacudió la cabeza y respondió que un 2.

–Comenzaremos con la escena de la cocina –dijo Joan–. Veamos si puedes evocar mentalmente esa escena mientras sigues con la mirada el movimiento de mis dedos. ¿Estás dispuesta?

Maura asintió con aire grave. En el mismo momento en que Joan empezó a mover su mano de un lado a otro, los ojos de Maura se anegaron. Era como si, súbitamente, volviese a tener ocho años. Podía sentir el ruido de la sartén al caer al suelo, la escalada de la ansiedad que resonó en toda la habitación y ver incluso el rostro de su madre contraído por la desesperación. Al finalizar esa serie, Maura dijo, a través de las lágrimas: «Mis padres se consideraron incapaces de seguir cuidando de Shannon».

–Concéntrate en este punto –dijo Joan delicadamente, mientras emprendía una segunda serie de movimientos oculares.

–Todos nos sentimos muy solos cuando Shannon se marchó. Pero mis padres también se sintieron liberados. Mi madre lloraba, se sentía sola y triste, pero nadie volvió a hablar nunca más de él. Como el día en que volvía a casa y me enteré de que mi abuelo había muerto. «¿Por qué –me pregunté– nadie lloraba por él?» Nuestra familia no sabía cómo vivir el dolor.

Nueva serie.

–Después de eso, no pude volver a implicarme... –exclamó, mientras los sollozos convulsionaban la parte superior de su cuerpo y sus manos permanecían entrelazadas en su regazo en un gesto casi púdico.

»Y no lo hice hasta mucho, mucho tiempo después de que llegara Bill. Bill era un niño hiperactivo. Recuerdo a mi madre pidiéndole a mi padre que le diera el biberón y como él le respondió dándole un puñetazo. Mi padre bebía. Yo dormía en el sofá junto a mi madre –dijo Maura, mientras las lágrimas le rodaban por las mejillas, moviendo la cabeza hacia adelante y hacia atrás, hacia adelante y hacia atrás, en un balanceo que iba seguido, una fracción de segundo después, por la oscilación de su largo pelo negro.

»Fue culpa mía –dijo, con aire infeliz–. Si hubiera vuelto antes de la escuela, si sólo hubiera estado presente, no hubieran sido capaces de hacerlo y yo hubiese podido impedirlo.

En este punto del tratamiento, el sistema de procesamiento de la información de Maura necesitaba un nuevo estímulo. No es infrecuente que las personas se queden atrapadas en una sensación desproporcionada de responsabilidad. Para ayudar a Maura, Joan combinó los movimientos oculares con una pregunta destinada a sucitar una valoración positiva. En la EMDR, ésta es una variante de un procedimiento denominado "integración cognitiva", cuyo objetivo consiste en interrelacionar la afirmación nueva y positiva con la información negativa (o disfuncional) almacenada en el cerebro del cliente, de modo que pueda ser adecuadamente procesada. Cuando el terapeuta formula una pregunta adecuada, se estimula la red de memoria que contiene la información positiva y puede conectarse con la red del objetivo elegido. Como ya hemos visto (especialmente en el caso de Eric, cuando se dio cuenta de que él no era el culpable de la muerte del prisionero del vietcong), la información positiva más adaptativa ya se halla internamente presente. Lo único que sucede es que el sufrimiento del cliente no le permite acceder automáticamente a ella.

Joan emprendió entonces otra nueva serie. Mientras Maura movía los ojos hacia adelante y hacia atrás, Joan le preguntó: «¿Quién decidió desembarazarse de Shannon?».

–Mis padres. Pero yo pude habérselo impedido.

Nueva serie de movimientos.

–¿Realmente crees que una niña de ocho años puede tomar este tipo de decisiones?

–No –respondió

Nueva serie de movimientos. A medida que la información realista conectada con el objetivo elegido iba procesándose, la falsa responsabilidad de Maura iba disolviéndose, y lo mismo sucedió con su correspondiente sensación de culpabilidad.

Ahora Maura estaba enfadada. Mientras sus ojos seguían el movimiento de los dedos de Joan, apretó tanto los puños contra los muslos que sus nudillos se quedaron blancos.

–¡Mis padres fueron injustos con Shannon! Jamás se hubieran desembarazado de otro de sus hijos. ¿Por qué tuvieron que hacerlo con él? Deberían haberle tratado como nos trataban a cualquiera de nosotros. ¡La suya fue una conducta completamente injusta!

Nueva serie. La rabia de Maura se había enfriado y ahora imaginaba que tenía a Shannon en brazos y le hablaba como hubiera deseado. Le contó algunas de las cosas que había escrito en su poema y, finalmente, se despidió de él diciendo:

–Siempre recordaré tu rostro sonriente. En mi corazón, siempre habrá un lugar especial para ti y, cuando contemple las estrellas, bautizaré una con tu nombre.

Nueva serie de movimientos. Maura había dejado de llorar y su respiración era profunda y regular. Entonces le dijo a Joan que se sentía tranquila pero, al mismo tiempo, agudamente consciente de todos sus sentidos, de la sensación aterciopelada de la tela que cubría el brazo de la silla y del rumor de los coches que circulaban por la calle. Entonces dijo, con los ojos cerrados: «Le amé como nadie ha amado a un hermano. Ahora estoy libre para amar de nuevo».

–Permanece ahí.

Nueva serie de movimientos.

–Dime Maura –preguntó entonces Joan, mientras Maura permanecía tranquila–. ¿Cuán ansiosa te sientes, en una escala de 0 a 10, cuando evocas la escena de la cocina?

–Un cero –replicó Maura, aparentemente sorprendida de su propia respuesta.

–¿Y cuán verdadera sientes, en una escala de 1 a 7, la afirmación «Le amé como nadie ha amado a un hermano. Ahora estoy libre para amar de nuevo»?

–Definitivamente un 7 –dijo Maura, con una sonrisa.

–Ahora ya no necesitas "ser justa" y puedes darle a cada uno de tus hijos lo que necesite. Eres libre para cuidar de ellos por el simple hecho de que quieres protegerles y satisfacer sus necesidades infantiles, pero no porque te sientas culpable. No olvides que ha sido la sensación de culpabilidad la que te ha traído hasta aquí, pero recuerda que, para ser una madre afectuosa, no tienes que sentirte culpable.

Cuando concluyó la única sesión que Joan y Maura realizaron sobre Shannon habían transcurrido 60 minutos. Joan podía ver el cambio que había experimentado esa mujer, podía sentir el cambio en su tono de voz al hablar del hermano perdido. Su aspecto también era un poco más luminoso y un poco más feliz, pero Joan sabía que la auténticamente beneficiada de ese encuentro había sido Ashley, la niña desesperadamente sola y rabiosa que había acabado congelando su corazón.

A la semana siguiente –estábamos a finales de enero–, Joan tuvo su primera sesión con Ashley. Se encontró frente a una niña rubia, muy hermosa y también muy infeliz. Cuando se quedaron solas, Joan la invitó a sentarse junto a ella en el suelo. La niña se dejó caer y echó un vistazo alrededor como si estuviese realizando un inventario. La sala estaba llena de brillantes juguetes de plástico, pinturas, dibujos, arcilla, animales, bloques de madera y muñecas.

Ese primer encuentro con Ashley acabaría siendo, para Joan, memorable.

–Fue una pesadilla que duró una hora –recuerda Joan–. Ashley examinó todos, absolutamente todos, los objetos de la habitación. Cogió la arcilla y luego la tiró al suelo, diciendo: «No me gusta». Luego dijo: «Quiero agua» y, cuando Joan le dio un vaso lleno, replicó: «Ahora ya no quiero». Luego cogió una muñeca, la vistió, la desnudó y, tirándola al suelo, dijo: «No me gusta». Comenzaba un juego y, al poco tiempo, lo abandonaba diciendo: «Este juego es muy aburrido». Quería estar con su madre, pero unos instantes después, ya no quería estar con ella. Empezaba un dibujo y lo abandonaba de inmediato. Eso no tenía nada que ver con jugar, simplemente era un modo de perder el tiempo con una cosa, para pasar luego a otra. Ashley examinó todo lo que había en la sala, y aunque no tenía una idea concreta de lo que estaba sucediendo, en esa primera hora empecé a entender cómo debía sentirse Ashley. No había nada, en su experiencia del mundo, que la satisficiese. Todo la decepcionaba como si, con ello, estuviera diciendo: «Soy un fracaso. No puedo hacer esto y tampoco puedo hacer aquello, no puedo hacer nada. Nada tiene sentido». Así debía sentirse Ashley. Era terrible. No es de extrañar que nadie se sintiera bien con ella.

Joan se dio rápidamente cuenta de que la incapacidad de Ashley para establecer vínculos y fiarse de la gente la obligaría a pasar mucho tiempo estableciendo un tipo de relación en el que la niña se sintiera segura, un requisito que no sólo es esencial para la EMDR, sino también para cualquier otra forma de terapia. Mal podría, si Ashley no se sentía segura, enseñarle las habilidades de las que tan lamentablemente carecía, como establecer un vínculo, interesarse por las cosas y cuidar de los demás. No iba, pues, a ser una terapia sencilla ni rápida. Ashley no había sido, a diferencia de Davy, víctima

de un solo trauma, pero tampoco era una adulta que dispusie-
ra de una variedad de experiencias a las que Joan pudiera apelar para representar alternativas positivas. Ashley debía desprenderse de las pautas de acciones y relaciones a las que se
había visto sometida durante toda su vida. Necesitaba ejemplos que le enseñasen lo que era un universo de causas y efectos, que era una persona única e importante, que podría expre-
sarse de un modo que le permitiese establecer relaciones positivas y que era digna de amar y ser amada. Pero mientras
careciese de una sensación alternativa positiva, seguiría atrapada en actitudes negativas y disfuncionales y carecería de
información positiva o adaptativa a la que referirse.

Ashley pasó la segunda sesión haciendo dibujos y más
dibujos en los que, después de trazar un solo círculo a modo
de cabeza para lo que iba a ser un hombre, acababa tirándo-
los de inmediato diciendo: «No me gusta».

Durante la tercera sesión, Ashley imaginó que las muñecas eran bebés que estaban llorando y le pidió a Joan que
hiciese como que estaba llorando, cosa a la que accedió gustosamente. Ashley parecía disfrutar con el llanto de los bebés.
Luego le pidió a Joan que hiciese de mamá y les consolase.
Pero aunque fuese lo más próximo a un juego que había
hecho hasta entonces, todavía no se trataba de un auténtico
juego en el que el niño elabora historias sobre personajes y
escenas inventadas. Ashley aún estaba, en ese momento, diso-
ciada, es decir, alejada de cualquier emoción que pudiese
nutrirla. Y por más que hubiese escuchado historias o visto
programas de televisión sobre familias felices, no sentía que
eso tuviese la menor relación con ella. Por ello debía pedirle
a Joan que llorase como un bebé o se mostrase como una
madre amorosa. En esa sesión, como en las precedentes,
Ashley era una mera observadora que no consolaba a los
bebés y que estaba incapacitada para recibir consuelo.

A finales de febrero, Joan le dio a Ashley una revista y le invitó a recortar las imágenes que más le gustaran para hacer con ellas un *collage*. Ashley empezó recortando la imagen de una madre sosteniendo en brazos a su bebé, pero no tardó en cortar la imagen de la madre y hacerla añicos, al tiempo que decía: «Odio a las madres. Ahora el bebé está contento y solo y podrá hacer lo que le dé la gana».

En el mes de marzo, Ashley quiso jugar de nuevo a los bebés y pidió a Joan que llorase como un bebé.

–¡Buah! –comenzó entonces Joan, mientras Ashley la miraba y la dejaba llorar. Luego dijo que tenía una cita y debía marcharse, a lo que Joan respondió enfadándose, porque su madre no la había consolado. Ashley parecía mostrarse muy interesada por todo lo que ocurría.

Ése fue el primer paso en la estrategia seguida por Joan para mostrar a Ashley relaciones diferentes del ejemplo disociado del matrimonio de sus padres. Para ello, Joan comenzó mostrándole que está bien enfadarse y expresar los sentimientos. En la siguiente sesión le enseñó nuevas formas de expresar el miedo, la tristeza o la culpa y lo hizo de un modo que le permitió experimentar por vez primera esas emociones en otra persona. Maura había educado a sus hijos para que no mostrasen nunca sus "malos" sentimientos. Sólo gracias al juego y la escenificación en el seno de una relación segura pudo Ashley establecer gradualmente contacto con su sentimiento de dolor y expresarlo sin violencia.

Durante la semana siguiente, Ashley empezó tímidamente a jugar, colaboró con Joan en la realización de un dibujo utilizando tizas de colores diferentes. Cuando lo acabaron, Ashley preguntó: «¿Qué pasaría si mi madre no me esperase fuera?».

–¿Qué te parece a ti que pasaría? –inquirió nuevamente Joan, sin responder.

–¡Me moriría! –replicó Ashley, una respuesta que, en opinión de Joan, expresaba claramente la experiencia de Ashley de ser una niña abandonada y de carecer de vínculo con su madre. A un nivel evolutivo elemental, se trataba de un sentimiento completamente válido, porque cualquier bebé (mamífero) necesita, para poder sobrevivir, del cuidado y la protección de un progenitor amoroso.

En abril, Ashley empezó a jugar y se mostró interesada en aprender las reglas de los juegos de mesa, lo que despertó en Joan un atisbo de esperanza porque, por vez primera, Ashley parecía estar dispuesta a "hacer las cosas bien". A continuación quiso modelar con Joan grandes estrellas "mamá" y pequeñas estrellas "bebé" de plastilina. Apenas las hubieron terminado, Ashley le dijo que amaba a los bebés y odiaba a las madres y destruyó la estrella grande. Joan esperó entonces pacientemente el momento en el que la estrella "mamá" y la estrella "bebé" –dos símbolos en apariencia muy importantes para ella– hicieran de nuevo acto de presencia en el juego de Ashley. Entonces decidió que había llegado ya el momento de iniciar la EMDR empleando la estrella como punto focal.

En ese punto, Joan había dedicado tres meses a establecer una relación con Ashley que fuese lo suficientemente fuerte como para permitirles emprender el tratamiento con la EMDR. La EMDR suele funcionar muy bien en el caso de los niños, produciendo rápidos efectos, pero debe ser utilizada en el contexto de una relación terapéutica basada en el apoyo y la seguridad. Porque la EMDR puede estimular la aparición de intensos sentimientos, el cliente, independientemente de que tenga cuatro años o 40, requiere trabajar con alguien que le proporcione un "lugar seguro", es decir, un entorno estable y amoroso en el que pueda confiar y desde el que pueda aventurarse en el poderoso territorio de sus sentimientos y al que siempre pueda regresar. Aunque, en el caso de Davy, esta seguridad fue fácil de experimentar, resultó extraordinariamente difícil de lograr en el de Ashley. El objetivo, pues, era el de establecer una relación positiva y adaptativa con la que Ashley pudiera conectar antes de iniciar el procesamiento EMDR.

A comienzos de mayo, Ashley le pidió de nuevo a Joan que hicieran estrellas "mamá" y estrellas "bebé". Después de hacerlo, Joan tomó una estrella "mamá" y, sin decir nada, empezó sencillamente a moverla hacia adelante y hacia atrás de izquierda a derecha, a unos 20 centímetros del rostro de Ashley. Ashley observó con atención la estrella durante un rato, luego la cogió y, finalmente, acabó rompiéndola. Joan repitió el "juego" hasta que Ashley acabó destruyendo todas las estrellas "mamá".

En las sesiones siguientes, Ashley pasó mucho tiempo aprendiendo a dibujar estrellas, llegando a hacer montones de ellas y mostrándose muy orgullosa de su nueva habilidad.

A medida que la terapia proseguía, Joan empezó a intercalar sesiones de EMDR con la terapia regular del juego utilizando, para ello, piezas de juguetes y figuras de tiza diversas con las que representar los principales problemas de la vida de Ashley. Así fue como Ashley aprendió, a niveles muy distintos, a asociar los diferentes objetos a situaciones concretas, como los problemas de relación con su madre y con su hermano, su infancia deprivada y otras experiencias de soledad y aislamiento. Una vez establecida la asociación, Joan pudo empezar a utilizar los distintos objetos para estimular la experiencia acumulada en la que se originaban los problemas de Ashley.

El empleo de esos juguetes y símbolos como punto focal durante el procesamiento EMDR permitió a Joan establecer un vínculo entre la conciencia de Ashley y el lugar del cerebro en que se hallaba almacenada la información pertinente relativa a las personas y las situaciones importantes de su vida. Así, por ejemplo, cuando Joan cogía un símbolo como la estrella "madre" –una representación evidente de su madre– para dirigir con ella los movimientos oculares de la niña, ello tenía teóricamente el efecto curativo de relacionar un área problemática (la relación con su madre) con el sistema de procesamiento innato de la información de Ashley.

A medida que Joan iba estableciendo una relación segura con Ashley y entre el símbolo y el problema que permitiera llevar a cabo el procesamiento EMDR, Ashley empezó a mostrarse más tranquila y receptiva. Esa receptividad facilitó la creación de una serie de vínculos importantes que le permitieron acceder a una de las regiones primordiales que tanto dolor le habían causado.

A mitad de mayo, Ashley le pidió que modelaran patas "mamá" y patas "bebé" de plastilina, y cuando las terminaron, Ashley observó atentamente los resultados y, por vez primera, no acabó destrozando las patas "mamá". Ashley llevaba tres meses y medio de terapia con Joan y había realizado una sesión modificada de procesamiento con la EMDR.

En un encuentro con su madre que se produjo poco después, Maura le dijo que Ashley estaba portándose un poco mejor en casa, y que en una ocasión le había preguntado «¿Puedo ayudarte, mamá?».

–A veces me parece incluso que *le gusto* –dijo entonces Maura, con embarazada sorpresa.

En el mes de julio, Ashley la sorprendió pidiéndole que hicieran un perro de plastilina. Joan, que recordaba el miedo que le daban los perros, se puso de inmediato manos a la obra. Entonces modeló la cabeza y el cuerpo y dejó que Ashley hiciera las piernas. En el mismo instante en que acabaron de ensamblar las distintas partes para construir el perro, Ashley lo aplastó con el puño. Luego hicieron otro perro que Ashley aplastó de nuevo. Después hicieron un tercer perro, pero en esta ocasión, Joan lo sostuvo frente a los ojos de Ashley y, acompasando las palabras con el movimiento, hizo que el perro se moviese de izquierda a derecha y de derecha a izquierda, al tiempo que cantaba: «Es... seguro... decidir... jugar... con... el... perro... Es... seguro... decidir... jugar... con... el... perro...». Ashley observaba entretanto la escena con los ojos bien abiertos concentrada en la figura de plastilina que se movía de un lado a otro ante sus ojos.[12] Cuando Joan acabó, Ashley aplastó de inmediato el perro. Más tarde, en esa misma sesión Ashley escribió en la pizarra: «Quiero a mi mamá. Mamá. No. No. No».

La presentación de una afirmación positiva concreta (habitualmente previa a una serie de movimientos oculares) constituye otra forma de integración cognitiva. Como veremos, esa interacción no provocó ningún cambio inmediato profundo en Ashley. Lo que hizo, teóricamente al menos, fue abrir la red de memoria donde se almacenaba su miedo a los perros, desencadenando cambios de conducta duraderos después de la sesión. Pocas semanas más tarde, Ashley entró en la sala de juegos y descubrió un juego de mesa llamado "Las muñecas repollo". Era un colorido tablero que representaba varios destinos diferentes, como una mina abandonada, un hospital, etcétera. Las fichas eran pequeños discos con los rostros de distintas muñecas repollo, con aspecto triste, alegre o enfadado. El juego consistía en hacer rodar una flecha giratoria y ver en qué personaje se detenía. Un personaje, por ejemplo, cogería a la niña y la llevaría a la mina abandonada, mientras que otro la rescataría y la llevaría al hospital, y si caía en el casillero adornado con la imagen de una cigüeña, el jugador se veía obligado a adoptar un bebé.

Mientras Ashley jugaba, Joan iba representando las voces

de las distintas muñecas repollo. «¡Oh no! ¿Por qué quieres abandonarme en esta fría y oscura mina? ¿Somos malos? ¿Somos feos? ¿Estamos locos? ¿No nos quieres?» Al finalizar el juego, Ashley había "adoptado" seis bebés, cinco enfadados y uno feliz.

–¿Querrías coger a estos bebés? –preguntó Joan, mientras tomaba las fichas de Ashley. Cuando la pequeña asintió, Joan agregó:

»Muy bien. Ahora dame tus manos. Perfecto. Ahora pondremos uno de los bebés enfadados aquí –le dijo, mientras colocaba una de las gastadas fichas en la palma de la mano izquierda de Ashley.

»Y ahora vamos a poner otro bebé enfadado en tu otra mano. ¿De acuerdo? Muy bien. Ahora mira cómo cojo con mi mano al bebé feliz.

Ashley seguía con gran atención todas las operaciones de Joan. Luego utilizó su bebé feliz para golpear suavemente la mano izquierda de la niña y luego la derecha al tiempo que, siguiendo el ritmo del movimiento, decía: «Estás... segura... ahora... y... estás... bien... y... aunque... luego... te... sientas... triste... y... enfadada... también... estarás... bien... y... segura...». Ésa fue la cognición positiva que Joan había decidido utilizar con Ashley y se la presentó como si de un juego se tratase.

El 30 de agosto, Joan estaba teniendo una breve charla con Maura en la puerta de su consulta cuando vio que Ashley empujaba a su hermano, y cuando Charlie consiguió recuperar el equilibrio, Ashley le empujó de nuevo. Poco después, comenzada ya la sesión, Ashley cogió una muñeca y la arrojó a las manos de Joan. Luego cogió otra muñeca y gritó: «¡Ella odia a los bebés!». Finalmente cogió un viejo teléfono que Joan empleaba como juguete y lo utilizó para golpear al muñeco; lo aplastó entre las dos mitades de un tablero de *Scrabble* y lo lanzó al otro lado de la habitación. No era la primera ocasión que Joan asistía a un ataque de rabia de Ashley, pero esta vez era diferente. Era como si realmente quisiera matarle.

Cuando su rabia se atenuó, Ashley cogió otra muñeca y le dijo a Joan que era un muñeco "papá" que había vuelto a casa y que ahora todo estaba bien, en un nuevo ejemplo de la interacción que existe entre naturaleza y cultura. Poco importa lo ausente o violento que un padre pueda ser –como ciertamente lo había sido el que les abandonó–, porque la necesidad y el deseo del amor del padre es capaz de perdonar cualquier cosa. Charlie seguiría, por tanto, siendo el chivo expiatorio mientras el dolor de Ashley no se hubiese curado.

Joan le pidió a Ashley que sostuviera la muñeca-niña en una mano y al muñeco-niño en la otra, cosa que hizo. Luego cogió al muñeco-papá –que estaba segura de que atraería la atención de la niña– y empezó una versión del juego EMDR semejante a la que había realizado con las fichas del juego de "Las muñecas repollo".

–Este… muñeco… papá… quiere… enseñarte… algo… Me… siento… bien… cuando… comparto… Me… siento… bien… cuando… comparto… Puedo… tener… sentimientos… y… compartirlos…

El juego de los golpes duró menos de un minuto, lo suficiente como para repetir cinco o seis veces la cognición positiva que Ashley había elaborado. Ashley no dijo nada, pero al finalizar esa sesión, casó a la muñeca "niña" con el muñeco "niño".

Pasaron los meses y Joan seguía esforzándose diligentemente en desactivar las viejas experiencias y en establecer nuevas conexiones en su trama evolutiva, enseñándole que estaba bien expresar las emociones, confiar en los demás y abrirse a ellos sin herirles ni ser herida. Entretanto, Joan brindó a Ashley una aceptación amorosa y siguió, durante el procesamiento EMDR, asociando los distintos objetos con los que jugaban a creencias y emociones positivas.

A mediados de septiembre, Ashley volvió a la guardería. Joan y Maura habían decidido que Ashley repitiera curso, porque tenía una maestra extraordinaria y a causa de la conducta enojada y errática que, durante ese tiempo, había mostrado, una conducta que le impidió aprender muchas de las habilidades que ese año se habían enseñado en clase.

A comienzos de noviembre, 10 meses después de haber iniciado la cura, Joan empezó a advertir la presencia de un cambio evidente en la conducta de la niña. En una sesión, Ashley permaneció tranquila y controlada durante toda la hora. Jugaba siguiendo las reglas y la "llamaba" por teléfono para decirle que era su turno y le pidió que ella hiciera lo mismo.

Durante las siguientes semanas, Joan y Ashley empezaron a jugar a una versión del juego del cucú en el que Ashley se ocultaba bajo la librería y Joan aparecería y desaparecería de su campo visual mientras decía, en voz alta: «¿Dónde está Ashley? ¿Dónde está Ashley?». Joan no incorporó, en este caso –como suele hacer la EMDR convencional– ninguna afirmación positiva al juego, sino que se limitó a utilizar la atención alternante de la niña para afirmarle su existencia.

Durante todo ese tiempo, Joan empezó a hablar con Ashley sobre el hecho de que, aun antes de nacer y de que podamos verlo, un bebé ya está ahí, en el vientre de su madre, una información que le gustó mucho y pidió que le repitieran una y otra vez.

–Con ello quería –recuerda Joan– transmitirle el mensaje de que estaba destinada a ser. Ashley tenía una sensación de vacío, una sensación de no haber sido nunca querida ni valorada y hasta una sensación de existir por error. Así pues, el mensaje implícito en el juego del cucú era el de: «Te veo. Estás aquí. Existes».

En diciembre, Ashley tuvo que ser operada de amígdalas y Joan concertó entonces una cita para hablar con Maura antes de la intervención.

–¿Recuerdas haberme dicho que, cuando nació Ashley, no estuviste disponible? –le preguntó Joan.

»Ahora tienes una nueva oportunidad. Permanece junto a ella hasta que se duerma y preocúpate por estar a su lado cuando se despierte. Ten en cuenta que cuando los niños salen de una operación, regresan provisionalmente al estado de bebé. Ésa es, pues, una ocasión perfecta para recomponer su solitaria experiencia del nacimiento –los ojos de Maura brillaban de excitación mientras la escuchaba. Luego Joan agregó–: Considéralo como una oportunidad para decirle todo aquello que hubieras querido decirle cuando nació y que nunca le has dicho.

La próxima vez que la vio, Maura sonreía de oreja a oreja.

–¡Lo hice! –dijo, sin poder contener su alegría–. Ashley está muy contenta. Ha sido muy divertido. Hasta creo que el médico se molestó porque, apenas escuché a una enfermera decir que Ashley estaba a punto de salir del quirófano, le dejé con la palabra en los labios.

Durante la primera sesión posterior a la operación, Ashley quiso hacer dos coronas, una para ella y otra para su madre. Cuando Ashley se puso la suya y se proclamó como "princesa Shannon", Joan la miró llena de curiosidad porque, por lo que recordaba, nadie le había contado jamás la historia del hermano pequeño de su mamá.

Un buen día, Maura llamó por teléfono a Joan para leerle un comentario del informe escolar de la niña: «Ashley se porta maravillosamente. Resulta sorprendente ver lo rápido que avanza». Cuando Ashley quiso jugar con varitas mágicas, ella y Joan hicieron algunas. Joan aprovechó entonces la ocasión para hablar con Ashley sobre el deseo y la necesidad y que, aunque no siempre pudiera tener lo que quería, ella también se merecía tener deseos y necesidades. Al comienzo, Ashley ni siquiera sabía cómo pedir un deseo, pero aprendió muy rápidamente.

–¡Quiero un anillo de diamantes! –afirmó Ashley.

–¿Quieres decir que lo querrás cuando seas grande?

–¡No! ¡Lo quiero ahora!

Así fue como Joan le hizo su "anillo de diamantes" de papel que, en sesiones posteriores, utilizaron ocasionalmente para procesar, mediante la EMDR, los pensamientos y los sentimientos que iban presentándose durante sus juegos con el deseo y la necesidad.

Los comentarios de Maura seguían confirmando el progreso que Ashley mostraba en casa. Pero aunque Ashley se mostrase muy protectora con Charlie y ya no tuviese miedo de que su madre la abandonara, todavía temía a las puertas cerradas. Maura había aprendido a no cerrar la puerta de su habitación cuando los niños estaban descontrolados, pero Ashley debía reprocesar todavía sus sentimientos de experiencias similares, como el dolor derivado de tener clausurada la puerta de la relación con su padre. Un buen día, Ashley entró en la sala de juegos, se quedó en la puerta y le dio la vuelta al cartel que ponía "cerrado", cambiándolo por "abierto". Cuando Joan la vio, se dio cuenta de que podían dedicar ese día a procesar, mediante la EMDR, la fobia a las puertas cerradas de Ashley utilizando, para ello, una canción infantil que le parecía especialmente diseñada para la ocasión.

–¿Conoces la canción «Ábrelas, ciérralas?», Ashley?

–No –respondió la niña.

–Suena así –entonó entonces Joan dulcemente–: «Ábrelas, ciérralas. Pla, pla, pla, pla, pla. Ábrelas, ciérralas. Ábrelas, ciérralas, ponlas en tu regazo» –mientras la voz de Joan emitía las cuatro notas que componían la melodía del estribillo que alternaba con muchos otros versos–. Ashley escuchó muy atentamente y, cuando reconoció la melodía, empezó también a cantar.

–Bravo, Ashley. Ahora probemos con esto. ¿Recuerdas la vez en la que te ocultaste en un rincón debajo de la caja de arena? –y, cuando Ashley asintió, Joan agregó–: ¡Vamos a probarlo!

Antes de que Joan terminase su propuesta, Ashley estaba ocultándose bajo la mesita rodante que sostenía una caja de arena en miniatura. Luego fue buscando el modo de colocarse de cara a Joan. Esconderse en ese refugio era una de las cosas que más le gustaban.

–Muy bien. Ahora vamos a jugar –dijo entonces Joan, cogiendo un enorme cojín estampado de flores. Entonces empezó a cantar–: «Ábrelas… ciérralas… ábrelas… ciérralas…».

Mientras cantaba, Joan iba tapando y destapando la "puerta" de la "caverna" en la que Ashley se ocultaba, acompasando sus acciones con la letra de la canción, a la que fue agregando su propia letra:

–Ábrelas… ciérralas… ábrelas… ciérralas… estás… segura… ahí… dentro… ábrelas… ciérralas… estás… segura… ahí… dentro…

Se trataba de una nueva versión del juego del cucú que Joan esperaba que movilizase el bloqueo que mantenía el miedo de Ashley a las puertas cerradas y que creía derivado –aunque sin estar segura de ello– del abandono de que había sido objeto por parte de su padre.

En cualquiera de los casos, sin embargo, esto último carecía de toda importancia. Ashley y Joan se divirtieron mucho jugando un rato al "Ábrela, ciérrala" y luego pasaron a otros juegos. Hay que decir que, después de esa sesión, Maura le dijo que Ashley nunca más tuvo miedo a las puertas cerradas.

En el mes de mayo, la maestra de Ashley la llamó por teléfono para contarle que la niña mostraba una mayor confianza en sí misma, un buen desarrollo de habilidades y multitud de amigos. «Discute mucho con sus amigos –le dijo–, pero creo que es así porque, a pesar de estar en desacuerdo, se siente segura. Parece una niña muy feliz.» El 14 de junio de 1994, Ashley "escribió" un libro. «Me gusta construir fuertes con Joan, me gusta jugar a la escuela con Joan, me gusta jugar con Joan con la Barbie, me gusta pintar de colores con Joan, me gusta ir a nadar con Joan, me gusta ir al parque zoológico con Joan y me gusta ir a Disneylandia con Joan» –dictó Ashley, mientras Joan transcribía cuidadosamente todas sus palabras. Joan estaba feliz y conmovida porque, por vez primera, Ashley había sido por fin capaz de sentir y expresar amor y, a juzgar por el hecho de que algunas de sus historias eran puramente ficticias, había acabado aprendiendo el arte de querer y desear. Joan, por su parte, también reconoció que esperaba con muchas ganas que llegara el momento de jugar con Ashley.

Maura que, por su parte, también había comenzado una terapia, le comentó que Ashley estaba empezando a mantener contacto ocular con ella. Ahora dejaba incluso, en ocasiones, que su madre la tocase y, cuando le contaba un cuento, quería sentarse en su falda. También le gustaba ser acunada y pedía abrazos y besos. Todavía mantenía cierta rivalidad con Charlie, pero se hallaba dentro de lo normal y ya no le tiraba de la cama ni le pegaba. Su fobia a las puertas cerradas había desaparecido y el miedo frenético a los perros se había convertido en una sana precaución. De hecho, Ashley había pasado recientemente la noche en casa de su tío y había pedido que Reckless, un gran danés, durmiera con ella en la cama.

Maura Sullivan evoca maravillada los cambios que, en los últimos tiempos, se han dado en Ashley y en sí misma.

–Estoy muy agradecida por haber encontrado ayuda. Una situación desesperada, lamentable y solitaria ha acabado convirtiéndose en un entorno lleno de amor. Ahora somos una familia feliz.

»La EMDR no ha eliminado mi nostalgia de Shannon –añadió Maura–, pero ha contribuido a que ese sentimiento no me impidiera educar a Ashley. Tenía miedo de amarla porque temía perderla, como había ocurrido con Shannon, pero no me daba cuenta de que esa situación erigía un muro que me separaba de mi hija. Ashley lo sentía y probablemente por ello le resultaba tan difícil amarme porque, de hecho, yo tampoco me había permitido amarla.

Es muy probable que el factor esencial de la recuperación de Ashley fuese la decisión de Joan de empezar a trabajar con su madre. Es casi seguro que, de no haber atendido los problemas de Maura, el progreso de Ashley hubiese sido en vano porque, en tal caso, la niña no hubiera podido conectar con su madre y ésta, a su vez, tampoco hubiera podido proporcionarle el entorno amoroso y seguro necesario para poder cambiar de conducta.

–Después de la EMDR, me abrí mucho –recuerda Maura–. Entonces descubrí que, en mi interior, no sólo había dolor, sino también mucha paz. Quería estar con Ashley, aunque ella no quisiera estar conmigo. Jamás la forcé, pero siempre le decía: «¿Quieres sentarte a mi lado? ¿Quieres que te cuente un cuento? ¿Quieres que te ayude a hacer tal o cual cosa?». Y aunque, al comienzo, no pareció mostrarse abierta al cambio, poco a poco las cosas fueron cambiando para mejor. Ahora no me deja sola ni un momento. ¡Tenemos mucho tiempo que recuperar! Ahora que sabe que la quiero, se ha abierto a mí.

El mes de diciembre de 1994, dos años y poco después del lamentable episodio del día de Acción de Gracias en el que Ashley arrojó sobre Maura un plato de pavo relleno frente a toda la escuela, la clase de Ashley organizó una comida de Navidad a la que invitaron a todos los padres. Cuando Maura llegó, estaba un poco nerviosa y ayudó a las demás madres a colocar en su sitio los platos humeantes. Parecía alarmada cuando escuchó la campana anunciando que la comida estaba dispuesta. Entonces vio que Ashley llegaba corriendo a su lado y le decía: «Vamos, mamá. Pongámonos en la cola. Tengo hambre». Maura se sentía afortunada y profundamente agradecida.

A medida que la EMDR ha ido utilizándose con niños y adultos, cada vez han sido más los informes clínicos que subrayan su importancia para ayudar a los clientes y a los terapeutas a subsanar las deficiencias ocasionadas por el fracaso en recibir el cuidado y atención dictados por la naturaleza y por el proceso de supervivencia evolutiva. También quisiera recordar que el procesamiento acelerado de la información que proporciona la EMDR significa, en realidad, una forma de aprendizaje acelerado, porque contribuye a mitigar las consecuencias del abuso y ayuda a integrar nuevas habilidades y conductas adaptativas en el entorno seguro de la relación clínica. También es evidente, sin embargo, que no todos los casos de trastorno del apego están causados por una historia tan larga de privaciones y problemas como la de Ashley y que, en consecuencia, el tratamiento no necesariamente debe ser tan largo como el suyo.

Todd Long, por ejemplo, era un muchacho de 14 años que sufría de un trastorno del apego que le impedía establecer contacto ocular, odiaba ser tocado o abrazado y mantenía una conducta social introvertida y esquiva. A procesarse la rabia que sentía hacia sus padres con la EMDR, el muchacho recordó un incidente acaecido cuando tendría tres o cuatro años. Se trataba de un episodio ciertamente lamentable que sucedió después de que sus padres le dejaran en una guardería, y a consecuencia del cual Todd renunció, durante los diez años siguientes, a relacionarse con los demás. También recordó que fue él quien había decidido ir a la guardería en lugar de acompañar a sus padres. En esa ocasión, sin embargo, Todd se aterró ante la posibilidad de que sus padres no volvieran a buscarle. Es muy posible que ese miedo se activase al pensar que, porque él había "abandonado" a sus padres, ellos acabarían abandonándole.

El procesamiento de ese recuerdo no sólo modificó profundamente la conducta, sino también la actitud de Todd. «Parece que nuestra presencia ya no le molesta –dijeron sus padres–. Ahora establece contacto visual, se sienta junto a nosotros y quiere que le abracemos. Es un cambio tan grande que nos parece imposible.»

Son muchos, obviamente, los trastornos afectivos ligados a la pérdida del padre o de la madre, al hecho de pasar por muchas familias de acogida o de tener una mala relación con los padres. Pero hay ocasiones, sin embargo, en que las situaciones más insospechadas pueden acabar convirtiéndose, para el niño, en un auténtico trauma. Millones de niños van diariamente a las guarderías sin problema alguno, pero en el caso de Todd, sin embargo, supuso un verdadero trauma del que no se recuperó hasta que pudo procesar su miedo al abandono y recordar que la decisión, finalmente, había sido suya. Y es que hay ocasiones, como evidencia este caso, en que las cosas son, en efecto, bastante más sencillas.

Poco importa que el tratamiento requiera tres sesiones para

el niño que disponga de un fundamento seguro, o tres años para el que necesite construir paso a paso una nueva sensación de realidad, o cualquier lapso de tiempo intermedio entre ambos extremos. Lo que realmente importa es el logro de la curación, y cuanto más pronto empiece ésta, más pronto podrá el niño empezar a vivir de verdad.

8. LA CURACIÓN DE LOS ESTRAGOS CAUSADOS POR LA VIOLACIÓN

«En medio del invierno más crudo de mi vida
estalló un verano invencible.»

ALBERT CAMUS

En los años que llevo trabajando con la EMDR he descubierto su gran eficacia para tratar a las víctimas de violación que padecen de un trastorno de estrés postraumático. La víctima de una violación puede experimentar, como los veteranos de guerra, un efecto dominó que abarca una amplia variedad de síntomas que van desde las emociones negativas hasta los pensamientos, las conductas y las sensaciones físicas recurrentes. El hecho de que la EMDR se ocupe de esas cuatro modalidades de consecuencias negativas es precisamente lo que la convierte en una herramienta muy valiosa a la hora de ayudar a las víctimas de una violación a recuperarse de sus experiencias traumáticas.

Hoy en día se conocen perfectamente los demoledores efectos de la agresión sexual, pero antes de los años 1960s, la comunidad psicológica solía ignorar a las víctimas de la violación y centraba básicamente su atención en la investigación del violador. Por eso, exceptuando la unidad de cuidados intensivos, el tratamiento ofrecido a la víctima de una violación era virtualmente inexistente. La actitud social imperante en esa época consideraba que, de algún modo, la víctima era culpable de la agresión y que los problemas que se derivaban de ella no hacían más que poner de relieve la existencia previa de problemas de personalidad.[1]

El advenimiento del movimiento feminista que se produjo a comienzos de los años 1970s se vio acompañado de un cambio en la atención que la comunidad psicológica prestaba a las consecuencias emocionales de la violación y al modo más adecuado de abordarlas. Entonces fue cuando el testimonio de las víctimas y los detalles puestos de relieve en esas entrevistas empezaron a despertar el interés por los procesos psicológicos subyacentes implicados. La pauta de respuesta habitual fue entonces denominada *síndrome del trauma de la violación* y se emprendieron serias investigaciones destinadas a establecer sus efectos concretos.[2]

Como ya hemos dicho anteriormente, la incidencia de los problemas que afectaban a los veteranos de la guerra de Vietnam había intensificado la conciencia de los efectos del trauma. Entonces fue cuando los terapeutas empezaron a describir los síntomas de la violencia sexual del mismo modo en que describían los síntomas de los TEPT derivados de la contienda bélica. Finalmente, la tercera edición del *Manual diagnóstico y estadístico de los trastornos mentales*, la "biblia" de los terapeutas, publicada en 1980, acabó reconociendo la violación como posible causa del TEPT.[3] A pesar, sin embargo, del avance que supuso el reconocimiento de la violación como causa de trastornos psicológicos, fue necesaria todavía una década antes de que se llevaran a cabo las primeras investigaciones controladas sobre la eficacia del tratamiento de las víctimas de la violación.[4]

Hoy en día, la gran mayoría de las víctimas del TEPT son supervivientes de abuso sexual y aunque, según se estima, sólo se denuncian entre el 20 y 50% de los casos, el número de agresiones parece estar aumentando. Durante los años 1980s, la frecuencia estimada de violación en los Estados Unidos era de entre el 5 y 22% de la población femenina,[5] pero diez años más tarde, sin embargo, cierto estudio puso de relieve que la agresión sexual afectaba a un número que oscilaba entre el 24 y 53% de una muestra representativa de la población femenina.[6] Sea cual fuere, no obstante, su incidencia, sus efectos son realmente devastadores. Un estudio realizado a este respecto ha evidenciado que cerca del 20% de las víctimas de las violaciones denunciadas en 1984 habían tratado de suicidarse, y estudios más recientes han demostrado que entre el 80 y 97% de las mujeres violadas acaban desarrollando los síntomas del TEPT.[7]

Aunque la violencia verbal, emocional y física deja su impronta en la víctima, resulta difícil imaginar algo más humillante que una violación. El establecimiento de la frontera que nos separa de los demás y nos proporciona cierta sensación de seguridad necesariamente implica el mantenimiento de cierta distancia física. Por eso nos incomodamos cada vez que un extraño transgrede esa frontera y se nos acerca demasiado. Bien podríamos decir que, en ese sentido, nuestra piel es la frontera que establece nuestra sensación de identidad física. No deberíamos, por tanto, sorprendernos de que la irrupción violenta de otra persona en nuestro *cuerpo* tenga, para casi todo el mundo, consecuencias tan destructivas.

Cuando una mujer se ve obligada a atravesar una situación tan espantosa como una violación, el estado psicológico que, en tal caso, experimenta puede quedar fijado en su sistema nervioso, desencadenando todo tipo de pensamientos obsesivos sobre el episodio que van acompañados de los correspondientes sentimientos de miedo y disgusto. Como sucede con los afectados de un TEPT ligado a la guerra, la violación desencadena una respuesta de miedo que suele manifestarse en formas muy diversas que van desde síntomas desagradables (como *flashbacks*, pesadillas, pensamientos obsesivos sobre la violación y ataques de pánico) hasta la evitación de los recordatorios situacionales y psicológicos ligados a la agresión (mediante el aislamiento social, el entumecimiento emocional y el abuso de substancias) y la hiperexcitación (causante del insomnio, la hipervigilancia y una respuesta exagerada a los estímulos más insospechados que no disminuye con el paso del tiempo).

Hay veces en que la respuesta de temor a determinados estímulos ligados al episodio se generaliza hasta convertirse en un miedo difuso a experimentar una agresión. Por ese motivo, las mujeres que se han visto violadas por un extraño desarrollan miedo a los desconocidos, mientras que aquellas otras que lo fueron durante una cita suelen desconfiar de todos sus amigos varones. No es de extrañar que, en tales casos, el miedo lleve a la víctima a aislarse por completo. Recuerdo, en este sentido, el caso de una mujer que había sido violada que se atrincheró con un perro guardián en una casa llena de ventanas enrejadas que sólo abandonaba para ir a trabajar. El hecho de haber sido violada en un lugar que una mujer consideraba completamente seguro, como un estacionamiento o la sala de lavadoras de su finca, puede acabar destrozando la confianza en una misma y en sus propias percepciones hasta el punto de no dejar al sujeto más alternativa que la reclusión voluntaria.

Ahora que he constatado la eficacia de la EMDR con las víctimas de la violación, sé que muchas personas están sufriendo inútilmente. A falta de adecuado tratamiento, los efectos secundarios de la violación suelen perdurar muchos años. Las investigaciones realizadas al respecto demuestran que entre el 33 y 63% de las víctimas que no reciben ningún tipo de tratamiento experimentan síntomas tan intensos de TEPT que llegan a obstaculizar gravemente su vida cotidiana.[8] En este sentido, por ejemplo, la vida social de la mujer, su rendimiento laboral y la capacidad de cuidar de sus hijos pueden verse seriamente perjudicados. Es imposible permanecer psicológicamente equilibrado y centrado cuando uno se ha visto psicológicamente condicionado a mantenerse de continuo en guardia y a responder con miedo y ansiedad ante cualquier situación estresante. Más inquietante resulta todavía el hecho de que la posibilidad de remisión espontánea disminuya con el paso del tiempo.[9] No es de extrañar, en este sentido, que una mujer que crea haberse liberado de sus síntomas acabe descubriendo de pronto que se halla atrapada de nuevo en sus asfixiantes garras.

Antes de la aparición de la EMDR, el tratamiento de elección para las víctimas de la violación era una modalidad de la terapia de conducta denominada *exposición*, un enfoque que incluye varias técnicas diferentes, de entre las que destaca la llamada "inundación". Esa técnica invita a la víctima a evocar el momento más doloroso de su violación y permanecer en esa situación experimentando los intensos sentimientos que suelen acompañarla entre 7 y 15 sesiones (que van desde 45 hasta 90 minutos) que luego debe complementar con exposiciones diarias en casa, con el único objetivo de aprender a tolerar las intensas emociones y sensaciones físicas que vayan presentándose. En el caso más positivo, la intensidad de los sentimientos ligados a la agresión va disminuyendo con el paso del tiempo. Pero son muchos los terapeutas que se muestran reacios a emplear las técnicas de la exposición, porque no les parece bien obligar a las víctimas a permanecer durante mucho tiempo en contacto con los aspectos más desagradables de la agresión.

Y esta resistencia se ve justificada porque, a pesar del sufrimiento que la mujer tiene que experimentar, el método no garantiza la curación. La única investigación controlada y publicada sobre la eficacia del uso de los métodos de exposición para tratar a las víctimas de una violación demostró que el 45% de las que completaron el estudio seguía, tras siete sesiones de exposición prolongada y de trabajo cotidiano en casa, presentando síntomas que cumplían con los criterios de un diagnóstico del TEPT.[10] Pero conviene subrayar aquí la condición "de las que completaron el estudio", porque cerca del 30% de las mujeres que lo iniciaron acabaron abandonándolo –muy probablemente porque les pareció demasiado doloroso–, un dato que las estadísticas finales, por cierto, no reflejaban.

Un inconveniente adicional de la terapia de exposición es que no modifica las creencias negativas que la persona tiene sobre sí misma, como la sensación de culpabilidad o de estar contaminada. Esto es algo que me parece muy importante porque la sociedad, hablando en términos generales, tiende a reforzar este tipo de convicciones. Todavía encontramos ocasionalmente informes de juicios de violación en los que la defensa alude, en un intento de defender al acusado, a la ropa que llevaba la víctima, el lugar por el que paseaba o a su conducta sexual anterior, factores que importan bien poco a quienes se niegan a aceptar un "no" como respuesta. Y tal tratamiento puede tener un efecto negativo sobre la víctima vulnerable y asustada.

Pero la situación en que se encuentra la víctima de una violación puede ser todavía mucho más complicada. No sólo debe corregir las imágenes, emociones y sensaciones físicas invasivas y recurrentes, sino que también se ve obligada a reconquistar, al menos, tres creencias básicas que la agresión ha socavado, como la creencia en la invulnerabilidad personal, la creencia en el sentido de la vida y la creencia en la propia autoestima. Estas convicciones, originalmente enunciadas por el doctor Ronnie Janoff-Bulman,[11] pueden permanecer debilitadas hasta meses o años incluso después de la agresión. La víctima puede verse desbordada por la sensación de ser una persona despreciable, la idea obsesiva de hallarse contaminada o la convicción de ser un mero objeto sometido al control y abuso de los demás.

Algunas de las creencias negativas que el terapeuta EMDR suele escuchar de las víctimas de una violación son: «Estoy marcada para siempre», «Soy impotente», «Soy mala» y «No valgo nada». Pero cuando una mujer esboza este tipo de frases, no está realizando ningún ejercicio intelectual, sino que sólo verbaliza las emociones que experimenta cuando piensa o se ve desbordada por algún recuerdo de la agresión. Aunque pueda comprender intelectualmente los comentarios de sus amigos o familiares recordándole que ahora se encuentra segura, se trata de comentarios que no hacen la menor mella en sus respuestas fisiológicas automáticas. Como hemos observado en el caso de los veteranos de guerra, el hecho de que la víctima haya participado en numerosas sesiones de terapia de grupo, o haya leído muchos libros de autoayuda, no garantiza, en modo alguno, que posea la capacidad de integrar emocionalmente la valiosa información que se le proporciona, porque su perturbación emocional se halla bloqueada en su sistema nervioso, encadenándola al pasado.

Aunque puedan ayudar a las víctimas de una violación a enfrentarse más adecuadamente a la angustia, las técnicas de autoayuda no suelen ir mucho más allá. El objetivo de la EMDR, por su parte, apunta a liberar por completo a la víctima de la agitación emocional. La mujer que se ve desbordada por imágenes del rostro de su violador, la sensación de sus manos sobre su cuerpo y del calor de su aliento en su rostro necesita procesar toda esa información. Cuando se ha completado la EMDR, todas las sensaciones físicas y las correspondientes emociones negativas que las acompañan dejan de estar almacenadas en la red de memoria relativa a la violación. Por eso, a partir de ese momento dejan de ser sensaciones y el sujeto puede recordarlas como meros hechos. Una parte importante del tratamiento EMDR consiste en facilitar la adopción emocional de creencias positivas sobre uno mismo, tales como: «Puedo controlarme a mí misma», «Estoy bien», «Hice todo lo que pude», «Soy una persona que merece la pena» o «Ahora puedo elegir», romper así las cadenas que la ataban al pasado y permitir a la superviviente de una violación volver a ocupar su lugar en el presente.

El hecho de que la EMDR favorezca el procesamiento de toda la información relativa al trauma alienta con frecuencia una curación que va mucho más allá del trauma. Como ya hemos visto en el caso de Emily (que presentamos en el Capítulo 4), las secuelas de una violación pueden ser tan perturbadoras como la violación misma. ¿Cuántos matrimonios se han roto porque el marido ha sido incapaz de aceptar la violación de su esposa? ¿Cuántas veces se ha visto, la víctima de una violación, rechazada por sus amigos, hartos de un sufrimiento que parece interminable? No debe sorprendernos que las investigaciones realizadas con supervivientes de una violación exhiban las cuestiones recurrentes de la tristeza debida a la pérdida sufrida, el malestar por la vulnerabilidad, la sensación de culpabilidad por "su" responsabilidad en la violación y el continuo miedo a verse de nuevo agredida.[12] Todos esos factores deben ser adecuadamente considerados si queremos lograr una recuperación completa.

Hay veces en que los efectos de la violación pueden ser muy sutiles, y también es evidente que sus víctimas no se limitan exclusivamente al género femenino. Recuerdo el caso de un cliente que solicitó terapia porque le resultaba imposible mantener relaciones próximas e íntimas. Se trataba de un ejecutivo exitoso que tendía a experimentar violentos ataques de ira. Durante la sesión de EMDR advirtió la relación que existía entre sus problemas actuales y la agresión sexual de la que, siendo un niño, había sido objeto por parte de un sacerdote. La violación de su inocencia por alguien que debería haberle protegido y la correspondiente pérdida de la confianza era la corriente subterránea que le obligaba a alejarse cuando alguien se le aproximaba demasiado. Después de haber procesado este recuerdo, sin embargo, dejó de responder de ese modo y, pocos meses después, pudo emprender una relación seria.

Es importante recordar que la EMDR estimula el sistema de procesamiento interno de la información y permite el florecimiento del núcleo sano de la personalidad. La violación puede provocar un *shock* y el cuerpo de la persona agredida puede temblar o sangrar, pero con el adecuado cuidado médico, cura en cuestión de semanas. Esto es, al menos, lo que *esperamos* que suceda. La mente, del mismo modo, también puede, después de la violación, experimentar un *shock* que la lleve a revivir una y otra vez la agresión, pero con el adecuado cuidado psicológico, puede curar tan rápidamente como lo hace el resto del cuerpo.

No es necesario atravesar años y años de terapia para alcanzar la curación. Es evidente que si la agresión sexual, emocional o física se repitió durante muchos años, no cabe esperar una curación breve, algo que resulta especialmente evidente en el caso de los adultos que han sobrevivido a un abuso infantil. La terapia EMDR, sin embargo, suele ser más rápida que los tratamientos tradicionales, puesto que los mecanismos de recuperación subyacentes de la mente son los mismos que los del cuerpo. No en vano el cerebro y su sistema de procesamiento de la información forman parte del cuerpo y se ven gobernados por las mismas leyes de causa y efecto que afectan a aquél. Del mismo modo que un golpe en la rodilla desencadena una respuesta refleja, la mente también cuenta con respuestas reflejas semejantes a las presiones y a las experiencias externas, algunas de las cuales son sanas y resultan muy útiles mientras que otras, por el contrario, no lo son y deben ser modificadas.

Veamos ahora un caso de violación que combina aspectos que superarían los límites de cualquier persona. El hecho de que la EMDR facilitase una curación tan rápida evidencia la capacidad de recuperación que es patrimonio de todos los seres humanos. Con ello no quiero, en modo alguno, minimizar la importancia de la violación, eliminar la obligación moral de actuar de manera responsable, ni desdeñar el sufrimiento que todo ello genera. Lo único que pretendo es poner de relieve nuestra capacidad de triunfar sobre el mal y sus consecuencias.

Los dos hombres eran muy delgados, estaban sucios y olían mal. Uno de ellos llevaba pantalones que le quedaban tan grandes que se le caían y debía levantárselos continuamente con la mano izquierda mientras, con la derecha, sostenía un cuchillo. De no haber sido tan terrible, la situación hubiese resultado ciertamente patética.

Dawn Baumgartner, madre soltera, acababa de despertar con un cuchillo de cocina en la garganta poco después de la medianoche del 10 de febrero de 1993 en su casa de la Allbrook Air Station (Panamá). Dawn era sargento mayor de los Estados Unidos, que trabajaba cargando de combustible los aviones de la base desde las seis de la mañana hasta las tres de la tarde. Había sido transferida a la cercana Howard Air Force Base durante un período de cuatro años, de los cuales ya habían transcurrido más de la mitad. No tenía la menor prisa por abandonar Panamá porque hasta esa noche, había sido, para ella, un destino ideal.

A Dawn le gustaba mucho el clima tropical de América Central y viajaba siempre que podía. Le gustaba mucho el mar e iba muy a menudo a pasear a caballo por la orilla de la playa flanqueada de palmeras. Hacía excursiones a la selva y, con su rudimentario castellano, salía siempre que podía de la base y hablaba con los lugareños. Alta, atractiva y sociable, Dawn tenía muchos amigos panameños. Fue, para ella, una época muy agradable. Estaba muy contenta y también lo estaban sus hijos Amanda, de cinco años, y Tommy, de tres.

Pero todo eso experimentó un cambio súbito en los 20 minutos que necesitaron dos hombres para escalar hasta la ventana de su cuarto de baño, entrar por una abertura preparada para eliminar el olor del cajón donde el gato hacía sus necesidades, golpearla, amenazarla, atar a su hija de cinco años y cerrarla en un armario (con la expectativa inútil de amortiguar el ruido de sus gritos), colocar el equipo estéreo, el reproductor de vídeo, las joyas y otros bienes de valor en un saco y violarla. Por suerte, el pequeño Tommy permaneció dormido durante todo el incidente.

Considerando retrospectivamente esa terrible noche, Dawn no sabía si lo peor había sido la violación o la incapacidad de proteger a su hija. Por fin, Dawn logró convencer a los agresores de que si sacaban a Amanda del armario, podría silenciarla. Cuando Amanda corrió llorando hacia su madre, sintió un escalofrío ascendiendo por su espalda al ver los moretones que habían dejado en su cara y en sus brazos. Uno de los hombres había amordazado a su hija con tal fuerza que Dawn podía ver las marcas que sus dedos habían dejado en sus mejillas. Amanda también tenía una enorme hinchazón en la oreja, como resultado del golpe que uno de los asaltantes le había dado contra la pared de cemento al meterla dentro del armario. También habían atado sus pequeñas y delicadas manos con cordones, lo que había dejado un profundo surco en la piel de sus muñecas y estaba amoratando sus dedos.

Dawn, todavía acostada con un cuchillo en la garganta y vestida con un camisón y ropa interior, abrazó a Amanda en su regazo, la acunó y le tarareó «Cállate niña», una canción que le había cantado desde que era un bebé. «Estos son chicos malos, cariño –le dijo– y tenemos que hacer todo lo que nos pidan.» Fue precisamente entonces, según dice, cuando sus emociones se cerraron y dejó de sentir. Ni siquiera podía llorar. Lo único que pudo hacer fue centrar su atención en Amanda y preocuparse de que no viese lo que, con su mano libre, estaba empezando a hacer entre sus muslos el hombre que la amenazaba con un cuchillo en la garganta.

Dawn rogó entonces al asaltante que desatara a Amanda y, cuando finalmente accedió, se asustó mucho al ver el movimiento del cuchillo dirigiéndose a su hija. ¿Y si la mata? –se dijo mentalmente–. ¿Y si le corta las muñecas? –pero no lo hizo, porque no estaba enfadado.

Su compañero, evidentemente el jefe, había cogido dos bolsas vacías del armario de Dawn y había ido a registrar la casa en busca de algo que pudieran llevarse. Cuando volvió, se dirigió a la cama, volteó a Dawn hacia la derecha y le ató las manos por detrás, mientras el otro la amordazaba y, finalmente, la violó.

Durante esos instantes, Dawn sólo podía pensar en Amanda. No sentía pena ni miedo por lo que pudiera pasarle y sólo le preocupaba que su hija no viese lo que estaba ocurriéndole. La niña estaba tumbada junto a ella mientras Dawn, girada todavía hacia la derecha, movió su hombro izquierdo para asegurarse de que su hija no pudiese ver nada, manteniéndose en esa postura con una determinación que impedía la percepción de cualquier otra emoción. Parecía como si hubiesen pasado horas. Cuando la violación concluyó, Dawn se dio cuenta avergonzada de que se había orinado, una respuesta física muy habitual en situaciones de miedo tan extremo porque, aunque su mente no se hubiera asustado, su cuerpo estaba realmente aterrado.

Tres días después, las fuerzas aéreas enviaron a Dawn y a sus hijos a casa de su madre en Colorado Springs, cerca de la base de Peterson. Dawn había perdido por completo el control. Estando todavía en Panamá, no pudo volver a su casa y había sufrido violentos accesos de rabia y de pánico, creyendo ver a los agresores en cualquier panameño con el que se cruzaba. Las autoridades de salud mental de las fuerzas aéreas habían querido ahorrarle la fuente de angustia, enviándola a algún lugar donde pudiera sentirse segura. Pero esa fuente ya no era externa, porque la violación había concluido y los asaltantes se hallaban a 3.000 kilómetros de distancia. Lo realmente doloroso se hallaba en su mundo interno, en las huellas que habían dejado en su psiquismo los dos asaltantes.

El pánico de Dawn no menguó por el simple hecho de volver a casa. El día en que recibió la visita de un repartidor de pelo oscuro, se escondió en el armario del vestíbulo con el corazón desbocado y no pudo salir hasta estar bien segura de que se había marchado. Tampoco toleraba estar desnuda y sólo podía ducharse en traje de baño. Sus padres no sabían cómo podían ayudarla. Caminaba constantemente de un lado a otro de la alfombra y se rascaba de manera obsesiva los muslos hasta ulcerarlos. Estaba demasiado asustada como para salir de casa, aunque sólo fuese para ir a la tienda de la esquina, porque se asustaba ante la mera presencia de cualquier desconocido.

Pero las cosas no acababan ahí porque Dawn se veía ocasionalmente desbordada por incontrolables ataques de llanto y, al llegar la noche, tenía miedo de ir a la cama. Cada vez que veía

un cuchillo de cocina se veía asaltada por imágenes de la violación y se sobresaltaba cuando alguien, aunque sólo fueran sus
hijos, la tocaba. Después de uno de esos ataques de pánico,
Dawn decidió ir a la clínica de la base, donde una médica le
enseñó a emplear la respiración profunda para calmarse, pero a
la semana siguiente, volvió diciendo que el intento le había
resultado inútil y le parecía que era como tratar de vaciar un
lago empleando tan sólo un vaso de agua. Entonces la doctora
le prescribió un tranquilizante para enfrentarse a sus ataques de
pánico que debía tomar «cada vez que lo necesitase» (lo que,
en su caso, era diariamente) que, si bien disminuyó la frecuencia de los ataques, no acabó con ellos y no tuvo el menor efecto sobre el resto de sus síntomas.

Tres semanas después de volver a casa, sus padres le
insistieron en que emprendiese una terapia o fuese a un hospital psiquiátrico, pero la base que las fuerzas aéreas tenían
en Peterson carecía de psicólogas y no era algo que Dawn
quisiera trabajar con un hombre. Finalmente y a instancias de
alguien de la capilla de la base, se dirigió a una organización
local llamada Center for Prevention of Domestic Violence,
donde emprendió una terapia convencional con una psicóloga, y la posibilidad de hablar con alguien de lo sucedido le
proporcionó un cierto alivio. También le fue asignado un
puesto de oficina y pudo volver a trabajar a tiempo parcial,
aunque tuvieron que informar de su estado a sus compañeros
diciéndoles: «Nos os acerquéis a ella, no la toquéis y, sobre
todo, no la asustéis», señalándoles también dónde guardaba
los ansiolíticos, y en un par de ocasiones en que estuvo a
punto de sufrir un ataque de pánico, tuvieron que llevarla a
un lado para darle la medicación. Después de esas situaciones, Dawn se sentía muy avergonzada, como si fuese una
niña que acabase de tener un berrinche. Aunque su cuerpo se
hallaba atrapado en la pesadilla física de la agresión, había

una parte de su mente que la juzgaba con dureza, un rasgo característico, por otra parte, de muchas víctimas de violación. ¿Por qué –se preguntaba–, si la violación ya había pasado, no podía desprenderse de todas esas escenas? ¿Por qué no desaparecían?

Dawn fue reduciendo lentamente su jornada laboral a una cuarta parte. Estaba muy nerviosa y temblorosa y se asustaba con mucha facilidad. Tenía problemas de concentración y rompía a llorar sin motivo aparente en su escritorio. Sus colegas y su supervisor se mostraban muy comprensivos, pero sabía perfectamente que su rendimiento distaba mucho de alcanzar los estándares habituales del ejército. Y por más que supiera que los demás no esperaban que su desempeño fuera óptimo, sentía que todo el mundo la miraba y se preguntaba cuál sería su problema.

También su vida familiar se veía afectada por los mismos problemas que aquejaban su vida laboral. Y aunque se mudó con sus hijos a una casa propia, le parecía que no estaba comportándose como una buena madre, porque no conseguía estar completamente presente para sus hijos. Les dejaba hacer cualquier cosa, temiendo enfadarse con ellos o gritarles y desencadenar, de ese modo, un ataque de pánico. Sabía que su cuerpo no podía distinguir las emociones negativas derivadas de las situaciones presentes de aquellas otras derivadas del recuerdo de la violación. Temía –y con razón– que una cosa pudiera desencadenar la otra. Con su cuerpo fisiológicamente atrapado en el pasado, lo mejor que podía hacer era tratar de mantenerse tranquila. Con todos sus recursos orientados a mantenerse en calma, las cosas que anteriormente apenas si la molestaban acabaron convirtiéndose en fuente de grandes problemas, y aquellas otras que anteriormente la fastidiaban la hacían perder fácilmente el control.

Por más que lo intentaba, le resultaba imposible mantener

a sus hijos alejados de sus problemas, pero los niños advirtieron la ausencia de límites y empezaron a moverse descontroladamente. El entorno antes seguro establecido por los límites impuestos por su amorosa madre se había desvanecido y sus propias emociones empezaron a expandirse como una forma de llenar el vacío.

Amanda empezó entonces a tener terrores nocturnos y a mojar la cama, pero sin decírselo a su madre, mientras Tommy vertía sirope de chocolate sobre el mobiliario, la alfombra y el perro en la mitad de la noche. No era extraño que sacara una docena de huevos del frigorífico y los lanzara, con una fuerza inusitada para su edad, al techo.

Y cuanto más se esforzaba Dawn en mejorar, peor iban las cosas. Entonces oyó hablar de la terapia de exposición y lo intentó, obligándose a enfrentarse a las cosas que más la atemorizaban. Tenía miedo a ir al supermercado (por los desconocidos con los que ahí pudiera encontrarse), pero a pesar de ello, no dudó en enfrentarse directamente al problema, llevando siempre consigo a alguien, para que la ayudase en el caso de que experimentase un ataque de pánico, cosa que sucedía con cierta frecuencia. Pero cada nuevo ataque de pánico la hacía sentir más impotente, lo que no hacía sino complicar más, si cabe, el problema. Además, siempre debía llevar consigo los ansiolíticos, cosa que odiaba, porque se sentía cada vez más dependiente de la medicación.

Seis meses más tarde, y a pesar de la psicoterapia, Dawn todavía se hallaba física y emocionalmente destrozada y más sumida en la depresión. Se sentía enfadada, indefensa, triste, asustada, sola y culpable. Pasaba las noches sin dormir, no conseguía estabilizar su vida sentimental y sufría innumerables problemas físicos. Era incapaz de relajarse y no podía ducharse sin traje de baño. Y además de los ataques de pánico, tenía accesos repentinos de llanto y de ira.

Esos ataques podían ser provocados por estímulos tan diversos como las multitudes, los desconocidos, el hecho de ser tocada y, en ocasiones, la simple presencia de un hombre, aunque la mayor parte de las veces, ni siquiera sabía lo que la molestaba. Un buen día, por ejemplo, estaba jugando con sus hijos cuando Tommy le cogió las manos por la espalda y tiró de ellas, entonces el cuerpo de Dawn se vio presa del pánico y empezó a gritar, asustando a sus hijos y a sí misma. Ésa fue la gota que colmó el vaso y, cuando recuperó la calma, pensó que esa situación era injusta para sus hijos y que estaban sufriendo por su causa.

Dawn llegó desesperada a la siguiente cita. «Necesito algo más –dijo– porque, por más que me ayude tener a alguien con quien hablar, no consigo llegar a la raíz del problema. No estoy mejorando. No puedo seguir así mucho tiempo más. Quizás debería ingresar en una institución mental durante un par de semanas.» Entonces fue cuando su terapeuta le sugirió, como último recurso, que probase con la EMDR y, dos días después, Dawn entró en la consulta de una mujer, solicitando su ayuda.

Sandra Wilson es una psicoterapeuta que ejerce en Colorado Springs. En la época en la que conoció a Dawn, estaba llevando a cabo las entrevistas destinadas a examinar los historiales que le permitieran seleccionar a los posibles clientes de una investigación orientada a determinar la posibilidad de curar los síntomas del trastorno de estrés postraumático en sólo tres sesiones de EMDR de 90 minutos. Los clientes que fueron aceptados para el estudio se vieron asignados al azar a uno de los cinco terapeutas que dirigirían las tres sesiones gratuitas de EMDR.

Dawn contó titubeando a Sandra su historia personal y el episodio de su violación en Panamá. Luego pasó varias pruebas psicológicas destinadas a identificar sus síntomas y a evaluar su gravedad. Al escuchar la historia de la joven, Sandra se vio sorprendida por la intensidad con la que el trauma se reflejaba en el cuerpo de Dawn, provocándole vómitos, dolor de espalda, vértigos, estreñimiento, insensibilidad y dolor de cabeza. Como había sucedido durante la violación, el cuerpo de Dawn evidenciaba claramente los abrumadores sentimientos que experimentaba.

Sandra aceptó a Dawn para su estudio y fue asignada al azar a la terapeuta Laura Knutson, una asistente social clínica de Denver que había completado la formación en EMDR y se había ofrecido voluntaria para participar en el estudio. Revisando el historial de Dawn antes de su primera sesión, Laura advirtió que el diagnóstico formal de los innumerables síntomas de Dawn era el trastorno de estrés postraumático.

Laura y Dawn tuvieron su primera sesión el 23 de septiembre de 1993, siete meses y dos semanas después del incidente. El tiempo de remisión espontánea había pasado y los síntomas no parecían estar dispuestos a desaparecer sin un tratamiento eficaz. Laura había revisado las notas de la selección inicial relativa a los traumas y a los síntomas, pero quiso que Dawn le contase personalmente su historia.

–Me violaron dos hombres estando de servicio en Panamá, mientras mi hija permanecía tumbada a mi lado en la cama. Estoy muy preocupada por mis hijos, especialmente por mi hija.

–Muy bien –dijo delicadamente Laura–. ¿Y qué es lo que esperas de nuestro encuentro?

–Quisiera estar más tranquila, menos ansiosa y menos inquieta por lo que sucede a mi alrededor. Y también quisiera ducharme sin miedo.

Entonces Laura le explicó el tipo de terapia que estaban a punto de emprender y le comentó que deberían empezar identificando la escena más dolorosa de la violación.

–Eso es fácil –dijo Dawn–. Estoy en mi dormitorio. Está oscuro. Puedo oír el llanto de Amanda y el alboroto provocado por los dos hombres gritándola y maltratándola. La encerraron en el armario.

La cognición negativa de Dawn que acompañaba a esta escena era «Soy incapaz de proteger a mi familia». Los sentimientos asociados eran la ira y el miedo, que Dawn afirmaba experimentar en forma de tensión en la garganta y cuya intensidad evaluó como un 10 en la escala de 0 a 10. La convicción positiva a la que Dawn aspiraba era «Puedo controlar la situación y estar segura», una afirmación que valoró como un 4 en la escala de 1 a 7.

Comenzaron ocupándose del momento en que Dawn se dio cuenta de que algo andaba mal. Mientras iban avanzando de serie en serie, Laura observó cómo los movimientos oculares de Dawn iban retrotrayéndola a esa noche, que parecía estar reviviendo paso a paso y grito a grito, contorsionándose, estremeciendo las piernas y maldiciendo a sus violadores con el sufrimiento añadido de la rabia impotente por lo que le estaban haciendo a Amanda. Cuatro series. Seis series. Ocho series. Diez series. La repetición continuaba convulsionando el cuerpo de Dawn, que contaba a Laura la historia que sus palabras no alcanzaban a esbozar. En cierta ocasión, por ejemplo, Dawn mantenía las manos unidas detrás de su cuerpo, y un instante después, sus puños se separaron, como si hubiera roto las ligaduras que las ataban, pero Dawn no dijo nada al respecto. La violación había discurrido básicamente en silencio y también estaba sucediendo lo mismo con la experiencia evocada por la EMDR.

Dawn sabía lo que debía hacer para que Laura hiciera una pausa, levantar la mano en el gesto estándar de "alto", y si bien había utilizado frecuentemente esa señal durante la sesión, parecía dispuesta a superar la parte más dolorosa del recuerdo.

Para ello fueron necesarias once larguísimas series. Fueron muy pocas las cosas que Dawn dijo durante los 90 minutos que pasaron juntas, simples exclamación y comentarios ocasionales del tipo: «Me parece estar allí», «Puedo verlos», «Puedo sentir cómo apestan», «Amanda está temblando», «¡Oh, Dios mío! ¡Mi hija!» y «¡Cabrones!».

Al concluir la última serie, Dawn dijo a Laura

–Ha sido espantoso, parecía... como si estuviera reviviendo de nuevo la situación, pero todavía era peor. Cuando me violaron fue una especie de película, como si estuviese contemplando una película que ocurriese fuera de mí. Parece que ése fue el único modo en que pude enfrentarme a la situación.

»En esta ocasión, sin embargo, las cosas me han sucedido a mí. Ha sido terrible, pero no he tenido más alternativa que enfrentarme a ello.

La experiencia referida por Dawn de estar contemplando la situación desde fuera de su cuerpo, como si estuviera observando una película, se denomina *disociación*. Se trata de una reacción muy común que permite a la víctima aislarse del sufrimiento abrumador propio del momento. Por desgracia, sin embargo, este mecanismo natural de supervivencia no protege a la víctima de los síntomas posteriores al trauma. De hecho, según cierta teoría, puesto que la experiencia se halla desintegrada, no se almacena en la memoria como una totalidad, sino como fragmentos separados de imágenes, pensamientos y sentimientos, lo que obstaculiza todavía más la curación.[13]

Durante la EMDR, todos los aspectos del trauma se reconectan, permitiendo a la persona procesar al completo la experiencia. La capacidad de entrar y salir del recuerdo perturbador durante las distintas series de movimientos oculares, con el apoyo de disponer de una señal para decirle al clínico que se detenga en el caso de que sea necesario, proporciona a la víctima de la violación permiso para controlar la "dosis" de recuerdo a la que puede exponerse. Si durante la EMDR encuentra demasiado dolorosos sus sentimientos, puede detenerse un rato y descansar o disminuir la intensidad emocional. El objetivo consiste en mantenerse en contacto con todo lo que pueda aflorar mientras está procesándose el recuerdo de la violación.

Entrar y salir de la experiencia de la agresión refuerza también el conocimiento personal de ser mayor que el trauma. Entonces, las imágenes terribles pueden ser creadas y destruidas y las emociones pueden ser experimentadas y distanciadas. De ese modo, la mujer empieza a recuperar el control y la perspectiva adecuada. La experiencia de procesar una violación con la EMDR no resulta nada agradable, pero no dura tanto como el episodio original, aunque la persona la reviva escena tras escena. Pero como sucede con cualquier otro aspecto de la vida, las cosas no necesariamente se resuelven en una sola sesión.

Al finalizar la sesión, Laura preguntó a Dawn las creencias que tenía sobre sí misma y los cambios de intensidad que había experimentado. En este sentido, Dawn afirmó que la sensación de impotencia inicial había disminuido, aunque poco y había pasado de 10 a 7 u 8. Sus sentimientos sobre la cognición positiva («Estoy a salvo y controlo la situación») mostraron un movimiento todavía menor, pasando de 4 a 5 (en la escala de 1 a 7). Ningún resultado espectacular, pensó Laura.

La segunda sesión se llevó a cabo una semana más tarde.

–¿Cómo estás? –preguntó Laura.

–Muy bien. Resulta extraño porque aunque, en la última ocasión, lo pasé tan mal, quisiera profundizar y seguir trabajando en ello. Algo me dice que está funcionando.

–¿Hay alguna cosa concreta en la que hoy quisieras centrarte?

–Tomarme una ducha mientras tengo la sensación de que están observándome. Por alguna razón creo que esos sujetos estaban espiándome mientras me duchaba. En el cuarto de baño no había ningún ventilador y siempre abría la ventana. Ahora no puedo ducharme sin llevar puesto el traje de baño.

–Perfectamente. Empezaremos con eso.

Durante esta sesión, la cognición negativa de Dawn era «Están espiándome. Estoy en peligro» y la emoción que sentía era miedo, que experimentaba como "un intenso escalofrío" en el pecho. Ella valoró la intensidad de sus emociones como un 8 o un 9 en la escala de 1 a 10. La cognición positiva a la que aspiraba era «Estoy a salvo. Estoy protegiéndome», una cognición a la que sólo atribuía una veracidad de 2 en la escala de 1 a 7.

La escena con la que comenzaron fue Dawn en la ducha de su casa de Colorado Springs, y a los pocos instantes, gritó: «¡Están observándome!».

Había vuelto a la noche de la violación, retomando la "película" en la última imagen que habían trabajado en la sesión anterior. En esta ocasión, los *flashes* de recuerdos de Dawn siguieron más allá del punto en que lo habían dejado, después de que los agresores se marcharan. Entonces revivió los momentos que siguieron a la agresión, el momento en que despertó a la sirvienta, que dormía en el otro extremo de la casa, el momento en que se liberó de la cuerda que ataba sus muñecas, el momento en que corrió en camisón a casa de un vecino, el momento en que llamó a la policía militar y el momento en que, cuando llegaron, les dijo que quería cortar los genitales a los violadores.

La segunda sesión demostró ser muy parecida a la primera. El cuerpo de Dawn revivió de nuevo el ataque, su respiración se tornó superficial y rápida, sus músculos estaban rígidos y su rostro se vio distorsionado por el dolor. En mitad del proceso, Dawn levantó la mano alarmada y le preguntó a Laura dónde estaba el servicio. Cuando volvió, dijo: «Lo siento».

–¿Estás bien? –preguntó Laura.

–Sí. Estaba tan asustada que he creído mojar mi ropa interior, como sucedió esa noche.

–¿Y?

–No lo he hecho, pero muy probablemente he estado muy cerca –dijo Dawn, con una breve, aunque genuina sonrisa, expresando con el rostro la liberación que sentía.

Laura y Dawn atravesaron esa tarde siete series más, de un total de 14. Al finalizar, Dawn dijo, durante una pausa:

–De algún modo, estoy orgullosa de mí misma, porque conseguí que no le hicieran más daño a Amanda y pude convencerles para que la dejaran salir del armario y le desatarán las manos.

Dawn parecía estar recuperando su propia sensación de poder y empezaba a darse cuenta de que, dadas las circunstancias, había ejercido todo el poder de que disponía y había hecho las cosas lo mejor posible.

Al finalizar la sesión, la intensidad del miedo de Dawn había caído de 8 o 9 a 2 y su cognición de estar segura había ascendido a 7, su valor máximo. Laura emitió entonces un suspiro de alivio porque, tras una sola sesión, había conseguido que Dawn llevase a cabo un importante paso hacia adelante.

En su última sesión, Dawn quiso trabajar el miedo intenso que tenía a ser tocada y el recuerdo de uno de los hombres manoseando sus muslos durante el ataque. Desde la noche de la violación, Dawn se había tocado las piernas de manera parecida, otro signo de que las sensaciones físicas que Dawn experimentó en el momento del trauma se hallaban fijadas en su cuerpo. Obviamente, estas sensaciones no estaban almacenadas en las células de las piernas de Dawn, sino en su cerebro, en la red neurofisiológica que contenía toda la información (sensaciones, pensamientos y emociones) relativa a la experiencia traumática. Esto se asemeja a lo que ocurre cuando uno se golpea el pie, porque aunque el dolor central esté en el cerebro, el sujeto lo experimenta como un dolor en el pie. Las fibras nerviosas procedentes del pie transmiten las señales de dolor al cerebro, que registra las sensaciones locales. Si se cortan los nervios procedentes del pie, independientemente de las veces en que uno se golpee, no se experimentará el menor dolor.

Por lo que respecta al ámbito de la experiencia traumática, el cerebro no sólo registra las sensaciones físicas del momento, sino que también puede conservarlas. Durante la EMDR, la persona puede experimentar la sensación a diferentes niveles de perturbación, porque la información se halla almacenada en el cerebro y se ve estimulada por el procesamiento. Una vez que la persona ha elaborado completamente el trauma, su recuerdo se almacena de nuevo, pero en esta ocasión, lo hace sin las sensaciones físicas dolorosas, que ya han sido "metabolizadas" o "digeridas", lo que permite la recuperación de la salud innata de la persona.

Dawn identificó la creencia negativa sobre sí misma, una consecuencia del acto del violador tocándole las piernas, como «No soporto que me toquen». Los sentimientos asociados a esa creencia eran el miedo, la ira y la ansiedad, todos ellos ligados a las sensaciones que experimentaba en sus piernas. Luego valoró la intensidad de la perturbación como un 10, y la veracidad de la afirmación positiva elegida «No es malo tocar ni ser tocado» como un triste 1 en la escala que va de 1 a 7.

Después de 11 series que desencadenaron *flashes* de experiencias tempranas mezclados con sensaciones que afectaban a sus piernas y a sus manos, el miedo, la ira y la ansiedad de Dawn cayeron a 4 lo que, si bien suponía una mejora, todavía quedaba muy lejos el objetivo 0.

Su creencia en la afirmación «Está bien tocar y ser tocado» había ascendido a 5 o 6 en la escala que va de 1 a 7. Pero, a pesar de la liberación evidenciada en el rostro de Dawn, Laura todavía no estaba contenta. «No creo que Dawn lo haya elaborado todo –pensaba–. Todavía querría tener una o dos sesiones más con ella», pero las reglas de la investigación que estaba llevando a cabo no se lo permitieron. Por suerte, cuando la EMDR pone en marcha el sistema de procesamiento de la información, el procesamiento no necesariamente se detiene al concluir la sesión. Y esto significa que la persona debe estar al tanto de lo que puede ocurrir después, para saber cómo comportarse y que los cambios positivos pueden proseguir aunque no se haya completado el trabajo con el terapeuta.

Noventa días después, Sandra Wilson convocó a los participantes del estudio para llevar a cabo una entrevista de seguimiento. Dawn estaba encantada de volver a ver a Sandra.

–Las cosas van muy bien –le dijo–. No he tenido ningún ataque de pánico. Duermo muy bien. Estoy muy tranquila y no tengo ningún problema en trabajar con los hombres de mi unidad, hasta el punto de que voy tener una cita en Navidad con uno de ellos. Mis hijos están mucho mejor. Estoy mucho más tranquila con ellos, menos ansiosa, más capaz de relacionarme y de ayudarles.

Dawn también había completado un entrenamiento especial, había sido ascendida y había solicitado una hipoteca, evidenciando así cambios tan importantes que su familia y sus compañeros de trabajo le preguntaban. «¿Qué es lo que te ha pasado?».

–He sabido que estaba mejorando cuando he empezado a

disfrutar nuevamente del sexo –dijo Dawn, sonriendo–. Pero sus supervisores seguían mostrándose cautelosos y advirtiendo a los nuevos miembros que no la tocasen, que no la sobresaltasen e indicándoles el lugar en el que guardaba los fármacos, por más que Dawn había dejado de tomar la medicación dos semanas antes de emprender el estudio, y nunca más volvió a hacerlo.

El siguiente paso en la investigación de Sandra consistió en efectuar una entrevista 15 meses después a fin de valorar la permanencia de los efectos de la EMDR. Para ello, conectó con Dawn en diciembre de 1994 y se enteró de que las cosas seguían bien. «Mucho mejor incluso que antes de la violación. De nuevo vuelvo a ser yo misma, pero con algo más y también me siento mucho más feliz. Mi moral está muy alta. Me siento mucho mejor con mi vida.» Dawn le dijo que se había comprometido con un hombre que había conocido en el trabajo cuando volvió de Panamá y que estaba a punto de casarse y a la espera de una nueva misión en el exterior. «Mi novio es negro y mi familia está muy sorprendida, porque creían que jamás volvería a acercarme a un hombre de piel oscura... y, a decir verdad, yo también pensaba lo mismo.»

Dawn también hablaba en público de la violación.

–Quería hacer algo para paliar la poca ayuda que, cuando más lo necesitaba, me brindaron las fuerzas aéreas –dijo–. Para ello me presenté ante lo que llaman Diamond Council, una organización compuesta por todos los sargentos primeros –unas 20 personas, casi todos hombres– de Peterson y las bases vecinas. Les conté toda mi historia y que nadie supo cómo ayudarme. Obviamente, ésa fue mi primera conferencia pública al respecto, razón por la cual rompí a llorar.

»No quiero que nadie vuelva a pasar por lo mismo que me vi obligada a atravesar –les dije–. ¿Sabéis acaso, sobre todo vosotros, los hombres, lo que podéis hacer en una situación parecida? Entonces me preguntaron si estaría dispuesta a participar en el caso de que en la base sucediese algo parecido, y por supuesto respondí afirmativamente. Ahora, cuando me llaman para ocuparme de un caso de violencia sexual, voy al hospital con ellos, llevo a la víctima al hospital, la acompaño a su primera sesión de terapia y trato de ayudarla lo mejor que puedo.

»También he llevado a Amanda a alguna que otra sesión de EMDR y ha dejado de tener terrores nocturnos y de mojar la cama. Ahora me habla con tranquilidad de lo que ha sucedido. Para ser exactos, habla con cualquiera que le inspire confianza –dice, con una sonrisa. Ha convulsionado a las madres de algunas de sus amigas. Por supuesto que Amanda no entiende el concepto de "violación", pero sabe que unos hombres malos irrumpieron en nuestra casa y nos hicieron daño. La vida de toda la familia ha recuperado, finalmente, la normalidad.

El verano anterior, Dawn consintió en hablar con una periodista sobre su tratamiento EMDR y su participación en la investigación dirigida por Sandra Wilson, una investigación cuyos resultados demostraron que el 84% de las víctimas del trastorno de estrés postraumático tratadas con la EMDR dejaron de ser diagnosticadas como tales después de tan sólo tres sesiones.[14] Muchas de las 80 mujeres que participaron en el estudio habían reaccionado como Dawn y habían avanzado mucho más allá de lo que estaban antes del trauma. Algunas de ellas se hallaban tan pletóricas de energía que realizaron cambios fundamentales de trabajo y se matricularon por vez primera en la universidad. Ninguna investigación sobre los métodos para el tratamiento del TEPT ha logrado jamás efectos tan positivos como los evidenciados por esta primera investigación a gran escala acerca de los efectos de la EMDR cuyos resultados fueron presentados

durante un congreso especial organizado por la American
Psychological Association y de cuya celebración se hicieron
eco muchos periódicos.

Cuando Dawn le relató lo que le había ocurrido a Amanda,
la periodista de una revista de alcance nacional que estaba
entrevistando a Dawn rompió a llorar en el sofá de la sala de
estar.

–¿Quieres hacer una pausa? –preguntó Dawn, sintiéndose
culpable de haberla incomodado–. Resulta muy difícil –dijo–
prever cuál será la reacción de la gente.

–¿Cómo puedes permanecer sentada tan tranquila mientras cuentas esa historia? –preguntó entonces la periodista.

–Porque ahora no es más que eso –respondió Dawn–. Para
ambas, no es más que una simple historia.

9. ATRAVESANDO EL DUELO

«Muestra tu dolor, porque dolor que no expresas
musita en tu pecho hasta estallar.»
WILLIAM SHAKESPEARE

Existe una antigua historia según la cual una mujer desconsolada llevó, en cierta ocasión, el cuerpo inerte de su hijo ante un hombre santo, rogándole que se apiadara de ella y le devolviera la vida. El maestro accedió a su demanda con la condición de que le llevase un grano de mostaza procedente de una casa que jamás hubiese recibido la visita de la muerte. Al principio, la mujer estaba muy contenta, porque el requisito le parecía muy sencillo, pero después de peregrinar interminablemente de casa en casa en busca de tal familia se vio obligada, para su consternación, a regresar con las manos vacías. Así fue como fue dándose gradualmente cuenta de la sabiduría que encerraba la demanda del sabio, de que la muerte llega a todo el mundo y, llevándose tiernamente entre sus brazos el cadáver de su hijo, le enterró en paz.

Aunque todo el mundo se vea obligado a pasar por ello, pocas cosas resultan más dolorosas que la muerte de un ser querido. Técnicamente hablando, la persona traumatizada por el dolor que acompaña a la muerte de un ser querido no debería ser diagnosticada como TEPT a menos que se trate de una muerte violenta o inesperada, porque el sufrimiento, a fin de cuentas, es el sufrimiento y, en tal caso, las etiquetas diagnós ticas carecen de todo fundamento. En este sentido, la EMDR resulta muy valiosa para ayudar a las personas a aliviar su sufrimiento, independientemente de los síntomas y del tipo de muerte que les haya arrebatado a su ser querido.

Una reacción muy habitual ante la muerte es la sensación de culpabilidad. En tales casos, nos sentimos responsables de las cosas que hemos dicho y de las que no hemos dicho. Pensamos obsesivamente en lo que pudimos haber hecho mal y visitamos el lecho de muerte de nuestro amigo, mientras sus gritos de dolor resuenan una y otra vez en nuestra cabeza. Todas ésas son reacciones normales ante la pérdida que van desvaneciéndose gradualmente con el paso del tiempo hasta llegar a desaparecer. Pero hay ocasiones, sin embargo, en que el proceso curativo se queda estancado, en cuyo caso la EMDR puede contribuir a movilizar todo el sistema.

Pero el sufrimiento no se halla exclusivamente limitado a la muerte de un ser querido. Son muchos lo policías, bomberos, maquinistas de tren y miembros de los servicios de salvamento cuyas vidas se han visto fuertemente sacudidas por el impacto de la tragedia, incluidas las muertes acaecidas en el puesto de trabajo.[1] Esas personas suelen sentirse responsables de lo que ha sucedido y tienen la sensación de haber perdido el control. Si sólo hubieran sido un poco más rápidos –especulan entonces–, tal vez hubiesen salvado una vida. La EMDR suele utilizarse para movilizar las reacciones emocionales y el pensamiento irracional estancado y también puede emplearse, del mismo modo, para tratar a los policías que, durante su jornada laboral, han asistido al asesinato de un colega, o se han visto obligados a matar a alguien porque, en tales casos, suelen verse profundamente sacudidos y obligados a revivir una y otra vez las imágenes del acontecimiento.[2]

Asimismo el personal médico puede experimentar el trauma de la pérdida. Recuerdo, en este sentido, el caso de un hombre de 50 años que, después de trabajar duramente siete días seguidos, cubierto de sangre, con los cadáveres de las víctimas de la catástrofe del vuelo 800 de la TWA, se sentía atormentado por la culpa, por «no haber podido devolver lo suficientemente rápido los cuerpos a sus familiares y aliviar, de ese modo, su calvario». Una enfermera del servicio de urgencias que se ocupó de la curación de un bebé gravemente herido en accidente de automóvil se sintió tan mal, cuando el niño murió, por el temor a la muerte de su propio hijo de dos años, que acabó convirtiéndose en una madre feroz y obsesivamente superprotectora. Durante el tratamiento con la EMDR trabajó con la escena que se había visto obligada a vivir en la sala de urgencias y dijo ver el rostro de su hijo superpuesto al del bebé muerto, una imagen que los movimientos oculares acabaron borrando. Y aunque ignorase conscientemente esa conexión, es muy probable que el hecho de saberlo no hubiera resultado de gran ayuda.[3] El conocimiento y la intuición intelectual no bastan para solucionar nuestros problemas y cambiar nuestra conducta, porque los cambios también deben afectar al nivel emocional.

Hay veces en las que la muerte (o el sufrimiento) de alguien puede provocar en quienes oyen hablar de ella una condición conocida como *traumatización vicaria*. Por eso, aun las personas que no han estado físicamente presentes durante la situación traumática, pueden verse muy afectadas, imaginando oníricamente las escenas dolorosas y desarrollando pensamientos obsesivos al respecto. La esposa de un policía que había oído hablar de la muerte del compañero de su marido, por ejemplo, sólo pudo borrar la imagen de este último envuelto en un charco de sangre –pese a no haberla visto jamás– después de que la EMDR le ayudase a recuperar el equilibrio.

Recuerdo también, en este sentido, el caso de un psicólogo israelí que solicitó ayuda porque creía estar volviéndose loco. Tenía continuas pesadillas y *flashbacks* en los que se veía conducido a las cámaras de gas de Auschwitz durante el Holocausto, aunque en esa época ni siquiera había nacido. Cuando se sometió a una sesión de EMDR, sin embargo, cobró consciencia de que su mente estaba reviviendo las historias que le contaba su tío, que había muerto 30 años atrás. La empatía que cuando era niño experimentaba por su tío le había llevado a reemplazar su propio rostro en las imágenes "recordadas" del campo de concentración. Durante la EMDR se sintió tan conmovido como si la experiencia le hubiera ocurrido a él. Y es que, aunque el suyo fuese un trauma vicario, las sensaciones y emociones perturbadoras permanecieron fijadas en su sistema nervioso durante 30 años.

La EMDR también puede ayudar a las personas atormentadas por el miedo a su propia seguridad que suele acompañar a la pérdida de un ser querido. La muerte, a fin de cuentas, sacude nuestra creencia de que la vida discurre por cauces estables y predecibles. Por eso cuando perdemos a un ser querido nuestra sensación de seguridad experimenta una profunda conmoción. Todos vivimos, día tras día, con la ilusión de tener cierto control sobre los acontecimientos que componen nuestra vida, pero la pérdida acaba de un plumazo con esa ilusión. Son muchas las personas que apelan entonces, como forma de amortiguar el miedo y el sufrimiento, a las drogas o el alcohol, lo que no hace sino aumentar nuestra debilidad y dependencia a todo el amplio espectro de los sentimientos dolorosos. Pero hay que subrayar que si bien el alcohol y las drogas pueden aliviar provisionalmente el sufrimiento, también pueden interferir y obstaculizar el proceso del duelo.[4]

Hay veces en que las emociones discurren tan profundamente que ni siquiera llegamos a advertir las raíces de nuestro sufrimiento. Pero algunos de nuestros mayores sufrimientos pueden derivarse del miedo a mostrar nuestra vulnerabilidad. A veces tratamos de reprimir nuestro dolor porque creemos que, de ese modo, ayudaremos a los demás a atravesar el suyo, pero esa estrategia puede acabar sepultándolo todavía más profundamente. La muerte puede abrir una ventana de oportunidad, pero si no logramos centrarnos en nuestra propia tristeza, el dolor puede alejarse sin acabar, no obstante, de desaparecer, en cuyo caso, el sufrimiento remanente puede acabar manifestándose en forma de una reactividad exacerbada a situaciones semejantes futuras. Una joven, por ejemplo, amenazó con romper su compromiso al enterarse de que habían disparado a su novio, que era policía. Durante la EMDR, sin embargo, se dio cuenta de que, al no haberse permitido vivir el sufrimiento provocado por la muerte de su hermano, tenía un miedo parecido a perder a su futuro marido. En tales casos, la EMDR parece abrir una puerta a la resolución, permitiendo que la persona experimente el sufrimiento en un entorno protegido en el que no deba reprimir sus sentimientos ni enmascararlos para proteger a otra persona.

La psicóloga Therese Rando,[5] que ha subrayado que la palabra inglesa para "duelo" [*bereavement*] se deriva de la misma raíz que la palabra "robo", nos proporciona un excelente punto de partida para entender el proceso del duelo. Cuando nos sentimos injustamente despojados de algo valioso, solemos responder experimentando sentimientos de pérdida e injusticia. En el curso del proceso de duelo, la persona se concentra naturalmente en la pérdida con conductas y expresiones de ansiedad y dolor y el deseo de negar la muerte o creer que no ha sucedido. Si ese proceso discurre sin complicaciones, la persona acaba entrando en una segunda fase del duelo, en la que se concentra activamente en sus necesidades interiores y sociales que le permiten adaptarse a la pérdida y desarrollar una nueva sensación de identidad. Durante la tercera fase, por último, la persona aprende a vivir en ausencia de la persona amada. Durante el proceso natural de curación, pues, la atención pasa del finado hasta el yo y el mundo externo, pero cuando, por algún motivo, este proceso natural se ve bloqueado, puede apelarse a la EMDR para ponerlo nuevamente en marcha.

Aunque el proceso del duelo tienda a beneficiarse del paso del tiempo, no siempre resulta fácil determinar cuándo ha llegado ya el momento de pedir ayuda. Quienes poseen profundas convicciones espirituales pueden, en las circunstancias adecuadas, considerar la muerte como una liberación de la persona amada. Otros, por el contrario, pueden tardar meses en dejar de culparse a sí mismos –o al universo– por la pérdida. Para otros, por último, el sufrimiento viene y va. Además, algunos aspectos de la muerte pueden interactuar con las experiencias pasadas, obstaculizando entonces la desaparición gradual del sufrimiento con el paso del tiempo. En tal caso, la persona experimenta un sufrimiento incesante y siente como si su vida se hubiera estancado. Pero cuando la persona considera que el sufrimiento es normal y que no experimentarlo supone una falta de respeto hacia el muerto, las cosas suelen complicarse todavía más. Pero lo cierto es que vivir atormentado por el sufrimiento, o no poder pensar en otra cosa más que en los recuerdos angustiosos, no sirve al muerto ni al superviviente. Este mismo suele esforzarse en gestionar el sufrimiento de una manera más constructiva, pero hay ocasiones en que no basta con hablar de ello, obligarse a "permanecer con el sufrimiento" ni concederse simplemente más tiempo.

Algunos terapeutas consideran que interferir el proceso del duelo, independientemente de su duración o del sufrimiento que conlleve, priva al sujeto de la posibilidad de aprender todo lo que necesita aprender de la experiencia. Pero lo cierto es que el tiempo no cura todas las heridas porque, si lo hiciese, no habría necesidad alguna de psicoterapia. Por eso, cuando el proceso curativo se estanca, la EMDR no obstaculiza el proceso de aprendizaje, sino que simplemente lo acelera. Y cuando el proceso del duelo sigue su curso, aparecen intuiciones y se reconocen pautas, pero perduran las conexiones con la persona amada. Lo único que desaparece es el exceso de sufrimiento que impide al sujeto pensar tranquilamente en lo sucedido. Una vez lograda esta paz es posible restablecer de nuevo el contacto con la vida.

Ejemplificaremos este punto con la transcripción de tres sesiones de EMDR de una madre que perdió a su hijo. El proceso de curación de Mia Russo que presentamos a continuación, sesión tras sesión y en sus propias palabras, ilustra perfectamente la secuencia natural que se ven obligadas a atravesar muchas personas durante las sesiones de trabajo con la EMDR.

Cuando Billy Russo murió en un puente ferroviario ubicado a menos de dos manzanas de su casa de Nueva Inglaterra faltaban 10 días para que cumpliese los 12 años. El tren procedente del Norte entró en el puente a la velocidad máxima permitida de cerca de 100 kilómetros por hora cuando el maquinista divisó a lo lejos a dos niños atravesando las vías. Uno de ellos cruzó sin problema, pero el otro se detuvo a mitad de camino y se agachó para colocar una moneda vertical sobre la vía antes de escapar corriendo.

Pero el muchacho no se puso en pie ni saltó a un lado, sino que permaneció quieto en su lugar, llamando a su compañero. Aterrorizado, el maquinista accionó el freno y el silbato e, incapaz de detener el tren, acabó atropellando al muchacho. No tardó mucho tiempo en saber que Billy Russo no había sido descuidado ni inconsciente, sino que su zapatilla deportiva se había quedado atrapada bajo una de las vías.

El accidente sucedió a las cuatro en punto de la tarde de una calurosa tarde de verano del mes de julio. Cuando la madre de Billy, Mia Russo, llegó a las cuatro y cuarto a su casa procedente de su trabajo advirtió, a lo lejos, una muchedumbre agolpada en el puente, pero no le prestó mayor atención. Luego abrió la puerta principal de la casa de tres pisos en que vivía con su familia y subió al primero, donde vivían sus padres, para recoger a su hijo. El padre jubilado de Mia, que se encargaba de cuidar a Billy mientras Mia trabajaba, le dijo entonces que se había ido jugar a con su amigo Jerry. Mia, madre soltera de 33 años, permaneció con sus padres hasta las cinco y luego subió al apartamento que compartía con Billy en el tercer piso, sorprendiéndose de que todavía no hubiera llegado. Habitualmente, ella y Billy cenaban juntos antes de que Mia marchase para llegar a tiempo a su trabajo nocturno como cajera en la tienda de licores de su hermano.

A las cinco y cuarto, Mia empezó a preocuparse, porque Billy solía ser muy puntual. Entonces fue al segundo piso, donde vivía su hermano con su familia y juntos volvieron al apartamento del primer piso, que ocupaban sus padres. Mia decidió entonces ir a casa de Jerry, para ver si Billy todavía estaba ahí y, bajando las escaleras del porche, se cruzó con su hermana y su cuñado, que volvían de hacer unas compras, quienes le comentaron que habían oído hablar de un accidente que se había producido en el puente.

Mia dobló rápidamente la esquina y llamó a la puerta de la casa de Jerry, pero no obtuvo respuesta. Volvió a llamar más fuerte, pero tampoco obtuvo ninguna respuesta, aunque siguió llamando, porque suponía que debía haber alguien.

Finalmente se abrió la puerta de una casa vecina.

–¿Conoce a mi hijo Billy? –preguntó entonces Mia–. Estaba jugando con Jerry, pero parece que no hay nadie en casa.

–Una ambulancia se lo ha llevado –dijo la mujer, con expresión gélida.

–¿Qué es lo que ha pasado?

–Parece que se ha desmayado. Ha llegado corriendo a casa, le ha dicho algo a su abuela y se ha desmayado. Luego ha llegado una ambulancia. Creo que sería mejor que fuese al puente.

–¿Pero dónde está mi…?

–Hable con la policía. Eso es todo lo que sé.

»¡Vaya! ¡Vaya! –insistió la mujer, viendo la vacilación de Mia.

Mia fue corriendo entonces hasta el puente del ferrocarril y, en medio del caos de vehículos de urgencia, coches de la policía, vecinos y curiosos, descubrió a un policía uniformado. Incapaz de contenerse y aquietar los latidos de su corazón, consiguió esbozar una pregunta:

–Estoy buscando a mi hijo. Se llama Billy Russo. ¿Está por casualidad aquí? ¿Tiene algo que ver con todo esto?

A modo de respuesta, el policía la tomó cuidadosamente del brazo y la llevó caminando hasta su coche.

–¿Le ha visto? –insistió Mia, con voz cada vez más tensa y aguda–. Tiene once años, pelo castaño claro, ojos marrones y grandes hoyuelos en las mejillas.

»Tiene el pelo grueso y corto y largas pestañas. Viste pantalones cortos verdes, una camiseta grande de color verde y zapatillas deportivas blancas y negras. ¿Dónde está?

Mia, lívida debido al miedo y la hiperventilación, dejó entonces que la introdujesen en los asientos posteriores del coche policial y luego escuchó el golpe de la puerta al cerrarse y el posterior "clic" del seguro.

El funeral de Billy se celebró cuatro días más tarde. Mia todavía se hallaba conmovida por el *shock* y apenas si podía articular palabra. Billy era toda su vida y ahora se había quedado sin nada. No tenía sentido alguno levantarse para seguir trabajando en dos lugares diferentes, ni tenía motivación para hacer nada. Mia se sentía culpable por la muerte de Billy («Si hubiera estado en casa...», se repetía, una y otra vez), un dolor multiplicado por el hecho de que, por más que lo deseara con todas sus fuerzas, no había conseguido, en los últimos 10 años, quedarse embarazada, razón por la cual había concluido que la operación de cáncer de útero a la que se había sometido tiempo atrás, la había dejado infértil.

Con el paso de los días, la conmoción de Mia fue transformándose en dolor y luego en depresión. Lo único que conseguía sacarla del abismo de desesperación en el que cada mañana despertaba era el terrible sufrimiento que experimentaba el resto de su familia. Billy era el favorito de la familia y su muerte supuso un golpe brutal para todos, especialmente porque ocurrió siete meses después de la muerte de la abuela de Mia.

Aproximadamente una semana después de la muerte de Billy, Mia tuvo una pesadilla, la primera de una larga serie, en la que se hallaba en el escenario del accidente (al que, de hecho, no le permitieron ir) y veía la cabeza, el tronco y las extremidades de Billy diseminadas por las vías, de la que despertó sumida en un profundo llanto. Al día siguiente recibió una carta de la policía dirigida a su madre que abrió equivocadamente. Se trataba de una copia del informe policial sobre la muerte de Billy que incluía un bosquejo del escenario mostrando, precisamente, los lugares en que, después de ser embestido por el tren, habían encontrado las distintas partes del cuerpo del muchacho que la dejó muy sorprendida, porque era exactamente tal y como lo había soñado.

Pero las pesadillas prosiguieron. En una de ellas se veía perseguida por un tren, y en otras contemplaba la escena del accidente y las distintas partes del cuerpo despedazado de Billy. Mia volvió a su trabajo en el almacén, pero era como un zombi, porque le resultaba imposible concentrarse y se veía sometida a continuos ataques de llanto. Pronto renunció al trabajo nocturno y no tardó en abandonar el piso que ocupaba en la casa familiar, porque le recordaba demasiado a Billy.

Mia pensaba a diario en el accidente y no dejaba de preguntarse *por qué*. ¿Por qué había tenido que sucederle a un muchacho? Aunque era católica practicante dejó, durante unos meses, incluso de acudir a la iglesia, porque su fe se vio profundamente sacudida por la muerte de su hijo. La noche misma del accidente recibió la visita del sacerdote del hospital, pero cuando empezó a hablarle de Dios, ella le interrumpió bruscamente diciéndole: «¡No me hable de Dios! ¿Por qué ha tenido que arrebatarme de un modo tan espantoso a mi hijo? No quiero saber nada de Él. Ni siquiera quiero escuchar su nombre».

El dolor de Mia se prolongó durante todo un año y las cosas siguieron empeorando. Cuando llegó el primer aniversario de su muerte, Mia estaba más destrozada que nunca por la pérdida, y la relación de pareja que mantenía, la única cosa positiva de su vida, estaba deteriorándose debido a los celos, el alcohol y la violencia física. Sin Billy y con la relación a pique, Mia empezó a cuestionarse el sentido de la vida y no dejaba de repetirse «Si esto es todo lo que la vida me depara no sé qué es lo que hago aquí... Mi vida no tiene ningún sentido... Mi vida no tiene no tiene ningún sentido... Mi vida...».

Seis semanas después del primer aniversario de la muerte de Billy, Mia tomó una dosis de Lorazepan, un sedante que le habían recetado para combatir la ansiedad, 20 veces superior a la recomendada. Afortunadamente, su compañero la descubrió a tiempo y la llevó corriendo al hospital, donde le hicieron un lavado de estómago y la mantuvieron en observación durante tres días en el pabellón de psiquiatría.

–A decir verdad –dijo el psiquiatra del hospital que la atendió–, tú no deberías estar aquí. Tú no eres una enferma mental, sino una persona que se ha visto obligada a atravesar una situación muy difícil. Lo único que te falta es aprender a vivir con esa situación.

Pero Mia, que estaba de baja por motivos de salud, había estado visitando semanalmente a un psiquiatra, que le había recetado Lorazepan y Prozac, el poderoso antidepresivo. Y si bien se sentía más calmada, le desagradaban los efectos de la medicación, porque la dejaban sumida en el embotamiento y la confusión y era incapaz de concentrarse y de pensar. Además había decidido abandonar la psicoterapia porque, aunque su seguro médico cubriese la mayor parte de los honorarios, estaba endeudándose para conseguir pagar el resto. Cuando le comentó a su psiquiatra esa eventualidad, él le sugirió contactar con el terapeuta que estaba llevando a cabo una investigación sobre el TEPT y que podría ofrecerle tratamiento gratuito.

Dos semanas después de su intento de suicidio, Mia emprendió un tratamiento con el doctor Steven Lazrove, cirujano y psiquiatra del Yale Psychiatric Institute. Steve, había sido formado en la EMDR y estaba tratando de determinar el interés que pudiera tener una investigación más seria sobre la eficacia de la EMDR en el tratamiento del TEPT y, en caso positivo, formaría parte del equipo que iba a llevar a cabo un proyecto de investigación formal a gran escala sobre el método. Mia había sido remitida a Steve con un diagnóstico de TEPT, de modo que cumplía con los requisitos necesarios para participar en ese estudio preliminar. Varios de los investigadores, sin embargo, no se mostraron dispuestos a incluir a Mia en el estudio, porque consideraban que la gravedad de sus síntomas (depresión mayor, trastorno de estrés postraumático e impulsos suicidas) no sólo dificultaría el tratamiento, sino que podría llegar incluso a resultar contraproducente. Pero la opinión de Steve era diferente: «Ésta es la vida real y éstas son las personas a las que se supone que podemos ayudar». Al final, Steve discutió detenidamente el caso con el psiquiatra de Mia y decidieron seguir adelante con el tratamiento.

Cuando Mia tomó asiento en una de las desnudas salas de consulta del Institute, Steve se sentó en diagonal frente a ella a pocos centímetros de distancia. Mia y Steve se habían visto una semana antes, en una sesión ciertamente muy dolorosa para Mia, en la que le había puesto al corriente de la muerte de Billy y de los problemas que ello le había provocado. En esta nueva sesión, Mia empezó leyendo en voz alta, con el mentón levantado y la voz profunda y cargada de dolor, su relato de la muerte de Billy que ya le había contado durante el primer encuentro.

–¿Cuán inquietante te ha resultado –le preguntó Steve, cuando hubo terminado–, en una escala de 0 a 10 (donde 0 es "nada perturbador" y 10 es "la peor experiencia imaginable"), la lectura?

–Un 10 –replicó inmediatamente Mia.

–¿Y qué parte de la historia te ha resultado más desagradable? ¿Qué es, dicho de otro modo, lo que más te ha inquietado?

–Ver su cuerpo diseminado por la escena del accidente.

–¿Tienes una imagen mental al respecto?

–Sí.

–¿Cuáles son las palabras con las que te lo describes?

–Terrible, espantoso, increíble.

–¿Y qué dice eso sobre ti?

–Hay veces en que todavía no puedo creérmelo. No consigo desembarazarme de ello y siempre está dando vueltas en mi cabeza. Creo que siempre estará ahí. No puedo quitarme de la cabeza esa imagen.

–¿Y qué piensas de ti cuando ves esa imagen?

–Me siento culpable –dijo, en voz apenas audible–. Trabajase o no trabajase, se hallaba bajo mi responsabilidad. Tenía 11 años y sólo estaba a dos manzanas de distancia, en un lugar al que nunca antes había ido.

–¿Qué preferirías, en su lugar, creer?

–Que fue un accidente.

–¿Cómo describirías esa emoción?

–Como un dolor muy agudo en el pecho. Me siento vacía, como si me hubiesen arrancado un pedazo de mi ser, como si me hubieran robado parte de mi corazón. Mi vida ha experimentado un vuelco completo.

Steve le pidió entonces que se concentrase en la imagen del cuerpo de su hijo diseminado por las vías e inició los movimientos oculares.

Al finalizar la primera serie, Steve advirtió que, detrás de sus gafas oscuras, los ojos de Mia estaban empañados de lágrimas. Entonces le acercó una caja de pañuelos, pero ella no cogió ninguno. Steve se dio entonces cuenta de que Mia parecía empeñada en no llorar y se esforzaba deliberadamente en contener las lágrimas. Luego esperó a que hablase, pero Mia no dijo nada.

–Permite que en tu mente aflore todo lo que tenga que aflorar –dijo Steve amablemente–. Luego obsérvalo y déjalo irse.

Entonces empezaron una segunda ronda de movimientos, y cuando acabaron, Mia se quedó un buen rato en silencio.

Luego añadió:

–La imagen desparece… pero luego vuelve a presentarse.

–¿Continuamos?

–Sí.

La tercera serie de movimientos duró bastante tiempo, quizás dos o tres minutos.

–¿Qué ha sucedido? –preguntó Steve, al concluir.

–La escena ha cambiado. La imagen relativa a las vías se ha desvanecido. Y aunque nunca estuve realmente ahí, mi mente sí que lo hizo, mientras estaba en el coche de la policía.

El hecho de que la imagen estuviera empezando a cambiar era una buena señal.

La cuarta serie también fue muy larga, y en ella Mia empezó a atravesar de manera espontánea una secuencia cronológica de varios eventos informando, después de cada serie, de los cambios que se producían en la escena. Eso es algo que sucede con cierta frecuencia durante la EMDR porque, cuando se pone en marcha el procesamiento de la información, el recuerdo del episodio traumático va cambiando sin necesidad de que el paciente permanezca atorado en la parte más difícil.

–Estaba con mi familia… estábamos reunidos y llorando en casa de mi madre.

–¿Dónde estabas tú?

–También estaba ahí.

–Continúa.

Después de la quinta serie, Mia dijo:

–Ya no estaba en casa de mi madre, sino en el funeral. No quería salir del coche, pero finalmente lo he hecho. No podía creerme que estuviera ahí. Cuando han sacado el ataúd he visto que, sobre él, había una fotografía en la que Billy y yo estábamos juntos y me he quedado atrapada en esa imagen.

Séptima serie.

–Estaba en el trabajo. Había vuelto a trabajar y recibía las condolencias de todo el mundo.

Luego llevaron a cabo una octava serie.

–Era el día de Acción de Gracias, un día festivo. Billy y yo habíamos decidido pasar juntos ese día. Pero él no estaba ahí. Luego llegó la Navidad y no hubo regalos ni tampoco árbol. Era un día como cualquier otro.

–Eso es muy triste. ¿Puedes permanecer con esa tristeza?

Cuando Mia asintió, emprendieron la novena serie, finalizada la cual, Mia dijo:

–He llevado flores a la tumba de mi hijo y pensaba que nunca volvería a verle –dijo, con voz apenas audible y el rostro tenso, por el esfuerzo de reprimir las oleadas de dolor.

Luego emprendieron la décima serie, que les llevó unos 28 minutos de movimientos oculares.

–He soñado que le abrazaba y le pedía que se quedase un poco, sólo un poco más. Sentía como si de verdad estuviera abrazándole, pero cuando he despertado, ya no estaba ahí. Era un sueño muy real. Realmente estaba abrazándole.

Entonces emprendieron la undécima serie.

–Sigo viendo trenes... sigo viéndolos sin poder salir de ahí... trenes y más trenes... los veo como en un sueño, pasando velozmente junto a mí.

Luego llevaron a cabo la duodécima serie.

–Esta vez han pasado muchas cosas –dijo Mia, separando las manos y aferrándose a los brazos de la silla–. Estoy en la iglesia, celebrando una misa por mi hijo y encendemos velas. A pesar de todo sigo viéndolo. Lo veo muy claramente. Es como si mi mente no quisiera despojarse de esa imagen.

–¿Qué es lo que te asusta ante la posibilidad de abandonar esa imagen?

–El hecho de que nunca más estará ahí.

¿Cuántos de nosotros nos hemos sentido así? ¿Cuántos de

nosotros hemos temido que si nos desembarazamos de la imagen o del dolor, perderemos para siempre a nuestro ser querido?

–Permanece ahí.

Después de la decimotercera serie, Mia dijo:

–Me he dejado llevar por esa imagen, pero sigue ahí. No desaparece. Luego me he visto sola, caminando sola y él ya no estaba conmigo. Luego efectuaron la decimocuarta serie.

–Estaba con Ray [su novio]... primero estaba sola y luego con él, viendo la película *Mrs. Doubtfire*. Estábamos riéndonos. Me sentía feliz. Parte del dolor había desaparecido.

Entonces emprendieron la decimoquinta serie.

–He visto que colocaban una valla... en el lugar en el que había muerto mi hijo. Es como si mi mente estuviera ordenándose. Las cosas parecen ahora presentarse de manera ordenada en mi mente, tal y como han sucedido, y me he detenido al llegar a las vallas.

–¿Están ahora esas vallas ahí?

–Siguen ahí. Las colocaron en primavera... la cabeza... tengo dolor de cabeza. Me duele mucho la cabeza.

–¿Cómo te sientes si vuelves ahora a la escena original?

–¿Que cómo siento la escena original? Un tanto difusa. Todavía puedo recordarla, pero está desvaneciéndose.

Steve le pidió entonces que valorase la intensidad de su angustia en la escala de 1 a 10.

–Un 5 –respondió Mia.

–¿Y qué es lo que crees que impide que esa puntuación baje más todavía?

–Aun hay algo...

–¿De qué se trata?

–De su cuerpo desarticulado y disperso por ahí.

–Sigamos con esa imagen. Déjala ir y observa lo que aparece después.

Luego llevaron a cabo la decimosexta serie.

–Todavía aparece la misma imagen. Le digo a mi hijo que no puedo ayudarle: «No puedo ayudarte. No puedo recomponer tu cuerpo».

–Permanece mentalmente ahí.

Entonces llevaron a cabo la decimoséptima serie.

–He visto a mi hijo – dijo Mia, con la voz entrecortada por la emoción– y me ha dicho: «No puedes recomponer mi cuerpo. Ahora soy un ángel y sólo Dios puede hacerlo», y mientras lo decía, era igual que antes.

–Permanece ahí.

–Lo veo en el cielo, con mi abuela. Estaban juntos mirando hacia abajo –repitió, gimoteando, después de la decimoctava serie.– ¿Y cómo te hace sentir eso?

–Mejor.

–Permanece mentalmente ahí.

Luego llevaron a cabo una decimonovena serie muy breve, tras la cual Mia permaneció en silencio un buen rato. Luego agregó:

–Le he pedido a mi abuela que cuidase de Billy y me ha dicho que lo haría. Ahora están juntos.

–¿Y qué significa esto para ti?

–Que alguien cuida de él.

Entonces llevaron a cabo una vigésima serie.

–Me ha dicho que estaba bien. Decía: «Sé feliz. Estoy bien».

–¿Significa eso acaso que no hay nada ahora que te impida ser feliz? –preguntó Steve, comenzando la vigesimoprimera serie, mientras Mia movía los ojos de un lado a otro.

–Le he dicho que, sin él, no quería ser feliz. Me resulta muy difícil ser feliz sin él. Pero también le he dicho que lo intentaría. Tengo que intentarlo –dijo Mia, al concluir esa serie.

–¿Estás bien?

Mia asintió.

–¿Cómo es ahora la escena original? –preguntó Steve, después de la vigesimosegunda serie.

–No está mal. Tal y como ha sucedido, pero...

–¿Y en una escala de 0 a 10?

–Un 0.

–¿Cómo te sientes?

–Me siento mejor.

–Cierra los ojos durante unos instantes y siente tu cuerpo. ¿Qué es lo que sientes?

–Me siento aliviada. Me siento más ligera, como si me hubiera quitado un gran peso de encima. Cuando pienso en el modo en que antes me sentía era muy duro, realmente muy duro. Pero ya no veo las cosas igual. Es como si la parte dolorosa hubiera desaparecido.

–¿Está bien tratar de ser feliz? –preguntó Steve.

–Sí.

–Terminaremos aquí.

Una hora y once minutos después del momento en que la empezaron, llevaron a cabo la vigesimotercera y última serie de movimientos oculares del día. En ésta, la primera de las tres sesiones de EMDR que Steve y Mia realizaron, se centraron en la terrible muerte de Billy. Como suele suceder con las personas que se ven obligadas a atravesar el proceso del duelo, la EMDR aceleró este aspecto del sufrimiento de Mia, porque la persona se da cuenta de que el modo en que la persona ha muerto es lo que menos importa. Lo realmente importante es que la persona ha dejado de estar presente y los detalles carecen de toda importancia. Siguiendo el protocolo desarrollado por Steve para trabajar con el duelo complicado y doloroso, su siguiente sesión se centraría en las consecuencias de la ausencia de Billy.

Una semana más tarde, Steve y Mia se reunieron para su segunda sesión de EMDR.

–¿Cómo estás? –preguntó Steve.

–He estado bien durante toda la semana, pero ayer vi a un niño que me recordó a Billy y, desde entonces, no he dejado de pensar en él.

–¿Cómo te sientes al pensar ahora en la escena original?

–Durante toda la semana la intensidad ha sido de 0. Me sentía muy bien. Pero ahora ha subido a 2. Había algo en ese muchacho…

Steve sabía que ésa era una buena señal porque cuando se ha completado parte del trabajo, pero se sabe que todavía queda mucho por hacer, uno se protege antes del tratamiento. Entonces sucede o se recuerda súbitamente algo que pone de relieve que uno está en condiciones de seguir adelante con el tratamiento. Steve también advirtió que el lenguaje corporal de Mia todavía decía "depresión" y que su rostro era pálido e inexpresivo y se hallaba enmarcado por dos mechones de pelo castaño que debía despejar continuamente de su frente.

Cuando se centraron en ese sentimiento "de intensidad 2", lo que se le presentó a Mia no fue la imagen del cuerpo desmembrado de su hijo que la había perseguido durante la sesión anterior, sino la vuelta a la escena original y su frené-tica lucha por recoger los fragmentos del cuerpo de su hijo, mientras su familia y la policía la sostenían.

Cuando trataron ese recuerdo con la EMDR, afloró una imagen completamente distinta y Mia empezó a sollozar en silencio.

–He visto a mi hijo. He visto su rostro. Estaba muy feliz y sonreía –dijo Mia, con el rostro relajado–. No podía libe-rarme de mi dolor hasta que el suyo no hubiese desapareci-do. «Me marcho. Debo hacerlo. Volveremos a estar juntos.»

–¿Puedes dejarlo marchar?

–No lo sé. Lo intentaré, pero no lo sé.

–Bien. Trata de mantener esto en tu mente y no impidas que aflore lo que tenga que aflorar.

Durante la siguiente serie, Mia empezó a mover los labios, como si estuviera hablando silenciosamente con alguien. Al finalizar la sesión, enjugó sus ojos empañados de lágrimas.

–Se iba y estaba enfadado conmigo porque no le dejaba. «Debes dejarme ir, debes soltarme.» Y, finalmente, se ha ido. Ya no puedo verlo, pero estaba enfadado conmigo.

–¿Y eso qué significa?

–Significa que tengo que… pero es difícil, porque cada día debo enfrentarme al hecho de que se ha ido. Y él no sabe lo que siento aunque, quizás, en realidad, sí que lo sepa. No sé.

–Mantén esto en tu mente –dijo entonces Steve, emprendiendo otra serie–. Y, mientras dirigía sus movimientos oculares, añadió, con la intención de movilizar el proceso de elaboración en un punto en el que suele quedarse estancado:

»¿Adviertes alguna diferencia entre dejarle ir y olvidarte de él?

–No.

–¿Crees que lo que te pide es que te olvides de él?

–No.

–Quizás te esté pidiendo otra cosa.

Entonces emprendieron otra sesión.

–No, lo cierto es que se trata de dos cosas diferentes. Dejar ir y olvidar son, en realidad, cosas diferentes. Sea como fuere, sin embargo, puedo soltarlo sin olvidarme de él, porque la verdad es que siempre estará conmigo.

Nueva serie.

–Me dice que soltar y olvidar son dos cosas diferentes. Jamás le olvidaré, porque su recuerdo siempre permanecerá conmigo. Nadie podrá quitármelo nunca. Finalmente recordaré lo que era, no lo que le ha sucedido. Ahora estoy realmente en condiciones de dejarlo ir.

Luego emprendieron otra serie, durante la cual Steve le preguntó:

–¿Te parece que esta vez va todo bien?

–Sí, todo va bien. Ahora se ha ido.

–¿Y?

–Está bien. Se ha ido. Pero lo que se ha ido ha sido su cuerpo, porque él nunca se irá.

–Eso está muy bien.

–Mientras permanezca en mi recuerdo, siempre estará conmigo.

–¿Puedes seguir centrada en esta idea?

–Sí. Puedo intentar hacer las cosas mejor.

–Permanece con eso –dijo Steve, comenzando una serie que resultó muy corta.

–Parece que las cosas pueden ser diferentes –dijo ella.

–¿En qué sentido? –preguntó Steve.

–Tengo sentimientos muy encontrados con respecto a lo que ha sucedido. Pero lo cierto es que, suceda lo que suceda y cambie lo que cambie –trabajo, casa, etcétera–, él siempre estará conmigo, siempre permanecerá conmigo.

–¿Cómo te sientes ahora?

–Mejor.

–¿Qué te parece ahora la escena original?

–Un tanto difusa. Ahora ya no quiero ir al escenario del accidente [donde Billy encontró la muerte]. Realmente no quiero ir. No quiero olvidar lo sucedido, sino tan sólo el modo en que ha sucedido. Él se ha ido, como también se han ido muchos otros. Pero jamás le olvidaré.[6]

–¿Y cómo valoras esta situación en la escala de 0 a 10?

–Como un 0.

–¿Y cuál es la veracidad que atribuyes al hecho de que no ha sido más que un accidente?

–Como "muy verdadero". Un accidente que en nada se diferencia, por cierto –dijo Mia, tras una pausa–, de la muerte de mi abuela. Ella era ya muy vieja.

–¿Tu abuela?

–Creo que ella cuidará ahora de Billy. Ella se marchó antes para poder cuidar de él.

–¿Te sientes responsable de su muerte? –preguntó Steve, para verificar el avance, porque éste suele ser uno de los puntos más difíciles y dolorosos.

–No –dijo Mia, con voz desfalleciente.

–Permanece con eso –dijo entonces Steve, emprendiendo una nueva serie muy breve.

–Hice todo lo que pude por él mientras estuvo aquí. Realmente no podía... soltarlo, pero ahora ya no es responsabilidad mía.

Una nueva serie.

–Ahora todo ha cambiado. Ya no se trata de volver mentalmente a todas esas cosas. La sensación de culpabilidad ha desaparecido. Todo eso ha desaparecido. Todo es tal y como debe ser. Todo ha desaparecido.

Cuando todo cambia tenemos que aceptar aquello en lo que nos hemos convertido. Y hay ocasiones en que esta aceptación supone una nueva sensación de identidad. Mia ya no podía seguir definiendo su vida como madre de Billy. Debía enfrentarse emocionalmente a lo que tenía que abandonar y a lo que necesitaba asumir.

–¿Puedes vivir con eso?

Mia asintió, esbozando una sonrisa.

–¿Puedes intentarlo? –preguntó nuevamente Steve.

–Lo intentaré.

Otra serie muy breve.

–Trataré de vivir con eso y lo aceptaré. Y también trataré de seguir adelante con mi vida.

–¿Qué quieres decir con «trataré de seguir adelante con mi vida»?

–Trataré de volver a trabajar. No sé si quiero volver a ese trabajo. Estar ahí me resulta doloroso, porque ahí es donde estaba cuando murió. Quizás podría hacer alguna otra cosa.

–¿Puedes mantener esto en tu mente y ver qué es lo que aflora?

Nueva serie.

–No me veo volviendo a ese trabajo. Durante este tiempo he estado haciendo de canguro de mis sobrinos un par de veces por semana. Tal vez pueda hacer algo así. Me siento mejor cuando estoy rodeada de niños.

–Sigue pensando en esto y observa lo que aflora.

Nueva serie.

–Me veo rodeada de niños, mis sobrinos y los dos hijos de mi compañero. Me veo con ellos. Es como llevar otro tipo de vida, no cuidaré de Billy, pero asumiré la responsabilidad de cuidar de un niño. Quizás adopte un niño. [Los médicos le habían dicho que no podía tener otro hijo.] Hay muchos niños que necesitan una familia que los cuide.

Otra serie.

–Pero también quiero que sean hijos míos –dijo Mia, sonriendo–. Y aunque no quiero que me los vuelvan a arrebatar, sé que eso está fuera de mi alcance. Quizás sea algo que todavía tenga que trabajar.

–Uno nunca sabe lo que la vida le deparará –dijo delicadamente Steve– hasta que, un buen día...

–Es cierto. Si me comportase así, sería la misma persona de siempre. Quizá por ello mi mente se resista a aceptar las cosas. He educado a mi hijo durante 12 años –una parte muy importante de mi vida– y, finalmente, me lo han arrebatado.

Ésa había sido, hasta el momento, la respuesta más larga de Mia.

–Quizá pueda volver a conectar con esa parte de mi ser –agregó–, pero no a través de él, sino de otro niño. Necesito dejarlo ir.

Otra serie muy corta.

–Se ha ido. No puedo olvidarlo. Él no quiere que lo olvide, sino que lo recuerde. Creo que debería dejarlo ir, nadie puede hacerlo por mí. Esto es lo más difícil y tengo que hacerlo yo.

–Quizá haya llegado ya el momento de intentarlo de verdad –agregó–. Hasta ahora he tratado de aferrarme a cualquier cosa que me hiciera sentir que todavía estaba vivo. Pero no puedo seguir haciéndolo, porque no descansaría en paz. Ya no le molestaré más. Ahora tengo que concentrarme en esto, en el hecho de soltarlo.

Nueva serie.

–La frase «soltar sin olvidar» da vueltas y más vueltas en mi cabeza –dijo entonces Mia, mientras las lágrimas rodaban mejillas abajo y mantenía las manos fuertemente unidas en su regazo.

–No hay nada, Mia, que pueda hacer para eliminar la tristeza. Creo, además, que las cosas deben ser así. Eso forma parte del recuerdo.

–Así es. Estaría muy bien que no estuviese triste, pero en tal caso, probablemente habría algo que no funcionaría bien.

–¿Puedes vivir con esto? ¿Está todo bien?

Otra serie muy breve.

–Creo que las cosas están bien.

–¿Cuán verdadero lo sientes en una escala de 1 ("completamente falso") a 7 ("completamente cierto")?

–Completamente cierto.

–Mantén esto en tu mente –y, para reforzar la creencia positiva, llevaron a cabo otra breve serie.

—Siento como si me hubiera quitado un gran peso de la mente. Me siento en paz, mucho más en paz que nunca. Me siento mucho mejor.

—¿Cómo está tu corazón?

—Todavía me duele, pero es diferente. Creo que siempre me dolerá. Siento una especie de vacío, un vacío que nada ni nadie podrá colmar, porque ese lugar le pertenece y ahí puedo guardar todos los recuerdos que tengo de él.

—¿Crees que hoy nos queda todavía alguna otra cosa que hacer, Mia?

—No. Todavía sigo dándole vueltas a la frase «soltar no es lo mismo que olvidar». Seguiré pensando en eso... y de mantener esa idea en mi mente.

Así terminó la segunda sesión.

Cuando, una semana después, Mia volvió a la tercera y última sesión, Steven advirtió que su rostro había recuperado el color y que su cabello estaba más ondulado. También vestía con colores más brillantes, incluida una camisa de un violeta intenso. Steve consideraba esa última sesión como una oportunidad para comprobar si todavía quedaba algo sin resolver, algún miedo o alguna creencia negativa que pudiera impedir la conclusión del duelo y obstaculizar, en consecuencia, su proceso de curación.

—¿Cómo van las cosas? —preguntó.

—Bien. Bastante bien. He seguido pensando en la frase «soltar no es lo mismo que olvidar». Y todavía trato de hacerlo... Han sido días muy dolorosos, días en los que he soñado con Billy, que estaba sentado en una silla. A veces los sueños no nos ayudan.

—¿Cómo duermes?

—Mejor. La escena original [los fragmentos de su cuerpo esparcidos por las vías] es ahora muy difusa. Antes, cada vez que pensaba en ellos, los magnificaba... y lo pasaba realmente muy mal. Ahora ya no es así. Esa escena ha dejado de obsesionarme.

–¿Te sientes estancada?

–Ahora pienso en la muerte… no en una cosa concreta como el tren o la escena original. Creo que he hecho lo que tenía que hacer, llorar cuando tenía que llorar – dijo Mia, con los brazos relajadamente apoyados en la silla. Mientras hablaba, movía la cabeza y cambiaba la expresión de su rostro, algo que nunca antes había ocurrido. También la intensidad de su voz era mayor que nunca.

–¿Has llorado durante esta última semana?

–Ayer lo hice. A causa del sueño. Ha sido la primera vez en toda la semana. Antes lloraba a diario.

–No puedo cambiar lo que ha sucedido. La muerte siempre estará ahí. Sigo creyendo que, más pronto o más tarde, todos tenemos que morir… quiero vivir y hacer todo lo posible para ser una buena persona. Sé que mi hijo está en el cielo. Y sigo pensando que, finalmente, volveré a encontrarme con él. Esto es lo que me salva, pensar que un día estaré con él.

–Ya pensaste, al tomar las píldoras, que podía ser un modo de precipitar el encuentro con él –dijo entonces Steve, refiriéndose a su intento de suicidio–. ¿Todavía tienes esos pensamientos?

–Sinceramente, sí, he tenido algunos pensamientos de ese tipo. Pero, en realidad, no sería lo que debería hacer. Uno no tiene que acabar así con su vida. Dios se enfadaría mucho conmigo. He dañado a muchas personas. Mi familia también ha sufrido mucho [con la muerte de Billy].

–¿Cómo van las cosas en casa [en casa de su madre, donde vivían ella y Billy]?

–No muy mal.

–¿Puedes soportarlo?

–Sí. Pero me gustaría que mis padres se mudasen. Les

resulta muy doloroso seguir viviendo ahí. Pero cuando uno es propietario, no resulta tan sencillo empaquetar las cosas y mudarse.

–¿Cómo valorarías ahora la escena original en la escala de 0 a 10?

–Como un 0. Ahora veo las cosas de manera diferente. Mucho más difusa. Fue un accidente. Es algo que ha sucedido. Mi hijo ya no está ahí [en las vías del tren], descansa en el cementerio y, cuando quiero estar con él, es ahí adonde voy.

–¿Qué sucede cuando imaginas de nuevo la escena?

–No me resulta tan difícil como antes. El dolor que antes sentía en el pecho ha desaparecido y la escena es mucho más difusa. Antes era mucho más clara.

–¿Qué es, si ahora volvieras a esa escena, lo que más te preocuparía?

–Ya no me molestaría el tren, la gente o estar en el coche de la policía. Sólo me molestaría su cuerpo.

–¿Quieres que procesemos ahora este punto con la EMDR? –Y, cuando Mia asintió, Steve agregó–: ¿Qué es lo que piensas cuando evocas mentalmente la imagen del cuerpo de Billy?

–Tristeza.

–¿Y cuáles son las palabras tuyas que crees que acompañan mejor a esa imagen?

–Me horroriza el simple hecho de pensarlo. Incredulidad.

–Durante la primera sesión te sentiste culpable. ¿Cómo te sientes ahora?

–Ahora no. Ahora ya no me siento culpable. Ahora culpo a los dos trabajos que tenía.

–Mantén ahora esa sensación de culpabilidad junto a lo que queda de esa imagen. ¿Cuál es el sentimiento que, cuando lo haces, aparece en tu cuerpo?

–Que, en realidad, no ha sido culpa mía.

Steve levantó entonces la mano derecha y empezaron la primera serie de su última sesión. Fue una serie muy larga, al finalizar la cual, Mia permaneció en silencio aproximadamente durante un minuto.

–Veo que la culpa se disuelve porque, en realidad, no es culpa de nadie.

Nueva serie.

–Creo que todos nos vimos inmersos en un accidente. Y en un accidente, nadie tiene la culpa, porque nadie ha hecho nada de manera deliberada.

–¿Estás segura?

–Completamente.

Nueva serie.

–Sigue pareciéndome un accidente. Eso es todo. Eso es lo que ha sido. No ha sido culpa de nadie.

–¿Ni siquiera ha sido culpa tuya?

–No, porque yo estaba trabajando y, aunque hubiese estado en casa, Billy se hallaba a una manzana de distancia… ¿Cómo hubiera podido evitarlo? Quizás pueda culpar al niño que le llevó allí, pero no se puede culpar a un niño.

Nueva serie muy breve.

–La culpa ha desaparecido –dijo Mia, lentamente, como en un sueño–. No es culpa de nadie, ni siquiera de su amigo.

–¿Y qué me dices de tus trabajos?

–Nada. Tenía que trabajar, lo comprendiera o no. Lo hacía por él, para poder proporcionarle todo lo que quería. Pero no sé si realmente lo comprendía, porque no le gustaba que trabajase tanto.

–¿Qué te molesta ahora cuando piensas en el accidente?

–Culpo al ferrocarril, por carecer de barreras. Es cierto que mi hijo hizo mal en ir ahí, pero ellos también lo han hecho mal, por no cuidar adecuadamente la seguridad. Ha sido un accidente, pero él era un niño y, como tal, era curioso. Quería conocerlo todo. Todos sabemos que un tren es, para un niño, una cosa maravillosa. «¡Oh! ¡Un tren!»

–¿Puedes perdonarle por eso?

–¿A quién?

–A tu hijo.

–Todavía estoy… enfadada con él por eso.

Aunque resulta difícil admitir, hablando en términos generales, que uno está enfadado con una persona muerta, porque eso puede intensificar la sensación de culpabilidad, se trata, no obstante, de una respuesta completamente natural.

Nueva serie. En ese momento, Steve y Mia llevaban media hora de sesión.

–Puedo imaginarme que le veo y le digo que estoy enfadada con él. Ya me ha causado mucho dolor y mucho sufrimiento. Él nunca hubiese querido que sucediese… debo perdonarle por eso.

Nueva serie.

Las lágrimas rodaron entonces por las mejillas de Mia y Steve le dio un pañuelo.

–Mi hijo siempre decía «nunca te dejaré, mamá», yo pensaba en ello y en que se ha ido… Sé que nunca quiso hacerme daño, pero se vio obligado a abandonarme.

–¿Puedes aceptarlo?

–Resulta difícil, pero lo intentaré.

Nueva serie.

–Le digo que trataré de aceptar que no ha querido dañarme intencionalmente. Estoy segura de que, de haberlo sabido, jamás se hubiese ido.

–¿Se acabó la culpa?

–Sí.

–¿A qué culparías, si todavía quedase algún resto de culpa?

–Al tren. Se trata de una tragedia absurda… Creo que la parte relativa a su pie todavía me persigue porque si no se hubiese quedado atrapado, habría podido escapar. Una mujer me dijo que le vio forcejeando y tratando de sacar el pie de las vías, pero por más que lo intentó, no llegó a conseguirlo.

Nueva serie.

–Hubiera deseado estar allí para ayudarle a salir y preguntarle a su amigo porque no le había ayudado... pero tenía miedo.

Nueva serie.

–He podido ver a mi hijo... he hablado con él. Me ha dicho «no ha sido culpa de nadie, mamá». Él nunca quiso dejarme. Pero debo seguir adelante. Eso es lo que me dice. Eso es lo mejor. Sé que es lo mejor.

–¿Qué es lo que te impide, en lo más profundo de ti –preguntó entonces Steve–, considerar la afirmación «pero no está aquí» como "completamente verdadera"?

–No quiero que lo sea.

Nueva serie muy larga, quizá de tres minutos.

–Puedo imaginar... que se ha ido... pero no es así como se supone que funciona la vida. Nadie debería verse obligado a enterrar a su hijo. Pero lo fundamental es que él ya no está. Se ha ido y no puedo hacer nada más que aceptarlo y seguir adelante, para que el resto de mi vida merezca la pena. Trataré de seguir adelante.

–¿Cómo te sientes ahora, Mia, si evocas la escena original?

–De ningún modo especial. Como algo que ha sucedido y, al mismo tiempo, no ha sucedido. Se ha ido y eso es todo. Esa escena ya no puede dañarme. No permitiré que lo haga, porque no puedo cambiar absolutamente nada. Quizá antes me preocupaba porque siempre le imaginaba a él en la escena. Pero ahora ya tengo claro que él no está en esa escena... lo he sacado de ahí y lo he colocado en el cielo.

–Si pensando en todos los acontecimientos de este día, dejas que tu mente se mueva libremente y llegas a una parte que parece inquietarte, abre los ojos y dime de qué se trata, así podemos trabajar sobre ello.

Mia permaneció en silencio un buen rato y luego dijo:

—Volver a casa de mi madre después de que me acompañaran al hospital y ver el estado en el que se encontraba mi familia [los padres, los hermanos, las hermanas, los cuñados y las cuñadas de Mia estaban destrozados por la muerte de Billy]. Resultó muy doloroso, pero yo quería ahorrarles ese dolor.

Nueva serie.

—Les dije que no quería que sufriesen, pero ellos me respondieron que no podían hacer otra cosa.

—¿Puedes vivir con eso?

Nueva serie.

—Me dijeron que lo que estaba ocurriéndoles era normal, que era parte de la vida que tenían que vivir. Pero lo cierto es que estaban más preocupados por mí. Mi familia, mis hermanos, mis hermanas, mis padres y mis sobrinos estaban destrozados. A veces, a pesar de estar mal, me veía obligada a consolarlos. Aún hoy creo que hay ocasiones en que Billy me ayuda a hacerlo, porque no sé de dónde saco la fuerza.

—¿Cómo te sientes ahora si piensas en esa escena, en la escena de vuelta a casa de tus padres?

—No muy mal. No tan mal, al menos, como antes.

—¿Cuánto, en una escala de 0 a 10?

—Aproximadamente un 5.

—¿Qué es lo que impide que la valoración sea inferior?

—El dolor que suscita. Sólo el dolor.

Nueva serie

—Puedo ver a mi familia. Puedo verles diciéndome que están bien. Creo que lo están pasando mal, pero la escena ya no me resulta tan desagradable.

—¿Qué palabras tuyas acompañan a esa imagen?

—Les quiero mucho.

–Me pregunto si te sientes culpable de su sufrimiento.

–Ciertamente que me sentí culpable por ello. Como si me esforzara en asumir el sufrimiento de todo el mundo.

–Trata ahora de hacer eso. Trata de asumir el sufrimiento de todo el mundo y dime lo que ocurre.

Nueva serie.

–Creo que necesitaban vivir todo lo que han vivido. Necesitaban eso. Se trata de una parte de la vida que nadie podía ahorrarles. Nadie puede hacerse cargo del sufrimiento de otra persona y, por más que alguien quiera hacerlo, resulta imposible.

–¿Qué te parece ahora esa escena?

–Muy normal. Ellos hicieron lo que tenían que hacer y yo, por mi parte, también hice lo que tenía que hacer.

–¿De 0 a 10?

–Un 0.

–Evoca de nuevo esos eventos y observa si todavía estás atrapada.

En ese punto había transcurrido una hora de la tercera sesión.

–Probablemente no me he despedido todavía de mi hijo.

–Enfrentémonos ahora a eso.

Nueva serie.

–No he podido decir adiós a esa escena ni a ese día, pero recuerdo que cuando, la noche anterior, mi hijo se fue a dormir –dijo Mia, haciendo una pausa, con la voz sofocada por las lágrimas– me acerqué, como cada noche, a él, le abracé, le di las buenas noches y le dije que siempre le querría. Y lo mismo le dije esa noche: «Siempre te querré». A la mañana siguiente, no le vi porque, cuando me marché a trabajar, todavía estaba durmiendo. Así que, en realidad, sí que me despedí de él... porque las últimas palabras que intercambiamos fueron «te quiero».

Nueva serie muy larga. La mano de Steve se movía de un lado al otro y Mia seguía sus movimientos a pesar de las lágrimas que ahora nublaban sus ojos.

–A decir verdad, sí que me despedí de él... porque ésa fue la última ocasión en que lo vi vivo. Ésas fueron nuestras últimas palabras. Quizás se tratase –aunque, en ese momento, no lo supiéramos– de un último saludo.

–¿Va todo bien?

–Muy bien.

Nueva serie.

–Realmente me he despedido de él. Esa noche me lo ha recordado. Ésas fueron nuestras últimas palabras. Y también me despedí de él cuando le enterré.

–¿Cómo te sientes ahora con esa escena, Mia?

–Mejor. Mucho mejor.

–¿Te sientes bien?

–Sí.

Nueva serie.

–Me siento mucho mejor.

–Veamos si hay algo que te sigue molestando...

–No, no hay nada más. Creo que ya hemos trabajado todas las cosas que anteriormente me obsesionaban. Y también he encontrado la respuesta a lo que me preocupaba y no creo que sigan preocupándome.

Éste fue un resultado muy importante de la terapia EMDR. Mia sabía que era la responsable de su propia curación, y Steve no había hecho sino acompañarla en el proceso. Como dijo al finalizar su tercera y última sesión: «Ha sido para mí un privilegio haber tenido la ocasión de ayudarte».

Cuando, ocho meses después, Steve vio a Mia con motivo de una sesión de seguimiento, descubrió que estaba bien. Había roto su problemático compromiso, había vuelto a vivir en casa de su familia y había empezado a trabajar en el almacén y, sobre todo, ya no sentía la necesidad de distanciarse de su pasado, dormía bien, sin verse obsesionada por ningún recuerdo del trágico incidente... y, por encima de todo, estaba embarazada, porque los médicos se habían equivocado.

Cuando Mia volvió al Institute 15 meses después para una nueva sesión de seguimiento, llevó consigo a su nuevo bebé, Nicholas.

–Aunque ha sido realmente muy duro –le dijo a Steve, cuando éste le preguntó cómo se sentía con respecto a la muerte de Billy– debo seguir adelante... y puedo hacerlo. Toda vida es importante y mi vida es tan importante como la vida de mi hijo.

»Siento como si Dios me estuviese dando una segunda oportunidad –le dijo a Steve, con lágrimas en los ojos. Pero, en esta ocasión, las lágrimas no eran de tristeza, sino de agradecimiento y alegría.

Pero Mia y su familia no fueron los únicos en padecer las olas del sufrimiento causado por la muerte de Billy. Nuestras vidas están tan estrechamente entrelazadas que sólo nos damos cuenta de ello cuando nos vemos golpeados por la tragedia. Después del accidente, el maquinista que conducía el tren que atropelló a Billy Russo sufrió un trauma por el que tuvo que ser hospitalizado. Cuando salió del hospital volvió a su trabajo, pero cinco meses después, cuando estaba a punto de jubilarse, murió de un ataque al corazón.

Más allá de su dolor, Mia se sintió mal por ello. Quería decirle que sabía que no era culpa suya. «No sé si me sentía peor por él o por mí» –dijo.

La reacción de compasión de Mia no es nada habitual. «Lo único que la gente te pregunta –dice Jim Duque, sindicalista que, durante mucho tiempo, trabajó como maquinista– es

"¿Por qué no frenaste?"». Pero la distancia de frenado de un tren en movimiento supera los 500 metros. Y no puedes hacer otra cosa. Nada de lo que el maquinista haga o deje de hacer puede impedir que el tren arrolle todo lo que encuentra a su paso. El maquinista puede decidir cómo responder a la situación, pero no puede controlarla... y tampoco puede controlar el horror, el dolor y la sensación de culpabilidad que todo ello genera.»

–Lo único que uno puede hacer es observar lo que ocurre –recuerda Jim–. Y no hay refugio alguno donde poder ocultarse.

En enero de 1973, Jim, que por aquel entonces tenía poco más de 30 años, era el conductor de la locomotora de un tren de mercancías que transportaba mineral de hierro hacia el Norte por un tramo de la Missouri Pacific Railroad que costea la ribera occidental del Mississippi. Cuando la locomotora acometía la curva que se halla a unos 40 kilómetros al Sur de Saint Louis, Jim vio, a su derecha, el pequeño puerto en el que estaban amarradas varias embarcaciones y barcazas fluviales. Un estrecho camino con un paso a nivel conectaba el pequeño puerto deportivo con un grupo de casas ubicadas a la izquierda de las vías, y, siguiendo el procedimiento habitual para tales casos, Jim levantó la mano y accionó la sirena de alarma, momento en el que advirtió que las cosas no iban bien.

Un poco más allá del paso a nivel hay un par de puentes, uno para los vehículos que se dirigen al Norte y el otro para el ferrocarril. Pero el puente de la carretera estaba inundado y Jim apenas si pudo ver a cuatro muchachos empujando sus bicicletas por el puente ferroviario que se halla a unos 300 metros.

En el momento en que vio a los niños, Jim accionó el freno de emergencia. Con la mano izquierda empujó el freno hacia la derecha, una maniobra que desembraga el motor y acciona los frenos de la locomotora y de todos los vagones mientras, con la mano derecha, tocaba el silbato sin parar. La bicicleta de uno de los niños parecía haberse quedado atrapada en el guardacarril y estaban forcejeando hacia adelante y hacia atrás, tratando de liberarla. Luego, para alivio de Jim, advirtieron la proximidad del tren y salieron corriendo. «Gracias a Dios» –pensó entonces Jim, pero estaba equivocado, porque uno de los niños, que no parecía estar dispuesto a perder su bicicleta, dio media vuelta.

En vano intentó Jim tocar el silbato, porque su locomotora, seguida de casi 800 metros de vagones cargados de mineral de hierro, a 80 kilómetros por hora, seguía su inexorable marcha en dirección al muchacho y su bicicleta. Lo último que recuerda haber visto es un niño de siete años que se parecía mucho a su hijo corriendo hacia su bicicleta y dirigiéndose directamente hacia el ángulo muerto de Jim, la zona ubicada inmediatamente a la izquierda de la cabina. Entonces escuchó el sonido del impacto y la mente de Jim se oscureció. El episodio, desde el momento en que Jim advirtió la presencia de los niños hasta el momento del impacto, había durado unos 13 segundos.

Lo primero que advirtió Jim cuando recuperó la conciencia fue que el tren se había detenido aproximadamente un kilómetro más adelante. Pero cuando se dio cuenta de que, en algún momento, debía haber desconectado manualmente los frenos independientes de la locomotora, porque la válvula que los controlaba estaba ahora cerrada, lo que significaba que, de algún modo, habría anulado el mecanismo de emergencia y desactivado los frenos secundarios, su corazón se desbocó. ¿Por qué lo habría hecho? ¿Y, sobre todo, cuándo?

Luego Jim recordó el impacto, salió de la cabina y caminó hacia atrás en dirección al lugar del impacto. Quería decirle al niño que todo estaba bien, que entendía por qué se encontraba en el puente del ferrocarril y, consciente de que la bicicleta había quedado destruida, quería decirle que le iba a comprar otra.

Pero cuando llevaba recorridos unos 300 metros largos vio, bajo las ruedas del tren, una de las llantas retorcidas. Entonces supo que el tren había atropellado algo más que la bicicleta y no pudo seguir adelante, y cuando regresó a la cabina, la radio le confirmó sus peores temores. Habían encontrado al muchacho y estaba muerto.

En 1973, lo que le había ocurrido a Jim no era considerado como un "trauma", sino como un elemento habitual del paisaje laboral con el que deben convivir los maquinistas de tren. Y es que cuando uno trabaja en el ferrocarril acaba viendo, más pronto o más tarde, una persona atropellada. Cuando ese día volvió a casa, un amigo le dijo: «Haz lo que quieras, pero mañana no dejes de trabajar. Ten en cuenta que, si lo haces, tal vez no vuelvas. Mañana ve a trabajar y luego tómate todo el tiempo que necesites. Pero mañana no dejes de ir a trabajar»

Jim siguió su consejo y continuó con su vida normal, pero lo cierto es que su vida no volvió nunca más a ser normal. Entonces empezó a beber y, como muchos otros, utilizó el alcohol para amortiguar su dolor, pero sólo conseguía un alivio provisional y la angustia no tardaba en presentarse. Era incapaz de dormir toda la noche de un tirón y se despertaba cada dos o tres horas. Tenía pensamientos y sentimientos recurrentes sobre el accidente y se veía perseguido por la imagen del muchacho volviendo sobre sus pasos. Y, cada vez que oía hablar de un accidente de ferrocarril, se veía asediado por esas imágenes. Cuando le asignaron la misma ruta, apenas si pudo soportarlo, porque la mera visión del puente desencadenaba en él *flashbacks* del accidente, hasta que le asignaron otro recorrido.

El alcoholismo y los pensamientos obsesivos acompañaron a Jim durante los próximos 19 años. Su matrimonio se rompió, y aunque volvió a casarse, esa unión también acabó en divorcio. Sus hijos crecieron, y cada cumpleaños, Jim se veía asediado por imágenes de ese muchacho: «Si ahora viviese tendría ocho... nueve... diez... quince... veintiún... veintiséis años». La sensación de culpabilidad no le daba tregua. Se estrujaba el cerebro tratando de pensar en lo que podría haber hecho para evitarlo y se sentía tan culpable que jamás le dijo a nadie que había desactivado el freno secundario. Quizás, de no haberlo hecho, el niño hubiese contado con uno o dos segundos extra que le hubieran salvado la vida. Y aunque intelectualmente sabía que uno o dos segundos no significaban nada, se sentía como si hubiese apuntado a la cabeza del muchacho con una pistola y hubiese apretado el gatillo.

En 1990, la Union Pacific (que se había fundido con Missouri Pacific) empezó a organizar grupos de apoyo para empleados que se habían visto implicados en lo que ahora se denomina "incidentes críticos". Jim que, por aquel entonces, tenía poco más de 50 años y era muy respetado por su trabajo como presidente de la sección local del sindicato de maquinistas, asistió a una de las primeras sesiones de formación de dos días para terapeutas de apoyo. El programa había sido puesto a punto y dirigido por Tim Kaufman, un terapeuta de la empresa que también había sido maquinista y entendía perfectamente, en consecuencia, lo difícil que podría resultar para Jim describir todas esas vívidas imágenes y sonidos y compartir sus sentimientos.

Tim empezó el curso de formación invitando al pequeño grupo de hombres y mujeres, todos los cuales se habían visto implicados, al menos, en un incidente crítico, a «dejar sus armas en la puerta. No hablaremos de cuestiones de la empresa ni de la administración –les dijo–. Hablaremos de los "incidentes críticos" y de lo que supone un grupo de apoyo. Todos habéis pagado el terrible precio de admisión a este taller, porque todos habéis estado implicados en algún que otro accidente. El precio que deberéis pagar ahora por participar en el taller consiste en escuchar respetuosamente las experiencias de los demás y en mantener una estricta confidencialidad sobre lo que aquí escuchéis».

–Muy bien –se dijo entonces Jim–, pero yo no lo voy a contar todo. Por nada del mundo mencionaré que desactivé el freno secundario.

El dolor emocional de la sala iba aumentando en la misma medida en que los participantes se sucedían en contar sus dolorosos relatos. El grupo se enfrentó entonces a relatos de muerte, desmembramiento, dolor y la inevitable sensación de culpabilidad. Fue la primera ocasión en que Jim vio 20 personas adultas llorando simultáneamente… y él era una de ellas. Y cuando le tocó su turno, no se dejó nada en el tintero.

Ese mismo día, Tim les presentó a Roger Solomon, un psicólogo que, por aquel entonces, trabajaba para la policía estatal de Washington, quien les habló de la EMDR, que había estado utilizando exitosamente con agentes implicados en incidentes críticos. Tim no estaba muy seguro del modo en que reaccionarían los maquinistas, personas generalmente conservadoras, escépticas, machistas y que contemplaban con indiferencia el mundo de los sentimientos y, en consecuencia, también la psicoterapia.

–Dadle una oportunidad a la EMDR y os ruego que pongáis provisionalmente en suspenso cualquier opinión que de antemano os pueda merecer –dijo entonces Tim al grupo.

Después de explicar en qué consistía la EMDR, Tim y Roger empezaron a tratar a quienes se ofrecieron como voluntarios. Y aunque Jim Duque era uno de ellos, contemplaba todo lo que ocurría con cierta suspicacia. No conocía el programa y tampoco conocía a Roger, pero estaba dispuesto a intentarlo.

Roger y Tim decidieron empezar centrándose en la imagen obsesiva del muchacho corriendo por las vías para salvar su bicicleta. Se sentía triste y culpable, una sensación que resumió en las palabras «Ha muerto por mi culpa», mientras que su cognición positiva era «Hice todo lo que estuvo en mis manos».

Entonces Roger comenzó la primera serie.

Lo primero que acudió a la mente de Jim al ver el movimiento de los dedos de Roger fue: «¡Esto no es más que un juego!», pero no tardaron en ocurrir varias cosas. Después del tercer movimiento de izquierda a derecha de la mano de Roger, Jim empezó a revivir el incidente, instante tras instante. Se hallaba nuevamente en la cabina de la locomotora haciendo sonar el silbato de alarma, contemplando a los niños en las vías, accionando el dispositivo de emergencia del tren y viendo cómo uno de los niños volvía sobre sus pasos en dirección al puente. Luego escuchó el ruido del impacto, pero en esta ocasión, su mente no se oscureció, sino que era vívidamente consciente de todo lo que le rodeaba, incluida la imagen de su mano izquierda sobre el mando del freno y de su mano derecha accionando la alarma.

Con una ola de alivio tan intensa que casi se asemejaba a la alegría, Jim se dio cuenta de que no pudo haber desactivado el freno secundario hasta después del accidente, porque tenía las dos manos ocupadas, y de que, en consecuencia, la muerte del muchacho no se debía a una negligencia suya. Entonces sintió como si todo su cuerpo se liberase de la carga física que supone la sensación de culpabilidad y se enderezase.

Roger, moviendo todavía sus dedos de un lado a otro, vio cómo el rostro serio de Jim se iluminaba y sus ojos se llenaban de lágrimas. La expresión del rostro de ese hombretón expresaba su sorpresa, su liberación y también su felicidad.

–Durante todos esos años –dijo entonces Jim–, he albergado la duda de que si no hubiese desactivado la válvula del freno, quizás el niño todavía seguiría vivo. Pero ahora sé que eso no era cierto. No lo hice hasta después del accidente. Hice las cosas lo mejor que pude y lo cierto es que no pude hacer otra cosa.

Más tarde, ese mismo año Tim llamó por teléfono a Jim para ver cómo estaba y se enteró de que dormía bien y había dejado de beber descontroladamente. También admitió que aunque, en ocasiones, todavía pensaba en el accidente, ya no se veía perseguido por la imagen del muchacho. Ahora se dedicaba a apoyar, del mejor modo que sabía, a otros maquinistas implicados en accidentes fatales, ya que su principal deseo era el de ayudar a evitar las tragedias inútiles y absurdas. «Quizás pueda servir –dijo– que las personas sepan que hay otro ser humano a cargo del tren.»

10. ROMPIENDO LOS GRILLETES DE LA DEPENDENCIA

> «La historia, pese a su lacerante dolor,
> no puede dejar de ser vivida, y si la afrontamos con valentía,
> no necesitaremos revivirla.»
>
> MAYA ANGELOU

Todas las terapias tratan de ayudar al individuo a aprender a procesar el dolor de un modo sano y a recuperar el control de las experiencias pasadas. Pero la primera respuesta del ser humano ante el dolor no consiste tanto en enfrentarse a él como en escapar. Los intentos de suicidio de quienes padecen de TEPT, por ejemplo, superan en ocho veces a los de la población general.[1] No es de extrañar, por tanto, que quienes han experimentado algún tipo de trauma se muestren proclives al abuso del alcohol y de las drogas.[2] ¿Deberíamos sorprendernos, habida cuenta de que, según ciertas estimaciones, el 75% de las personas atraviesa, en algún que otro momento de su vida, por alguna situación que podía desencadenar una respuesta traumática, de que, en tales condiciones, la dependencia química esté alcanzando proporciones epidémicas?

Los efectos de la EMDR no se limitan a mitigar el dolor. Aunque todavía no se haya llevado a cabo una investigación formal al respecto, existen evidencias que apuntan al uso exitoso de la EMDR en el tratamiento clínico de las personas que dependen del alcohol y de las drogas. En este sentido, la EMDR permite identificar y reelaborar rápidamente las causas subyacentes, ya sean traumáticas o de otro tipo, de la dependencia, poniendo de relieve que algunas razones de la adicción se remontan a los eventos de la infancia.[3] Cabe señalar, en este sentido, que los niños que han sido víctimas o testigos de crímenes o de violencia física corren un riesgo mucho mayor de desarrollar algún tipo de dependencia y que lo mismo sucede con aquellos otros que han crecido en entornos familiares disfuncionales y se han visto sometidos a abusos psicológicos como la violencia verbal o el abandono. Esos niños crecen sin haber establecido los cimientos adecuados para desarrollar la autoestima, razón por la cual buscan alivio en distintas formas de toxicodependencia.

Especialmente en riesgo se encuentran aquellos niños que crecen en los hogares caóticos proporcionados por padres distantes, traumatizados o insensibles que, a su vez, pueden ser alcohólicos o toxicodependientes. En tales casos, la vida familiar gira en torno al alcohol o las drogas y los hijos suelen verse abandonados a su propia suerte. Ese tipo de niños suele esforzarse en mantener una sensación de orden normalizando, negando o justificando la dependencia de sus padres y experimentando una sensación continua de abandono y de falta de seguridad porque saben que, en cualquier momento, pueden convertirse en objeto de abuso y ser utilizados para proteger o "salvar" a sus padres. Y por más que el niño carezca de elementos de comparación y considere, por tanto, la situación como algo normal, este tipo de experiencias negativas pueden tener un efecto devastador sobre su desarrollo psicológico y personal. Así es como, para conservar su lugar en la familia, el niño se ve obligado a abandonar su sensación de identidad independiente y acaba entrando a formar parte del ciclo del engaño y la disfunción. En este sentido, el trauma constituye la primera escaramuza de una batalla que dura toda la vida.

El tratamiento EMDR permite al toxicodependiente reelaborar las situaciones pasadas y presentes que hayan generado la disfunción. En tal caso, la angustia se convierte en una llamada de atención para dejar de escapar del entorno y emprender acciones destinadas a modificarlo. Entonces, el cliente puede aprender habilidades de enfrentamiento que le ayuden a resistirse a los desencadenantes habituales del abuso de las drogas (como, por ejemplo, la simple visión de una botella de whisky) y a gestionar el estrés futuro sin apelar al alcohol ni a las drogas. Además, la EMDR también sirve para corregir los desencadenantes personales internos como, en el caso de los adultos, el sentimiento de inadecuación provocado por el trauma original que, a su vez, puede alentar el abuso de substancias.

Aunque, en ciertos individuos, pueda existir una predisposición genética a la adicción,[4] no hay que olvidar que la herencia no es el destino. El abuso de substancias depende de la interacción entre la herencia y experiencias pasadas o presentes.[5] Todo lo que hemos aprendido puede verse modificado. Quizá no resulte sencillo, pero lo que se ha aprendido puede ser reprocesado, y aun en el caso de que exista un componente genético, la EMDR parece ser una alternativa clínicamente eficaz, en cuyo caso resulta en especial importante actuar al mismo tiempo sobre otros factores.

Conviene insistir, una vez más, en que la EMDR no debería ser utilizada aisladamente, sino como un elemento más de un sistema que contribuye a hacer que el cliente se sienta seguro y apoyado. En este sentido, el método funciona mejor cuando se emplea como un coadyuvante más de un abordaje grupal que proporciona un adecuado entorno de apoyo, como la terapia grupal, Alcohólicos Anónimos (AA) o Toxicómanos Anónimos (TA), en cuyo caso el aislamiento del sujeto se ve reemplazado por la sensación de pertenencia a una comunidad. No hay que olvidar, por más que los detalles concretos puedan ser muy diferentes que cuando una persona comparte sus experiencias dolorosas, los demás pueden identificarse con sus pensamientos o con sus sentimientos. En tales casos, los miembros del grupo pueden experimentar sensaciones de conexión y compasión que llevan mucho tiempo sin experimentar, si es que las han experimentado alguna vez.

No todos los casos de abuso de substancias se inician en una *rave* o en un callejón oscuro. Para Amy Kuwabara, por ejemplo, todo empezó en el departamento de obstetricia y ginecología del hospital de Kansas en el que trabajaba como enfermera. Amy adoraba su trabajo asistiendo a los partos, pero al tratarse de una recién llegada y carecer de antigüedad, se vio relegada al turno de noche, lo que le resultaba muy deprimente. Tenía dificultades para dormir de día, razón por la cual empezó a agotarse. Un buen día oyó hablar casualmente a varias enfermeras de los somníferos que tomaban para adaptarse a las rotaciones horarias a las que se veían obligadas a enfrentarse. Entonces decidió tomar píldoras y descubrió lo fácil que le resultaba procurárselas. Y como las píldoras funcionaban, las tomó ocasionalmente durante los años siguientes, y aunque le proporcionaban una sensación placentera, sólo las tomaba cuando tenía dificultades para conciliar el sueño.

En 1987, Amy, que había nacido y se había criado en Hawai, de padres japoneses, renunció a su trabajo de Kansas y se convirtió en enfermera itinerante, rotando trimestralmente por los hospitales de diferentes Estados, un trabajo que la llevó a California del Norte, California del Sur y

Alaska. Le gustaba su trabajo y, a pesar de estar soltera, no parecía inquietarse por carecer de tiempo para conectar con sus colegas o entablar amistades más próximas, porque jamás se había sentido cómoda en las situaciones sociales y, a los 26 años, sólo había tenido tres citas.

En cualquier caso, su trabajo como enfermera itinerante le resultaba muy cómodo e, inconscientemente, al menos, le resultaba extrañamente familiar. Recordaba que, siendo niña, se había sentido marginada y que, en más de una ocasión, se había sentado en el porche esperando que su familia advirtiese su ausencia, cosa que nunca ocurrió. Ahora, el papel de marginada en un territorio extraño hizo aflorar la abrumadora sensación de soledad y aislamiento que había experimentado durante toda su infancia. No es de extrañar que cuando su solitario trabajo como enfermera empezó a activar ese dolor, dirigiese su atención hacia las drogas, única fuente de felicidad que tenía a mano.

El fármaco que utilizaba, un narcótico de síntesis, no sólo amortiguaba su sufrimiento emocional y le permitía dormir, sino que también la hacía sentir mejor, porque no experimentaba ningún tipo de sentimiento. Tentada a experimentar con otros analgésicos que se hallaban almacenados en el hospital, justificaba su deseo diciéndose que no era la única que apelaba a ese recurso y que, a fin de cuentas, la hacía sentirse mejor. ¿Acaso no podía hacer ella lo mismo que sus compañeras?

En menos de un año, el uso esporádico de la medicación resultó insuficiente para neutralizar su sufrimiento. En realidad, el ciclo de abuso y abstinencia no hizo sino empeorar las cosas y alentar la dependencia. Entonces empezó a desarrollar síntomas del síndrome de fatiga crónica, aunque nunca fue diagnosticada como tal (porque probablemente se trató de un síntoma derivado del uso y abstinencia del fármaco), y se vio hospitalizada durante un par de meses por depresión e intento de suicidio. Pero por más que el personal psiquiátrico trató de trabajar con ella, prescribiéndole incluso un antidepresivo, nada consiguió aliviar su sufrimiento.

Cuando Amy recibió el alta tenía 27 años y decidió volver a su vieja habitación en casa de sus padres en Honolulu, encontró trabajo como enfermera y trató de llevar una vida normal. Pero sus padres, sin atender a su reciente ataque de fatiga crónica, esperaban que asumiese la responsabilidad de su hermano y hermana adolescentes y que se ocupase de lavar la ropa y cocinar, lo que la llevó a sentirse como si de nuevo tuviese 14 años. Sus padres trabajaban y ella iba a la escuela y era responsable de su hermana pequeña y de un hermano recién nacido. También hay que señalar que Amy no dijo una palabra a sus padres sobre su hospitalización por depresión porque, en su familia japonesa, los problemas de salud mental eran un tabú.

Trabajando nuevamente como enfermera, Amy empezó a sustraer píldoras del armario cerrado con llave cada vez que sentía la necesidad de hacerlo. Pero su "necesidad" era cada vez más apremiante. Una noche, Amy se convenció de que necesitaba los narcóticos porque trabajaba tanto que se sentía mal. En otras ocasiones, simplemente necesitaba liberarse del infierno en que había acabado convirtiéndose su vida interna. Amy estaba empezando a experimentar otra vez sentimientos intensamente dolorosos que parecían proceder de ninguna parte (pero que, en realidad, se derivaban de su sensación de abandono). Bastaba con el mínimo incidente para hacerla llorar y, si estaba en casa, corría a su habitación y sollozaba en la almohada, como había hecho cuando era niña.

La enfermería parecía, dada su educación, una carrera perfecta para ella. La mayor de cuatro hermanos, siempre se había visto obligada a asumir la responsabilidad de sus travesuras, hasta el punto de verse castigada incluso por ellas. También se daba por sentado que tenía que asumir una actitud estoica y que jamás debía mostrar el enfado ni la tristeza. (Y si, en alguna ocasión, incurría en el error de mostrar sus sentimientos, su padre se enfadaba tanto que la golpeaba –y no una vez, sino como norma general– con los puños, los pies y hasta un palo de madera.) Su madre, por su parte, sencillamente la ignoraba. Con independencia de lo que hiciese y de lo bien que lo hiciese, jamás había conseguido la menor aprobación de sus padres. Ambos le habían dejado muy claro que ella era "un error", porque lo que esperaban no era una hija, sino un hijo. Esta relación degradante acabó convirtiendo a Amy en una persona invisible, aislada y sin importancia. No es de extrañar, dadas esas circunstancias, que el trabajo de enfermera le permitiese seguir centrando su atención en las necesidades de los demás, sin importar que recibiese poca o ninguna aprobación.

No pasó mucho tiempo antes de que Amy recurriese regularmente al narcótico, hasta varias veces por noche, ya sea en forma de píldora o de inyección intramuscular, para conseguir la liberación rápida del sufrimiento que le permitiera conciliar el sueño. Un año y medio después, sin embargo, Amy acabó siendo descubierta, por así decirlo, con las manos en la masa.

El hospital había abierto una investigación a fin de descubrir por qué estaban desapareciendo tantos narcóticos. Pero aunque Amy sabía que no era la única que robaba fármacos y que muchas otras enfermeras y médicos también lo hacían, su nombre encabezaba la lista de los sospechosos. Fue entonces cuando las autoridades del hospital la llamaron y la obligaron a someterse a tratamiento porque, en caso contrario, la despedirían lo que, muy probablemente, acarrearía la revocación de su licencia y le impediría seguir trabajando como enfermera. Amy, que disfrutaba con su trabajo y, lo más importante de todo, que no se consideraba con fuerzas para superar la deshonra familiar que supondría una eventualidad como ésa, que la obligaría a quitarse la vida, no tuvo más alternativa que aceptar esa propuesta.

En noviembre de 1990, Amy se vio suspendida de empleo y sueldo y emprendió una terapia intensiva de tres meses de duración que la obligaba a acudir semanalmente a terapia individual y a un grupo de terapia y a participar tres veces por semana en los encuentros organizados por Alcohólicos Anónimos. Los encuentros grupales le resultaron casi insoportables, porque el único grupo de referencia que tenía era su familia y, en consecuencia, la obligaban a revivir las emociones de su infancia. Además, el hecho de formar parte de un grupo suponía, para ella, exponerse a la crítica, el rechazo y la violencia física. En su primer encuentro de Alcohólicos Anónimos, se sintió intimidada por lo bien vestidos que estaban todos los presentes, y apenas el terapeuta anunció una pausa, se levantó y escapó corriendo, con el corazón desbocado y los dedos helados, porque el grupo de Alcohólicos Anónimos había activado el miedo y el dolor que se hallaban profundamente arraigados en la experiencia de su infancia.

Amy siguió drogándose durante todo el programa. Le *gustaba* drogarse. Las drogas le hacían sentirse mejor y, si no podía procurarse su narcótico preferido, no dudaba en apelar a cualquier somnífero que tuviera a mano. Un buen día descubrió, en el botiquín de sus padres, un jarabe para la tos que contenía codeína y al que no dudó en echar mano, descubriendo que funcionaba bastante bien. En otra ocasión, su hermano tuvo que tomar paracetamol con codeína y Amy no perdió la ocasión para tomarlo.

Al finalizar los tres meses, la dirección del hospital se dio cuenta de que el tratamiento de Amy no estaba funcionando. Entonces fue cuando un terapeuta del hospital le recomendó asistir a un programa especialmente orientado a las mujeres, una sugerencia que, como quería conservar su licencia de enfermera, no tuvo más remedio que aceptar.

Amy fue enviada a un centro de tratamiento de mujeres de un hospital católico y asignada a una habitación ubicada en el antiguo dormitorio de las monjas. Cada mañana la despertaban a las seis y media, y cuando llegaba el momento de asistir a una sesión de AA, alguien la llevaba y la traía de nuevo al finalizar. Como no tenía modo alguno de obtener drogas, se vio obligada a mantenerse sobria y desintoxicarse, llegando a padecer algunos de los síntomas de la abstinencia física, pero sin que le resultase insoportable. Sin embargo, el miedo arraigado y la desconfianza en los demás obstaculizaban muy seriamente el camino hacia su recuperación.

En mitad del tratamiento se vio obligada a someterse a terapia grupal cinco veces por semana con un par de terapeutas que empleaban la confrontación con el objetivo de ayudar a los adictos a enfrentarse a sus problemas. Esos terapeutas se dieron inmediatamente cuenta de la actitud de superioridad de Amy –«Yo soy una enfermera diplomada y todos los demás dependen de la asistencia social»– y la obligaron a enfrentarse a ese hecho, cosa que Amy no tuvo problema alguno en admitir. Y es que si bien sabía que necesitaba ayuda, ignoraba el modo de pedirla.

Al cabo de seis semanas de programa, uno de los terapeutas perdió la paciencia con ella y le declaró la guerra. «No puedes seguir asistiendo a los encuentros del grupo. Permanecerás sentada fuera hasta que aprendas a pedir ayuda» –le dijo. Rechazada, Amy se dejó caer desfallecida en el banco del corredor. Una vez más se encontraba marginada, pero ignoraba lo que podía hacer. Dos días más tarde le recomendaron que abandonase el programa.

Una semana después, Amy consiguió ser readmitida. En ese

tiempo, no tomó ninguna droga y asistió regularmente a los encuentros, de modo que los terapeutas consintieron en darle una segunda oportunidad. Diez días más tarde, sin embargo, Amy abandonó voluntariamente el programa, porque aborrecía la dura disciplina del centro terapéutico. Lo único positivo era que, aunque todavía estaba suspendida de empleo y sueldo y vivía de la asistencia social, seguía sin tomar drogas. Si quería conservar su licencia, era absolutamente necesario que se mantuviese sobria y sabía que, para ello, necesitaba algo más que asistir a los grupos de Alcohólicos Anónimos. Entonces fue cuando concertó una cita con la doctora Silke Vogelmann-Sine, una psicóloga especializada en la aplicación de la EMDR al tratamiento de la toxicodependencia.

Amy entró por primera vez en la consulta de Silke el 5 de agosto de 1991, a la edad de 31 años. Durante la primera sesión, Amy le contó su historial de abuso de drogas y su situación actual y dijo que bastaba con la mera visión de un frasco de fármaco para desencadenar en ella el impulso a drogarse. Silke se interesó entonces por su familia, por su infancia y le expuso las condiciones en las que llevarían a cabo el trabajo.

Las condiciones eran muy estrictas: nada de fármacos, asistencia regular a los encuentros de Alcohólicos Anónimos, supervisión de una tutora de Alcohólicos Anónimos que la ayudaría a atenerse al programa y una sesión semanal de psicoterapia individual con Silke. Y por más que se desalentase al escuchar esas condiciones, prometió cumplirlas. El plan de tratamiento que Silke diseñó para Amy estaba destinado a mantenerla alejada de los fármacos, primera línea de acción en cualquier forma de terapia de la toxicodependencia, aunque por debajo de esa restricción había razones mucho más profundas. Cuando Silke escuchó la historia de Amy, se dio cuenta de inmediato de que uno de los principales obstáculos para su recuperación era su persistente desconfianza. En este sentido, Silke esperaba que la obligación de trabajar con una tutora de Alcohólicos Anónimos le proporcionase el "adiestramiento" necesario para aprender a relacionarse con los demás. Y es que, para poner en práctica, con la ayuda de su tutora, los Doce Pasos de Alcohólicos Anónimos, Amy se vería obligada –pese al riesgo (que, por cierto, la aterrorizaba) de exponerse a la crítica y el rechazo– a abrirse y compartir sus sentimientos.

Otra implicación más inmediata de la desconfianza de Amy era que antes de poder llevar a cabo cualquier avance significativo en la terapia, debía sentirse segura con Silke. Ése fue el principal objetivo de los primeros meses de la psicoterapia que Silke emprendió con Amy. Además, la terapia también la obligaría a desaprender las lecciones (como «No vales nada» o «No corras ningún riesgo») que había aprendido en su infancia, que no sólo eran inexactas e inapropiadas, sino que, lamentablemente, acababan convirtiéndose también en profecías de obligado cumplimiento.

Durante las primeras semanas de tratamiento, Amy cumplió su compromiso con Silke y se atuvo estrictamente al programa (aunque todavía odiaba los encuentros grupales). Obviamente, el entrenamiento que había recibido en su infancia le dificultaba atravesar el puente que conducía desde el mundo austero y glacial de su infancia hasta el mundo emocional e impredecible de la madurez. Uno de sus principales problemas giraba en torno a la veracidad de su percepción de la primera infancia. Para ella había sido muy peligroso mostrar sus sentimientos porque, en caso de hacerlo, se habría visto severamente castigada. Por eso, para enfrentarse a esa realidad desarrolló la estrategia de vadear los sentimientos y no verse, en consecuencia, obligada a mostrarlos. Pero como, en el ámbito de la terapia, el camino hacia la libertad consiste en permitir la emergencia de los sentimientos, todos sus reflejos de miedo y peligro se movilizaban con el fin de obstaculizar esa eventualidad.

El estado interno que experimenta la persona durante una situación traumática parece quedarse fijado en el sistema nervioso de la víctima del TEPT. No es de extrañar que algunos pacientes, cuando se refieren a sus experiencias infantiles, utilicen entonaciones y conductas infantiles. Es como si las situaciones actualmente peligrosas estimulasen los mismos sentimientos dolorosos, aunque el hombre o la mujer sean tres veces más altos y tengan 30 años más que en la época en que ocurrió el trauma. Por esta razón, cuando, durante una sesión de terapia EMDR, el recuerdo se ve activado e identificado, puede manifestarse claramente, y en consecuencia resolverse, el estado fisiológico original. Afortunadamente, el tiempo no es un factor importante en la EMDR, lo que permite el reprocesamiento eficaz de eventos muy antiguos. En cualquiera de los casos, no obstante, el paciente debe estar dispuesto a permitir la reelaboración, razón por la cual Amy debía empezar aprendiendo a confiar en que el proceso no pondría en peligro su seguridad.

Las experiencias infantiles de abandono y maltrato de Amy obligaron a Silke a afrontar el caso como una forma de psicoterapia a largo plazo. Y es que, por más rápidos que sean los cambios provocados por la EMDR, es muy importante que, como sucede con cualquier otra terapia, se adapte a las necesidades y a la predisposición individual del paciente. Las creencias negativas que Amy tenía sobre sí misma («No valgo nada») y sus intentos de resolución (tomando drogas) no eran el resultado de un evento traumático aislado que pueda verse procesado de forma rápida con la EMDR, sino que se hallaban profundamente inmersas en el entramado mismo de su infancia. Pero, aunque numerosos eventos vitales hayan transmitido el mismo mensaje negativo, la EMDR facilita el procesamiento simultáneo de varios eventos representativos, porque los resultados positivos se generalizan al resto de los recuerdos, estableciendo una trama de matices y estructuras completamente diferentes. Silke, en suma, sabía que tenía que avanzar poco a poco, asegurándose de que la EMDR no desencadenase en Amy una avalancha de recuerdos negativos y la consiguiente fuga y refugio en los sofocantes, aunque consoladores, brazos de las drogas. Debía, por tanto, esperar hasta que la relación con Silke o con la red de Alcohólicos Anónimos, le permitiese contar con el apoyo que necesitaba para enfrentarse a las cuestiones más difíciles. Y eso es algo que, por supuesto, requiere tiempo.[6]

Un día del mes de octubre, Amy experimentó un nuevo trauma, cuando los investigadores del hospital la llamaron a su casa y le comunicaron que iban a acusarla de sustracción de fármacos, lo que la asustó terriblemente. Aunque el protocolo habitual de la EMDR empieza con los recuerdos más tempranos, en el tratamiento de los toxicómanos suele ser necesario aliviar en parte las situaciones estresantes presentes. Silke pensó entonces que este evento constituía un buen objetivo para la EMDR y le explicó a Amy el procedimiento, que accedió a intentarlo. Lo que sintió cuando evocó la investigación fue: «Soy mala. Soy una marginada. No valgo para nada» y lo que, en su lugar, quería sentir, era: «Estaba enferma. Ahora puedo enfrentarme adecuadamente a la situación», evaluando la veracidad de sus sentimientos como un 2 en la escala de 1 a 7 y la ansiedad que le provocaba la investigación como un 10 en la escala de 10, es decir, la mayor ansiedad posible.

Cuando empezaron los movimientos oculares, Amy descubrió que si trataba de seguir los dedos de Silke, no podía concentrarse en el objetivo. Y aunque ésta sea una reacción muy habitual al comienzo de la EMDR, Amy respondió a las dificultades con una sensación de culpabilidad y miedo al fracaso que Silke afrontó invitándola simplemente a seguir el movimiento de sus dedos. Luego Amy consiguió dejar de llorar, pero su mente todavía seguía en blanco, sin poder evocar la situación. Silke, entretanto, siguió dirigiendo sus movimientos oculares.

Finalmente, Amy empezó a sollozar, como si algo se hubiera abierto en su corazón. Las lágrimas corrían por sus mejillas y sentía como si estuviera cayendo en un pozo oscuro y sin fondo. «Quiero encerrarme en mi habitación –gritó, con una voz muy aguda, evidenciando la activación de su estado infantil–. No quiero que nadie me vea. Quiero morirme. No quiero pensar en lo que podrían hacer mis padres si me condenan.»

Cuando el llanto cesó, Amy dijo que ésos habían sido, precisamente, los sentimientos que la habían embargado cuando se enteró de que la investigación estaba en marcha. «Pensaba que si no me ocupaba de ellos, los sentimientos acabarían desapareciendo».

Mientras seguían los movimientos oculares, Amy pasó lentamente del «No» del dolor al «¡Oh!» de la conciencia despierta. Entonces se dio cuenta de que los investigadores del hospital estaban haciéndola sentir del mismo modo que se sentía cuando era niña, es decir, como una persona no deseada y sin la menor importancia. En otra serie, Amy reconoció que cuando se sentía de ese modo, tenía el poderoso impulso de tomar drogas para poder sobrellevar los sentimientos dolorosos. Y a medida que el proceso siguió su curso, fue asumiendo espontáneamente una perspectiva más positiva que le hizo ver su debilidad cuando tomaba narcóticos y su inconsciencia sobre las consecuencias de sus acciones. Una vez procesado el miedo infantil pudo empezar a asumir la perspectiva de una conciencia adulta y sana.

Al finalizar la primera sesión con la EMDR, Silke era muy consciente de que aunque Amy hubiese establecido una relación entre su educación y la respuesta a la investigación que había emprendido el hospital, todavía no se hallaba en condiciones de afrontarla adecuadamente. A pesar de ello, sin embargo, en esta primera sesión fue capaz de esbozar un curso de acción. En primer lugar, llamaría a un abogado y luego hablaría cada día con su tutora de Alcohólicos Anónimos hasta que su caso se resolviese. Luego, ella y Silke utilizarían la EMDR con cualquier imagen que tuviese que ver con esos pasos, para asegurarse de que se hallaba en condiciones de llevarlos a cabo.[7] Era necesario que el tratamiento se produjera a varios niveles, como la educación, la abstinencia, la identificación de las posibles fuentes de peligro y el aprendizaje de habilidades asertivas, entre otros.

Durante la segunda sesión de EMDR, Amy y Silke se concentraron de nuevo en un problema presente concreto. El día de la sesión, Amy llegó a la consulta llorando y a punto de sufrir un ataque de pánico, y le contó a Silke, sin dejar de temblar, que sentía una abrumadora necesidad de tomar fármacos Lo que había desencadenado esa reacción emocional en cadena fue una discusión con su tutora de AA, de cuyo apoyo todavía dependía. El hecho era que la tutora había descubierto que Amy estaba tomando un fármaco contra el dolor que le había sido prescrito para tratarse de una intervención de cirugía abdominal y la había acusado de seguir tomando de nuevo drogas. Amy se quedó profundamente conmocionada por esa acusación porque, en realidad, ni siquiera había pensado en pedirle a su médico un calmante no adictivo y creía, en consecuencia, que su tutora estaba siendo muy injusta.

Amy y Silke centraron entonces su atención en sus sentimientos sobre la "traición" de su tutora, que evaluó como un 10.

Al cabo de unas cuantas series, su mente estableció la relación que existe entre la reacción de su tutora y las injustas acusaciones que, de pequeña, solían hacerle sus padres. De nuevo, Amy quiso escapar corriendo y encerrarse en su habitación para que nadie viese lo mal que se sentía. A medida que la serie avanzó, Amy recordó otros episodios desagradables de su infancia vinculados al tema de la traición, efectuando, para cada uno de ellos, varias series de movimientos oculares, hasta que Amy dejó de verse perturbada. Entonces Silke le pidió a Amy que evocase el conflicto con su tutora y empezaron a efectuar otra serie con esa interacción. Después de varios pases, Silke preguntó:

–¿Qué piensas ahora?

–Pienso que mi tutora ha sido muy injusta –dijo Amy.

–Muy bien. Mantén esa idea en tu mente.

Nueva serie.

–Debería decirle cómo me siento –dijo Amy.

Nueva serie.

Silencio [hay que decir que no le resultaba muy sencillo expresar sus sentimientos].

Nueva serie.

Silencio.

Nueva serie.

–¿Y qué es lo que *preferirías* pensar al respecto?

–Que he hecho las cosas lo mejor que he podido y que si he cometido un error, no ha sido a propósito.

–Muy bien. Mantén esto en tu mente.

Luego Silke emprendió otra serie y preguntó:

–¿Por qué dices que si has cometido un error, no ha sido a propósito?

–Por no haberme dado cuenta de que debería haberle comentado mi adicción al médico.

Ése era, precisamente, el momento que Silke había estado esperando, un momento crítico que podía suponer el comienzo de un plan de acción.

–¿Qué le dirías?

–Que tengo problemas de adicción.

–Muy bien –dijo entonces Silke–. Imagina ahora, mientras sigues el movimiento de mis dedos, que le cuentas eso a tu médico.

Nueva serie.

Silencio.

–¿Cómo te sientes ahora?

–Todo va bien. Ha entendido lo que quiero decirle.

–¿Hay algo más que quieras decirle? –preguntó Silke.

–Que la próxima vez me recete un calmante no adictivo.

–Mantén eso en tu mente.

Nueva serie.

–¿Cómo va?

–Bien.

–¿Y tu tutora? ¿Qué harás con ella?

– Le diré que mi error no ha sido a propósito.

Nueva serie.

–¿Y que sucedería si tu tutora no estuviese de acuerdo contigo? ¿Cómo afrontarías esa eventualidad? –preguntó entonces Silke, consciente de la importancia de asegurarse de que Amy se hallase en condiciones de afrontar el posible rechazo.

–No lo sé –respondió Amy, mirando hacia otro lado.

–¿Puedes imaginarte diciéndoselo? –y, cuando Amy asintió, Silke insistió:

»¿Y si está en desacuerdo? –a lo que Amy no dijo nada.

»Sigue el movimiento de mis dedos.

Nueva serie.

Silencio.

–¿Cómo estás ahora?

–Todavía está en desacuerdo. Pero ése es su problema.

–¿Algo más?

–Sí. Le digo que yo no he roto mi promesa original de permanecer sobria.

Así fueron sucediéndose las series, mientras Amy iba elaborando y comprometiéndose poco a poco a esbozar un plan de acción práctico que le permitiese ir enfrentándose gradualmente a su ansiedad, que había descendido de 10 a 2,5. También sentía que su creencia deseada («Soy una persona que merece la pena. Ésa no es más que la visión de mi tutora. Puedo controlar la situación») era básicamente cierta (un 5 en la escala de 7). Hay que decir que esa creencia no le parecía "completamente verdadera", porque sabía que todavía debía enfrentarse a su tutora y que, después de todo, era la primera ocasión en que se enfrentaba con alguien.

Hablando en términos generales, Amy había hecho progresos de los que estaba muy orgullosa: había superado los intensos sentimientos dolorosos sin necesidad de apelar al adormecedor consuelo de las drogas; había llevado con éxito a cabo un proceso de solución de problemas para responder a la acusación de su tutora, y había advertido una vez más que su culpabilidad presente estaba ligada a la baja sensación de autoestima que había desarrollado en la infancia.

Durante los seis meses siguientes, Silke y Amy alternaron semanalmente las sesiones de terapia verbal con sesiones de EMDR centradas en los problemas presentes. Juntas llevaron a cabo cuatro sesiones de EMDR seguidas para enfrentarse a diferentes aspectos relacionados con la necesidad de Amy de tomar fármacos, que parecía estar desencadenada por la visión de un frasco de medicamentos, un estímulo obviamente destructivo si, por fin, conseguía recuperar su trabajo como enfermera. (No olvidemos que la parafernalia asociada a toda toxicodependencia puede, a través del condicionamiento, convertirse en un poderoso desencadenante del uso de la droga.) Amy identificó la emoción que se hallaba detrás de ese impulso como ansiedad y la evaluó como un 8,5 en la escala de 10. Los pensamientos que tenía cuando ese impulso se desencadenaba eran: «Lo necesito. Lo quiero. Soy vulnerable. No puedo seguir adelante sin la droga», una respuesta que, a su vez, desencadenaba la vergüenza por necesitar apelar todavía al uso de fármacos: «¿Por qué, después de tanto tiempo sin tomar drogas, sigo teniendo estos sentimientos?». Según la teoría de la EMDR, este tipo de reacciones se hallan fijadas en el sistema nervioso del paciente y no basta con la simple comprensión y determinación cognitivas para hacerlas desaparecer. Amy se hallaba atrapada en una escalada de reacciones dolorosas: la visión de un frasco de medicamento desencadenaba el pensamiento obsesivo de querer drogarse y, cuando se daba cuenta de ello, se aborrecía a sí misma y entraba en una espiral de desesperación que la llevaba nuevamente a empezar a tomar drogas. La creencia deseada, por su parte, era «Puedo controlar mi sentimientos. Puedo gestionar de manera adecuada la situación».

En la primera de estas cuatro sesiones, Amy dijo que no quería enfrentarse al dolor del pasado y verse obligada a atravesar situaciones difíciles, porque las enseñanzas recibidas de sus padres la llevaban a creer que fracasaría. También dijo que no estaba acostumbrada a recibir atención y cuidado de los demás, lo que estaba comenzando a suceder ahora que empezaba a curarse, lo cual la asustaba. La sesión concluyó con una serie de movimientos oculares en los cuales Amy imaginaba hablar con el aspecto más infantil de sí misma que se hallaba muy asustado. «Estaré junto a ti. Lo sabes. Te ayudaré a enfrentarte a esa situación. Juntas podremos manejar nuestros sentimientos.» Amy estaba empezando a darse cuenta de que, siendo adulta, podía tener un mayor control.

La tercera sesión de EMDR sobre los desencadenantes de Amy la llevó rápidamente desde el presente hasta el pasado. Las respuestas de Amy pasaron de «Los fármacos me hacen sentir muy bien. No tengo preocupaciones» a «Es mi forma de escapar de la soledad» y «En el pasado nunca tuve amigos», que le abrieron la puerta a los recuerdos de la infancia. Silke le dirigió entonces varias series de movimientos oculares, mientras Amy hablaba de su extrema soledad y de la ocasión en que, a los siete años, la dejaron sola en casa estando enferma. Contó entre sollozos que sus padres la consideraban la más fuerte de sus hijos y que su madre pensaba que el hecho de dejarla sola no le supondría ningún problema. Ese episodio constituyó el precedente para el resto de su infancia ya que cada vez que estaba enferma, la dejaban sola en casa, cosa que no ocurría con su hermana, porque ésta insistía hasta conseguir que su madre se quedara con ella. Pero Amy jamás protestó.

Durante esta sesión, Amy procesó gran parte de la violencia física a la que la había sometido su padre y de la que, hasta entonces, se había sentido culpable. Pero aunque su tristeza fuese casi abrumadora, siguió adelante con los movimientos oculares hasta que alcanzó un punto en el que pudo decir: «Soy una persona sana. Es mi padre el que está enfermo».

Son ya miles los ejemplos que evidencian la capacidad de la EMDR para promover, en las víctimas de violencia infantil, la evolución hacia una perspectiva sana. El primer paso de este proceso tiene que ver con el reconocimiento del cliente de que la culpabilidad de las acciones no le corresponde a él, sino a quien ha ejercido la violencia. El segundo paso consiste en la conciencia de hallarse seguro en el presente. Tengamos en cuenta que mientras la respuesta fisiológica al abuso se halle fijada en el cuerpo, el sujeto tiene la sensación de estar continuamente en peligro. Y poco importa, en este sentido, que la persona sepa intelectualmente que el agresor ha muerto, esté enfermo o se encuentre en otro país, porque la sensación de terror infantil sigue presente. El tercer paso, por último, implica el reconocimiento de que el abuso ocurrió en algún momento del pasado y de que ha recuperado su capacidad de elegir lo que le sucederá en el futuro.

A lo largo de los siguientes ocho o nueve meses, Silke se encontró con Amy cada 10 días y empleó la EMDR para ayudarla a desarrollar formas de enfrentarse a las situaciones que pudieran desencadenar el deseo de drogarse (como, por ejemplo, llamar a un amigo o a su nueva tutora, emplear alguna técnica de autocontrol o alejarse de inmediato del estímulo físico) y confiar en su capacidad a la hora de gestionar los sentimientos dolorosos sin necesidad de apelar a las drogas. En agosto de 1992, un año después de haber empezado a trabajar con Silke, Amy entró en plena crisis en la consulta de Silke. El día anterior había despertado de una siesta con el recuerdo de que, a eso de los diez años, se había visto sexualmente agredida por su tío. Y aunque no se tratara de un recuerdo novedoso –porque, de hecho, ya lo había mencionado en la entrevista de admisión cuando se vio hospitalizada por depresión–, lo cierto es que lo había olvidado. Y ese recuerdo había vuelto acompañado de la abrumadora sensación de ser una persona sucia e indigna.

Su solitaria vida la había convertido en una candidata perfecta a la toxicodependencia, una predisposición que se vio posteriormente reforzada por el episodio del abuso sexual. Tengamos en cuenta que la probabilidad de desarrollar un problema psiquiátrico es, en el caso de las víctimas de abuso sexual, cuatro veces superior al de la población general, mientras que el riesgo de convertirse en un adicto es, por su parte, tres veces mayor.[8]

Amy le dijo a Silke que, desde el momento en que recordó el episodio, había tenido una desesperada necesidad de drogarse, porque era el único modo que conocía de poner fin a la emergencia de las sensaciones dolorosas. Y cuando Silke le preguntó si quería emplear la EMDR con ese recuerdo, Amy asintió de inmediato.

El objetivo que utilizaron fue la imagen de Amy tumbada en la cama mientras su tío la manoseaba, una imagen que evocaba en ella una sensación de miedo y una ansiedad que evaluó como un 10 en la escala de 1 a 10. Su creencia negativa asociada al incidente era muy familiar: «Soy vulnerable. Soy una víctima», y la creencia deseada, por su parte, era: «Todo eso ha concluido y ya es historia pasada», una creencia cuya veracidad evaluó como un 1,5 en la escala de 1 a 7.

Cuando empezaron los movimientos oculares, Amy rompió a sollozar y siguió haciéndolo mientras las sensaciones de miedo, injusticia y abandono acompañaron todo el proceso.

–¿Cómo te sientes? –preguntó Silke, después de la serie de apertura.

–Estoy asustada –dijo Amy, balanceándose hacia adelante y hacia atrás con los brazos cruzados sobre el estómago.

Silke guió entonces otra serie.

–¿Qué es lo que sientes ahora? –preguntó de nuevo, amablemente.

–Lo veo y tengo miedo. ¿Qué hace aquí? No debería estar aquí –respondió, sin dejar de balancearse.

Nueva serie.

–Todavía está ahí. Pero parece que está a punto de marcharse.

Nueva serie.

–Me ha despertado. Estoy desnuda y me duele el pecho –dijo Amy, sin dejar de sollozar.

Nueva serie.

–Me siento muy mal. No puedo creérmelo. ¿Cómo ha podido hacer una cosa así? ¿Qué he hecho yo para provocarle?

Nueva serie.

–No podía hablar con nadie de lo sucedido. No había nadie en casa. No podía hablar con mis padres... no podía hacer nada. No tenía a nadie con quien hablar.

Nueva serie.

–No había nadie. No había nadie en casa. No había nadie con quien pudiese hablar.

Luego, cuando la sesión de Amy estaba a punto de concluir, Silke la ayudó a finalizar la escena y a dejar aparcados sus sentimientos dolorosos en un contenedor imaginario, donde permanecerían –le dijo Silke– hasta su próxima cita, momento en el cual volverían a abrirlo y lo elaborarían. La sesión concluyó cuando Silke empleó la EMDR para reforzar algunas estrategias de enfrentamientos sanas (como, por ejemplo, llamar a un amigo o a un tutor) en el caso de que las sensaciones dolorosas volviesen a presentarse. Pero antes Silke realizó una serie de movimientos oculares con la creencia positiva «Ahora cuento con personas que pueden ayudarme», y luego Silke le pidió que asociase la escena del abuso (y la correspondiente sensación de abandono) a esa creencia.

Nueva serie.

–¿Qué tipo de apoyo necesitas para poder enfrentarte a esa situación? –preguntó entonces Silke.

–Llamar a mi [nueva] tutora o a algunos de los miembros de mi grupo de Alcohólicos Anónimos –replicó Amy.

–Mantén eso en tu mente –le pidió entonces Silke, emprendiendo una nueva serie.

–¿Cómo va todo? –preguntó Silke.

–Muy bien.

–¿Hay algo más que puedas hacer?

–También puedo llamar a un par de amigas.

–Muy bien. Imagínate ahora haciendo esas cosas –dijo entonces Silke, emprendiendo una nueva serie. De este modo, le estaba proporcionando nuevo "material" para enfrentarse a las sensaciones negativas, en lugar de entregarse al impulso de drogarse. Al finalizar la sesión, el miedo de Amy había descendido de 10 a 6.

Amy volvió a la consulta al día siguiente. El miedo había descendido de nuevo a 4,5 y Amy le contó a Silke que aunque todavía se sentía como una víctima, lo cierto es que, en realidad, era una víctima y no podía hacer nada por cambiarlo.

A medida que emprendieron el procesamiento, el miedo fue disminuyendo y los sentimientos de Amy pasaron del dolor a la rabia.

–¿Qué está haciendo en mi habitación? –dijo, durante una serie–. ¡Quiero que se vaya!

Nueva serie.

–Todavía está aquí. Estoy asustada… he traído una fotografía suya –dijo Amy, rebuscando en su gran bolsa de paja–. ¡Aquí está!

La fotografía mostraba dos hombres de origen asiático posando para un retrato formal. Sus rostros eran serios y resueltos y los vestidos estaban pasados de moda.

–¿Quién es? –preguntó Silke.

–No puedo mirarle –respondió Amy, cerrando los ojos y negando con la cabeza.

–¿Es el de la derecha o el de la izquierda?

–No sé. No puedo recordar –respondió de nuevo, con el cuerpo tenso y toda la musculatura dispuesta a enfrentarse a un ataque.

Silke dirigió entonces una nueva serie.

–Estoy asustada. Quizás haga algo violento.

Nueva serie, durante la cual Amy empezó a sollozar.

Silke continuó dirigiendo el movimiento de sus ojos hasta que Amy se calmó.

–¿Puedes mirar ahora la fotografía? –preguntó Silke.

–Es el de la derecha –asintió Amy.

–¿Cuán inquietante te parece ahora la escena original en la escala de 0 a 10? –preguntó Silke.

–Un 6,7.

Nueva serie.

–¿Cómo pudo hacer eso? –dijo Amy enojada.

Nueva serie.

–¿Cómo pudiste hacer eso? –insistió, cerrando los puños, como si su tío estuviera en la habitación.

Nueva serie.

–¿Qué sientes ahora? –preguntó Silke.

–Nada.

–Echa un vistazo a la fotografía. ¿Cómo te sientes ahora en la escala de 1 a 10?

–3,5 –replicó Amy, tras una pausa para reflexionar.

Nueva serie.

–Es una persona enferma.

Nueva serie.

Para terminar la sensación, Silke le pidió que asociara la creencia «Es una persona enferma» a la fotografía. Cuando la verificó posteriormente, el miedo de Amy había descendido de nuevo a 1,5 y su rostro había recuperado otra vez el color.

En la siguiente sesión, Silke comprobó de nuevo el nivel de miedo que Amy sentía con respecto a su tío, era de 1,2.

En diciembre de 1992, cuando pudo volver a trabajar como enfermera Amy alcanzó un punto crítico en su proceso de recuperación. Siguió visitando a Silke una vez cada tres o cuatro semanas, pero rara vez temía la recaída. Poco a poco, y con la ayuda de la EMDR, Silke la ayudó a explorar la relación que existe entre sus problemas y su familia: su baja autoestima, el miedo a las relaciones, su hábito de refugiarse en sí misma para evitar las críticas y el abuso, su extraordinaria susceptibilidad al rechazo y las más de tres décadas acumuladas de negación y represión de sus sentimientos.

De manera todavía más gradual, la EMDR la ayudó a *experimentar* los sentimientos que, desde pequeña, había encapsulado. Se sentía muy enfadada; se sentía triste y sentía que su corazón estaba destrozado. Luego se sintió con la fuerza necesaria para curarse, momento en el cual empezó a cambiar, a avanzar y a crecer, dándose cuenta de que no era el mundo lo que siempre la había asustado, sino sus padres, respetando profundamente a la niña que tuvo el coraje de sobrevivir al abandono emocional de su madre y al odio y la rabia implacables de su padre. A comienzos de 1995, Amy abandonó finalmente la casa de sus padres y se mudó a un apartamento.

En la actualidad, cinco años después de haber emprendido la psicoterapia, Amy trabaja todavía como enfermera de obstetricia en Honolulu y se ha inscrito en un curso de psicología para tratar de convertirse en psicoterapeuta, porque está cansada de que los médicos del hospital la traten como a una ciudadana de segunda clase. Ve a Silke cuando lo considera necesario, todavía asiste a las reuniones de Alcohólicos Anónimos y participa en un grupo de apoyo destinados a enfermeras con problemas de adicción. Durante todo ese tiempo, Amy ha sido una de las tres únicas mujeres, del grupo de 15 que lo integran, que ha cumplido la promesa de permanecer sobria sin experimentar ninguna recaída.

Pero eso no significa que el estímulo no aflore nunca. En enero de 1996, Amy llamó a Silke cuando se hallaba en plena crisis. Un médico le había prescrito un analgésico para su bursitis y había tomado cuatro comprimidos de un medicamento que la había hecho sentir de buen humor, pero también la había aterrorizado ante la posibilidad de experimentar una nueva recaída. Silke la citó para esa misma tarde, elaborando juntas un plan de acción. Dos horas después, Amy volvió con el frasco de medicación en la mano derecha, se dirigieron juntas al baño, y después de verter el contenido en la taza, Amy tiró de la cadena.

El uso de la EMDR en el tratamiento de la toxicodependencia aspira a conectar y procesar las emociones negativas que perpetúan la dependencia. La mayoría de los adictos al alcohol y a las drogas tienen la sensación de malestar y desarraigo porque se sienten diferentes, en un sentido negativo, de los demás. Por eso el programa de Doce Pasos puede proporcionarles un fundamento sólido en que apoyarse y renovarse porque, en palabras de un miembro de Alcohólicos Anónimos: «Para llegar a la otra orilla, es decir, a la paz y a la serenidad, es necesario elaborar ciertas cosas y, a su vez, es necesario, en ocasiones, contar con una ayuda externa. No olvidemos que el alcohol y las drogas no son el problema, sino tan sólo los síntomas».

¿Qué podemos decir de las personas que si bien se desintoxican, no consiguen mantenerse sobrias? La recaída en el abuso de substancias puede atrapar al adicto, por más que haya permanecido sobrio durante mucho tiempo y se halle plenamente comprometido con la abstinencia. Algunas de las señales de alarma más comunes que presagian una posible recaída son: la incapacidad de pensar claramente, los problemas de memoria, las bruscas oscilaciones de humor entre una reactividad desproporcionada y el aturdimiento, las perturbaciones del sueño, los problemas de coordinación física como la torpeza o la proclividad a los accidentes, y la extrema sensibilidad al estrés. Estos síntomas suelen presentarse entre los seis y los ocho meses de sobriedad del adicto, aunque también pueden presentarse un par de años después y tienden a aflorar cuando la persona está atravesando situaciones muy estresantes.

Todos los toxicodependientes en vías de recuperación experimentan, en algún que otro momento, ciertos de esos síntomas. Los hay que pueden gestionarlos sin problema mientras que otros, después de recaer una o dos veces, trabajan sobre la causa de la recaída y logran finalmente recuperarse. Muchos, sin embargo, reaccionan a estos síntomas angustiosos (todos los cuales empeoran, en el caso de no recibir tratamiento, especialmente los cambios de humor) recurriendo de nuevo a las drogas. Es entonces cuando se pone en marcha el ciclo de la adicción, provocando en el adicto y en sus seres queridos un sufrimiento, una confusión y una frustración adicional que puede tratar de "medicar" apelando al alcohol o a la droga. Esta condición, llamada *recaída crónica*, suele responder positivamente al tratamiento con la EMDR.

Ross Birrato empezó a tomar drogas a la temprana edad de doce años, poco después de que su abuela muriese y le dejase sólo con su padre y su abuelo en la gran casa familiar. Sus padres se habían divorciado seis años antes y su padre, encargado de su custodia, le impidió ver a su madre. De hecho, no vio ni oyó hablar nunca más de ella y todas las cartas, postales o regalos que ella le envió fueron puntualmente destruidos sin abrir siquiera. Cuando, a los 21 años, Ross empezó a buscar a su madre, se enteró de que hacía un año que había muerto.

Aunque durante la época en que su abuela todavía estaba viva la casa de Ross mal podía considerarse un hogar, su abuela creía que Ross era incapaz de hacer nada mal, pero su abuelo, muy al contrario, le consideraba un incapaz como su padre y siempre le tildaba de estúpido, inútil, rebelde e insignificante. Para él era el hijo decepcionante de un hijo decepcionante, y cuando murió la abuela, su abuelo no dudó en hacerle culpable de su muerte.

El abuelo de Ross era un hombre social y profesionalmente prominente. Inmigrante libanés, había desembarcado en su juventud en los Estados Unidos y se había abierto camino desde los astilleros hasta a candidato al título mundial de boxeo y lograr una posición como dentista y líder de la iglesia local. Detrás de todos estos logros había un hombre controlador, perfeccionista, hambriento de poder... y un auténtico sádico, que no dudó en hacer empastes, puentes y desvitalizaciones de la dentadura de su nieto sin emplear anestesia. Antes de empezar a utilizar el trépano, el abuelo se quitaba el audífono y alardeaba diciendo: «Soy un dentista indoloro», cuyo lema era: «Si no lo escucho no duele». Pero lo cierto es que sí que dolía, dolía terriblemente y poco importaba, en tal caso, que Ross se cubriese la boca con las manos, porque ello no impedía que su abuelo prosiguiese con la intervención. Aun hoy en día, el dorso de las manos de Ross testimonia claramente las cicatrices de los cortes infligidos por el trépano de su abuelo.

¿Y qué es lo que hacía entretanto el padre de Ross? Greg Birrato era un hombre narcisista y emocionalmente hueco. Después de regresar a casa de sus padres, asumió de nuevo el papel de hijo mimado de su madre, tratando a su hijo como si fuese su hermano. En realidad Ross, en un vano intento de conseguir el amor de su padre, asumió, en esa relación, el papel de hermano *mayor* y se convirtió en una persona responsable, cuidadosa y complaciente que se esforzaba en satisfacer las necesidades de su padre y amortiguar la ira de su abuelo.

A medida que Ross creció, también lo hizo su implicación

con las drogas y pasó de fumar hierba a tomar anfetaminas, y el trapicheo para costearse su hábito acabó convirtiéndose en operaciones semanales de 10.000 dólares de compra y venta de cocaína y marihuana en siete "puntos de venta" (casas o apartamentos alquilados y amueblados que disponían de todo tipo de personal). Ross pensaba que podía evitar los errores en que más habitualmente incurren todos los traficantes, convirtiendo sus ganancias en bienes y vendiendo drogas que él no empleaba. Pero lo cierto es que la toxicodependencia no se pliega con facilidad a la estrategia intelectual y, con poco más de 20 años, no sólo traficaba muy en serio, sino que también se drogaba más seriamente todavía.

En esa época fue arrestado, sin oponer resistencia, porque se trataba de una detención justa, por llevar consigo cerca de 150 gramos de cocaína. Y aunque fue declarado culpable, no llegó a cumplir la pena, porque la mitad del polvo blanco desapareció antes de que llegase el juicio, lo que supuso que el juicio no se llevó a cabo en un tribunal federal, sino en la corte del condado, cuyo juez suspendió la sentencia y le condenó a libertad condicionada durante tres años.

El arresto despertó todos los miedos de Ross, que se trasladó entonces a un suburbio ubicado en la periferia, dispuesto a emprender una nueva vida, a buscar trabajo y a mantenerse alejado de las drogas. El primer día que pasó en su nueva casa instaló fuertes medidas de seguridad en puertas y ventanas, un curioso ritual que repetiría en todas las casas por las que posteriormente fue discurriendo su vida. Luego encontró trabajo como enfermero y descubrió que era muy diestro en el trato con los pacientes psiquiátricos, hasta que acabó convirtiéndose en uno de ellos.

Entonces empezó a sufrir episodios psicóticos durante los cuales perdía el contacto con la realidad y se veía desbordado por ideas alucinatorias que elevaban extraordinariamente su nivel de ansiedad. A veces conseguía superar esos episodios, pero en otros, necesitaba ayuda externa. En esa época le fue diagnosticado un trastorno maníaco-depresivo (trastorno bipolar) con fuerte inclinación hacia el estado maníaco, es decir, que sufría de períodos de euforia exacerbada (jalonados por el insomnio, los pensamientos rápidos y desconectados, las actividades de alto riesgo y los sentimientos de grandiosidad) que alternaban con episodios en los que se sumía en la depresión más profunda, oscura e implacable. Y si bien se sabe que la causa del síndrome maníaco-depresivo se debe a un desequilibrio químico, también es evidente que el estrés añadido a esa condición puede desencadenar episodios psicóticos. Obviamente, la adicción a las drogas de Ross también pudo haber provocado síntomas similares a los de todas esas condiciones, razón por la cual resulta difícil saber si el diagnóstico era apropiado. En cualquiera de los casos, con el fin de tratar los episodios psicóticos y maníaco-depresivos le prescribieron tres fármacos diferentes que contenían carbonato de litio y que debía tomar a diario en dosis masivas para controlar los episodios maníacos.

Pero a pesar de haberse mudado a una ciudad en la que no conocía a ningún traficante, no tardó en encontrar un contacto y empezó a tomar de nuevo anfetaminas y a trapichear para costearse el hábito.

Con casi 30 años, Ross esbozó una vez más las conclusiones de su dependencia. «Soy mejor que todo esto –se dijo–. No puedo seguir haciéndome esto» y dejó, durante un tiempo, de tomar anfetaminas, para volver a tomarlas poco después. Cada vez que abandonaba su hábito, Ross descubría que podía pasar un mes sin recaer.

Luego conoció a Hal y entabló la relación más larga y tormentosa de toda su vida. Ross había mantenido relaciones sexuales con otro muchacho desde los siete años. En un primer momento, las cosas con Hal funcionaron muy bien, porque estaban enamorados y se drogaban juntos. Al año de haber iniciado la relación, Hal le preguntó lo que quería para su cumpleaños y, sin pensárselo dos veces, Ross respondió «Quiero dejar de drogarme». Entonces fueron a una clínica de rehabilitación de toxicómanos, se procuraron un buen terapeuta y se desintoxicaron, y aunque Ross todavía recaía ocasionalmente, sentía que podía controlar su dependencia.

Cuando Ross dejaba de tomar drogas, su estrategia interna para eludir el sufrimiento emocional se hacía añicos. Antes de mantenerse sobrio, cada vez que se sentía estresado o ansioso (lo que podía significar que estaba acercándose un episodio psicótico) y se precipitaba en una vertiginosa sensación de impotencia, corría a conseguirse una bolsa de anfetaminas que sabía que podía llevarle a viajar durante 20 horas y quizá, al volver a su estado normal, los malos sentimientos hubieran desaparecido. Pero una vez desintoxicado, Ross debía encontrar algo que, en la economía de su equilibrio interno, pudiese reemplazar a las anfetaminas, cualquier cosa, en suma, que pudiese tranquilizarle y hacerle olvidar su dolor: encontró refugio en la comida. Entonces fue cuando Ross, que ya era un hombre robusto (el tipo de persona que podía ser fácilmente tomado por un gorila de discoteca) empezó a ganar peso y, en los dos años siguientes, engordó 30 kilos, poniendo peligrosamente a prueba su cuerpo de diabético.

La relación con su pareja, que había ido empeorando con el paso del tiempo, comenzó entonces a resquebrajarse. Se peleaban, no se comunicaban y se hacían todo tipo de mezquindades (un buen día, por ejemplo, Hal limpió una antigua vajilla de plata de Ross con un estropajo de acero). Fue entonces cuando cayeron en los roles que, desde la infancia, les habían diseñado y Ross se convirtió, en un vano intento por conseguir su amor, en el cuidador de su amante, porque Hal también padecía de diabetes, pero su caso era más serio, porque se estaba deteriorando rápidamente.

Una noche, Ross condujo hasta el hospital psiquiátrico provincial y rogó al personal que le admitiesen porque, desde hacía una semana, sentía que estaba acercándose un grave episodio psicótico y se consideraba incapaz de contenerlo por más tiempo. Su ansiedad se había disparado y su mente estaba empezando a disgregarse en 1.000 direcciones diferentes. Además estaba quedándose sin medicación. Pero en el hospital le administraron un tranquilizante y le proporcionaron una lista de los centros de psicoterapia locales, enviándole de nuevo a casa.

Afortunadamente, el episodio psicótico no se presentó. Pero lo más paradójico fue que la negligencia del hospital llevó a Ross a concertar una cita con una de esas clínicas en la que, finalmente, encontró la ayuda que estaba buscando.

Cuando conoció a Bob Kitchen, un terapeuta infantil, de pareja, de familia, de Hayward (California), que se había especializado en problemas de dependencia y prevención de la recaída, Ross tenía 36 años y pesaba cerca de 150 kilos. Ross le contó su historia de síndromes maníaco-depresivos, de episodios psicóticos y de toxicodependencia y decidieron trabajar juntos. Después de cinco sesiones de terapia verbal y de haber establecido el grado de conexión y confianza que requiere cualquier tipo de terapia, Bob le habló de la EMDR y le preguntó si quería intentarla, y decidieron comenzar centrándose en cualquier detalle secundario, como un incidente reciente con su compañero en el que hubiese sentido invadida su privacidad.

–Muy bien –consintió Ross, siempre optimista–. Adelante.

–Pero antes de empezar –señaló entonces Bob–, quisiera

advertirte de la posibilidad de que, después de emprender la EMDR, experimentes impulsos de recaída, porque reestimularemos recuerdos antiguos y viejas sensaciones. Con ello quiero decir que tal vez te veas estimulado por lo que se presente y sientas el impulso de drogarte nuevamente. Es algo raro, pero en el caso de que ocurra, no significa·que seas una mala persona. Quiero que lo sepas, por si acaso se presentase esa eventualidad.

Esta precaución resulta de vital importancia para cualquiera que emplee la EMDR en el tratamiento de la toxicodependencia. Y es que, apenas se empieza a trabajar con los recuerdos perturbadores, pueden activarse los mecanismos primarios utilizados por la persona a la hora de enfrentarse a la situación, como el uso de las drogas o el alcohol. Saber, en este sentido, que se trata de una reacción fisiológica automática puede ayudar a la persona a eludir la sensación de culpabilidad. Esto es de vital importancia, porque la sensación de culpabilidad no hace más que intensificar la espiral descendente.

Bob y Ross empezaron la EMDR eligiendo como objetivo la relación con Hal aunque, como dijo Bob, «independientemente de lo que afirmes trabajar, con la EMDR acabarás centrándose en lo que *necesites* trabajar». Esa primera sesión de movimientos oculares abrió en Ross una puerta que conducía directamente a su infancia. En ella afloró un recuerdo de la época en que, siendo adolescente, vivía con su padre en un pequeño apartamento compartiendo la misma habitación. Pero aunque, en esa época, Ross todavía interpretaba el papel de persona complaciente y cuidadora, no consiguió, de ese modo, el amor de su padre. Entonces descubrió lo mucho que Hal se parecía su padre. Tenía las mismas cualidades narcisistas y el mismo vacío emocional que casi le habían imposibilitado la relación con él.

A medida que el tratamiento prosiguió, la EMDR siguió remontando a Ross a su infancia. Él y Bob efectuaron muchas sesiones con la terrible violencia física y emocional que, bajo el disfraz de trabajo dental, perpetraba su abuelo. El terror que Ross experimentaba al revivir esos eventos era sorprendente, como también lo era la rabia que los acompañaba. Para Bob era evidente que el abuelo de Ross, que había muerto hacía 20 años, había desempeñado un papel fundamental en su vida actual, estableciendo las raíces de su dependencia e incluso quizás de su enfermedad maníaco-depresiva. Ahora, sin embargo, la tarea de Ross consistía en exhumar una vida de sentimientos enterrados sin perder la sobriedad. Ross empezó entonces a darse cuenta de que había empleado inconscientemente las drogas primero y más tarde la comida para reprimir su miedo, su rabia y mitigar su dolor.

Bob atendió a Ross semana tras semana, impresionado por su resistencia y su determinación, pero estaba aguardando la emergencia de algo más, cosa que sucedió durante una sesión de EMDR que llevó a cabo unos seis meses después del inicio de la terapia.

Ross estaba sintiendo la proximidad de un episodio psicótico. Se sentía muy ansioso y estresado y, como dijo a Bob, no lograba ver nada, en su vida actual, que lo justificase.

–Muy bien, Ross –dijo entonces Bob–. Vuelve a la primera ocasión en que te sentiste ansioso.

»¿Qué es lo que ves? –agregó, tras una pausa.

–Fue cuando los dos hombres derribaron la puerta –dijo tranquilamente, tras un silencio que duró un minuto.

–¿Qué edad tenías?

–Cinco años.

–¿Qué fue lo que sucedió?

–Fue antes del divorcio, en una época en que mi madre

me había llevado con ella lejos de mi padre. Vivimos en varios apartamentos y nos mudábamos con mucha frecuencia, porque mi madre sabía que mi padre estaba buscándome. Una noche, mi madre me despertó y empezó a vestirme. «No hagas ruido, no hagas ruido –dijo, asustada y sin dejar de mirar por la ventana–. Tenemos que irnos.» Súbitamente, dos hombres derribaron entonces la puerta. Uno de ellos entró en la habitación, mientras que el otro se quedó en el umbral de la puerta. No podía ver su rostro, pero su cuerpo se recortaba a la luz del pasillo. Antes de darme siquiera cuenta de lo que estaba ocurriendo entró, me envolvió en una funda de almohada, me arrastró hasta su coche, me lanzó al asiento trasero y luego condujo sin decir palabra.

–¿Qué fue lo que sucedió luego? –preguntó entonces Bob.

–Recuerdo que me sacó del coche. Estábamos en una especie de garaje. Recuerdo el frío del cemento bajo mis pies. Todavía estaba metido en la funda de almohada. Estaba tan paralizado y me sentía tan impotente que ni siquiera traté de salir de ella. El hombre no decía nada, pero yo sabía que iba a morir y que no podía hacer nada por evitarlo. Después de eso, no recuerdo nada más, excepto que estaba bien. Pero ya no pude volver a ver a mi madre, porque permanecí con una familia de adopción hasta el momento del divorcio de mis padres.

Este tipo de recuerdo era exactamente lo que Bob había estado esperando todo ese tiempo. Bob había leído un estudio que demostraba que la historia de muchos toxicodependientes con recaídas continuas presenta alguna experiencia que ha puesto su vida en peligro, o que han percibido como una amenaza para su propia vida.[9] Esas experiencias establecen un flujo oscilante de intensa ansiedad y de insoportable sensación de impotencia. Para eludir esas sensaciones (y evitar, por tanto, según la lógica de las asociaciones automáticas, morir), el toxicodependiente hace cualquier cosa, incluso volver a tomar drogas después de muchos años de haberse mantenido sobrio.

Reconsiderando a los hombres y a las mujeres que Bob había tratado de recaída crónica, la teoría parecía adecuada. Luego decidió trabajar con adictos buscando en su pasado la experiencia que había puesto su vida en peligro para tratarla con la EMDR, logrando resultados realmente sorprendentes. A lo largo de los años, descubrió que el 80% de quienes experimentaban recaídas crónicas (lo que incluía a todos los alcohólicos y a la mayoría de los adictos) que trató permanecían limpios y sobrios después del tratamiento con la EMDR. Los únicos que se mostraban refractarios al tratamiento con la EMDR eran quienes tomaban anfetaminas o drogas similares. Según una reciente investigación, este descubrimiento puede tener algo que ver con una anormalidad metabólica de la corteza orbital frontal que, de algún modo, obstaculiza o impide el procesamiento de la información.[10] Afortunadamente, Ross llevaba mucho tiempo sin tomar anfetaminas.

Bob y Ross pasaron entonces a ocuparse paso a paso del episodio del secuestro, siguiendo la secuencia de los eventos tal y como se habían desarrollado esa noche, 31 años atrás. La serie empezó con una escena en la que la madre de Ross caminaba inquieta de un lado a otro de la habitación, sin dejar de mirar por la ventana. Cuando llegó el momento en que los dos hombres patearon la puerta, Ross empezó a revivir el evento, con todas las sensaciones físicas y emocionales que se hallaban presentes en el momento original, y todo su cuerpo se vio sacudido por el terror.

–Uno de ellos está dentro de la habitación y el otro permanece en el umbral –dijo a Bob–. Sé que voy a morir.

Su corazón latía con fuerza, su respiración era superficial

y la parálisis que sentía esa noche se había adueñado de su cuerpo de 36 años. Pero aunque Ross no podía moverse ni emitir ningún sonido, su mente parecía galopar. ¿Qué estaba sucediendo? ¿Quiénes eran esos hombres? ¿Querían hacerle daño a su madre? ¿Por qué habían derribado la puerta?

Entonces Ross reconoció súbitamente al segundo hombre, cuya silueta se esbozaba en el umbral. La sombra de sombrero de hombre de negocios, su pequeña estatura y su constitución de boxeador eran inconfundibles. ¡Ese hombre era su abuelo!

Sin dejar de llorar, Ross siguió con sus ojos el movimiento de los dedos de Bob, mientras empezaba a moverse paso a paso a través de toda la secuencia de emociones asociadas a la elaboración del dolor: negación («No podía ser él»), depresión («¿Cómo pudo hacerme eso?»), rabia («Podría matarle por ello»), negociación («Si hubiese sido un buen chico…») y, finalmente, aceptación. Su cuerpo se movía al ritmo de esos sentimientos y hubo varios momentos muy dramáticos en los que el cuerpo de Ross descargó espontáneamente la tensión. En uno de ellos, sus hombros se movieron como si estuviera dando un puñetazo sin levantar los brazos, avanzando el hombro derecho y retrasando simultáneamente el izquierdo, liberando así los músculos de la espalda.

El reconocimiento de que el secuestrador había sido su abuelo proporcionó a Ross una clave muy importante para comprender su vida, gran parte de la cual, desde lo más sencillo hasta lo más complejo, cobró entonces sentido. El hecho de instalar cerraduras de seguridad en todas las puertas y ventanas cada vez que se mudaba a una nueva casa, por ejemplo, era un claro reflejo de esa situación. Y también lo era el temor a que su compañero le traicionase. Ross advirtió entonces que las semillas de la traición habían sido sembradas en él por su abuelo en un momento muy temprano de su vida y que esos sentimientos podían verse activados fácilmente por circunstancias muy diversas de su vida adulta. Pero lo más importante de todo es que Ross reconoció, en ese evento, la raíz de su persistente rabia, una rabia tan incontrolable que, en cierta ocasión, le había llevado a levantar en vilo el cuerpo de un ex amante y arrojarlo contra la pared.

Cuando Ross y Bob acabaron de procesar con la EMDR todos los detalles secuenciales relativos al secuestro, Ross experimentó una transformación muy importante de sus sentimientos y de su actitud. Recordando ese momento tres años más tarde, Ross dice: «Es una auténtica vergüenza que tal cosa pudiera suceder, pero lo cierto es que no ha sido culpa mía. De hecho, yo no tuve nada que ver con ello y, por tanto, no tengo ninguna deuda pendiente al respecto. Por eso me sentía internamente tan enfadado. Siempre he sido una persona muy colérica, pero no era ésa la persona que quería ser. No sabía de dónde procedía toda esa rabia».

Tres meses después de llevar a cabo la EMDR, Ross se encontraba tan bien que Bob le sugirió la posibilidad de hablar con su médico a fin de que ajustase las prescripciones de la medicación que seguía tomando para el síndrome maníaco-depresivo.

–A propósito de eso –señaló entonces Ross–, debo decirte que, desde hace dos o tres meses, he dejado de tomarla.

El síndrome maníaco-depresivo se considera una enfermedad de origen orgánico y se trata con carbonato de litio, destinado a mantener el equilibrio neurológico de sales necesario para estabilizar las emociones de la persona. En consecuencia, la larga remisión de los síntomas de Ross parece indicar que, o bien el procesamiento de su trauma original restauró el equilibrio químico que necesitaba para enfrentarse a los estresores actuales, o los síntomas del trauma pueden simular convincentemente aspectos de una condición que se supone orgánica. En cualquiera de los casos, el resultado fue, para Ross, una auténtica liberación.

Actualmente, Ross sigue trabajando con Bob sobre los efectos secundarios de su infancia, pero la lista de cosas a las que debe enfrentarse es cada vez más breve. Se ha mantenido alejado de las drogas y no ha experimentado (pese a haber abandonado la medicación) más episodios psicóticos ni maníacos, ha perdido más de 50 kilos y su diabetes esta mejorando.

–Me enfrento a las cosas de un modo nuevo –dice Ross–. Ahora trabajo con ellas. Tengo claro que el estrés es provisional y, si lo afronto adecuadamente en el momento presente, no me quedo atrapado en él.

Ross acabó sintiéndose muy agradecido al hospital psiquiátrico que se negó a admitirle.

–A fin de cuentas, me hicieron un gran favor. Estoy seguro de que si me hubiesen admitido, todavía estaría atrapado en ese sistema y no habría avanzado tanto. Ahora siento que tengo una vida y, aunque todavía no la controle completamente, estoy trabajando en esa dirección.

Ese tipo de "trabajo" no se produce a nivel tan sólo intelectual. El objetivo de la EMDR consiste en elaborar las cosas a todos los niveles, de modo que los "reflejos condicionados" de la persona sean completamente sanos, tanto a nivel intelectual, como emocional y físico.

11. LA ÚLTIMA PUERTA: ENFRENTÁNDONOS A LA ENFERMEDAD, LA INCAPACIDAD Y LA MUERTE

«Nunca es tarde para convertirnos en lo que podríamos
haber sido.»
GEORGE ELIOT

La idea que tenemos de nosotros mismos a lo largo de la vida suele basarse en nuestras capacidades intelectuales o físicas. Pero hay veces, sin embargo, en las que nuestra identidad gira precariamente en torno a algún rasgo relevante característico como, por ejemplo, «Soy un abogado», «Soy un corredor», «Soy un pintor» o «Soy un carpintero» que se convierte entonces en nuestra ancla, lo único seguro a lo que aferrarnos en un mundo caótico y que se halla en continua evolución. ¿Pero qué sucede entonces cuando el pintor pierde su vista, o la artritis acaba deformando la mano del carpintero? ¿Qué ocurre cuando el abogado contrae cáncer y está demasiado enfermo como para continuar con su actividad? De pronto, la persona no sólo tiene que enfrentarse a la pérdida de control que inevitablemente acompaña a la enfermedad, sino también a la muerte de la vieja identidad. ¿Qué sucede cuando el cuerpo que habíamos dado por sentado deja de obedecer nuestras órdenes y los movimientos más sencillos nos causan dolor? En numerosas ocasiones he visto, trabajando con mis clientes, las consecuencias emocionales y psicológicas de tal pérdida, que suelen asemejarse a los síntomas del TEPT.[1] Afortunadamente, la EMDR puede ayudar a la persona a movilizar todos sus recursos para poder afrontar la invalidez, la enfermedad y hasta la muerte.

En la época en la que Richard Webster solicitó ayuda al psiquiatra David McCann, se hallaba perdido entre los fragmentos rotos de su vida. Víctima de un espantoso accidente minero que sucedió a comienzos de los 1980s, el rostro y otras partes expuestas del cuerpo de Richard estaban llenos de cicatrices, perdió ambos brazos, se quedó sordo y necesitó calzado ortopédico para caminar. Durante los ocho años que siguieron al accidente, sufrió *flashbacks* y pesadillas diarias que describió como un auténtico infierno. Richard le contó a David que cuando se hallaba en un pozo cerca de 250 metros de profundidad, se vio envuelto en una explosión de gas que le convirtió en una bola de fuego y le dejó sepultado bajo 10 metros de tierra. Richard dijo que, cada noche, cuando intentaba dormir, sentía como si su cuero cabelludo estuviera ardiendo y se veía desbordado por una abrumadora sensación de miedo. Cualquier programa de televisión que hablase de accidentes o explosiones desencadenaba en él pensamientos obsesivos de este evento traumático y le dejaba sumido en la depresión, síntomas que empeoraban cuando se acercaba el aniversario de la explosión. A los 41 años, Richard necesitaba una enfermera las 24 horas del día.

Durante su primera sesión de EMDR, David y Richard identificaron el objetivo. Richard se imaginó sumido en una bola de fuego y recordó los pensamientos que, en esa ocasión, había tenido («¡Dios mío! ¡Estoy ardiendo!») y sintió la oleada adrenalínica del miedo. Durante la primera serie de movimientos oculares, Richard pensó: «Soy hombre muerto» y sintió que le faltaba el aire, pero a medida que siguió adelante, sus imágenes y sensaciones iniciales acabaron desvaneciéndose y recordó claramente haberse visto envuelto en llamas, rodeado del resto de su equipo, como si contemplara su cuerpo desde arriba. Richard recordó la sensación que experimentó cuando su equipo protector se quemó y se fundió con su piel y también recordó su desesperada invocación: «¡Dios mío! ¡Ayúdame! ¡Te lo ruego».

Súbitamente la escena cambió al recuerdo de otra experiencia cercana a la muerte en la que se había visto atrapado en una estructura de perforación petrolífera. Luego, mientras el proceso de elaboración seguía su curso, Richard se sintió espontáneamente flotando entre las nubes y escuchó la frase «Estoy vivo», reverberando serenamente en su conciencia. «Ahora creo que comprendo» dijo, con los ojos empañados de lágrimas. Más tarde explicó que, aunque no había sido un hombre religioso, en ese momento se dio cuenta de que «en este universo, existen otras dimensiones».

En la siguiente sesión semanal, todos los síntomas de Richard habían desaparecido. Su nuevo objetivo consistía en alcanzar el mayor grado de independencia posible. Por primera vez en ocho años había empezado a cuidar de sí mismo y de su casa, pudiendo permanecer ocho horas al día sin asistencia alguna. Según dijo, la sesión de EMDR le «había quitado un gran peso de encima». En los meses siguientes y gracias a las prótesis de los brazos, aprobó el examen de conducir y pudo dar vueltas por la ciudad sintiéndose como si «se hubiera liberado de la prisión». Richard dijo que ya estaba harto del «nunca podrás vivir una vida normal» y afirmó que su capacidad de acción ya no tenía límites. Tres meses después viajó solo a su ciudad natal disfrutando de un placentero viaje a través de un parque nacional. Un año más tarde estaba ayudando activamente a otros amputados y participaba en un programa destinado a ayudar a niños que necesitaban miembros artificiales.

Dos años después, Richard se refirió a su sesión de EMDR diciendo que: «fue una experiencia asombrosa que desafía toda capacidad de imaginación. He trabajado con las cosas más terribles que me han sucedido y todas ellas han desaparecido, permitiéndome contemplar mi existencia con mucha más profundidad. Ahora veo muy claramente la fragilidad de la vida y lo que eso significa para mí, estoy mucho más atento a mis sentimientos y disfruto de todos y cada uno de los momentos de mi vida». El caso de Richard ilustra perfectamente, en muchos sentidos, una frase muy empleada en el contexto del trabajo con la EMDR: «Lo importante no es tanto lo que sucede, como el modo en que lo afrontamos».

Aunque los problemas físicos deben ser valorados por los especialistas médicos adecuados, la EMDR también ha sido utilizada con éxito para ayudar a personas que padecen un amplio abanico de enfermedades y problemas somáticos. En algunos casos, los terapeutas EMDR han revelado que la causa del dolor físico de la persona es un recuerdo traumático que se halla almacenado en el sistema nervioso, como ejemplifica a la perfección el caso de un hombre que se sometió a terapia con el fin de afrontar una fobia que llevaba varios años incapacitándole para conducir. A medida que empezó a procesar el recuerdo de un accidente de automóvil, su espalda y sus hombros se contrajeron, causándole el mismo dolor que, durante años, le había impulsado a visitar semanalmente a un quiropráctico. Durante la EMDR recordó que la primera vez que había experimentado ese dolor había sido durante el accidente en el que se había visto lanzado fuera de la carretera. Mientras el tratamiento proseguía e iba elaborando su recuerdo del accidente, su hombro derecho se relajó y, a partir de ese momento, los espasmos dejaron de presentarse y, con ellos, desapareció también el miedo a conducir.

Entre los problemas físicos de origen estrictamente psicológico (como el dolor almacenado en la memoria) y los problemas físicos de origen exclusivamente orgánico (como la amputación), existe un amplio espectro de condiciones y enfermedades que parecen derivarse de una interacción entre factores físicos y psicológicos. Los psiconeuroinmunólogos han descubierto que el curso de muchas enfermedades, entre las que se cuenta el cáncer, está determinado por la interrelación entre una constelación de factores muy diversos de índole genético, ambiental y psicológico.[2] Y aunque, con ello, no quiero decir que las personas sean responsables de su enfermedad, todo parece indicar que el estrés tiene un efecto negativo sobre la salud física. En este sentido, la EMDR puede ser utilizada con eficacia para aliviar parte de ese estrés.

Cualquier acontecimiento puede proporcionarnos una oportunidad de crecimiento. La sesión de EMDR permitió a Richard, por ejemplo, superar las limitaciones físicas de su accidente de un modo antes inimaginable. En el caso de los pacientes de cáncer, independientemente de su pronóstico, la EMDR puede proporcionar una puerta abierta a la comprensión. La experiencia de una enfermedad grave es única, pero cada uno de nosotros tiene la capacidad de superar el dolor e ir más allá del punto en el que se encuentra atrapado.

Una mujer que debía afrontar una mastectomía por un cáncer de mama se hallaba tan asustada a causa de los estragos que creía que la operación iba a causar en su cuerpo que se quedó completamente bloqueada. Ni siquiera entendía las alternativas que le presentaba su médico. Cuando el médico empleó la EMDR para ayudarle a elegir un tipo de tratamiento, llegó a la comprensión serena de que era mucho más que un cuerpo, dándose cuenta entonces de que, en cualquiera de los casos, todavía le quedaban muchas cosas por vivir.

Otra mujer estaba muy aterrorizada ante la necesidad de someterse a una operación de cáncer. Durante la sesión de EMDR se dio cuenta de que su miedo no se debía tanto a la operación como a lo que podría ocurrirles, en el caso de un desenlace fatal, a su esposo y a su hijo. Luego se dio cuenta de que había proporcionado a su familia una sólida base vital y que, en el peor de los casos, no tendrían problema alguno en superar su muerte. Después de recuperarse de la operación, se convirtió en una persona más relajada y menos dominante.

Una tercera mujer fue diagnosticada de una modalidad muy virulenta y letal de tumor. Su marido, con el que llevaba muchos años casada, la había abandonado y tenía miedo de sufrir y morir sola. Durante la EMDR se vio rodeada de sus padres y otros miembros de su familia que ya habían muerto y que le dijeron: «Cuando llegue el momento de morir, lo harás con dignidad». Refiriéndose posteriormente a esa experiencia, dijo: «Todo fue bien. No debo sufrir más… todos me sostenían de la mano».

Más pronto o más tarde, todos tenemos que morir y, cuando nos vemos obligados a enfrentarnos a tal eventualidad, disponemos de varias alternativas: podemos disfrutar el tiempo de que disponemos o perderlo en lamentaciones. Pero aunque, aun conservando el sentido común y algunos principios espirituales, la elección parezca evidente, hay veces en las que el miedo parece triunfar sobre la lógica o la fe y alejarnos de nuestras convicciones más firmes. Si queremos, por tanto, enfrentarnos a la enfermedad y a la posibilidad o certeza de la muerte, centrarse en el miedo constituye uno de los usos más constructivos de la EMDR.

Cuando Jan (Johnny) de Groot, de 65 años, fue diagnosticado de cáncer de próstata en noviembre de 1988, aún no se
hablaba mucho de esa enfermedad. Todavía debieron pasar
más de siete años antes de que la revista *Time* dedicase la portada del número 1 de abril de 1996 al cáncer de próstata anunciando, con gran horror, que se trataba de una enfermedad
que, en los Estados Unidos, aquejaba a uno de cada cinco
hombres y que Bob Dole, el general Norman Schwarzkopf y
los actores Jerry Lewis y Sidney Poitier la padecían. En 1996,
la incidencia del cáncer de próstata había superado a la del
cáncer de piel y se había convertido en el tipo más común de
cáncer que afectaba a los hombres de los Estados Unidos, y
que la edad promedio de aparición giraba en torno a los 72
años.

En 1988, la profesión médica no estaba tan alertada ni
informada sobre el peligro del cáncer de próstata como lo está
hoy en día. De hecho, el médico de Johnny de Groot no llegó
a descubrir la presencia del tumor maligno de próstata hasta
que alcanzó el estadio D,[3] el último antes de la muerte.

El cáncer de próstata de Johnny ya se había metastatizado,
expandiéndose más allá de las paredes de esa glándula sexual
que tiene el tamaño de una nuez, hasta impregnar todos los
huesos de su cuerpo, con la curiosa excepción de sus extremidades inferiores. Ya era, por tanto, demasiado tarde para la
radiación o la quimioterapia y lo único que pudieron hacer los
oncólogos era enlentecer el proceso de migración de las células cancerosas de Johnny cortando el flujo de la hormona
masculina testosterona, que estimula su crecimiento. El procedimiento, denominado *orquiectomía*, consiste en la extirpa-
ción quirúrgica de los testículos, que va seguido de una terapia hormonal para impedir que las glándulas suprarrenales
sigan produciendo testosterona. Ése fue, precisamente, el tratamiento al que Johnny se sometió.

Johnny era un hombre tranquilo y comedido al que sus amigos consideraban "muy amable" y "bondadoso". Nacido en Holanda, era ingeniero por formación y naturaleza y, de joven, siempre había imaginado que, cuando concluyera los estudios, se ocuparía del próspero negocio que su familia tenía en Delft y que, siguiendo la tradición familiar, había heredado su hermano mayor.

Pero la II Guerra Mundial puso bruscamente fin a todas esas expectativas. Johnny tenía 18 años y estudiaba ingeniería en Ámsterdam cuando, el 10 de mayo de 1940, los nazis invadieron Holanda, y aunque pudo seguir estudiando, odiaba la ocupación con todas sus fuerzas. Periódicamente se veía obligado a ocultarse cada vez que los nazis hacían una batida para reclutar jóvenes con los que alimentar su maquinaria de guerra. Los cinco largos años de ocupación fueron una auténtica pesadilla que Johnny jamás podría olvidar y de la que siguió hablando hasta el final de su vida.

Después de la guerra, Johnny se dio cuenta de que los sentimientos que experimentaba con respecto a su querida Holanda habían cambiado y no encontró razón alguna para quedarse allí. Su adorada madre había muerto de una hemorragia cerebral cuando él apenas tenía cuatro años, y su padre se había vuelto a casar con la gobernanta, a la que Johnny, como su hermano y sus dos hermanas mayores, aborrecían (la segunda señora De Groot dejó en Johnny una profunda y duradera impresión negativa que, como luego veremos, afloró durante la EMDR).

Cuando, a los 25 años, terminó la carrera, Jan de Groot se alistó en la marina mercante holandesa, con la que dio la vuelta al mundo y se dio cuenta de lo mucho que le gustaba viajar. A comienzos de los años 1950s, Jan emigró a los Estados Unidos, asentándose en Nueva York, donde empezó a trabajar como delineante en una empresa óptica, y en 1956, consiguió la ciudadanía, a los 33 años. Le gustaba su nuevo hogar y se adaptó perfectamente a él, pero tuvo que cambiar su nombre de pila Jan (que se pronuncia "Yon"), que los estadounidenses parecían incapaces de pronunciar, por el de "John", que no tardó en convertirse en "Johnny".

En invierno de 1957, Johnny conoció a Martha durante una estancia en la montaña. Ella trabajaba como asistente social en Nueva York y los dos se sintieron inmediatamente atraídos. A Martha le gustaba mucho la formalidad europea de Johnny (que era siete años mayor que ella), su encanto, su amabilidad y su madurez y se casaron antes de acabar ese año.

Su matrimonio fue feliz y afectuoso pero no apasionado. Johnny abandonó su trabajo y la pareja viajó por todo el país hasta que pusieron en marcha su propio negocio, una franquicia de *Midas Muffler*. También fundaron una familia y tuvieron un par de hijas, de las que Johnny estaba muy orgulloso. Sin embargo, su negocio no funcionó y se vio obligado a venderlo poco después y a empezar a trabajar provisionalmente como cartero en el servicio postal de los Estados Unidos, lo que supuso un descenso en la escala social y, simultáneamente, también en sus ingresos.

Como consecuencia, Martha, que hasta entonces se había dedicado exclusivamente a las labores domésticas, volvió a su viejo trabajo de asistente social y poco después emprendió un curso para convertirse en psicoterapeuta.

Johnny tenía 65 años cuando se enteró de que tenía cáncer de próstata. Acababa de jubilarse de lo que finalmente se había convertido en una actividad de 20 años dentro del servicio postal y pasaba el tiempo libre paseando en barca y trabajando en su propio yate de siete metros de eslora. Johnny también era un apasionado esquiador, le gustaba el bricolaje y la jardinería y, últimamente, había empezado a tocar la flauta y el piano. Y aunque el tumor se hallaba en un estado muy avanzado, Johnny no parecía un enfermo terminal y no se sentía ni se comportaba como tal. Se encontraba físicamente bien y llevaba una vida muy activa... y quería continuar así. Fue con esa intención que se decidió a emprender una psicoterapia, porque creía que su personalidad podía estar contribuyendo a la enfermedad.

Conocí a Johnny a finales de mayo de 1989 y pasamos la primera sesión hablando de su historia, de su estado mental actual y de su matrimonio (que, según dijo, se había deteriorado desde el momento en que, seis meses antes, le habían diagnosticado cáncer). La operación le había dejado con una impotencia permanente y pensaba obsesivamente en la muerte de las personas que le rodeaban, sobre todo en Martha. También dijo que se había convertido en una persona más irascible y ansiosa, una reacción típica de quienes acaban de recibir un diagnóstico de enfermedad fatal,[4] como si, en tal caso, todos los recursos del sujeto se ocupasen de mantener a raya el miedo al futuro y la persona se mostrase menos paciente con las pequeñas dificultades que ensombrecen la vida cotidiana, hasta el punto de que hay quienes, pese a ser conocidas como sensibles, educadas y "bondadosas", experimentan súbitos ataques de rabia.

Johnny y yo hablamos de sus decepciones y arrepentimientos, que resumió en la frase «No puedo hacerlo». Yo le expliqué entonces el funcionamiento de la EMDR y le sugerí que, en nuestra próxima sesión, podíamos utilizarla para tratar de corregir esa creencia, cosa a la que accedió gustosamente. Al final le pedí que en nuestra próxima sesión trajera una lista con todas las creencias pasadas o presentes que, de un modo u otro, considerase asociadas a la expresión «No puedo hacerlo».

Al comienzo de la siguiente sesión, Johnny desplegó una

hoja de papel y empezó a leer: «Tengo miedo a hacerlo –y, tras una pausa, agregó–. Podría perder a mi esposa. Me resulta difícil permanecer en contacto con mis sentimientos. La felicidad es peligrosa. No quiero escuchar; eso ha sido algo muy común en toda mi vida. No quiero escuchar a menos que se trate de algo que realmente me interese. Quizás tenga que ver con mi madrastra, de la que acabé alejándome. Ni siquiera consigo tocar la flauta o el piano. Me siento realmente bloqueado, pero creo que me gustaría hacerlo. Me parece muy extraño».

Aunque Johnny tenía más de 60 años y, en su juventud, se había psicoanalizado, todavía se sentía inhibido por los mensajes de su infancia. Cuando nos centramos en sus sentimientos acerca del cáncer y de las cuestiones que le molestaban de su relación con Martha, gran parte de su estrés presente y de su sensación de baja autoestima parecían derivarse de la relación con su familia de origen. Como sucede muchos con enfermos de cáncer, Johnny tenía problemas para expresar la ira, un tema que abordamos trabajando con sus fantasías relativas a la muerte de las personas que le rodeaban.

–¿Qué sucede con tus fantasías sobre la muerte? –pregunté.

–No está claro. Son muy rápidas y luego me siento triste y deprimido. Aparecen cada vez que me siento o quiero sentirme mal, y entonces creo que Martha se muere.

Cuando escuché eso decidí emplear la EMDR para indagar los elementos cruciales de su cuadro clínico y desactivar rápidamente todo el dolor posible, porque la amenaza que supone la muerte no nos permitía emprender una aproximación a largo plazo. Por ello decidí activar su sistema de procesamiento innato identificando varios objetivos y centrándonos posteriormente en cada uno de ellos.

–Vuelve al momento en que has pensado que sería mejor que Martha muriese.

–Estábamos esquiando –replicó entonces Johnny de inmediato– y nos lo pasábamos muy bien. Era una competición nacional. Pero yo me equivoqué de camino y ella se enfadó muchísimo. Entonces me dijo, en medio de todo el mundo, que era un estúpido, lo que me dejó muy avergonzado... y molesto. Pero ella no pareció tener el menor empacho en mostrarme su enojo y no conseguí hacerle entender mi punto de vista. Desde entonces, las cosas han ido de mal en peor.

–¿Cuándo sucedió ese incidente?

–Aproximadamente en 1984 –respondió Johnny, evidenciando que los sentimientos que había experimentado, sin expresar, en esa ocasión, todavía le dolían.

–¿Cómo te sientes ahora?

–Muy molesto –como sucede con muchos pacientes de cáncer, Johnny era incapaz de identificar la ira en el mismo momento en que la experimentaba. Hay ocasiones en que esos pacientes pueden identificarla erróneamente, de manera retrospectiva, como "molestia" o "fastidio", culpándose por tener esos sentimientos, pero en cualquiera de los casos, sin llegar realmente a expresarlos. Muchos pacientes de cáncer ni siquiera recuerdan una ocasión en que, siendo adultos, hayan elevado la voz en su propia defensa.

–¿En qué parte del cuerpo lo sientes?

–En el estómago.

Entonces llevamos a cabo una serie de movimientos.

–Todavía está ahí.

Nueva serie.

–Mi reacción estaba equivocada. En lugar de enfadarme hubiera podido hacer alguna broma al respecto. Por ello me siento fracasado –la incapacidad de Johnny para expresar la ira giraba en torno a tempranas experiencias infantiles que le habían enseñado el peligro que entraña el hecho de sentir.

–¿Y qué pasa con la rabia? ¿Qué hay de malo en sentirse enfadado?

–Nada… la rabia está asociada a cosas más graves. Estoy seguro de que todo esto tiene que ver con mi infancia y con el hecho de que, siendo pequeño, a eso de los cinco o seis años, quería matar a mi madrastra. Estoy seguro de que, de haber podido, la hubiera matado. Quizás por eso ahora no pueda enfadarme.

–Volvamos de nuevo al sentimiento de «No puedo enfadarme». ¿Tiene algo que ver con tu madrastra?

–Sí. Mi hermano y mis hermanas sentían lo mismo que yo. Durante la guerra me preguntaba por qué las bombas, en lugar de caer sobre personas inocentes, no caían sobre ella. Quería desembarazarme de ella, pero un niño no puede hacer eso.

–Piensa en tu madrastra. ¿Dónde la sientes?

–En el estómago.

Nueva serie

–Siempre estaba de mal humor y luego se lamentaba por ello.

Nueva serie.

–Yo estaba siempre enfadado con ella, pero en lugar de matarla, esperaba que muriese.

Nueva serie.

–Quiero matar a alguien.

–No te alejes ahora de ella –dije entonces–. Piensa en tu madrastra.

–Nunca antes había hablado de este recuerdo. Estaba sentado frente a la mesa del comedor, mientras mi madrastra se hallaba de pie junto a mí. Estaba furibunda y gritó: «¡Deja los calcetines usados en el cesto de la ropa sucia!». Siempre estaba enfadada y me castigaba por cualquier cosa. Mi padre intercedía, pero ella lo ignoraba y seguía gritando, hasta que

mi padre acababa diciéndome: «¡Déjanos de una vez tranqui-
los! ¡Por el amor de Dios, vete de esta casa! ¡Déjanos en
paz!». Pero lo cierto es que yo no había hecho nada malo.

–¿Cuál es la intensidad de ese sentimiento?

–Un 9 en la escala de 10 y lo siento en el plexo solar y en
las vísceras.

Nueva serie.

–Pasó hace ya mucho tiempo y ella no hacía nada para
evitarlo –dijo Johnny, mientras el dolor parecía aliviarse,
aunque todavía nos quedaba mucho trabajo por delante.

Nueva serie.

–Me siento mejor, pero todavía está dentro de mí. Lo
recuerdo muy vivamente. Está muy arraigado en mi vida. La
intensidad que me provoca la idea de la muerte de Martha o
de cualquier otra persona [como había sucedido con su
madre a la edad de cuatro años] es un 5. Y lo siento en la
parte superior del pecho.

Nueva serie.

–Tengo la sensación de tener gusanos en los flancos y en
la parte inferior de la espalda. Mi hermano mayor se marchó
de casa a eso de los 17 años –dijo entonces Johnny, poniendo de relieve la existencia de alguna relación entre los
recuerdos ligados a su madrastra, la muerte y su sensación de
fracaso.

Nueva serie.

–No puedo tener el mismo éxito que él, porque mi padre
no me lo permitiría. ¿Por qué no me mandó a estudiar fuera?
Era tan inteligente como el resto de mis hermanos. Lamento
mucho que no lo hiciese y estoy seguro de que si lo hubiera
hecho, ahora me encontraría mucho mejor.

–¿Cómo te sientes ahora?

–Desearía que nunca hubiera existido. Un 4 y todavía
tengo tensa la parte inferior del vientre.

Nueva serie.

–Mi hermano logró marcharse de casa, pero yo no pude hacerlo..., eso tiene que ver con el éxito. Creo que puedo tener éxito, pero ésa no es la cuestión. Era demasiado pequeño. Ni siquiera lo intenté. Todavía siento una opresión en la parte superior del pecho.

–Permanece en la parte superior del pecho asociada al «No puedo hacerlo» –le dije entonces.

Nueva serie.

–Un 7. No me lo merezco.

–Sigue atento a ese sentimiento.

Nueva serie.

Cuando terminamos, Johnny hizo una larga pausa y luego dijo:

–Ahora estoy aquí. Puedo dejar a un lado el pasado. Es mi pasado. Me siento mucho mejor.

Nueva serie.

–Bien... bien... bien. Mi pecho y la parte superior de mi cuerpo están mejor. Todavía estoy un poco mareado. Mi madrastra era una persona muy pobre. Patética, realmente patética.

Nueva serie.

–No podía hacer nada. Debería haberme dado cuenta de que era una persona que no funcionaba bien. ¡Pero dejemos eso a un lado! –dijo Johnny, mesándose los cabellos y acariciándose la nuca, mientras sus pensamientos volvían al presente.

»Mi mujer también tiene sus cosas, pero a fin de cuentas, lo mismo sucede conmigo. Es muy probable que existan muchas mujeres que aprieten mal el tubo de pasta dentífrica. Mis quejas sobre ella carecen realmente de importancia.

–¿Cuál es la imagen, cuando piensas en tu madre, que aparece en tu mente? –le pregunté entonces, porque supuse que el sufrimiento provocado por su pérdida debería haber bloqueado esos recuerdos.

–En primer lugar, el funeral. En segundo lugar... no, en segundo lugar no, porque esto debe haber ocurrido antes. La recuerdo tumbada en el sofá del salón y que estaba muy enferma. Mi padre le prestaba muchísima atención y siempre nos decía lo enferma que estaba. Luego la veo en su lecho de muerte. La veo muy claramente. Era una persona muy atenta y cuidadosa y que siempre tenía la nariz manchada con un poco de pomada. Recuerdo que mi padre me decía: «¿Por qué no le pides unas monedas y vas a la farmacia a comprarte regaliz?». Yo lo hice y ella me dio el dinero. Pero apenas si podía hablar, sólo me miraba.

–¿Dónde sientes eso?

–En el pecho y en la garganta.

Nueva serie

–Quiero llorar, pero no puedo hacerlo. Por ello me siento tan triste y deprimido. Es una buena escapatoria. Antes me decía: «No llores y acabará pasando», porque no podía permitirme llorar. Me siento oprimido, siento una especie de irritación porque la ira, la tristeza, el miedo y todas las emociones que no era correcto sentir, pueden volver y acabar obsesionándome.

Nueva serie.

–Es importante que me mires, que me prestes atención. Tengo la sensación de que cuando quiero que me presten atención, nadie me mira.

–¿Cómo te sientes cuando ahora piensas en tu madrastra?

–Triste. Ella murió.

–Vuelve al «No puedo hacerlo» –le pedí entonces, porque consideraba muy improbable, si Johnny no procesaba esa creencia, que aprendiese a disfrutar de los días que le quedaban, y menos todavía que pudiese enfrentarse adecuadamente al cáncer. Entonces decidí centrarme en diferentes aspectos del miedo, mientras seguíamos poniendo en marcha el sistema de procesamiento de la información. Sabía que quizás no dispondríamos de tiempo suficiente para procesar exhaustivamente todos los recuerdos individuales y decidí confiar en su sistema de procesamiento innato para continuar la curación fuera del ámbito de la consulta.

–Mi madre. No pude hacerlo mejor. No pude irme de casa y tampoco pude conseguir la atención de los demás. Cuando crecí, me convertí en un niño muy revoltoso que, cuando quería llamar la atención, rompía a pedradas los cristales de las ventanas. Siempre quise ser el centro de atención.

Nueva serie.

–Ya no puedo conseguir la atención de los demás. Necesito ayuda. Y como nadie me ayuda ni me presta atención, no puedo hacerlo.

Nueva serie.

–En general, me siento mejor.

–Vuelve de nuevo al «No puedo hacerlo» –dije.

–Tocar el piano y la flauta. Me parece ridículo. No puedo hacerlo.

Nueva serie.

–No consigo disfrutar. En estas circunstancias, no puedo ser feliz… y no puedo mostrarme feliz porque en el caso de hacerlo, no me sentiría deprimido ni podría llamar la atención. No puedo conseguirlo, y cuando estoy a punto de hacerlo, me siento mal. Me siento avergonzado por querer que las personas me ayuden y me enseñen a tocar el piano… quiero decirles que necesito ayuda. Siempre. No sólo necesito una lección ahora, ¡necesito una lección cada día! ¡Seis horas al día! Es muy difícil que pueda conseguirlo solo. ¡Si lo consiguiese y fuera feliz, no podría llamar la atención!

–¿Cómo sientes eso? Parecía encantado de haber descubierto esas emocionantes verdades. La red de su vida y las fuerzas que le movían estaban evidenciándose en la misma medida en que iba superando su dolor.

–¡Me siento bien! –río Johnny.

–¿Cómo te sientes cuando piensas en que «No puedes hacerlo»?

–Sé que parece ridículo, pero también es muy cierto. Durante toda mi vida he estado seguro de que no es posible. Es algo muy lejano… algo que se remonta mucho tiempo atrás… a la época en que iba a escuela, cuando estaba en primer curso. Todos mis amigos aprobaron, pero yo tuve que repetirlo.

Nueva serie.

–Sé que si lo intento, no lo conseguiré. Es algo muy habitual. Y aunque, en general, lo supere, sé que todavía sigue ahí. Siento una mezcla de confusión y sorpresa.

–¿Qué sucede ahora con el «No puedo hacerlo»? –pregunté entonces, consciente de que, cada vez que se lo preguntaba, ponía en funcionamiento la información almacenada y la vinculaba con el sistema de procesamiento de la información.

–No consigo tocar el piano, ni tampoco consigo tocar la flauta. No pude conseguirlo en la escuela ni en el trabajo ni con mis padres.

–¿Y en qué parte del cuerpo lo sientes?

–En la parte inferior del vientre.

Nueva serie.

Johnny rió, pero no dijo nada.

–¿Cómo sientes ahora el «No puedo hacerlo»?

–¡Me parece estúpido! Me parece estúpido no poder conseguirlo. A menos que no quieras hacerlo. ¿Realmente quiero hacerlo? Hummm… tengo mis dudas

–¿Qué ocurre si imaginas hacerlo? –había llegado el momento de darle algún que otro trabajo para casa.

–Me parece bien... no sé... seguro que acabaría con mi objetivo.

Nueva serie.

–Me gusta la música y puedo verme tocando bien el piano.

–Imagínate tocando el piano esta semana. Imagínalo mientras sigues el movimiento de mis dedos.

–Muy bien. Me dirijo a la habitación –dijo Johnny, mientras sus ojos seguían el movimiento de mi mano–. Me siento en el banquito, abro el piano... –prosiguió, tras una pausa que parecía destinada a sumergirse más en la imagen– luego tomó la partitura y apoyo los dedos en las teclas.

La serie prosiguió.

–No consigo disfrutar. Nadie puede escucharme..., pero creo que me gustaría intentarlo.

–¿Qué es lo que te lo impide?

–No quiero hacerlo. Me asusta.

–¿Y dónde sientes el miedo?

–En la parte inferior del vientre. Podría hacerlo bien y eso me asusta.

–Siente esa amenaza –dije entonces, neutramente.

Y así continuamos, hasta concluir la sesión.

En sesiones posteriores, Johnny y yo nos ocupamos de trabajar sobre los recuerdos y circunstancias presentes que más le angustiaban. Además nos dedicamos también a trabajar con una visualización que elaboramos juntos. Carl y Stephanie Simonton, dos pioneros en el campo de la psiconeuroinmunología, han trabajado mucho con pacientes cancerosos, centrando su interés en lo que permite que algunos pacientes tengan vidas más largas y estimulantes que otros con quienes comparten un diagnóstico parecido,[5] llegando a la conclusión de que la diferencia reside en el modo en que los pacientes piensan sobre sí mismos. En su opinión, esos pacientes identifican una imagen que les permite sentir que su sistema inmunitario es más fuerte que el cáncer. Hay casos en los que puede funcionar representar el sistema inmunitario como un poderoso ejército y las células tumorales como un enemigo más débil, y hay otros, sin embargo, como las personas de naturaleza más pacífica, en los que conviene partir de una imagen más adaptada a su forma de pensar como, por ejemplo, la imagen del corazón de Jesús irradiando luz en su sistema inmunitario.

Probablemente debido a sus estudios de ingeniería, Johnny esbozó una imagen de la electricidad atravesando todo su cuerpo y destruyendo las células cancerosas. Luego utilizamos la EMDR para reforzar esa imagen y asociarla a la cognición positiva «Mi sistema inmunitario me curará», una combinación que le proporcionó una sensación de control y de dominio, aunque sabía perfectamente que, a pesar de estar movilizando todos sus posibles recursos, no había ningún tipo de garantía. Lo probó en consulta y luego en casa, refiriéndome los resultados.

–Veo un flujo luminoso –dijo, con un gesto que iba de la cabeza a los pies–, que supongo generado por los glóbulos blancos, que va irradiándose por todo mi cuerpo a través de los huesos. Es un ejercicio que hago unas seis veces al día, muy lentamente, empezando en la cabeza y siguiendo por las mejillas, los hombros, los brazos, el torso, las articulaciones de la rodilla, las piernas y los pies.

Después de un total de cuatro sesiones de EMDR, Johnny mostró, en opinión de Martha, una libertad de expresión de la que nunca antes había gozado. Según dijo, después de la EMDR estaba muy cambiado y era mucho más afectuoso, vital, comunicativo y sociable con ella y con todo el mundo. Empezó a disfrutar tocando el piano y ya no temía hacerlo mal. Pasaron los últimos años de su vida viajando por todo el mundo, visitando Thailandia, China, Francia, España y Alaska y también pasaron un par de semanas disfrutando de un viaje en canoa por los rápidos del río Colorado. En otra ocasión, Johnny hizo un crucero desde California hasta Alaska con sus amigos, que también advirtieron el cambio que había experimentado. Ya no se veía obligado a complacer a todo el mundo y ya no tenía que ser "Mister Simpatía". Se había convertido en una persona mucho más asertiva y pidió a todo el mundo que le llamara por su nombre, Jan, enseñándoles a pronunciarlo adecuadamente. Según dijo Martha: «creo que está recuperando su verdadera identidad».

Jan continuó realizando el ejercicio que habíamos diseñado juntos, intercalando la visualización de la corriente eléctrica circulando por todo su cuerpo para exterminar las células cancerosas con un par de períodos en los que repetía su cognición positiva sin dejar, no obstante, de llevar a cabo los movimientos oculares. A finales de 1991, los médicos le dijeron que su tumor de próstata había disminuido y volvió a casa extraordinariamente feliz.

–¡Martha –le dijo entonces, con una sonrisa– creo que lo he conseguido!

Pero el tumor todavía afectaba a sus huesos y, en enero de 1992, se vio obligado a afrontar una situación familiar muy estresante que tuvo graves consecuencias. En mayo advirtió que su cuerpo estaba debilitándose y, cuando consultó al médico, se enteró de que la metástasis estaba afectando a su hígado. Entonces decidió hacer un último viaje, esta vez a Holanda, su tierra natal, donde alquiló una casa flotante con la que paseó por los canales durante un par de semanas y, finalmente, pasó otra semana con su familia, antes de volver a los Estados Unidos, consciente de que ésa sería la última vez que los viese.

Una vez en casa, el dolor aumentó, y a finales de junio, su

mente empezó a dar señales de flaqueza. Entonces fue cuando do Jan de Groot, de 69 años, decidió acabar con su vida tomando una medicación que, con ese propósito, había comprado en Holanda. Jan había pasado tres maravillosos años después de su tratamiento con la EMDR y quiso elegir su propia forma de morir, cosa que hizo muy pacíficamente y arropado por la compañía de Martha.

Muchos pacientes de cáncer han descubierto usos distintos de la EMDR para atravesar la experiencia misma de la enfermedad y recuperar la sensación de control personal. Después de que Donna fuese diagnosticada de cáncer de mama, por ejemplo, pasó tres noches sin dormir. Se despertaba a eso de las tres de la madrugada, con la mente desbocada por el miedo. Entonces solicitó a un terapeuta utilizar la EMDR para ayudarla a superar esa prueba. El primer objetivo que esbozaron fue el miedo de Donna: «Voy a morir». Durante la sesión, Donna conectó emocionalmente con sus creencias espirituales, y la frase «No estoy preparada para morir. Quiero vivir» despertó en ella resonancias muy profundas. Éste es un paso muy importante para muchos pacientes de cáncer que se hallan atrapados en sentimientos de impotencia, lo que empobrece su calidad de vida y compromete también su sistema inmunitario.

La segunda sesión se centró en la sensación, habitual en muchos pacientes de cáncer, de verse desbordada, no sólo por las cuestiones relacionadas con el tratamiento y el dolor, sino también con las demás obligaciones de la vida que no deben ser olvidadas, como los problemas laborales, la necesidad de los demás, etcétera. En este sentido, la EMDR ayuda a los pacientes a contemplar sus problemas desde la perspectiva adecuada, lo que les ayuda a reducir su nivel de ansiedad y de miedo y facilita su resolución.

Luego Donna utilizó la EMDR para enfrentarse a su reacción ante la mastectomía. Aunque, al principio, no podía soportar mirarse en el espejo, acabó aprendiendo, gracias a la EMDR, a valorar su nuevo aspecto y a sentirse bien con su cuerpo. El médico que la trataba se sorprendió de la prontitud de su recuperación ya que, al cabo de cuatro semanas, volvió a trabajar. Pero su curación psicológica no había sido completa, porque Donna no había apelado a la EMDR para prepararse emocionalmente de cara a la cirugía, un hecho cuyas consecuencias descubrió semanas más tarde. Atrapada en un atasco de tráfico un día en el que se dirigía en coche al trabajo, Donna se vio desbordada por sensaciones de peligro y de muerte inminente. Más tarde, durante la EMDR se dio cuenta de que esas sensaciones estaban directamente ligadas a los hechos que ocurrieron el día de su operación, en que recordaba haberse despedido de su marido con miedo a no volver a verle o a quedarse inválida, paralítica o con alguna lesión cerebral. Pero hay que decir también que ésa no fue la primera ocasión en que tuvo graves problemas físicos ya que, 20 años antes, casi se había roto la nuca y necesitó operarse de la columna vertebral. Fue como si la operación de cáncer hubiese reactivado todo el dolor irresuelto de ese trauma.

Pero por más aterrador que sea el cáncer, pocas enfermedades despiertan tanto miedo como el sida. La epidemia de sida es tan espantosa que muchas personas prefieren negar su existencia. Sin embargo, no había modo de que Hugh Rodgers pudiera sacarse el sida de su mente. Durante los últimos tres años, su compañero Brady había sufrido los implacables hachazos del sida. Brady era toda su vida. Los dos hombres estaban muy enamorados y habían pasado casi nueve años felizmente entregados el uno al otro. Habían comprado una casa, esperaban poder adoptar un niño y, como muchas otras parejas, compartían sus esperanzas y sus sueños.

Brady, siete años mayor que Hugh y la persona fuerte de la relación, había infravalorado la gravedad de los síntomas, algo explicable solamente por el hecho de no conocer a nadie que hubiese muerto de sida. No tenían la menor idea de lo que todavía les quedaba por pasar.

Esa ignorancia se mantuvo hasta el día de finales de 1992 en que Brady se empeñó en coger el coche para ir a trabajar a pesar de tener una fiebre de 40 grados centígrados y en el que sufrió un desvanecimiento que le llevó a chocar con otro coche, y aunque no hubo ningún herido, el Porsche de Brady quedó destrozado. Entonces fue cuando Hugh le convenció de que había llegado el momento de tomarse en serio la enfermedad y Brady no volvió a conducir ni a trabajar.

Pero aun contando con la colaboración de Brady, las cosas fueron complicándose. Un día se desmayó mientras se duchaba. Otro día, cuando Hugh fue a despedirse para ir a trabajar, le descubrió luchando por respirar y con el rostro púrpura. Y como Brady, a pesar de permanecer consciente, era incapaz de pensar, moverse o hablar, Hugh llamó a una ambulancia y se sentó a su lado durante todo el camino al hospital, donde le diagnosticaron un citomegalovirus (CMV), una infección vírica de la sangre.

Entonces Hugh se dedicó a cuidar a Brady en casa, aunque le resultase difícil compatibilizarlo con su trabajo como vendedor. Durante los 12 meses siguientes, desde finales de 1992 hasta finales de 1993, Hugh asistió a la metamorfosis de su pareja, que pasó de ser un hombre inteligente, resuelto y dinámico a ser una persona con la capacidad intelectual de un niño de cinco años muy enfermo. Al comienzo, Hugh no se dio cuenta de la demencia que la infección del sida provocaba en las células cerebrales de Brady, pero lo cierto es que no hacía sino empeorar. Algunos días, Brady ni siquiera podía pensar claramente para responder a las preguntas más sencillas de Hugh del tipo: «¿Cómo te encuentras? ¿Te duele algo? ¿Qué puedo hacer por ti?». Brady balbucía una respuesta ininteligible y Hugh, frustrado, golpeaba con violencia la mesa con su mano. Brady no conseguía hablar coherentemente y era consciente de ello.

El momento crítico llegó la tarde en que, al volver a casa, Hugh descubrió a Brady, atrapado entre el sofá y la mesa camilla, sacudiendo los brazos, pero incapaz de ponerse en pie. Al parecer, Brady llevaba varias horas en esa postura, porque se había orinado en la alfombra. Era evidente que Brady estaba completamente desorientado, porque no sabía dónde estaba, ni lo que le había sucedido. La visión de su amante reducido a un estado casi vegetativo rompió el corazón de Hugh y empezó a llorar. Luego, mientras limpiaba a su pareja, tomó la decisión de contratar a alguien para que cuidase de Brady durante el día y él se encargaría del resto. Hugh trató de enfrentarse a ese cruel período recurriendo a la negación y a las presiones laborales para reprimir su miedo y su angustia. Dicho de otro modo, se concentró en los aspectos prácticos de la cuestión, preparando el desayuno y la comida de Brady antes de ir a trabajar. Volvía a casa a tiempo, se aseguraba de que Brady tomase la medicación y organizaba visitas ocasionales de los amigos para poder distraerse.

Pero ésa no era más que una parte de la cuestión porque, cuando empezaron la relación, Hugh sólo tenía 18 años. Sabía que era gay desde la adolescencia, pero jamás había mantenido relaciones sexuales;, cuando quisieron hacer el amor por vez primera, Hugh le preguntó si era seguro, a lo que Brady le respondió afirmativamente aunque, lo cierto, es que no era así.

Cuando, en 1988, Brady empezó a mostrar los síntomas

del sida, Hugh se hizo los correspondientes análisis, descubriendo que era seropositivo y que su tasa de linfocitos T giraba en torno a las 5.008 unidades.[6] Inmediatamente le prescribieron AZT y le recomendaron que empezase a reforzar su sistema inmunitario cuidándose, comiendo bien, descansando suficientemente, haciendo gimnasia y erradicando todo estrés de su vida. A finales de 1993, cinco años después del diagnóstico, sin embargo, la vida de Hugh era más estresante que nunca. Ver morir a Brady gradualmente día tras día le resultaba desalentador.

Pero lo que empeoraba todavía más las cosas era la inversión de roles que el sida había provocado en la pareja. Cuando, a finales de 1993, Brady se vio relegado al lecho, era evidente, para Hugo, que el final estaba aproximándose. Su relación estable y amorosa, que siempre les había dado la impresión de permitirles enfrentarse a todo lo que la vida les deparase, había perdido su principal apoyo. Ahora, el mundo de Hugh se había desmoronado y sentía que su vida estaba naufragando. Un buen día, a mediados de noviembre, Hugh salió de la sala de ventas de su tienda y se refugió en su oficina. Su corazón se había disparado y sentía que no podía respirar. Entonces llamó al doctor y concertó una cita urgente y la prescripción de fármacos contra la ansiedad, ninguno de los cuales modificó un ápice la causa del ataque de Hugh.

Entonces fue cuando Hugh oyó hablar de una investigación psicológica que ofrecía cuatro sesiones gratis de tratamiento para pacientes seropositivos o que estuviesen enfermos de sida. El estudio estaba dirigido por Donald Weston, psicólogo de Portland (Oregon), que trabajaba estrechamente con la población gay y estaba interesado en los posibles efectos liberadores del estrés (y en la consiguiente prolongación de la vida) que podía tener la EMDR en el tratamiento de hombres y mujeres seropositivos.

La investigación de Donald requería sesiones de 90 minutos. En la primera de ellas, Donald pidió a cada uno de los participantes que respondieran a seis preguntas relativas al modo en que creían que el hecho de padecer sida o de ser seropositivo influía en la visión que tenían de sí mismos, de su vida presente y de su futuro. Y aunque no se trataba del enfoque habitualmente empleado por la EMDR, permitió que Donald llevase a cabo un rastreo controlado sobre el modo en que la EMDR afectaba al dolor emocional personal relativo a sus creencias negativas y a la eficacia con que la persona desarrollaba contracreencias positivas. Las respuestas dadas a esas preguntas servirían como objetivos de la EMDR.

La primera vez que trabajaron con la EMDR, Donald ayudó a Hugh a elaborar su imagen de sí mismo como persona seropositiva. Aunque Hugh creía que si se cuidaba, no enfermaría, en el fondo de su alma contemplaba la desintegración de Brady con una abrumadora sensación de miedo y de pánico, como si estuviera asistiendo a su propia muerte. Además estaba enfadado consigo mismo por ser seropositivo. Cuando empezaron el procesamiento, su valoración usa era de 9. Después de tres series, Hugh empezó a gritar «Sólo tengo 26 años. El sida empezó mucho antes de que yo apareciese. Brady lo padecía antes de conocerme».

–Mantén esa idea en tu mente.

Cuarta serie.

–Puedo cuidarle. Pero no es por culpa mía.

Quinta serie.

–Si necesita algo, se lo daré, pero no puedo preocuparme por lo que ha podido hacer en el pasado. Me siento tranquilo y relajado. Mis hombros se han relajado después de haber llorado –dijo Hugh, tras una pausa, inclinando la cabeza y preguntando–. ¿Suele funcionar tan rápidamente?

–Concéntrate en eso.

Sexta serie.

–Me siento bien. Puedo asumir la responsabilidad de lo que hago para ayudar a Brady, pero no soy responsable de ser seropositivo.

Séptima serie.

–Me hace sentir bien. Me gusta.

–¿Qué imagen se te ocurre para representar el virus del sida en tu cuerpo? –preguntó entonces Donald, con el fin de establecer su segundo objetivo.

–Es una mancha de color amarillo. Como cuando, en lecciones de higiene, se nos mostraba la fotografía de una gota de color azul en el agua –dijo Hugh, esbozando la forma con sus manos.

–¿Con qué palabras describirías lo que esa imagen dice de ti mismo?

–Trato de mantener ambos aspectos separados. Separo el agua limpia de la mancha de color. Me siento como si me hallase sumergido en el agua y luchase, sin acabar de conseguirlo, por respirar. Y aunque, en ocasiones, llegue a la superficie, nunca consigo respirar lo suficiente. Como si una fuerza me mantuviese hundido. Resulta muy opresivo.

–¿Qué querrías sentir?

–No quisiera sentirme ahogado. Me gustaría aceptar que puedo disfrutar de mi vida cotidiana sin preocuparme por las inevitables consecuencias de la enfermedad.

–¿Y en qué parte del cuerpo lo sientes?

–En el cuello y en los hombros –respondió Hugh, que evaluó su intensidad como un 10.

Cuando Donald empezó los movimientos oculares, la primera respuesta a las preguntas de Donald fue «Nada».

Segunda serie.

–Nada.

Nueva serie.

–Siento como si me estuviera ahogando. No tengo suficiente aire.

Nueva serie.

Hugh empezó entonces a llorar. Estaba concentrándose en todas las cuestiones negativas de su vida, de la vida de Brady y de su trabajo. Era como si, frente a él, sólo desfilasen los aspectos negativos de su vida. Luego, las sensaciones cambiaron súbitamente y empezó a sonreír. El dolor había sido breve. Hugh había dejado que su mente fuese donde quisiera y se sentía mejor. Era muy curioso, parecía que volase como un águila y pudiese hacer un *zoom* sobre las cosas y verlas en su verdadera magnitud. Ahora no estaba agotado, sino relajado.

–¿Qué ves ahora? –preguntó entonces Donald.

–Veo una luz al final del arco iris. Ahora ya no me estoy ahogando. Puedo nadar. Ahora estoy en una lancha de salvamento. Puedo ver a través del agua clara y ver el fondo cubierto de amarillo.

–Permanece con esa imagen.

Quinta serie.

–Estoy mirando a través del agua y todo es transparente. Es como si el amarillo se hallase en la periferia de mi campo visual. Puedo ver todo lo que me rodea. Hacía mucho tiempo que no lograba mirar más allá de mí y ver lo que me rodea.

Nueva serie.

–Puedo oler las flores. Siento el aire y veo lo que me rodea.

Séptima y última serie.

–Me siento como si pudiera vivir cada día oliendo flores, sintiendo el aire y dándome cuenta de lo que es importante –dijo Hugh.

Dos años más tarde, Hugh relató esa experiencia con las siguientes palabras: «En esos dos minutos desaparecieron la aflicción, la frustración, la desesperación, la rabia, la ansiedad y todas las cosas a las que diariamente me enfrentaba. Luego el bien entró en mi interior y se puso en marcha una suerte de fantasía con los ojos abiertos en la que empecé a pensar en cosas positivas. Fue como si, después de correr durante 50 kilómetros y de sentirme extenuado, se abriesen súbitamente las puertas del paraíso y se desvaneciese todo el agotamiento».

A lo largo de la siguiente sesión, trabajaron la creencia de Hugh de no haber podido vivir su vida al máximo de su potencial. Después de la tercera serie, Hugh empezó a llorar:

–Son tantas las cosas que quiero hacer… No he hecho todo lo que quisiera.

Nueva serie.

Hugh se sentó entonces erguido en la silla y dijo:

–Pero también son muchas las cosas que he conseguido. Sólo tengo 26 años y tengo una larga lista de las cosas que he logrado.

Quinta serie.

–Primero estaba en una lancha de salvamento –dijo Hugh, con una franca sonrisa en el rostro– y ahora estoy en una nube. Es como si pudiera sentir el aire y oler el perfume de las flores. Estoy viendo mis logros y el viento me lleva hacia nuevas puertas que se abren. Tengo tiempo para hacer las cosas que quiero hacer.

Nueva serie.

–No puedo creérmelo. Me siento extraordinariamente bien.

Nueva serie.

–Realmente son muchas las cosas que he conseguido en mi vida y me siento muy bien al respecto.

Octava y última serie.

–Sí. Todo está muy bien.

–¿Cuán intensa es ahora esa sensación?

–Es un 3. Me viene muy bien llorar. No lloraba por lo que está sucediendo –sino, como más tarde dijo el mismo Hugh, porque la sesión le estaba abriendo un nuevo camino.

»En lugar de ver tan sólo las cosas negativas, he podido empezar a ver también las positivas. Ya no estaban en el fondo, sino en primer plano. Puedo seguir viendo las cosas negativas, pero también puedo vivir con ellas. Me sentía como si hubiera pasado de estar debilitado a funcionar bien de nuevo. Y he tomado la determinación de no rendirme.

Donald y Hugh dedicaron una sesión de EMDR a trabajar la percepción de su miedo a enfermar, durante la cual Hugh se vio superando los problemas físicos y abriendo la puerta al Sol y el viento. Finalmente eligieron el objetivo de enfrentarse a todo lo que necesitaría hacer en el caso de que estuviese a punto de morir, momento en el cual la mente de Hugh volvió a Brady.

–He empezado a sentir la pérdida de todo. Se suponía que Brady y yo viviríamos juntos y alcanzaríamos los 65 años. Ahora debo renunciar a todo esto, porque no tardará en irse.

Décima serie.

–Me siento mejor. Todavía me quedan las fotografías.

Nueva serie.

–Y lo más importante de todo, también tengo mis recuerdos. Siempre puedo dormir con ellos.

Varias series después, Hugh dijo:

–He pensado en lo maravilloso y significativo que ha sido. Ahora ya ha pasado. ¿Qué es lo que viene a continuación?

Nueva serie.

–Me falta Brady. Y cuando muera, si es que hay algún modo, lo encontraré.

Nueva serie.

–Puedo escuchar a Brady. Estamos en un parque y siento cómo me llama. No puedo verlo, pero sé que conseguiré encontrarlo. Me siento de nuevo relajado. No es que las cosas hayan acabado, lo que ha cambiado es el paisaje.

Nueva serie.

–Me siento mejor. Todas las cosas negativas formaban parte de nuestra vida, pero no han cambiado lo que somos, ni tampoco ha cambiado nuestra vida. El sida no es más que uno de los aspectos de nuestra vida. La ironía de Brady y su sentido del humor forman parte de nosotros. Ha sido muy divertido.

Otra serie.

–Es como si pudiese ver la totalidad de la imagen y la enfermedad sólo ocupase una pequeña parte de toda mi vida. Cada vez que teníamos problemas de relación los superábamos y también superaremos éste. Podemos hacerlo.

Durante la sesión posterior, Hugh definió del siguiente modo el significado que el sida tenía en su vida:

–Me ha proporcionado una nueva oportunidad. No lo veo como "no es justo" o "no está bien". Eso, ahora, no me importa. Me parece simplemente un reto.

Después de la EMDR, Donald dedicó el resto del tiempo a hablar con Hugh, que le contó que sus empleados le habían dicho que, en el trabajo, parecía mucho más feliz y relajado. En lo tocante a la investigación dirigida por Donald Weston, la valoración de Hugh de sus sentimientos negativos estaba en 0, mientras que su estimación de la veracidad de sus nuevas creencias positivas era de 7, la puntuación más elevada de la escala.

Dos meses después, Brady murió tranquilamente en casa, y pasadas varias semanas, Hugh volvió de nuevo a ver a Donald. Estaba preocupado por algo que había hecho después de la muerte de Brady y temía que fuese algo morboso o anómalo.

–Estaba allí, Brady estaba allí... y se marchó. Luego –prosiguió Hugh, excitado– me metí en la cama junto a su cuerpo y le abracé.

–No me parece nada morboso ni anómalo, Donald –le dije entonces–. Es simplemente amor.

Hugh sigue trabajando duro y se siente bien. Hace nueve años que le diagnosticaron que era seropositivo, pero su recuento de células T lleva casi dos años en 700 (un valor casi normal). Su tienda de artículos de regalo ocupa, en una investigación de mercado, el undécimo lugar en una encuesta realizada sobre cerca de 800 tiendas del estilo; y ha vuelto a estudiar obteniendo óptimos resultados en el primer semestre. También trabaja como voluntario en tres organizaciones no gubernamentales y se ha dejado convencer por un amigo para participar con una poesía suya, la primera que escribió, en un concurso estatal llamado premio Gobernador, en el que consiguió el primer premio y tuvo la ocasión de asistir a la lectura de su poema por parte del gobernador de Oregon ante una audiencia de12.000 personas. Hugh es un portavoz muy elocuente con una profunda comprensión que refleja claramente la experiencia de todas aquellas personas que, de un modo u otro, se han visto obligadas a atravesar el umbral de la muerte.

12. VISIONES DEL FUTURO. LA EMDR EN EL MUNDO

> «Los problemas más importantes no pueden resolverse en el mismo nivel de pensamiento que los ha creado.»
>
> ALBERT EINSTEIN

Una mujer de mediana edad mantenía una mala relación con su padre y llevaba toda la vida rechazando sus intentos de aproximación porque, según contó a su terapeuta, la abandonó siendo niña. Cuando, gracias a la EMDR recordó los detalles concretos del día en que se fue de casa, se dio cuenta de que lo había hecho obligada por su madre y, cuando un testigo independiente corroboró posteriormente la historia, acabó reconciliándose con él.

¿Cuántas personas sufren a causa de la fragilidad de la memoria? ¿Qué es lo que la EMDR nos revela acerca del funcionamiento fisiológico de la memoria? Éstas son, a la vista de los rápidos resultados obtenidos por la EMDR, cuestiones que aparecen espontáneamente.

Cada nueva aplicación del método nos obliga a formularnos nuevas preguntas y, después de diez años de práctica de la EMDR, cabe destacar las siguientes: ¿Cuáles son las lecciones fisiológicas, psicológicas y sociales que nos proporciona la EMDR? ¿Qué investigaciones y aplicaciones científicas pueden derivarse de ella? ¿Cuáles son sus enseñanzas sobre la relación que existe entre la mente el cuerpo? ¿Hasta dónde podremos llegar cuando trascendamos nuestros miedos y nuestras barreras?

Los informes de casos procedentes de todos los rincones del mundo evidencian la existencia de multitud de factores comunes entre personas y sociedades diferentes. La rapidez y predictibilidad de los resultados obtenidos cuando se emplean protocolos y procedimientos adecuados pone de manifiesto que, más allá de las diferencias culturales que nos separan, todos compartimos respuestas fisiológicas que nos proporcionan una visión sobre la mente y el potencial del ser humano.

Uno de los objetivos a los que, en mi opinión, debería apuntar cualquier investigación futura realizada en este sentido, consistiría en poner de relieve las implicaciones de los distintos protocolos empleados. Son muchas, a fin de cuentas, las cosas que podríamos aprender acerca del modo en que el cerebro organiza la memoria y la experiencia. Durante los primeros 18 meses de uso de la EMDR, por ejemplo, trabajé con personas que se habían visto traumatizadas en una época muy temprana de su vida, entre el año y los 10 años o poco más, ninguna de las cuales se hallaba en el período inmediatamente posterior al trauma. Luego trabajé con las víctimas del terremoto que, en 1989, sucedió en Loma Prieta, San Francisco, antes de que hubiera pasado un mes de la destrucción de su hogar, de que sus hijos se hubiesen lesionado o de haber perdido a sus animales domésticos. Eran personas que habían visto retumbar, desplazarse, resquebrajarse y, finalmente, abrirse el mismo suelo que les sostenía. No es de extrañar que muchos de ellos llegasen a la conclusión de que jamás podrían volver a confiar en nada ni en nadie. Cuando empecé a trabajar con esas víctimas utilicé el mismo protocolo EMDR que había empleado con mis anteriores clientes, pidiendo que identificasen el episodio más terrible del terremoto como, por ejemplo, el momento en que se desplomó la chimenea y estuvo a punto de sepultarles y que lo mantuvieran en mente mientras llevábamos a cabo los movimientos oculares. Después de haber desensibilizado el incidente, les pedía que evocasen una segunda escena angustiosa como, por ejemplo, el momento en que se vieron obligados a saltar desde la ventana de un tercer piso de un edificio en llamas. La experiencia que había tenido con mis anteriores clientes (que, recordémoslo, estaban recuperándose de un trauma remoto) me llevaba a esperar la desensibilización de esta segunda escena, pero en esta ocasión, estaba equivocada, porque no hubo generalización de una rama del recuerdo traumático a otra y nos vimos, en consecuencia, obligadas a trabajar por separado las distintas escenas inquietantes.

Este descubrimiento puso de relieve la necesidad de adaptar el protocolo de la EMDR al tratamiento de las víctimas de los traumas recientes y también me proporcionó nueva información acerca del funcionamiento cerebral. ¿Por qué una de las escenas de un trauma reciente no se hallaba mentalmente relacionada con otras escenas de la misma situación? ¿Significaba acaso que los diferentes momentos de un acontecimiento traumático se almacenaban separadamente en el cerebro? Parecía que, para que los diferentes episodios que componen un determinado trauma acabasen consolidándose en la memoria como una totalidad integrada, debía pasar cierto tiempo. Esto resultaba doblemente extraño porque quienes habían sido víctimas del terremoto, no tenían problema alguno en describir la secuencia de eventos que se habían visto obligados a vivir. Dicho en otras palabras, si bien habían establecido algunas conexiones neurológicas importantes (entre las que se contaba la secuencia temporal), no sucedía lo mismo con otras.

Esta discrepancia proporcionó a los investigadores especializados en el funcionamiento neurobiológico de la memoria una clave muy importante para acceder a los vericuetos más ocultos del cerebro. En este sentido, por ejemplo, el momento en que deja de ser necesario apelar a la EMDR para la rehabilitación completa del cliente durante el procedimiento estándar utilizado en el tratamiento de los traumas recientes (que, recordémoslo, consiste en tratar separadamente las distintas escenas), pone de manifiesto el momento preciso en que se produce la consolidación del recuerdo. Son muchos los casos que corroboran la necesidad de utilizar protocolos EMDR diferentes en el tratamiento de los traumas recientes y de los traumas remotos, independientemente de que se trate de un niño australiano aterrado ante la necesidad de abandonar su casa tras un grave incendio forestal, o de una mujer de Long Island que había desarrollado una fobia a volar y no podía visitar a su familia porque estaba obsesionada con las imágenes de un océano teñido de rojo y salpicado de restos humanos después de la tragedia del vuelo 800 de la TWA.

La investigación futura también podría ocuparse de las diferentes asociaciones que, con respecto a un determinado recuerdo, establece una persona antes y después del tratamiento con la EMDR. Recuerdo, en este sentido, el caso de una mujer cuyo padre había muerto de cáncer en una residencia para convalecientes. Durante los dos años que siguieron a su muerte, esa mujer había vivido con una "nube negra" sobre su cabeza, obsesionada con la imagen de su querido padre muriendo dolorosamente entre extraños y sintiéndose impotente al no poder ayudarlo. Aunque habían estado muy unidos y habían sido muy felices, no podía pensar en él ni recordarlo sin verse acosada por esa "nube negra". Entonces iniciamos el tratamiento EMDR centrándonos en la imagen de su padre tendido en su lecho de muerte. Después de haber elaborado esa escena, le pedí nuevamente que pensara en su padre, y la escena que le vino a la mente fue una semana de Navidad muy divertida que pasaron juntos.

Son muchos los clientes en los que he advertido el cambio que conduce desde la obsesión con un recuerdo negativo hasta la emergencia espontánea de un recuerdo positivo. En otro caso, trabajé con una niña de 10 años cuyo padre se había suicidado y cuyo único recuerdo –que, más que un recuerdo, era una fantasía porque, por aquel entonces, no tendría más de tres años– era el aspecto que tenía el último día de su vida y los meses que precedieron a su muerte, vestido con un albornoz, sentado en cualquier parte y rodeado de latas de cerveza vacías. Después de haberse centrado en esa imagen y haberla procesado, le pedí que evocase otra imagen de su padre y recordó un día que habían ido de excursión al campo, un recuerdo muy plácido y que no iba acompañado, por cierto, de ningún tipo de sufrimiento. Y debo decir que lo mismo sucedió cuando traté a su hermano. Parece, pues, evidente que la elaboración de un recuerdo negativo recurrente abre un espacio para que la persona pueda recordar otros momentos más positivos. Este tipo de observaciones clínicas tiene numerosas y profundas implicaciones en el estudio de la neurofisiología de la memoria.

Otra posible área de investigación futura concierne al modo diferente en que se almacenan los recuerdos de los eventos y las sensaciones físicas. Hay veces en que es posible tratar exitosamente con la EMDR el dolor crónico y el malestar físico continuo eligiendo como objetivo el evento perturbador inicial. Cabe destacar, en este sentido, el caso, presentado por un terapeuta ruso, de un hombre de 31 años, que había sido ingresado en un hospital de Moscú a causa de los ataques de cefalea crónica y crisis depresivas impredecibles. Su sueño se veía continuamente interrumpido por continuas pesadillas y no tenía la menor esperanza de futuro, síntomas que padecía desde el momento en que, en 1986, su destacamento había sido movilizado para tratar de minimizar las consecuencias del desastre de la central nuclear de Chernobil. Después de esa situación, su situación financiera empezó a deteriorarse y desarrolló varios síntomas físicos que fueron atribuidos a diferentes enfermedades. Su sensación de inutilidad se intensificó cuando las autoridades le negaron cualquier tipo de ayuda física y psicológica. Diez años después de ese episodio tenía, como muchos de sus compañeros, miedo a morir a causa del envenenamiento radiactivo y llevaba una década tomando antidepresivos.

Durante la EMDR, nuestro hombre elaboró un recuerdo representativo de su experiencia traumática en Chernobil, el momento en el que se vio obligado a abandonar el refugio de la central para completar la siguiente fase, la eliminación de la radiación de la superficie. Lo único que sintió al recordar ese momento fue miedo y la sensación de que las partículas radiactivas estaban penetrando en su cuerpo. Posteriormente, esos sentimientos obsesivos empezaron a presentarse cada vez que debía abandonar el refugio seguro de su casa para ir al puesto de trabajo. Durante la EMDR elaboró los sentimientos actuales de impotencia y desesperación, incluida la depresión causada por una disfunción sexual y las sensaciones que tenía con respecto a su mujer. Después de varias series tomó la determinación de hacer algo con su situación y esbozó la idea de que «esas partículas radioactivas quizás sólo estén en mi imaginación». Al concluir la sesión de EMDR afirmó sentirse liberado y dejó de mencionar el dolor de cabeza, y un día después, dejó de tomar fármacos y consideró la posibilidad de retomar su trabajo en la granja colectiva en la que anteriormente había estado trabajando. Luego fue mejorando gradualmente hasta que pudo abandonar el hospital. La investigación futura sobre la EMDR debería ayudarnos a determinar la razón por la cual determinados recuerdos van acompañados de efectos físicos tan negativos.

Hay veces en que resulta imposible determinar el evento inicial que desencadenó un determinado problema físico, como ilustra el caso de una niña bonaerense de año y medio que padecía de un estreñimiento tan intenso que llevaba 10 días sin defecar y que, siete meses atrás, había provocado una distensión del colon que, en breve, la obligaría a pasar por el quirófano. La situación era tan seria que estaba obstaculizando su crecimiento. Después de que todos los intentos de resolución emprendidos se revelasen infructuosos, sus padres concertaron, una semana antes de la operación, una cita con la psiquiatra Graciela Rodríguez, que se concentró en la disfunción física de la niña empleando la EMDR con tonos auditivos alternativos, chasqueando los dedos a ambos lados de la cabeza de la niña mientras hablaba con ella. Durante la sesión, la niña le pidió ir al servicio y la doctora la acompañó, sin dejar de emplear los tonos para tratar de disipar el miedo y reprocesar así los sentimientos mientras la niña se esforzaba –en este caso exitosamente– en defecar. Al día siguiente, Graciela recibió una llamada telefónica de los padres informándole de que la niña estaba bien. Luego se enteró de que la operación había sido cancelada y de que, tras ese episodio, desaparecieron los problemas. Me pregunto cuántos otros problemas similares podrían ser adecuadamente tratados por intervenciones psicológicas como la EMDR.

Otro caso muy revelador en este mismo sentido es el de una niña de 13 años llamada Tina que fue abandonada en la organización Forjar de Bogotá (Colombia), que se ocupa de ayudar a niñas abandonadas que padecen cáncer o sida. La niña acababa de sufrir la amputación de una pierna, pero experimentaba un dolor tan intenso provocado por el síndrome del miembro fantasma (una condición en la que el sujeto experimenta el dolor de un miembro que se ha visto quirúrgicamente extirpado) que se vieron obligados a llamar a la terapeuta de la EMDR Linda Vanderlaan. Utilizando la EMDR, Linda y Tina establecieron como objetivo primordial la sensación de dolor, que no tardó en atenuarse, hasta el punto de permitirle conciliar el sueño. Al día siguiente trabajaron nuevamente con la EMDR y el dolor del miembro fantasma fue atravesando por una serie de dolorosas fases que la llevaron a experimentar una sensación semejante a la corriente eléctrica que, finalmente, acabó desapareciendo. Tina atravesó también sentimientos de trauma y de pérdida, primero de su pierna "abandonada" y luego de su madre que, un mes atrás, la había abandonado. Como lamentablemente han descubierto algunos de los niños de Forjar, hay veces en que los padres no vuelven y ese miedo debe ser también procesado.

Durante el proceso de tratamiento con la EMDR, Tina tuvo que enfrentarse al *shock* provocado por la amputación («No puedo creerme que haya perdido la pierna») y al sufrimiento consiguiente derivado de la idea de que jamás podría ponerse en pie y jugar con otros niños. Finalmente, se dirigió a Linda y exclamó: «¡Volveré a caminar de nuevo!», y cuando ésta le preguntó: «¿Y cómo piensas hacerlo?», se vio recompensada con la sencilla explicación de Tina: «Evidentemente lo haré con una prótesis». Tina no tardó en empezar a relacionarse con los demás niños y, al cabo de una semana, estaba feliz mostrando sus nuevos pendientes. Una visita de control que se llevó a cabo nueve meses más tarde descubrió que todavía estaba libre del dolor y a punto de recibir su nueva prótesis.

Además de demostrar la recuperación de la autoestima y del alivio físico que obtuvo para acabar con el dolor del miembro fantasma, este caso también suscita varias cuestiones con respecto al uso de la EMDR. ¿Es posible que el trauma provocado por una operación induzca la emergencia en la imaginación de un recuerdo somático? Por lo que sé, la EMDR sólo ha sido exitosamente utilizada una vez para tratar el dolor del miembro fantasma de un veterano de guerra. No hay, hasta la fecha, tratamiento médico destinado al dolor del miembro fantasma, pero quizá la investigación futura sobre la EMDR arroje cierta luz sobre este punto y pueda proporcionar alivio a quienes tanto lo necesitan.

Hay veces en que el dolor físico presente es causado por el recuerdo insospechado de un evento pasado. Recuerdo, en este sentido, el caso de una mujer inglesa de 30 y pico años que sufría un problema gástrico que amenazaba su salud debido al excesivo uso de antiácidos para impedir las náuseas. Esa mujer dependía de la medicación, porque la misma idea de tener náuseas la aterrorizaba. Su historial también revelaba que padecía de síntomas de TEPT causado por el abuso sexual. Su terapeuta decidió empezar empleando la EMDR para aliviar el estrés provocado por la ingesta de tantos medicamentos. Durante el proceso de la EMDR, la mujer recordó un incidente que había sucedido en la escuela cuando el niño que se hallaba junto a ella vomitó, manchándole el pelo, una situación de la que, según recordaba, había escapado corriendo y gritando. Después de haber procesado ese recuerdo, su necesidad de tomar remedios contra la acidez desapareció y dejó de verse preocupada por las náuseas. Lo que, en este caso, resulta relevante es que la causa fundamental del malestar físico había sido un trauma con "t" minúscula. Y resulta curioso que por más que el procesamiento hubiera tenido también el efecto de atenuar su reacción a la agresión sexual, que ahora consideraba como parte del pasado, su principal problema no girase en torno al abuso. No estaría de más, pues, considerar la posibilidad de que la causa principal de las perturbaciones y conductas autodestructivas no radique en eventos que se hallan grabados a fuego en la memoria. En cualquiera de los casos, se trata de eventos que pueden ser provechosamente trabajados.

Es evidente que la relación que existe entre los diferentes recuerdos puede intensificar algunos de nuestros principales temores y tener un impacto negativo sobre nuestra conducta presente.

Ad de Jongh, un terapeuta EMDR que también es dentista, nos cuenta, en este sentido, la historia de Claire, una mujer holandesa de 40 años que padecía de fobia dental. Cuando Claire tenía ocho años, se vio obligada a acudir sola al dentista, sintiéndose comprensiblemente abandonada y angustiada. Cuando el dentista empezó a utilizar el torno, Claire se asustó y empezó a llorar, y cuando trató de levantarse, el dentista se enfadó y, después de atarla a la silla, siguió empleando el trépano, lo que acabó provocándole un ataque de pánico.

Cuando por fin pudo abandonar la consulta del dentista, fue corriendo desesperadamente a casa esperando consolarse en brazos de su madre, pero lo único que consiguió fue una reprimenda por mostrarse tan infantil. No es de extrañar que, tras ese incidente, Claire evitase al dentista durante décadas, y que sus miedos no hiciesen sino empeorar. Después del nacimiento de su primer hijo empezó a experimentar ataques de pánico que, con el paso del tiempo, fueron intensificándose y haciéndose más frecuentes. También empezó a evitar aquellas situaciones en que podía verse envuelta por una multitud, por ejemplo, grandes almacenes y lugares cerrados como autobuses y ascensores. Un año de terapia conductual no le proporcionó el menor alivio de sus síntomas y acabó abandonándola. Tres años más tarde, y después de ver un programa sobre este tipo de ansiedad, tomó la decisión de emprender un tratamiento en una clínica especializada en el tratamiento de esta fobia porque, tras haber eludido al dentista durante más de 30 años, su salud dental se había deteriorado gravemente y sólo le quedaban cinco dientes sanos.

Cuando Ad y Claire estaban preparándose de cara a emplear la EMDR para tratar su recuerdo traumático, Claire advirtió que la parte más inquietante no había ocurrido en la consulta del dentista, sino en el recibimiento posterior de su madre, obligándola a actuar como si fuese una persona mayor. El simple hecho de pensar en esa escena desencadenaba en ella el mayor nivel de ansiedad posible en la escala usa, es decir, un 10, mientras que su creencia positiva deseada («Puedo controlarme sola») sólo puntuaba un 2 en la escala voc. Durante la EMDR, Claire se dio cuenta de la fragilidad y del miedo al dentista de su madre y pensó en lo hermosa que sería la dentadura de su hijo. Al finalizar el tratamiento, su sensación de control había aumentado y, cuando abandonó la consulta, se sintió lo suficientemente segura como para ir de compras por vez primera en varios años. Y aunque el objetivo fundamental de Claire se había centrado en la curación de su fobia dental, también desaparecieron sus ataques de pánico y su agorafobia. En una sesión posterior, se centró en el ataque de pánico que había tenido después del nacimiento de su primer hijo y, cuando finalizó, afirmó sentirse perfectamente. Una visita de seguimiento que se llevó a cabo dos años más tarde corroboró que Claire seguía libre de los ataques de pánico. Había completado la cura dental, disfrutaba de una hermosa dentadura y trabajaba como dependienta en un supermercado local, uno de los lugares que anteriormente más la aterrorizaban.

Resulta muy interesante señalar que el objetivo elegido por Claire para el tratamiento con la EMDR no se centró tanto en el comportamiento del dentista como en la reacción de su madre, un hecho que nos lleva a formular otra serie de cuestiones. ¿Existe acaso, después de un acontecimiento traumático, alguna ventana temporal crucial a través de la cual el consuelo y el apoyo de un ser querido puedan ayudarnos a aliviar el sufrimiento, y la reacción opuesta, por su parte, acabe intensificando la patología? ¿Era, por otra parte, el miedo a perder el control que Claire asociaba a su madre, tan intenso que el nacimiento de su propio hijo desencadenaba un ataque similar de pánico, porque lo consideraba inextricablemente unido al papel que debía desempeñar una madre? ¿En qué medida se hallan, las fobias y los trastornos de pánico, causados por una compleja interrelación de recuerdos? ¿Cuántos trastornos identificados por la terapia psicoanalítica de largo aliento basados en complejas identificaciones de roles pueden ser tratados de manera concreta gracias a la EMDR?

Por más traumatizantes que puedan ser el dolor físico y la enfermedad, resulta evidente que la falta de apoyo familiar puede tener efectos todavía más devastadores. Sara era una niña colombiana que tenía 11 años cuando fue diagnosticada de cáncer; había recibido tratamiento para un tumor en la mejilla del tamaño de un grano de uva. Cuando la conocí, su rostro se me antojó la máscara misma de la muerte. El color de su piel era gris, sus ojos estaban apagados y una mancha oscura en el rostro ocupaba el lugar en el que la radioterapia había cauterizado el tumor. Sara vivía a unos 150 kilómetros de Bogotá y su abuela, que era la cabeza de familia, había decidido que no viviera más en casa, debido al peligro de "contagio", una reacción nada infrecuente en regiones rurales como la suya, donde la ignorancia sobre el proceso de la enfermedad alimenta el miedo y provoca el abandono de no pocos niños. Por ello Sara se quedó en Bogotá hasta acabar su radioterapia, y no estaba claro si su abuela acabaría permitiéndole volver a vivir en casa.

El doctor Pablo Solvey, que había viajado desde Buenos Aires y me ayudó a enseñar la EMDR en Colombia, trabajó con Sara durante 20 minutos utilizando palmadas. Comenzó pidiéndole que recordase una época feliz para proporcionarle, de ese modo, el recuerdo de un "lugar seguro". Luego, y sin dejar de dar palmadas, le pidió que le contase su historia, insistiendo en la necesidad de evocar la parte más desagradable, que identificó con el momento en que se vio abandonada por su madre. Más tarde se ocupó de procesar completamente esa imagen y, al poco tiempo, consiguió que Sara sonriese y dijera que su madre seguramente volvería a por ella. Pablo llevó entonces a Sara a concentrarse, mientras seguían el procesamiento, en imágenes positivas. Cuando, al día siguiente, vi a Sara, no podía creerme lo que mis ojos estaban viendo. En lugar de la niña introvertida y silenciosa que había conocido el día anterior, me encontré con una niña sonriente y habladora que, cuando me senté junto a ella, no tardó en colocar su brazo sobre mi hombro. El informe que, un mes más tarde, escuché del sorprendido personal de Forjar, afirmaba no poder creerse el cambio que se había producido. Sara parecía haber roto los barrotes que parecían aislarla del mundo, y la niña introvertida y deprimida dejó paso a una niña muy sociable.

Historias como éstas, procedentes de todos los rincones del mundo, demuestran la existencia de un claro vínculo entre la sensación de aislamiento y los traumas que no han sido procesados. Hay veces en que la depresión y el aislamiento son tan intensos que el suicidio parece la única respuesta posible. Afortunadamente, sin embargo, la EMDR proporciona ayuda incluso a las mentes más perturbadas. Son muchos los informes procedentes de centros residenciales de tratamiento de todos los Estados Unidos y Canadá que ponen de relieve el efecto positivo provocado por la aplicación de la EMDR. El caso de Cynthia, una chica de 16 años que se había visto agredida sexualmente y había tratado de suicidarse en numerosas ocasiones, empleando navajas de afeitar, cuchillos, pastillas, alcohol y hasta una pistola, que nos ha sido proporcionado por el director clínico Lew Hamburger, constituye un ejemplo muy revelador en este sentido. Además de los intentos de suicidio, también tenía impulsos homicidas y decía: «Aunque jamás dañaría a nadie, a veces me viene súbitamente a la mente la idea de romperle la cabeza a la persona con la que acabo de cruzarme en la calle».

La historia de abuso sexual a que había sido sometida la había llevado a creer que los hombres «Sólo quieren llevarme consigo y hacerme daño». También odiaba y quería pegar a todas las mujeres porque, según decía: «Me han traicionado. No estuvieron conmigo cuando más las necesitaba. Las odio porque lo único que les interesa es la ropa y sólo quieren ir de compras». Sintiéndose desconectada de quienes la rodeaban y creyendo que nadie podía ayudarla, Cynthia solía caer en una "depresión espiral" en la que ni siquiera podía preocuparse por las cosas más sencillas, como comer, dormir o vivir. Según decía: «Cuanto más me deprimo, más difícil me resulta salir de ahí».

Aunque años de hospitalización y de ayuda psicológica convencional no habían conseguido aliviar su depresión suicida, bastaron dos meses de tratamiento EMDR para procesar sus recuerdos traumáticos más intensos y provocar una transformación radical. Cynthia trabajó con ocho recuerdos, entre los que se contaban el hecho de haber sido encerrada en una habitación y violada por un primo, verse separada de su madre después del divorcio de sus padres, presenciar su lento deterioro y verse repetidamente violada por su novio. Después de la EMDR, la terapeuta de Cynthia me dijo: «La atractiva y enérgica mujer de 17 años cuya sonrisa resplandecía a decenas de metros de distancia que entró en mi consulta el 17 de enero nada tenía que ver con el "despojo" humano que había atravesado la puerta el 24 de noviembre». Cynthia había logrado invertir los efectos de años del abuso, el trauma, la depresión y la ansiedad que, poco tiempo atrás, habían provocado tres hospitalizaciones recientes por intento de suicidio. Al comienzo parecía distraída, desesperanzada y convencida de que nada funcionaría (ni siquiera los psicofármacos que estaba tomando). El psiquiatra que la había remitido al EMDR dijo que lo hizo porque «Nada había funcionado y quizás había llegado ya el momento de probar la poción mágica». Según dijo, después de seis sesiones: «se precipitó en la consulta, anunció que estaba muy bien, dio las gracias y emprendió una nueva vida que incluyó volver a la escuela, relacionarse con mucha gente y... experimentar un cambio de conducta y de pensamiento que, desde entonces, se ha mantenido estable y en continua mejora».

Los sentimientos de soledad y depresión pueden alentar el comportamiento de alto riesgo y la violencia aun entre los niños. El año pasado, sin ir más lejos, fue arrestado, en San Francisco, un niño de seis años que había tratado de matar a un bebé de un mes. Según dijo el niño, que vivía en una zona económicamente deprimida y que había sido educado en un entorno perturbado: «tenía que matar al bebé» porque su familia "le había mirado mal». En Inglaterra, un lactante fue lapidado hasta la muerte por dos niños de 10 años. En Chicago, un niño de cinco años fue arrojado desde la ventana de un rascacielos por otros dos niños, de 10 y 11 años. ¿Cómo podemos, aunque debamos corregir las realidades económicas y sociales que abocan a la desesperación y la

conducta criminal, tratar parte de este dolor mediante intervenciones psicológicas antes de que irrumpa la violencia,
agravando el problema y arruinando quizás, de ese modo,
toda posibilidad de recuperar la salud? En este sentido, el tratamiento EMDR con adolescentes que se hallan ingresados
en reformatorios parece impedir la caída en la prostitución,
la toxicodependencia, la agresividad y la depresión tan
características de esta población. ¿No podríamos quizás
obtener el mismo efecto tratando a niños más pequeños que
se hallan en peligro? ¿No sería acaso posible utilizar preven-
tivamente la EMDR en programas dirigidos a personas que
viven en zonas de alto riesgo de violencia?[1]

Cada acto de violencia deja una impronta indeleble en
muchas vidas. No cabe la menor duda de la importancia de
las reformas sociales y legales, pero lo cierto es que tenemos
que enfrentarnos al problema desde el mayor número de perspectivas posible. Hay veces en que los sistemas en los que nos
apoyamos fracasan y generan traumas todavía mayores. La
experiencia de Ricardo Wiggs resulta, en este sentido, muy
ilustrativa. Felizmente casado desde hacía cinco años,
Ricardo y su esposa se vieron disparados por un atracador.
Sharon murió y Ricardo fue incapaz de salvarla. Confiando
en el sistema judicial, se ofreció para dar su testimonio, pero
el mismo día en que aseguró a sus dos hijos que iba a conseguir «encarcelar al hombre malo que había matado a mamá»,
el jurado emitió un veredicto de inocencia. «En ese momento
–según dice– fue como si las 12 personas que componían el
jurado hubiesen empuñado una pistola y nos hubiesen disparado de nuevo. El veredicto era completamente absurdo. Uno
de los miembros del jurado afirmó que puesto que la noche
del asesinato llovía, no podía haber visto con claridad al asesino. Poco importó que el tiroteo hubiese ocurrido dentro de

casa donde, obviamente, no estaba lloviendo…, quizá debería haberles mostrado el agujero del tamaño de una uva en mi brazo derecho para que creyesen que me habían disparado. No podía entenderlo… ¿Qué mejor prueba, a fin de cuentas, que la declaración de un testigo presencial?»

La escena del crimen afloraba día tras día en la mente de Ricardo. La ira, la pérdida, la traición y la desesperación no tardaron en llevarle a emprender una psicoterapia. Estaba desesperado y sólo se ocupaba de conseguir el dinero necesario para los gastos esenciales. Empezó a encauzar su dolor participando en talleres de entrenamiento de nuevos policías y comprometiéndose en organizaciones que defendían los derechos de las víctimas. Pero nada de eso ponía fin a su angustia, porque según sus propias palabras: «Aunque el servicio a la comunidad lo significaba todo para mí, era consciente de no hacer ningún progreso. Bastaba con una canción, una película, una noticia del telediario o el comentario casual de un amigo para acabar precipitándome directamente por alguna razón y sin aviso previo a revivir de nuevo la misma experiencia».

Cuatro años después del disparo, Ricardo empezó un tratamiento EMDR con la terapeuta Nancy Davis, que le diagnosticó TEPT. Según dijo, la EMDR acabó liberándole: «Mis expectativas de futuro están ahora abriéndose. Puedo decir, sin la menor sombra de duda, que estoy completamente libre de la prisión de mi trauma. Ya no me veo obligado a recordar todos y cada uno de los detalles desde el mismo momento en que me despierto. Ahora puedo recordar si deseo hacerlo… y ya no tengo que ocultarme detrás de la máscara del doctor Jekyll y Mister Hyde. Ya no me veo obligado a reaccionar físicamente a los *flashbacks*, y el dolor psicológico no me lleva, como antes, a tensar crónicamente el brazo y tampoco considero la cicatriz en el brazo como una evidencia ignominiosa de que no pude salvar a Sharon. Esa noche hice todo lo posible y no sé si, en el futuro, podría repetirlo. Lo único que sé es que estoy vivo y que puedo ayudar a los demás». Ahora Ricardo está realmente en condiciones de emprender una nueva vida "libre de la tristeza y del dolor".

Este tipo de trabajo con la EMDR nos abre a horizontes muy diferentes. ¿Es posible, en primer lugar, desarrollar programas EMDR que puedan favorecer la pronta rehabilitación de las víctimas de los crímenes violentos? Hay quienes especulan que la posibilidad de desembarazarse del dolor puede resultar contraproducente o resultar éticamente discutible. Esas personas ponen en cuestión que el hecho de disminuir la sensación de indignación de la víctima, puede convertirles en personas socialmente menos responsables, insistiendo en que podría privarles de la respuesta innata de lucha o huida que, en un supuesto futuro, podría protegerles de amenazas similares, o que podría llevarles a perdonar a los autores del crimen. En cualquiera de los casos, sin embargo, el trabajo clínico realizado con la EMDR pone de relieve que esos miedos están infundados. Los artistas que han empleado la EMDR para procesar sus pérdidas traumáticas han señalado la existencia de una mayor creatividad, tanto mayor cuanto más abiertos se hallan a la experiencia. En este sentido, por ejemplo, los pintores no han dejado de pintar, aunque puedan haber empezado a utilizar diferentes colores, mientras que los veteranos de guerra, por su parte, han dicho que todavía pueden acceder a su "temperamento" cuando lo necesitan; y el alejamiento del dolor no impidió que Ricardo siguiese queriendo defender los derechos de las víctimas, sólo que de un modo mucho más eficaz.

¿Es posible que las víctimas se den cuenta de que es positivo pasar del papel de víctima al de superviviente y puedan llegar finalmente a aprender incluso de las situaciones más destructivas que nos depara la vida? Honrar a nuestros muertos, nuestras pérdidas y nuestras experiencias es una consecuencia natural de los eventos de la que nunca nos olvidaremos, por más que aceptemos la ayuda necesaria para dejar al pasado en su sitio. La curación no rompe, en modo alguno, el compromiso con el cambio. Como dijo el mismo Ricardo: «Era Ricardo Wiggs antes de que ocurriera todo eso y quiero dejar bien claro que he recuperado el control de mí mismo y que hoy en día veo que, aunque las cosas me hayan ido mal en una ocasión, ello no significa que mi vida concluya ahí».

Del mismo modo, Linda Crampton, una de las víctimas del atentado de Oklahoma City, se empeñó en conseguir la aprobación de una ley contra el terrorismo. Dawn Baumgartner, sargento de las fuerzas aéreas que fue violada en Canadá, trabaja ahora ayudando a las víctimas de la violación y enseñando a los policías formas más adecuadas de ayudar a sus colegas femeninas que habían sido violadas. El maquinista de tren Jim Duque brinda apoyo a grupos de ferroviarios que se han visto implicados en incidentes laborales mortales. Don Heggie, un piloto de un bombardero australiano abatido durante la II Guerra Mundial movilizó, después de su tratamiento, a centenares de veteranos de combate con el objetivo de que pudieran recuperar también sus vidas. Son muchas, pues, las cosas que podemos aprender del dolor y motivarnos para ayudar a los demás sin quedarnos por ello, no obstante, atrapados en él.

Mucho más graves son las cuestiones suscitadas por el caso de una niña de nueve años que fue apuñalada 30 veces hasta que su violador –un vecino con un largo historial delictivo–, dándola por muerta, la abandonó. Según el médico que la atendió: «Su recuperación física requerirá un mes o dos, pero ignoro el tiempo que tardará en recuperarse psicológicamente», una respuesta muy comprensible, dada la eficacia habitual de los tratamientos psicológicos. ¿Durante cuánto tiempo deberemos seguir separando los efectos físicos de un trauma de sus consecuencias psicológicas? ¿No ha demostrado claramente la EMDR que la mente puede curarse con tanta rapidez como lo hace el resto del cuerpo? Quizá deberíamos incorporar intervenciones psicológicas adecuadas en los protocolos de seguimiento de un trauma para impedir sus efectos a largo plazo.

Un caso que sucedió en la ciudad de Nueva York ilustra perfectamente esta hipótesis. Cuando cierta niña emprendió una terapia a causa de su comportamiento destructivo, el terapeuta que investigó el entorno familiar descubrió que el padre, que se pasaba el día trabajando para satisfacer las necesidades de la familia, solía mostrarse irritable y enfadado, y aunque no se fiaba de la psicología, aceptó participar a regañadientes en una sesión de EMDR. Durante la serie de movimientos oculares recordó su propia infancia y se dio cuenta de estar comportándose del mismo modo en que lo hacía su padre. Una semana más tarde dijo: «Lo único que, hasta ahora, había sentido hacia mis hijos era enfado y apatía. Ahora siento por ellos mucho más afecto». ¿Cuántas familias podrían beneficiarse de este tipo de intervención?

Hay quienes creen que cuando las familias han sido educadas de un determinado modo, las cosas ya no pueden cambiarse. Pero la EMDR nos proporciona una oportunidad para investigar la posibilidad del cambio. Veamos ahora un informe procedente de Oriente Medio sobre una anciana francoegipcia que había pasado deprimida la mayor parte de su vida. Esa mujer solicitó la ayuda de un terapeuta, que utilizó la EMDR para ayudarle a reprocesar una situación que había ocurrido cuando sólo tenía tres años, en la que su madre colocó a su hermano pequeño frente a ella gritándole, como si fuese un entrenador de boxeo: «¡Pégale! ¡Pégale! ¡No ves que no es más que una niña!».

«Cuando escuché eso –dijo la mujer– toda mi vida se vino abajo; las estrellas y La luna se desplomaron… arrastrándome consigo en su caída.» Durante la sesión de EMDR se dio cuenta de que, a consecuencia de ese evento, «siempre había sido una superviviente». Después de procesar su tristeza y su ira, dijo: «Nunca he querido ser un niño. Estoy orgullosa de ser mujer». Su depresión desapareció y pudo dejar de medicarse. Según dijo: «Cuando emprendí la terapia me hallaba en el fondo del mar. Ahora he podido salir a la superficie».

Este caso pone de relieve, una vez más, que eventos que ocurrieron hace más de 60 años pueden seguir teniendo un efecto muy poderoso en la vida de la gente y evidencia también la posibilidad de reprocesarlos adecuadamente. ¿Qué nos dice, además, sobre las consecuencias de lo que podríamos considerar una norma cultural? ¿Implica, acaso, el hecho de que haya países en los que el legado cultural milenario lleve a considerar a las mujeres como ciudadanos de segunda clase, que no se trate de un legado lamentable? ¿Puede acaso la EMDR contribuir a poner fin a ese tipo de aculturación negativa?

Uno de los problemas es que hay personas que no se consideran dignas de ayuda. Hay quienes creen que, por el hecho de no poder vivir a la altura de sus expectativas más elevadas, no merecen ser felices. No es de extrañar tampoco que las personas se vean debilitadas a causa de la culpa derivada por las cosas que escapan de su control. Jacob, un veterano de la guerra de Israel, se vio expulsado de su coche cuando una bomba terrorista explotó en un autobús de Jerusalén. Cuando recuperó la conciencia vio, entre los restos del autobús, un soldado inmóvil y con los ojos cerrados. Desesperado, trató entonces de llegar junto a él y ayudarle. Le gritó que se moviera y, apelando a todas sus fuerzas, trató de arrastrarle hacia él, pero acabó desvaneciéndose. Cuando, por segunda vez, recuperó la conciencia, vio que todo el lugar estaba lleno de cuerpos quemados, pero se desvaneció de nuevo. Cuando finalmente volvió a despertarse se dio cuenta de que estaba en el hospital y se enteró de que, mientras estaba inconsciente, se había producido otra explosión.

Jacob siempre había sido un hombre con éxito y lleno de energía. Había estado en la guerra y había visto morir a la gente a su alrededor, pero en esta ocasión, las cosas parecían diferentes. Aunque aparentemente estaba ileso, una de las secuelas de esa experiencia era un fuerte dolor de cabeza que siempre le acompañaba. La imagen recurrente del soldado le impedía conciliar el sueño y, cuando lo hacía, no tardaba en despertar sumido en una pesadilla y, en un intento desesperado por extirpar esas imágenes de su mente, encendía la radio o la televisión, despertando a toda la familia. Sufría episodios incontrolables de rabia y se sentía importunado por el más leve ruido inesperado. Este hombre, que había vivido varias guerras sin saber lo que era el miedo, empezó a sentir miedo de coger el autobús. Durante el día experimentaba *flashbacks* que se reproducían cada noche en forma de pesadillas y no podía sacarse esas imágenes de la cabeza. Incapaz de entender esas reacciones, perdió la confianza en sí mismo, no podía concentrarse y estuvo a punto de perder el trabajo.

Desesperado a causa del inminente desastre financiero, Jacob buscó ayuda y fue derivado a Gary Quinn, uno de los pocos terapeutas que, en esa época, practicaban la EMDR en Israel. Durante la sesión de EMDR se centraron en la imagen del soldado y en la cognición negativa «Soy débil e impotente». La puntuación inicial de la ira y el miedo de Jacob era de 9 en la escala usa (que va de 0 a 10). Al finalizar la sesión, su puntuación usa era de 0 o 1 y la puntuación de veracidad que atribuía a su correspondiente creencia positiva «Dadas las circunstancias, hice todo lo que pude», había pasado de 3 a 7 en la escala voc. El dolor continuo de cabeza que había comenzado en la época del atentado ha desaparecido y ha recuperado la capacidad de concentración.

Según dice: «Cuando emprendí la EMDR era un hombre destruido, pero ahora vuelvo a ser yo mismo». Este ejemplo nos demuestra, una vez más, que el conocimiento racional de quien no tiene el menor control de la situación no vuelve a ser accesible hasta haber procesado adecuadamente el evento. ¿Cuántas personas se hallan asimismo atrapadas en un nivel desproporcionado de responsabilidad y de culpa? El espectro de tales posibilidades parece interminable. ¿Es acaso necesario enfrentarse a un evento tan dramático y evidente para decidirse a buscar una ayuda que nos permita poner nuevamente en marcha el sistema de elaboración de la información y superar así la sensación de fragilidad y vergüenza?

Por más que haya quienes crean que si seguimos "razonando" con nosotros mismos, o si tenemos la suficiente fe, el problema acabará resolviéndose, la verdad es que la incapacidad de procesar nuestro propio sufrimiento no tiene nada que ver con la inteligencia, la fortaleza personal ni la espiritualidad. No debemos olvidar que la comprensión no es la causa, sino la manifestación del cambio. La EMDR nos enseña que los sentimientos sin procesar están en el núcleo de nuestros problemas. Podemos tener comprensiones intelectuales que no tengan el menor impacto en nuestras emociones ni en nuestra conducta fisiológicamente negativa. Y no es nada extraño que el sufrimiento que experimentan las personas más inteligentes les lleve a comer o beber demasiado, trabajar mucho o dañar a los demás. Existe un abismo, a fin de cuentas, entre conocer las razones que explican una determinada conducta y curar.

Otra de las cuestiones suscitadas por la EMDR tiene que ver con el impacto de la resolución de los traumas personales en las causas de la guerra. Y es que, aunque existan causas políticas, financieras y sociales, parece que el odio y la ira se derivan de agresiones previas que avivan el deseo de venganza. ¿No siembran acaso los horrores de una guerra las semillas de la siguiente? Cuando el programa de asistencia humanitaria de la EMDR solicitó el envío de terapeutas americanos a los Balcanes para adiestrar en la EMDR a los profesionales de la salud mental locales, un psiquiatra croata insistió en la necesidad de formar equipos en Serbia alegando que «la masacre no acabará hasta que se ponga fin al dolor».

El "sufrimiento" provocado por esa guerra era, en muchos sentidos, devastador. Las noticias que, al respecto, llenaban los periódicos de todo el mundo insistían en el derramamiento masivo de sangre, los refugiados y el espanto de las violaciones organizadas y de la "limpieza étnica". El sufrimiento cotidiano de los civiles también exige un terrible peaje. Cuando llegaron los terapeutas de la EMDR, descubrieron que los habitantes de Sarajevo hacían guardia cada noche en la puerta de sus edificios para evitar la entrada de francotiradores e impedir así que se apostaran en sus tejados. Los médicos se veían obligados a operar en quirófanos que carecían de calefacción y de suministro eléctrico, porque la alternativa era dejar morir a sus pacientes. Vivir en Sarajevo durante la guerra suponía arriesgarse a morir en cualquier momento, y los continuos cortes de suministro eléctrico impedían el adecuado funcionamiento de los semáforos para regular el paso de los conductores que zigzagueaban y aceleraban rápidamente para eludir, de ese modo, el fuego de los francotiradores. No es de extrañar que, en tales condiciones, la frecuencia de las colisiones fuera tal que sólo puntuaban un 3 en la escala usa de 10 puntos.

La muerte era la compañera habitual de hombres, mujeres y niños que asistían impotentes al exterminio de los miembros de su familia. La mayoría de los habitantes de Sarajevo, dicho en otras palabras, habían perdido algún ser querido, en circunstancias habitualmente espantosas. Había familias que se vieron obligadas a fragmentarse cuando todo el mundo tuvo que declararse serbio (ortodoxo), croata (católico) o bosnio (musulmán), un detalle carente de importancia y hasta impensable antes de la guerra. Los matrimonios mixtos se rompieron y lo mismo sucedió con las familias extensas, y muchas amistades tocaron a su fin, porque las personas eran fusiladas por conocidos, vecinos, miembros de la familia y hasta antiguos colegas que habían elegido el otro bando.

Pero cuando los terapeutas de la EMDR empezaron a trabajar con los terapeutas bosnios a los que habían estado entrenando y hablaron con los habitantes de Sarajevo, descubrieron que lo que más les preocupaba no era el constante riesgo de las bombas y el fuego de los francotiradores, sino el riesgo que todo ello implicaba para sus hijos. Lo que angustiaba a muchas personas era la necesidad de decidir si debían sacar a sus hijos de la ciudad asediada o mantenerlos bajo su mirada protectora. Un hombre temía no poder reestablecer la conexión con su hijo adolescente. Decía: «Ya he perdido tres años. Ya no es el niño que envié fuera de la ciudad. Ahora ya es un hombre y he perdido un tiempo muy valioso que difícilmente podré recuperar». Esa persona también recordaba los peligros que había entrañado sacarle de la ciudad: «Planificamos muy detenidamente el viaje y empaquetamos las cosas y, cuando el coche dio la vuelta, nos despedimos, conscientes de que quizás no nos volviéramos a ver, uniendo nuestras manos a través de la ventanilla del coche».

Los niños de la Sarajevo asediada también estaban desbordados. Uno de ellos, por ejemplo, cuenta que, mientras su madre trabajaba fuera de casa, temía comunicarle sus temores, no fuera que decidiese volver y perecer, por ello, en el intento, con lo cual, la culpa sería suya.

Dos fueron los temas fundamentales que emergieron durante las sesiones de EMDR que los terapeutas americanos llevaron a cabo con sus colegas bosnios; las sensaciones de impotencia y la culpabilidad de los supervivientes. La vida en una ciudad que se ha visto bombardeada y acribillada por las armas de pequeño calibre durante 48 meses consecutivos pone claramente de manifiesto la incapacidad de protegerse. Era tan peligroso salir de casa como permanecer en ella. No es de extrañar que, en tales condiciones, los supervivientes se sintieran terriblemente avergonzados porque «mis problemas son, a fin de cuentas, menores; conozco a más de una familia que ha sido completamente exterminada».

Los resultados de la aplicación de la EMDR en todo el mundo nos han permitido darnos cuenta de que el dolor no es unilateral. Dimitri, un soldado ruso de 23 años que se había visto obligado a prestar servicio en el conflicto de los Balcanes, solicitó ayuda psicológica a un terapeuta de la EMDR de Moscú cuando se enteró por los periódicos de que uno de sus compañeros de destacamento había disparado y asesinado a todos los miembros de su familia antes de apuntar el arma hacia sí mismo y acabar con su vida, una masacre para la que no parecía haber explicación alguna.

La novia de Dimitri contó al terapeuta Pavel Lushin que, cuando regresó de la guerra, nadie pudo reconocerle, ni siquiera sus mejores amigos. Era una persona llena de ira e irritación contra el Gobierno y las autoridades locales, que no dejaban de insistir en que los soldados ucranianos habían participado voluntariamente en el conflicto. También se enfadaba de manera exagerada con cualquiera que se interpusiese en su camino. No es de extrañar que sus antiguos amigos acabaran evitándole.

Dimitri sólo se dio cuenta del peligro que entrañaba para los demás tras enterarse del incidente en el que se había visto implicado su compañero. A partir de entonces empezó a despertar aterrorizado en mitad de la noche. Habló de un sueño recurrente en el cual alguien le presionaba hasta sacarle toda la sangre y también dijo que tenía los puños siempre tensos y que, cuando alguien cometía un error, sentía el fuerte deseo de golpearle y dispararle.

Durante la sesión de EMDR, Dimitri dijo que no había tenido la posibilidad de elegir y, cuando le pidieron que se explicara, se describió a sí mismo formando parte de una fila de soldados que se vieron obligados a presentarse voluntarios. «No tuve otra alternativa –dijo, con lágrimas en los ojos–, porque el día anterior me habían golpeado y me habían insultado llamándome "marica".»

–¿Preferirías acaso morir antes que atravesar de nuevo por todo eso? –le preguntó entonces el terapeuta?

–Sí –susurró Dimitri.

–Ésa fue mi decisión –dijo Dimitri, al finalizar la segunda ronda de movimientos oculares–. Ahora nadie podrá considerarme inferior.

Cuando concluyó la sesión de EMDR, Dimitri afirmó experimentar una sensación de resolución y estabilidad emocional.

No cabe la menor duda del gran efecto que pueden tener este tipo de experiencias, que incluyen tanto los traumas mayores como los traumas menores. ¿Pero cuán amplios son sus efectos? Resulta muy revelador que el lenguaje utilizado por los amigos de Dimitri para describir su personalidad después de regresar de los Balcanes reprodujese casi palabra por palabra lo que sus vecinos dijeron de Timothy McVeigh, el supuesto autor de la masacre de Oklahoma City, al poco de regresar de la misión "Tormenta del Desierto". Según afirmaban, no podían reconocerle, porque era una persona completamente diferente y estaba muy enfadado con el Gobierno. ¿Cuántos autores potenciales de atentados deambulan hoy por nuestras calles? Dimitri se asustó mucho cuando leyó en un periódico el artículo que hablaba del homicidio múltiple cometido por su compañero, y ese miedo le ayudó a tomar la decisión de emprender un tratamiento. ¿Qué desastres podrían haberse provocado si Dimitri se hubiese encontrado, como parece que sucedió con Timothy McVeigh, con otros que compartiesen su odio y su visión de las cosas? ¿No les parece muy probable que, en tal caso, alguna ciudad rusa compartiese hoy el mismo sufrimiento que Oklahoma City?

Una de las cuestiones más dolorosas sobre el atentado de Oklahoma City en 1995 fue el modo en que acabó con la sensación de seguridad y comunidad de sus habitantes. Nada permitía predecir un atentado terrorista de esas características en una ciudad ubicada en pleno corazón del país que no tenía nada que ver con Nueva York ni con Los Ángeles. Antes del atentado, Oklahoma City, con su millón de habitantes, era una gran ciudad con una mentalidad pueblerina, un entorno tipo años 1950s en donde los vecinos se conocían, iban a jugar al béisbol y organizaban comidas en las que cada uno aportaba un plato.

Hoy en día, ya no es posible pensar «esto no puede suceder aquí». El dolor, la pérdida, la tristeza, el daño y la muerte pueden golpearnos a cualquiera, en cualquier momento y en cualquier lugar. Sea cual fuere la causa de la tragedia –un atentado terrorista, un huracán o un accidente de automóvil–, siempre afecta a personas como usted y como yo. Nadie está libre de este tipo de problemas. Hasta los miembros de los equipos de rescate, los médicos, los sacerdotes y los consejeros que respondieron a la emergencia de Oklahoma City se vieron traumatizados por la magnitud de la tragedia. La imagen de los pequeños cuerpos envueltos en bolsas de plástico –no olvidemos que murieron 19 niños– resultó especialmente dolorosa. Además, la mayoría de los esfuerzos resultaron vanos, y hasta los perros de rescate, incapaces de encontrar supervivientes después del primer día, acabaron aletargándose y deprimiéndose, hasta el punto de que sus acompañantes trataban de movilizarles tendiéndose sobre los cascotes para que los perros los "encontraran".

Independientemente de que las víctimas de los terapeutas de emergencia de la EMDR sean ciudadanos de Ruanda, Colombia o Sarajevo, el mensaje es siempre el mismo: todos compartimos la misma capacidad de destrucción y de crecimiento, como también de dolor y superación. Fueron muchas, en la época del atentado de Oklahoma City, las portadas de revista que mostraron el cuerpo desmadejado de Baylee Almon, una niña de un año acunada en los brazos de un bombero, que acabó convirtiéndose en un icono de la devastación de Oklahoma. Para Linda Crampton, sin embargo, Baylee era mucho más que una fotografía o la imagen de portada de una revista, era una niña cuyo cabello había acariciado en el ascensor el día anterior al atentado. El recuerdo de Baylee fue el objeto de la segunda sesión de EMDR de Linda, mientras trataba de enfrentarse a la terrible sensación de culpa que siguió a su desconexión mental del atentado. Baylee había muerto en el atentado, pero no lo hizo de inmediato y Linda pensaba que si en lugar de dirigirse hacia la derecha y haberse alejado del origen de la bomba, hubiese ido hacia la izquierda, quizás la habría encontrado antes que el bombero y hubiera podido salvarla. Al finalizar la sesión de EMDR, Linda se dio clara cuenta de que no podía haber hecho nada para salvar la vida de Baylee y afirmó sentir casi su presencia susurrándole que la perdonaba, momento en el cual acabó su bruxismo.

En su tercera y última sesión de EMDR irrumpió toda su rabia, rabia contra Timothy McVeigh, rabia por la muerte de sus amigos y vecinos y rabia también por la pérdida de su hogar, su comunidad y su seguridad. Y tras la estela de la rabia, afloró la compasión por quienes habían perdido a sus seres queridos, sus miembros o funciones corporales como la vista, el habla o la capacidad de caminar. Pero las cosas no acabaron ahí, porque la compasión de Linda acabó movilizando su compromiso. Finalmente, Linda se unió al equipo del procurador general del Estado de Oklahoma para tratar de conseguir la aprobación de un proyecto de ley federal contra el terrorismo que tuvo la ocasión de ver firmado por el presidente Clinton y que acabó convirtiéndose en ley el 24 de abril de 1996. Linda, como muchas otras personas que han sufrido, acabó deseando que su tragedia pudiera servir a otros e impidiese la repetición de tragedias similares.

La EMDR también pone de manifiesto que uno de los modos de acabar con la tragedia consiste en ocuparse del trauma que subyace a la violencia potencial antes de que acabe irrumpiendo a la superficie. Por supuesto, los autores del atentado siguen siendo responsables de sus acciones, pero me parece mucho más adecuado corregir el problema que corregir simplemente la culpa.

Ésa fue también la postura asumida por el reverendo David Price, un terapeuta de la EMDR que trabaja en la Borden Institution, la mayor prisión federal de Canadá. Según dice, la mayor parte de la población reclusa está compuesta por delincuentes que han cometido crímenes sexuales, y que los más difíciles de ellos son los pedófilos, a los que suele considerarse incurables. Entre 90 y 100 días antes de que un pequeño número de ellos se viesen liberados sin la adecuada supervisión, decidió probar la EMDR con tres de ellos que habían participado activamente en el programa de terapia para el abuso sexual durante ésta y anteriores encarcelaciones. Todos ellos tenían un largo historial de agresiones sexuales en las que solían reincidir entre tres a seis semanas después de haber salido de la cárcel. El reverendo Price decidió trabajar con ellos porque los tres habían asumido la responsabilidad de sus crímenes y tenían una relación espiritual con un "orden superior". Fue muy importante para el trabajo con la EMDR que todos ellos hubieran identificado su "ciclo criminal", un proceso que supone cartografiar los eventos que desencadenan la intensificación emocional y los pensamientos y conductas que acaban conformando y, finalmente, culminando en la conducta criminal.

Uno de los tres, Sam, procesó los recuerdos traumáticos asociados a sus nueve impulsos desencadenantes. Como dijo el reverendo Price: «El paso más importante se produjo durante la cuarta sesión. En ella, Sam recordó una situación de rabia que hasta entonces había reprimido. Su hermana, ocho años mayor que él, le había amenazado con destruir sus juguetes favoritos, cosa que finalmente hizo, si no mantenía con ella relaciones sexuales. Sam que, por aquel entonces, sólo contaba con nueve años, había sepultado durante años la rabia, la vergüenza y la confusión generada por la conducta de su hermana. Sam participó en 14 sesiones de EMDR a lo largo de un período de dos meses y, como otros sujetos, participó en un programa de seguimiento que se llevó a cabo después de su excarcelación y que corroboró la desaparición de sus viejas pautas de pensamiento y que, por más duramente que le trataran, sentía una sensación de fortaleza, paz y control.

«He seguido manteniendo contacto telefónico quincenal con Sam –señala el reverendo Price–. Ha experimentado el rechazo, el abandono, la vergüenza, el ridículo y el hecho de que le hayan negado un empleo, situaciones todas ellas que, en el pasado, podrían haberle llevado a aislarse y proseguir su carrera criminal. Afortunadamente, sin embargo, ninguna de esas pautas emocionales y conductuales ha vuelto a presentarse. Muy al contrario, ha organizado un grupo de apoyo centrado en la aplicación de las habilidades de gestión de uno mismo que ha aprendido. Sigue empeñado en encontrar trabajo y mantiene contacto voluntario con la policía, colaborando con ella en la puesta a punto de programas de prevención para padres e hijos. Según dice, no experimenta ninguna rabia contra la sociedad ni contra sí mismo. En la actualidad está entablando una relación con un adulto de su misma edad. Lleva nueve meses libre y, en todo ese tiempo, no ha cometido ningún crimen. Los resultados obtenidos con los otros dos participantes fueron similares.»[2]

El proceso de aprendizaje y de transformación no se limita a la curación del sufrimiento, porque la EMDR también puede ser utilizada para mejorar el desempeño. Uno de los rasgos distintivos del tratamiento con la EMDR es que debilita la intensidad de las imágenes, emociones y creencias negativas, al tiempo que alienta e intensifica las imágenes, las emociones y las creencias positivas. Por eso, la EMDR puede utilizarse con la finalidad de ayudar a las personas a desarrollar las habilidades necesarias, dar un primer paso importante hacia adelante y seguir luego con logros cada vez mayores. En este sentido, nosotros ayudamos a los clientes a esbozar imágenes, como las empleadas por los atletas olímpicos a la hora de aprender a ejecutar un salto de trampolín perfecto y combinarlas con las creencias positivas necesarias para alcanzar su objetivo. El uso de la EMDR a fin de proporcionar al cliente "pautas" útiles de cara a futuras acciones ha demostrado ser tan exitoso que muchos terapeutas EMDR están actualmente trabajando como "coaches" con atletas, músicos y ejecutivos de grandes empresas ayudándoles a alcanzar un rendimiento excelente. Son varios, en este sentido, los atletas que ya se han beneficiado del tratamiento con la EMDR y han logrado varias medallas. Así pues, el aprendizaje acelerado que proporciona la EMDR no se limita a ir desde una conducta disfuncional a otra funcional, sino que también puede ayudar al cliente a pasar de un desempeño funcional a otro excepcional. ¿Hasta dónde podríamos llegar si procesáramos nuestros viejos recuerdos de fracaso o humillación y desbrozásemos así el camino para que nuestro cerebro pueda alcanzar logros todavía más elevados?

Una de las razones que me llevó a escribir este libro fue la de explorar la estructura de la mente, es decir, poner de relieve los factores que compartimos con toda la especie. Las respuestas psicológicas de todos los casos presentados en este libro cobran sentido a la vista de la interacción que existe entre su educación y sus circunstancias vitales concretas. Y bajo esta verdad, se oculta el hecho de que nuestros sistemas nerviosos responden de manera muy parecida. Y es que, aunque el contenido concreto de nuestras experiencias pueda diferir, todos tenemos un cuerpo parecido y estamos unidos por ciertos factores comunes. Y puesto que el cerebro forma parte del cuerpo, todos compartimos también una estructura mental y caracterial parecida.

Espero que los relatos presentados en este libro consigan transmitir al lector la evidencia de que los problemas psicológicos diagnosticables no son más que una mera extrapolación de experiencias que nos afectan a todos. En algún que otro momento, todos nos hemos sentido atrapados, todos hemos reaccionado desproporcionadamente ante determinadas situaciones y todos hemos atravesado situaciones problemáticas que han requerido la ayuda de los demás. Y, por ello mismo, todos podemos necesitar ayuda para ir más allá del funcionamiento normal y adentrarnos en el desempeño excelente. El dolor emocional y las conductas problemáticas son respuestas comprensibles y razonables a circunstancias y presiones desafortunadas.

Pero lo cierto es que somos mucho más que nuestras respuestas estrictamente automáticas. Podemos observarlas, juzgarlas, aceptarlas o sufrir por ellas. Podemos vivir sumidos en la infelicidad y resignarnos a la desesperación, o hacer algo para cambiarlas. Aunque, en este libro, hemos visto que las reacciones automáticas de nuestro cuerpo y de nuestra mente se ven gobernadas por la ley de causa y efecto, hay una parte de nosotros que es distinta y sana. Esa parte que se da cuenta de la infelicidad es la única que puede buscar la ayuda necesaria para cambiar. Ésa es la parte que emprende una terapia, busca un libro de autoayuda, o disfruta cuando el protagonista de una película exhibe un espíritu noble. Ésa es la parte que nos dice cómo nos sentiríamos si dejásemos de tener miedo. Lo único que debemos recordar es que algunos de los miedos a los que nos enfrentamos son experiencias vitales tempranas que permanecen atrapadas en nuestro sistema nervioso. Este libro nos ha insinuado la posibilidad de liberarnos de ellas, de aprovechar lo que nos sirve y de descartar el resto. Después de hacerlo, podremos elegir nuestras acciones en lugar de vernos simplemente sometidos a nuestras *re*acciones automáticas.

Este libro relata la historia de cada uno de nosotros. En sus páginas, el lector habrá podido reconocerse a sí mismo o quizá a un vecino, un amigo o un miembro de su familia. No olvidemos que nuestro núcleo sano florece apenas tiene la posibilidad de hacerlo. Y aunque no tengamos ningún problema en aceptar fácilmente este principio por lo que respecta a nuestra salud física, ha llegado ya el momento de aplicarlo también en lo que tiene que ver con nuestro bienestar psicológico. El cerebro forma parte de nuestro cuerpo y, como él, se ve gobernado por las mismas leyes de causa y efecto. Cuando experimentamos dolor físico, nuestro cuerpo reacciona contrayéndose. También nuestra mente reacciona de modo automático y de manera similar a las presiones y experiencias externas. Algunas de esas respuestas son favorables a la vida y resultan muy útiles, mientras que otras, por el contrario, no lo son... pero pueden ser cambiadas. Si observamos el proceso de curación que sucede en la mente de una persona, tal vez veamos el reflejo de nuestro propio potencial de curación. Quizás entonces escuchemos una resonancia que pueda, finalmente, conducirnos a nuestra curación profunda.

APÉNDICE A:
RECURSOS DE LA EMDR

EMDR-Humanitarian Assistance Programs (HAP)

La HAP es una organización sin fines de lucro 501 (c)(3) que puede ser descrita como el equivalente a Médicos Sin Fronteras en el ámbito de la salud mental, una red global de médicos dispuestos a viajar a cualquier lugar del mundo donde sea necesario acabar con el sufrimiento emocional e impedir los efectos psicológicos secundarios del trauma y la violencia. El objetivo de la HAP consiste en acabar con el ciclo del sufrimiento que arruina la vida personal y devasta a las familias.

El modelo HAP subraya la importancia de la formación y del apoyo profesional a los terapeutas locales para continuar el proceso de curación. Este modelo centrado en la formación tiene varias ventajas. Al enseñar la EMDR a los terapeutas locales, estamos proporcionándoles una herramienta eficaz y positiva con la que tratar los efectos emocionales del trauma. Los profesionales que forman parte de la comunidad afectada no se ven reemplazados por extraños, sino que, muy al contrario, disponen de un importante recurso al que pueden apelar en el momento en que lo necesiten del modo que consideren más adecuado. Puesto que la reacción a los eventos traumáticos no es, en ocasiones, inmediata, y dado que los individuos suelen tratar de resolver los problemas por sí mismos sin buscar ayuda profesional, la formación de los terapeutas locales garantiza que, cuando las personas necesiten ayuda, sus necesidades puedan verse satisfechas. De este modo, el efecto psicológico del tratamiento del trauma va mucho más allá de los parámetros de un evento singular.

Además del entrenamiento, la HAP's Disaster Mental Health Recovery Network se ocupa de la coordinación de los terapeutas para tratar a las víctimas y a los trabajadores de los servicios de emergencia después de crisis como la del atentado de Oklahoma y el ataque terrorista del 11 de septiembre de 2001.

Desde la época del atentado de Oklahoma City en 1995, una red creciente de voluntarios EMDR-HAP ha respondido a las llamadas de curación procedentes de todo el mundo, desde terremotos en Turquía hasta huracanes en México o inundaciones en Dakota del Norte. En este sentido, nuestra comunidad ha prestado atención a comunidades traumatizadas por la guerra y el terror de Palestina, Israel, Croacia, Bosnia, Irlanda del Norte y Kenya. Hemos llenado el vacío de los servicios de salud mental para atender a los barrios más poblados, desde Bedford Stuyvesent hasta Oackland y a las poblaciones menesterosas de comunidades rurales y suburbanas, como las reservas de los indios nativos americanos, Hungría, Polonia, China, Sudáfrica, Ucrania, México, Nicaragua y El Salvador, entre otros países. También hemos tratado, formado y sembrado las semillas de la curación en situaciones de urgencia, como la catástrofe del vuelo 800 de la TWA, el tiroteo de los institutos de Columbine y Dunblane (Irlanda) y los ataques terroristas del 11 de septiembre de 2001 sobre Nueva York y Washington.

Los voluntarios de la EMDR-HAP suelen ofrecer al menos una semana al año de terapia o formación para llevar la salud mental a quienes la necesitan, pero no disponen de dinero para pagar el tratamiento. Por eso necesitamos fondos a fin de llevar a los terapeutas dónde más se les necesita. El apoyo ofrecido a Oklahoma City sólo costó 50.000 dólares, mientras que el apoyo a poblaciones como Bangladesh, los Balcanes y África han sido patrocinados por organizaciones como Unicef y Catholic Relief Services, el resto de nuestras actividades se han visto exclusivamente subvencionadas con contribuciones individuales.

Los lectores interesados en la HAP y en sus logros pueden echar un vistazo a http://www.emdrhap.org

Estas donaciones están libres de impuestos y pueden ser enviadas a EMDR-HAP, P.O. Box 52164, Pacific Grove, CA 93950.

EL EMDR INSTITUTE

Desde la época de su fundación en 1990, el EMDR Institute ha entrenado a más de 50.000 terapeutas en el uso de la EMDR. Cualquier persona interesada puede buscar en nuestro directorio internacional a los terapeutas formados por el Institute con los que pueden conectar los clientes interesados para recibir así tratamiento de los profesionales de la salud mental cualificados según los más estrictos estándares profesionales. Los procesos de formación autorizados por el EMDR Institute deben llevar el logo del Institute mostrado al final de esta sección.

Los lectores interesados en disponer de más información, entrenamiento o referencia, pueden llamar por teléfono al (831) 372-3900; fax (831) 647-9881; email: inst@emdr.com; P.O. Box 750, Watsonville, CA 95077 o visitar nuestra página web en http://www.EMDR.com

EMDR INTERNATIONAL ASSOCIATION (EMDRIA)

La EMDR International Association es una organización profesional de terapeutas e investigadores formados en la EMDR destinada a promocionar los criterios de excelencia e integridad más elevados posibles de la práctica, la investigación y la formación del bien público que supone la EMDR.

La EMDRIA también se ocupa de desarrollar el cuerpo de conocimiento empírico, la teoría y las aplicaciones clínicas de los procedimientos de la EMDR y mantiene a sus miembros puntualmente informados de los cambios que se produzcan. También se ocupan de desarrollar los criterios éticos para la práctica y la formación, elaborando materiales de apoyo clínico e informando a otras organizaciones profesionales y al público en general sobre los beneficios de la EMDR.

Los lectores interesados en la EMDRIA pueden conectar con ella en P.O. Box 141925, Austin TX 78714-1925, teléfono (512) 451-5200; email: info@emdria.org o visitar su página web en http://www.emdria.org

LA EMDR EUROPE ASSOCIATION

La EMDR Europe Association es el cuerpo gobernante de las asociaciones europeas de la EMDR, incluido Israel. Desempeña una función similar a la de la EMDRIA, en tanto organización profesional que supervisa la labor de los terapeutas e investigadores entrenados en la EMDR. También se dedica a promover los criterios de excelencia e integridad más elevados de la práctica, la investigación y la educación de la EMDR. Otros detalles pueden ser encontrados en su página web http://www.emdr-europe.org, o bien enviando un email a info@emdr-europe.org

LA ELECCIÓN DEL TERAPEUTA

El cliente debe asegurarse de que el curso de formación en EMDR que ha seguido su terapeuta ha sido aprobado por la EMDRIA o por la EMDR Europe Association porque, sin saberlo, puede haber recibido una formación inadecuada.

La EMDR sólo debe ser administrada por un terapeuta titulado, específicamente formado en la EMDR. Conviene, en este sentido, tomarse el tiempo suficiente para elegir al terapeuta adecuado. Asegúrese de que él o ella han recibido la formación adecuada en EMDR (el entrenamiento básico consiste en un curso de dos niveles) y lo ha actualizado con los últimos avances. Pero aunque la formación sea obligatoria, no basta con eso. Elija a un terapeuta experimentado en la EMDR y que tenga una buena tasa de éxito. Asegúrese de que el terapeuta está cómodo tratando su problema concreto; y también es importante la sensación de confianza y el establecimiento de una buena relación. No olvide que el tratamiento exitoso depende de la adecuada interacción entre el terapeuta, el cliente y el método.

PREGUNTAS INTERESANTES EN ESTE SENTIDO:

1. ¿Ha recibido el terapeuta los dos niveles de formación?
2. ¿Fue ese entrenamiento aprobado por la EMDRIA o por EMDR Europe?
3. ¿Está al tanto de los últimos protocolos y avances?
4. ¿Cuántas personas con un problema o trastorno semejante al suyo ha tratado?
5. ¿Cuál es su tasa de éxito?

APÉNDICE B:
INFORME DE CASOS DE LA EMDR

La EMDR está hoy extensamente reconocida como un tratamiento de los traumas de primera línea (véase el Apéndice C).

La EMDR es un tratamiento para los factores que contribuyen a los trastornos de la conducta y de salud. Las ampliaciones del protocolo estándar (Shapiro, 1995 y 2001) llevadas a cabo por expertos y asesores de una amplia variedad de campos diferentes han facilitado el desarrollo de aplicaciones adicionales para la práctica clínica directa. Como sucede con el tratamiento de la mayoría de los trastornos, es poca la investigación que, hasta el momento, se ha llevado a cabo, un estado de cosas que quedó evidenciado en un informe de evaluación realizado por un equipo de trabajo dependiente de la sección clínica de la American Psychological Association (Chambless, Baker, Baucom, Beutler, Calhoun, Crits-Christoph, et al., 1998). Esta investigación puso de relieve que sólo una docena de quejas, como las fobias concretas y los dolores de cabeza, disponían de tratamientos que se hubiesen visto empíricamente corroborados por la investigación. También debemos mencionar la circunstancia de que los efectos clínicos a largo plazo de muchos de los tratamientos en general calificados como empíricamente validados no se han visto corroborados de manera adecuada por la investigación. Véanse referencias recientes en:

http://therapyadvisor.com

Esperemos que la investigación acabe demostrando la adecuación de las aplicaciones adicionales de la EMDR y la misma eficacia que los protocolos empleados en el tratamiento de los TEPT investigados. Los parámetros sugeridos han sido claramente esbozados (Shapiro, 2001 y 2002). A continuación presentamos una lista del material publicado y de los artículos presentados en congresos que puede ayudar a los investigadores a identificar protocolos disponibles para el estudio y ayudar a los clínicos a obtener la necesaria supervisión de las aplicaciones propue cstas. Muchas de las presentaciones han sido grabadas y pueden solicitarse a los coordinadores de los congresos. También es posible acceder directamente a los ponentes a través de la página web de la EMDR International Association http://www.emdria.org

Los resultados terapéuticos positivos de la EMDR se han visto corroborados con un amplio rango de poblaciones. Para ayudar a los investigadores a identificar los protocolos disponibles para su estudio y para obtener supervisión para las peticiones propuestas, debajo enumeramos materiales publicados y las conferencias presentadas. Como ya hemos señalado, la mayor parte de los trastornos clínicos enumerados no tienen tratamientos empíricamente validados y, en consecuencia, es necesaria una mayor investigación controlada en todos los sentidos (véase Chambless *et al.*, 1998). Las aplicaciones clínicas de la EMDR se basan en el modelo del procesamiento de la información (véase Shapiro, 2001 y 2002), según el cual, el reprocesamiento de los factores problemáticos puede tener un efecto positivo en el tratamiento de una amplia diversidad de trastornos. Son muchos, hasta el momento, los estudios controlados que confirman la eficacia de la EMDR en el tratamiento del TEPT, mientras que otras aplicaciones basadas en la observación clínica todavía necesitan una investigación adicional.

Desde el estudio inicial sobre la eficacia (Shapiro, 1989*a*) son muchos los informes realizados que indican los resultados positivos de la EMDR con una amplia variedad de poblaciones, entre las que se cuentan las siguientes:

1. **Veteranos de las guerras deIraq, Afganistán, Vietnam, Corea y de la II Guerra Mundial que, pese a mostrarse originalmente reacios al tratamiento, han dejado de experimentar los** *flashbacks*, **pesadillas y otras secuelas del TEPT.** (Blore, 1997*a*; Carlson, Chemtob, Rusnak y Hedlund, 1996; Carlson, Chemtob, Rusnak, Hedlund y Muraoka, 1998; Daniels, Lipke, Richardson y Silver, 1992; Lipke, 2000; Lipke y Botkin, 1992; Russell, 2006; Russell, Silver, Rogers, y Darnell, 2007; Silver y Rogers, 2001; Thomas y Gafner, 1993; White, 1998; Young, 1995; Zimmermann, Güse, Barre, Biesold, 2005).

2. **Personas con fobias y trastornos de pánico que han evidenciado una rápida disminución de sus miedos y de su sintomatología.** (De Jongh y Ten Broeke, 1998; De Jongh, Ten Broeke y Renssen, 1999; De Jongh, Van den Oord y Ten Broeke, 2002; Doctor, 1994; Feske y Goldstein, 1997; Fernandez y Feretta, 2007; Goldstein, 1992; Goldstein y Feske, 1994; Gros y Antony, 2006; Kleinknecht, 1993; Nadler, 1996; Newgent, Paladino, Reynolds, 2006; O'Brien, 1993; Protinsky, Sparks y Flemke, 2001*a*; Schurmans, 2007). Algunas investigaciones controladas sobre personas que padecían fobia a las arañas han demostrado beneficiarse muy poco de la EMDR (como sucede, por ejemplo, con las investigaciones llevadas a cabo por Muris y Merckelbach, 1997; Muris, Merkelbach, Holdrinet y Sijsenaar, 1998; Muris, Merckelbach, Van Haaften y Nayer, 1997), aunque evaluaciones posteriores han descubierto la falta de fiabilidad de los protocolos empleados (véanse De Jongh *et al.*, 1999; Shapiro, 1999 y el Apéndice D). Una

evaluación realizada sobre el trastorno de pánico con agorafobia (Goldstein, De Beurs, Chambless y Wilson, 2000) puso también de relieve la existencia de resultados bastante limitados (los lectores interesados en una visión más global al respecto, pueden ver Shapiro, 2001, 2002. Véase también el Apéndice D).

3. Víctimas del delito, agentes de la policía y trabajadores de los servicios de urgencia que dejan de verse preocupados por los efectos secundarios de las agresiones y/o la naturaleza estresante de su trabajo. (Baker y McBride, 1991; Dyregrov, 1993; Jensma, 1999; Kitchiner, 2004; Kitchiner y Aylard, 2002; Kleinknecht y Morgan, 1992; Lansing, Amen, Hanks, Rudy, 2005; McNally y Solomon, 1999; Page y Crino, 1993; Shapiro y Solomon, 1995; Solomon, 1995, 1998; Solomon y Dyregrov, 2000; Wilson, Becker, Tinker y Logan, 2001.)

4. Personas que se han visto liberadas del sufrimiento que acompaña a la pérdida de un ser querido, o de muertes que han sucedido durante el desempeño de un determinado trabajo, como maquinistas que acabaron con la culpa derivada de algún atropello. (Lazrove et al., 1998; Puk, 1991a; Shapiro y Solomon, 1995; Solomon, 1994, 1995 y 1998; Solomon y Kaufman, 2002; Solomon y Shapiro, 1997; Sprang, 2001.)

5. Niños y adolescentes curados de los síntomas causados por el trauma. (Ahmad et al., 2007; Chemtob, Nakashima, Hamada y Carlson, 2002; Cocco y Sharpe, 1993; Datta y Wallace, 1994 y 1996; Fernandez, Gallinari y Lorenzetti, 2004; Greenwald, 1994, 1998, 1999, 2000 y 2002; Hensel, 2006; Jaberghaderi, Greenwald, Rubin, Dolatabadim y Zand, en prensa; Johnson, 1998; Korkmazler-Oral y Pamuk, 2002; Kraft, Schepker, Goldbeck, y Fegert, 2006; Lovett, 1999; Maxfield, 2007; Oras et al., 2004; Pellicer, 1993; Puffer,

Greenwald y Elrod, 1998; Russell y O'Connor, 2002; Scheck, Schaeffer y Gillette, 1998; Shapiro, 1991; Soberman, Greenwald y Rule, 2002; Stewart y Bramson, 2000; Streeck-Fischer, 2005; Taylor, 2002; Tionker y Wilson, 1999; Tufnell, 2005.)

6. **Víctimas de agresión sexual que han sido capaces de recuperar su vida y volver a establecer relaciones íntimas.** (Edmond, Rubin y Wambach, 1999; Hyer, 1995; Parnell, 1994 y 1999; Puk, 1991*a*; Rothbaum, 1997; Rothbaum, Astin, Marsteller, 2005; Scheck, Schaeffer y Gillette, 1998; Shapiro, 1989*b*, 1991 y 1994; Wolpe y Abrams, 1991.)

7. **Víctimas de catástrofes naturales y de desastres provocados por el hombre que han podido recuperar su vida normal.** (Chemtob *et al.*, 2002; Fernandez *et al.*, 2004; Grainger, Levin, Allen-Byrd, Doctor y Lee, 1997; Jarero, Artigas, Mauer, Lopez Cano y Alcala, 1999; Knipe, Hartung, Konuk, Colleli, Keller y Rogers, 2003; Konuk, Knipe, Eke, Yuksek, Yurtsever, y Ostep, 2006; Shusta-Hochberg, 2003; Silver, Rogers, Knipe y Colelli, 2005.)

8. **Víctimas de accidentes, operaciones e incendios que se vieron emocional y físicamente debilitados y han sido capaces de recuperar una vida productiva.** (Blore, 1997*b*; Broad y Wheeler, 2006; Hassard, 1993; McCann, 1992; Puk, 1992; Solomon y Kaufman, 1994.)

9. **Víctimas de disfunción marital y sexual que han podido volver a establecer relaciones sanas.** (Bardin, 2004; Capps, 2006; Errebo y Sommers-Flanagan, 2007; Keenan y Farrell, 2000; Kaslow, Nurse y Thompson, 2002; Knudsen, 2007; Koedam, 2007; Levin, 1993; Madrid, Skolek y

Shapiro, 2006; Moses, 2007; Protinsky, Sparks y Flemke, 2001*b*; Shapiro, Kaslow, y Maxfield, 2007; Snyder, 1996; Stowasser, 2007; Talan, 2007; Wernik, 1993.)

10. Clientes que se hallaban en cualquiera de los estadios de la toxicodependencia y la ludopatía y muestran una baja tendencia a la recaída. (Amundsen y Kårstad, 2006; Besson, Eap, Rougemont-Buecking, Simon, Nikolov, Bonsack, 2006; Cox y Howard, 2007; Henry, 1996; Shapiro y Forrest, 1997; Shapiro, Vogelmann-Sine y Sine, 1994; Vogelmann-Sine, Sine, Smyth y Popky, 1998; Zweben y Yeary, 2006.)

11. Personas con trastornos disociativos que consiguieron curar más pronto que con el progreso proporcionado por el tratamiento tradicional. (Fine, 1994; Fine y Berkowitz, 2001; Lazrove, 1994; Lazrove y Fine, 1996; Marquis y Puk, 1994; Paulsen, 1995; Rouanzoin, 1994; Twombly, 2000, 2005; Young, 1994).

12. Personas del mundo empresarial, artístico y deportivo cuyo desempeño ha mejorado gracias a la EMDR. (Crabbe, 1996; Foster y Lendl, 1995 y 1996; Graham, 2004.)

13. Personas con problemas somáticos o somatoformes, incluido el dolor crónico, que han logrado liberarse rápidamente del sufrimiento. (Brown, McGoldrick y Buchanan, 1997; Chemali y Meadows, 2004; Dziegielewski y Wolfe, 2000; Friedberg, 2004; Grant, 1999; Grant y Threlfo, 2002; Gupta y Gupta, 2002; Kneff y Krebs, 2004; Ray y Zbik, 2001; Russell, en prensa; Schneider et al., 2007, en prensa; Tinker y Wilson, 2006; Van Loey y Van Son, 2003; Wilensky, 2006; Wilson *et al.*, 2000.)

14. **Clientes con una amplia variedad de TEPT y otros diagnósticos que se han visto beneficiados por la EMDR**. (Allen y Lewis, 1996; Bisson, Ehlers, Matthews, Pilling, Richards, Turner, 2007; Brown, McGoldrick y Buchanan, 1997; Cohn, 1993; Fensterieim, 1996; Forbes, Creamer y Rycroft, 1994; Gelinas, 2003; Hogberg, Pagani, Sundin, Soares, Aberg-Wistedt, Tarnell, et al, 2007; Ironson *et al.*, 2002; Kim y Choi, 2004; Kitchiner, 1999, 2000; Korn y Leeds, 2002; Lee *et al.*, 2002; Manfield, 1998; Manfield y Shapiro, 2003; Marcus, Marquis, y Saki, 1997; Marquis, 1991; Maxwell, 2003; McCullough, 2002; Parnell, 1996; 1997; Pollock, 2000; Power et al., 2002; Protinsky, Sparks, y Flemke, 2001a; Puk,1991b; Raboni, Tufik, y Suchecki, 2006; Renfrey y Spates, 1994; Ricci, 2006; Ricci et al., 2006; Rittenhouse, 2000; Schneider, Nabavi, Heuft, 2005; Seidler y Wagner, 2006; Shapiro y Forrest, 1997; Spates y Burnette, 1995; Spector y Huthwaite, 1993; Sprang, 2001; van der Kolk, Spinazzola, Blaustein, Hopper, Hopper, Korn, Simpson, 2007; Vaughan, et al., 1994; Vaughan, Wiese, Gold, y Tarrier, 1994; Wilson, Becker, y Tinker, 1995, 1997; Wolpe y Abrams, 1991; Zabukovec, Lazrove y Shapiro, 2000.)

Referencias

Ahmad A, Larsson B, Sundelin-Wahlsten V. (2007). "EMDR treatment for children with PTSD: Results of a randomized controlled trial." *Nord J Psychiatry*, 61, págs. 349-354.

Amundsen, J. E., y Kårstad, K. (2006). "Om bare Jeppe visste.- EMDR og rusbehandling." *Tidsskrift for Norsk Psykologforening*, 43(5), pág. 469.

Allen, J.G. y Lewis, L. (1996). "A Conceptual Framework for Treating Traumatic Memories and its Application to EMDR." *Bulletin of the Menninger Clinic*, 60 (2), págs. 238-263.

Baker, N. y McBride, B. (agosto de 1991). "Clinical Applications of EMDR in a Law Enforcement Environment: Observations of the

Psychological Service Unit of the LA. County Sheriff's Department." Artículo presentado en la miniconvención de la Police Psychology (Division 18, Police & Public Safety Sub-section) celebrada en el encuentro anual de la American Psychological Association, San Francisco, CA.

Bardin, A. (2004). "EMDR within a family perspective." *Journal of Family Psychotherapy*, 15, págs. 47-61.

Besson, J., Eap, C., Rougemont-Buecking, A., Simon, O., Nikolov, C., Bonsack, C. (2006). [Adicciones]. *Revue Médicale Suisse*, 2(47), págs. 9-13.

Bisson, J. I., Ehlers, A., Matthews, R., Pilling, S., Richards, D., y Turner, S. (2007). "Psychological treatments for chronic post-traumatic stress disorder. Systematic review and meta-analysis." *British Journal of Psychiatry*, 190, págs. 97-104.

Blore, D.C. (1997a). "Reflections on 'a Day Wwhen the Whole World Seemed to be Sarkened'." *Changes: An International Journal of Psychology and Psychiatry*, 15, págs. 89-95.

Blore, D.C. (1997b). "Use of EMDR to Treat Morbid Jealousy: A Case Study." *British Journal of Nursing*, 6, págs. 984-988.

Broad, R. D., y Wheeler, K. (2006). "An adult with childhood medical trauma treated with Psychoanalytic Psychotherapy and EMDR: A case study." *Perspectives in Psychiatric Care*, 42(2), págs. 95-105.

Brown, K.W., McGoldrick, T. y Buchanan, R. (1997). "Body Dysmorphic Disorder: Seven Cases Treated with Eye Movement Desensitization and Reprocessing." *Behavioural & Cognitive Psychotherapy*, 25, págs. 203-207.

Capps, F. (2006). "Combining Eye Movement Desensitization and Reprocessing With Gestalt Techniques in Couples Counseling." *Family Journal: Counseling and Therapy for Couples and Families*, 14(1), pág. 49.

Carlson, J.G., Chemtob, C.M., Rusnak, K. y Hedlund, N.L. (1996). "Eye Movement Desensitization and Reprocessing Treatment for Combat PTSD". *Psycotherapy*, 33, págs. 104-113.

Carlson, J.G., Chemtob, C.M., Rusnak, K., Hedlund, N.L. y Muraoka, M.Y. (1998). "Eye Movement Desensitization and Reprocessing for Combat-related Post-traumatic Stress Disorder." *Journal of Traumatic Stress*, 11, págs. 3-24.

Chemali, Z. y Meadows, M. (2004). "The use of eye movement desensitization and reprocessing in the treatment of psychogenic seizures." *Epilepsy & Behavior*, 5, págs. 784-787.

Chambless, D.L., Baker, M.J., Baucom, D.H., Beutler, L.E., Calhoun, K.S., Crits-Christoph, P. *et al.* (1998). "Update on Empirically Validated Therapies." *The Clinical Psychologist*, 51, págs. 3-16.

Chemtob, C.M. Nakashima, J. Hamada, R.S. y Carlson, J.G. (2002). "Brief-treatment for Elementary School Children with Disaster-related Post-traumatic Stress Disorder: A Field Study." *Journal of Clinical Psychology*, 58, págs. 99-112.

Cocco, N. y Sharpe, L. (1993). "An Auditory Variant of Eye Movement Desensitization in a Case of Childhood Post-traumatic Stress Disorder." *Journal of Behavior Therapy and Experimental Psychiatry*, 24, págs. 373-377.

Cohn, L. (193). "Art Psychotherapy and the New Eye Treatment Desensitization and Reprocessing (EMD/R) Method, an Integrated Approach." En E. Dishup (ed.), *California Art Therapy Trends* (págs. 275-290). Chicago, IL: Magnolia Street Publisher.

Cox, R. P., y Howard, M. D. (2007). 2Utilization of EMDR in the treatment of sexual addiction: A case study.2 *Sexual Addiction y Compulsivity*, 14(1), pág. 1.

Crabbe, B. (noviembre de 1996). 2Can Eye-movement Therapy Improve your Riding.2 *Dressage Today*, 28-33.

Daniels, N., Lipke, H., Richardson, R. y Silver, S. (octubre de 1992). "Vietnam Veterans' Treatment Programs Using Eye Movement Desensitization and Reprocessing." Artículo presentado en la convención anual de The International Society for Traumatic Stress Studies, celebrado en Los Ángeles, CA.

Datta, P.C. y Wallace, J. (mayo de 1994). "Treatment of Sexual Traumas of Sex Offenders Using Eye Movement Desensitization and Reprocessing." Artículo presentado en el 2° Annual Symposium in Forensic Psychology, celebrado en San Francisco.

Datta, P.C. y Wallace, J. (noviembre de 1996). "Enhancement of Victim Empathy Along with Reduction of Anxiety and Increase of Positive Cognition of Sex Offenders after Treatment with EMDR." Artículo presentado en el EMDR Special Interest Group en la convención anual de la Association for the Advancement of Behavior Therapy, celebrada en Nueva York.

De Jongh, A. y Ten Broeke, E. (1998). "Treatment of Choking Phobia by Targeting Traumatic Memories with EMDR: A Case Study." *Clinical Psychology & Psychotherapy*, 5, págs. 264-269.

De Jongh, A., Ten Broeke, E. y Renssen, M.R. (1999). "Treatment of Specific Phobias with Eye Movement Desensitization and

Reprocessing (EMDR): Protocol, Empirical Status, and Conceptual Issues." *Journal of Anxiety Disorders*, 13, págs. 69-85.

De Jongh, A., van den Oord, H.J.M. y Ten Broeke, E. (2002). "Efficacy of Eye Movement Desensitization and Reprocessing (EMDR) in the Treatment of Specific Phobias: Four Single-case Studies on Dental Phobia." *Journal of Clinical Psychology*, 58, págs. 1.489-1.503.

Doctor, R. (marzo de 1994). "Eye Movement Desensitization and Reprocessing. A Clinical and Research Examination with Anxiety Disorders." Artículo presentado en el 14 encuentro anual de la Anxiety Disorders Association of America, celebrado en Santa Monica, CA.

Dyregrov, A. (1993). "EMDR-nymetode for tramebehandling." *Tidsskrift for Norsk Psykologforening*, 30, págs. 975-981.

Dziegielewski, S. y Wolfe, P. (2000). "Eye Movement Desensitization and Reprocessing (EMDR) as a Time-limited Treatment Intervention for Body Image Disturbance and Self-esteem: A Single Subject Case Study Design." *Journal of Psychotherapy in Independent Practice*, 1, págs. 1-16.

Edmond, T., Rubin, A. y Wambach, K.G. (1999). "The Effectiveness of EMDR with Adult Female Survivors of Childhood Sexual Abuse." *Social Work Research*, 23, págs. 103-116.

Errebo, N., y Sommers-Flanagan, R. (2007). "EMDR and emotionally focused couple therapy for war veteran couples." En F. Shapiro, F. W. Kaslow y L. Maxfield (Eds.). *Handbook of EMDR and family therapy processes*. Hoboken, N.J.: Wiley.

Fensterheim, H. (1996). "Eye Movement Desensitization and Reprocessing with Complex Personality Pathology: An Integrative Therapy." *Journal of Psychotherapy Integration*, 6, págs. 27-38.

Fernandez, I., y Faretta, E. (2007). "EMDR in the treatment of panic disorder with agoraphobia." *Clinical Case Studies*, 6(1), págs. 44-63.

Fernandez, I., Gallinari, E. y Lorenzetti, A. (2004). "A School-based EMDR Intervention for Children who Witnessed the Pirelli Building Airplane Crash in Milan, Italia." *Journal of Brief Therapy*, 2, págs. 129-136.

Feske, U. y Goldstein, A. (1997). "Eye Movement Desensitization and Reprocessing Treatment for Panic Disorder: A Controlled Outcome and Partial Dismantling Study." *Journal of Consulting and Clinical Psychology*, 36, págs. 1.026-1.035.

Fine, C.G. (junio de 1994). "Eye Movement Desensitization and Reprocessing (EMDR) for Dissociative Disorders." Artículo presentado en la Eastern Regional Conference on Abuse and Multiple Personality. Alexandria, VA.

Fine, C. y Berkowitz, A. (2001). "The Wreathing Protocol: The Imbrication of Hypnosis and EMDR in the Treatment of Dissociative Identity Disorder and other Dissociative Responses." *American Journal of Clinical Hypnosis*, 43, págs. 275-290.

Friedberg, F. (2004). "Eye movement desensitization in fibromyalgia: A pilot study." *Complementary Therapies in Nursing and Midwidery*, 10, págs. 245-249.

Forbes, D., Creamer, M. y Rycroft, P (1994). "Eye Movement Desensitization and Reprocessing in Post-traumatic Stress Disorder: A Pilot Study Using Assessment Measures." *Journal of Behavior Therapy and Experimental Psychiatry*, 25, págs. 113-120.

Foster, S. y Lendl, J. (1995). "Eye Movement Desensitization and Reprocessing: Initial Applications for Enhancing Performance in Athletes." *Journal of Applied Sport Psychology*, 7 (suplemento), pág. 63.

Foster, S. y Lendl, J. (1996). "Eye Movement Desensitization and Reprocessing: Four Case Studies of a New Tool for Executive Coaching and Restoring Employee Performance after Setbacks." *Consulting Psychology Journal*, 48, págs. 155-161.

Gelinas, D.J. (2003). "Integrating EMDR into Phase-oriented Treatment for Trauma." *Journal of Trauma and Dissociation*, 4, págs. 91-135.

Goldstein, A. (agosto de 1992). "Treatment of Panic and Agoraphobia with EMDR. Preliminary Data of the Agoraphobia and Anxiety Treatment Center, Temple University." Artículo presentado en el Fourth World Congress of Behavior Therapy, celebrado en Queensland, Australia.

Goldstein, A.J., de Beurs, E., Chambless, D.L. y Wilson, K.A. (2000). «EMDR for Panic Disorder with Agoraphobia: Comparison With Waiting-list and Credible Attention-placebo Control Condition.» *Journal of Consulting and Clinical Psychology*, 68, págs. 947-956.

Goldstein, A. y Feske, U. (1994). "Eye Movement Desensitization and Reprocessing for Panic Disorder: A Case Series." *Journal of Anxiety Disorders*, 8, págs. 351-362.

Graham, L. (2004). "Traumatic Swimming Events Reprocessed with EMDR." *www.Thesportjournal.org*, 7(1) págs. 1-5.

Grainger, R.D., Levin, C., Allen-Byrd, L., Doctor, R.M. y Lee, H. (1997). "An Empirical Evaluation of Eye Movement desensitization and Reprocessing (EMDR) with Survivors of a Natural Disaster." *Journal of Traumatic Stress*, 10, págs. 665-671.

Grant, M. (1999). *Pain control with EMDR*. New Hope, PA: EMDR Humanitarian Assistance Program.

Grant, M. y Threlfo, C. (2002). "EMDR in the Treatment of Chronic Pain." *Journal of Clinical Psychology*, 58, págs. 1.505-1.520.

Greenwald, R. (1994). "Applying Eye Movement Desensitization and Reprocessing to the Treatment of Traumatized Children: Five Case Studies." *Anxiety Disorders Practice Journal*, 1, págs. 83-97.

Greenwald, R. (1999). *Eye Movement Desensitization and Reprocessing (EMDR) in Child and Adolescent Psychotherapy*. Nueva Jersey, Jason Aronson Press.

Greenwald, R. (1998). "Eye movement Desensitization and Reprocessing (EMDR): New Hope for Children Suffering from Trauma and Loss." *Clinical Child Psychology and Psychiatry*, 3, págs. 279-287.

Greenwald, R. (2000). "A Trama-focused Individual Therapy Approach for Adolescents with Conduct Disorder." *International Journal of Offender Therapy and Comparative Criminology*, 44, págs. 146-163.

Greenwald, R. (2002). "Motivation-adaptive Skills-trauma Resolution (MASTR) Therapy for Adolescents with Conduct Problems: An Open Trial." *Journal of Aggression, Maltreatment, and Trauma*, 6, págs. 237-261.

Gros, D.F., y Antony, M.M. (2006). "The assessment and treatment of specific phobias: a review." *Current Psychiatry Reports*, 8(4), págs. 298-303.

Gupta, M. y Gupta, A. (2002). "Use of Eye Movement Desensitization and Reprocessing (EMDR) in the Treatment of Dermatologic Disorders." *Journal of Cutaneous Medicine and Surgery*, 6, págs. 415-421.

Hassard, A. (1993). "Eye Movement Desensitization of Body Image." *Behavioural Psychotherapy*, 21, págs. 157-160.

Henry, S.L. (1996). "Pathological Gambling: Etiological Considerations and Treatment Efficacy of Eye Movement Desensitization/reprocessing." *Journal of Gambling Studies*, 12, págs. 395-405.

Hensel, T. (2006). "Effektivität von EMDR bei psychisch traumatisierten Kindern und Jugendlichen." *Kindheit und Entwicklung*, 15(2), pág. 107.

Hogberg, G., Pagani, M., Sundin, O., Soares, J., Aberg-Wistedt, A., Tarnell, B., *et al.* (2007). "On treatment with eye movement desensitization and reprocessing of chronic post-traumatic stress disorder in public transportation workers - A randomized controlled trial." *Nordic Journal of Psychiatry*, 61(1), págs. 54-61.

Hyer, L. (1995). "Use of EMDR in a 'dementing' PTSD survivor." *Clinical Gerontologist*, 16, págs. 70-73.

Ironson, G.I., Freund, B., Strauss, J.L. y Williams, J. (2002). "A Comparison of Two Treatments for Traumatic Stress: A Pilot Study of EMDR and Prolonged Exposure." *Journal of Clinical Psychology*, 58, págs. 113-128.

Jaberghaderi, N., Greenwald, R., Rubin, A., Dolatabadim, S. y Zand, S.O. (en prensa). "A Comparison of CBT and EMDR for Sexually Abused Iranian Girls." *Clinical Psychology and Psychotherapy.*

Jarero, I., Artigas, L., Mauer, M., Lopez Cano, T. y Alcala, N. (noviembre de 1999). "Children's Post-traumatic Stress after Natural Disasters: Integrative Treatment Protocols." Panel presentado en la reunión anual de la International Society for Traumatic Stress Studies, Miami, FL.

Jensma, J. (1999). "Critical Incident Intervention with Missionaries: A Comprehensive Approach." *Journal of Psychology & Theology,* 27, págs. 130-138.

Johnson, K. *(1998). Trauma in the Lives of Children.* Alameda, CA: Hunter House.

Kaslow, F.W, Nurse, A.R. y Thompson, P. (2002). "EMDR in Conjunction with Family Systems Therapy." En D. Shapiro (ed.), *EMDR as an integrative psychotherapy approach: Experts of diverse orientations explore the paradigm prism* (págs. 289-318). Washington, D.C.: American Psychological Association.

Keenan, P. y Farrell, D. (2000). "Treating Morbid Jealousy with Eye Movement Desensitization and Reprocessing Utilizing Cognitive Inter-weave: A Case Report." *Counselling Psychology Quarterly,* 13, págs. 175-189.

Kim, D., y Choi, J. (2004). "Eye Movement Desensitization and Reprocessing for Disorder of Extreme Stress: A case report." *Journal of the Korean Neuropsychiatric Association,* 43(6), págs. 760-763.

Kitchiner N.J. (1999) "Freeing the imprisoned mind: Practice Forensic Care." *Mental Health Care,* 21, 12, págs. 420-424.

Kitchiner N.J. (2000). "Using Eye Movement Desensitisation Reprocessing (EMDR) to treat post-traumatic stress disorder in a prison setting." *British Journal of Community Nursing,* 5, 1, págs. 26-31.

Kitchiner N.J. (2004). "Psychological treatment of three urban fire fighters with post-traumatic stress disorder using eye movement desensitisation reprocessing (EMDR) therapy." *Journal of Complimentary Therapy,* 10, págs. 186-193.

Kitchiner, N. y Aylard, P (2002). "Psychological Treatment of Post-traumatic Stress Disorder: A Single Case Study of a UK Police Office." *Mental Health Practice,* 5, págs. 34-38.

Kleinknecht, R.A. (1993). "Rapid Treatment of Blood and Injection Phobias with Eye Movement Desensitization." *Journal of Behavior Therapy and Experimental Psychiatry,* 24, págs. 211-217.

Kleinknecht, R.A. y Morgan, M.P. (1992). "Treatment of Post-traumatic

Stress Disorder with Eye Movement Desensitization and Reprocessing." *Journal of Behavior Therapy and Experimental Psychiatry*, 23, págs. 43-50.

Kneff, J.C. y Krebs, K. (2004). "Eye Movement Desensitization and Reprocessing (EMDR): Another helpful mind-body technique to treat GI problems." *Gastroenterology Nursing*, 27(6), págs. 286-287.

Knipe, J., Hartung, J., Konuk, E., Colleli, G., Keller, M. y Rogers, S. (septiembre de 2003). "EMDR Humanitarian Assistance Programs: Outcome Research, Models of Training, and Service Delivery in New York, Latin America, Turkey, and Indonesia." Artículo presentado en la reunión anual de la EMDR International Association, Denver, CO.

Koedam, W.S. (2007). "Sexual trauma in dysfunctional marriages: integrating structural therapy and EMDR." En F. Shapiro, F. W. Kaslow y L. Maxfield (eds.), *Handbook of EMDR and family therapy processes* (págs. 223-242). Hoboken, N.J.: Wiley.

Konuk, E., Knipe, J., Eke, I., Yuksek, H., Yurtsever, A., y Ostep, S. (2006). "The Effects of Eye Movement Desensitization and Reprocessing (EMDR) Therapy on Posttraumatic Stress Disorder in Survivors of the 1999 Marmara, Turkey, Earthquake." *International Journal of Stress Management*, 13(3), págs. 291.

Korkmazler-Oral, U. y Pamuk, S. (2002). "Group EMDR with Child Survivors of the Earthquake in Turkey." *Association for Child Psychiatry and Psychology, Occasional Paper*, n°. 19, págs. 47-50.

Korn, D.L. y Leeds, A.M. (2002). "Preliminary Evidence of Efficacy for EMDR Resource Development and Installation in the Stabilization Phase of Treatment of Complex Post-traumatic Stress Disorder." *Journal of Clinical Psychology*, 58(12), págs. 1.465-1.487.

Knudsen, N. (2007). "Integrating EMDR and Bowen theory in treating chronic relationship dysfunction." En F. Shapiro, F.W. Kaslow y L. Maxfield (eds.), *Handbook of EMDR and family therapy processes* (págs. 169-186). Hoboken, N.J.: Wiley.

Kraft, S., Schepker, R., Goldbeck, L., y Fegert, J. M. (2006). "Behandlung der posttraumatischen Belastungsstörung bei Kindern und Jugendlichen. Eine Übersicht empirischer Wirksamkeitsstudien." *Nervenheilkunde: Zeitschrift für interdisziplinaere Fortbildung.*, 25(9), pág. 709.

Lansing, K., Amen, D.G., Hanks, C., y Rudy, L. (2005). "High-resolution brain SPECT imaging and eye movement desensitization and reprocessing in police officers with PTSD." *The Journal of Neuropsychiatry and Clinical Neurosciences*, 17(4), págs. 526-532.

Lazrove, S. (noviembre de 1994). "Integration of Fragmented Dissociated Traumatic Memories Using EMDR." Artículo presentado en el décimo encuentro anual de la International Society for Traumatic Stress Studies, Chicago, IL.

Lazrove, S. y Fine, C.G. (1996). "The Use of EMDR in Patients with Dissociative Identity Disorder." *Dissociation*, 9, págs. 289-299.

Lazrove, S., Triffleman, E., Kite, L., McGlasshan, T., y Rounsaville, B. (1998). "An open trial of EMDR as treatment for chronic PTSD." *American Journal of Orthopsychiatry*, 69, págs. 601-608.

Lee, C., Gavriel, H., Drummond, P, Richards, J. y Greenwald, R. (2002). "Treatment of PTSD: Stress Inoculation Training with Prolonged Exposure Compared to EMDR." *Journal of Clinical Psychology*, 58, págs. 1.071-1.089.

Levin, C. (julio y agosto de 1993). "The enigma of EMDR." *Family Therapy Networker*, págs. 75-83

Lipke, H. (2000). *EMDR and Psychotherapy Integration: Theoretical and Clinical Suggestions with Focus on Traumatic Stress*. Nueva York: CRC Press.

Lipke, H. y Botkin, A. (1992). "Brief Case Studies of Eye Movement Desensitization and Reprocessing with Chronic Post-traumatic Stress Disorder." *Psychotherapy*, 29, págs. 591-595

Lovett, J. (1999). *Small Wonders: Healing Childhood Trauma with EMDR*. Nueva York: The Free Press.

Madrid, A., Skolek, S. y Shaprio, F (2006). "Repairing Failures in Bonding through EMDR." *Clinical Case Studies*.

Manfield, P. (ed.) (1998). *Extending EMDR*. Nueva York: Norton.

Manfield, P. y Shapiro, F. (2003). "The application of EMDR to the Treatment of Personality Disorders." En J.F. Magnavita (ed.). *Handbook of Personality: Theory and Practice*. Nueva York: Wiley.

Marcus, S.V., Marquis, P. y Saki, C. (1997). "Controlled Study of Treatment of PTSD Using EMDR in an HMO Setting." *Psychotherapy*, 34, págs. 307-315.

Marquis, J.N. (1991). "A Report on seventy-eight cases treated by Eye Movement Desensitization." *Journal of Behavior Therapy and Experimental Psychiatry*, 22, págs. 187-192

Marquis, J.N. y Puk, G. (noviembre de 1994). "Dissociative Identity Disorder: A Common Sense and Cognitive-behavioral View." Artículo presentado en la reunion anual de la Association for Advancement of Behavior Therapy, San Diego, CA.

Maxfield, L. (2007). "Integrative Treatment of Intrafamilial Child Sexual

Abuse." En F. Shapiro, F. W. Kaslow y L. Maxfield (eds.), *Handbook of EMDR and family therapy processes* (págs 344-364). Hoboken, N.J.: Wiley.

Maxwell, J.P. (2003). "The imprint of childhood physical and emotional abuse: A case study on the use of EMDR to address anxiety and lack of self-esteem." *Journal of Family Violence*, 18, págs. 281-293.

McCann, D.L. (1992). "Post-traumatic Stress Disorder Due to Devastating Burns Overcome by a Single Session of Eye Movement Desensitization." *Journal of Behavior Therapy and Experimental Psychiatry*, 23, págs. 319-323.

McCullough, L. (2002). "Exploring Change Mechanisms in EMDR Applied to 'Small t Trauma' in Short Term Synamic Psychotherapy: Research Questions and Speculations." *Journal of Clinical Psychology*, 58, págs. 1465-1487.

McNally, V.J. y Solomon, R.M. (1999). "The FBI's Critical Incident Stress Management Program." *FBI Law Enforcement Bulletin*, febrero, págs. 20-26.

Moses, M. (2007). "Enhancing attachments: conjoint couple therapy." En F. Shapiro, F. W. Kaslow y L. Maxfield (eds.), *Handbook of EMDR and family therapy processes* (págs. 146-168). Hoboken, N.J.: Wiley.

Muris, P. y Merckelbach, H. (1997). "Treating Spider Phobias with E Movement Desensitization and Reprocessing: A Controlled Study." *Behavioral and Cognitive Pcychotherapy*, 25, págs. 39-50.

Muris, P., Merkelbach, H., Holdrinet, L. y Sijenaar, M. (1998). "Treating Phobic Children: Effects of EMDR versus Exposure." *Journal of Consulting and Clinical Psychology*, 66, págs. 193-198.

Muris, P., Merckelbach, H., van Haaften, H. y Nayer, B. (1997). "Eye Movement Desensitization and Reprocessing versus Exposure In Vivo." *British Journal of Psychiatry*, 171, págs. 82-86.

Nadler, W. (1996). "EMDR: Rapid Treatment of Panic Disorder." *International Journal of Psychiatry*, 2, págs. 1-8.

Newgent, R.A., Paladino, D.A., y Reynolds, C.A. (2006). "Single session treatment of nontraumatic fear of flying with Eye Movement Desensitization Reprocessing: Pre and post-September 11." *Clinical Case Studies*, 5(1), págs. 25-36.

O'Brien, E. (noviembre y diciembre de 1993). "Pushing the Panic Button." *Family Therapy Networker*, págs. 75-83.

Oras, R., de Ezpeleta, S. y Ahmad, A. (2004). "Treatment of traumatized refugee children with eye movement desensitization and reprocessing." *Nordic Journal of Psychiatry*, 58, págs. 1.999-2.203.

Page, A.C. y Crino, R.D. (1993). "Eye-movement Desensitization: A Simple Treatment for Post-traumatic Stress Disorder?" *Australian and New Zealand Journal of Psychiatry*, 27, págs. 288-293.

Parnell, L. (agosto de 1994). "Treatment of Sexual Abuse Survivors with EMDR. Two Case Reports." Artículo presentado en el 102º encuentro anual de la American Psychological Association, Los Ángeles.

Parnell, L. (1996). "Eye Movement Desensitization and Reprocessing (EMDR) and Spiritual Unfolding." *The Journal of Transpersonal Psychology*, 28, págs. 129-153.

Parnell, L. (1997). *Transforming Trauma: EMDR.* Nueva York: Norton.

Parnell, L. (1999). *EMDR in the Treatment of Adults Abused as Children.* Nueva York: Norton.

Paulsen, S. (1995). "Eye Movement Desensitization and Reprocessing: Its Use in the Dissociative Disorders." *Dissociation*, 8, págs. 32-44.

Pellicer, X. (1993). "Eye Movement Desensitization Treatment of a Child's Nightmares: A Case Report." *Journal of Behavior Therapy and Experimental Psychiatry*, 24, págs. 73-75.

Pollock, P. (2000). "Eye Movement Desensitization and Reprocessing (EMDR) for Post-traumatic Stress Disorder (PTSD) Following Homicide." *Journal of Forensic Psychiatry,* 11, págs. 176-184.

Popky, A.J. (2005). "DeTUR, an Urge Reduction Protocol for Addictions and Dysfunctional Behaviors." En R. Shapiro (ed.), *EMDR solutions: pathways to healing* (págs. 167-188). Nueva York: W. W. Norton.

Power, K.G., McGoldrick, T, y Brown, K. (mayo de 2000). "A Controlled Trial of Eye Movement Desensitization and Reprocessing versus Imaginal Exposure and Cognitive Re-structuring, versus Waiting List Control in Posttraumatic Stress Disorder." Artículo presentado en la European Society for the Study of Traumatic Stress, Edimburgo, Escocia.

Protinsky, H., Sparks, J. y Flemke, K. (2001a). "Eye Movement Desensitization and Reprocessing: Innovative Clinical Applications." *Journal of Contemporary Psychotherapy*, 31, págs. 125-135.

Protinsky, H., Sparks, J. y Flemke, K. (2001b). "Using Eye Movement Desensitization and Reprocessing to Enhance Treatment of Couples." *Journal of Marital & Family Therapy*, 27, págs. 157-164.

Puffer, M.K., Greenwald, R. y Elrod, D.E. (1998). "A Single Session EMDR Study with Twenty Traumatized Children and Adolescents." *Traumatology*, 3 (2).

Puk, G. (1991a). "Treating Traumatic Memories: A Case Report on the Eye Movement Desensitization Procedure." *Journal of Behavior Therapy and Experimental Psychiatry*, 22, págs. 149-151.

Puk, G. (noviembre de 1991*b*). "Eye Movement Desensitization and Reprocessing: Treatment of a More Complex Case, Borderline Personality Disorder." Artículo presentado en el encuentro anual de la Association for Advancement of Behavior Therapy, Nueva York.

Puk, G. (mayo de 1992). "The Use of Eye Movement Desensitization and Reprocessing in Motor Vehicle Accident Trauma." Artículo presentado en el 8º encuentro anual del American College of Forensic Psychology celebrado en San Francisco.

Raboni, M.R., Tufik, S., y Suchecki, D. (2006). "Treatment of PTSD by eye movement desensitization reprocessing (EMDR) improves sleep quality, quality of life, and perception of stress." *Annals of the New York Academy of Sciences*, 1071, págs. 508-513.

Ray, A.L. y Zbik, A. (2001). "Cognitive Behavioral Therapies and Beyond." En C.D. Tollison, J.R.

Satterhwaite, y Tollison, J.W. (eds.). *Practical Pain Management* (3ª ed.; págs. 189-208). Filadelfia: Lippincott.

Renfrey, G. y Spates, C.R. (1994). "Eye Movement Desensitization and Reprocessing: A Partial Dismantaling Procedure." *Journal of Behavior Therapy and Experimental Psychiatry*, 25, págs. 231-239.

Ricci, R. (en prensa). "Trauma Resolution Using Eye Movement Desensitization and Reprocessing with an Incestuous Sex Offender: An Instrumental Case Study." *Clinical Case Studies*.

Rittenhouse, J. (2000). "Using Eye Movement Desensitization and Reprocessing to Treat Complex PTSD in a Biracial Elient." *Cultural Diversity & Ethnic Minority Psychology*, 6, págs. 399-408.

Rothbaum, B.O. (1997). "A Controlled Study of Eye Movement Desensitization and Reprocessing for Post-traumatic Stress Disordered Sexual Assault Victims." *Bulletin of the Menninger Clinic*, 61, págs. 317-334.

Rothbaum, B.O., Astin, M.C., y Marsteller, F. (2005). "Prolonged Exposure versus Eye Movement Desensitization and Reprocessing (EMDR) for PTSD rape victims." *Journal of Traumatic Stress*, 18(6), págs. 607-616.

Rouanzoin, C. (marzo de 1994). "EMDR Dissociative Disorders and MPD." Artículo presentado en el decimocuarto encuentro anual de la Anxiety Disorders Association of America, celebrado en Santa Monica, California.

Russell, A. y O'Connor, M. (2002). "Interventions for Recovery: The Use of EMDR with Children in a Community-based Project." *Association for Child Psychiatry and Psychology, Occasional Paper*, nº. 19, págs. 43-46.

Russell, M.C. (en prensa). "Treating traumatic amputation-related phantom limb pain." *Clinical Case Studies*.

Russell, M.C. (2006). "Treating combat-related stress disorders: A multiple case study utilizing eye movement desensitization and reprocessing (EMDR) with battlefield casualties from the Iraqi War." *Military Psychology*, 18(1), pág.1.

Russell, M.C., Silver, S.M., Rogers, S., y Darnell, J.N. (2007). "Responding to an Identified Need: A Joint Department of Defense/Department of Veterans Affairs Training Program in Eye Movement Desensitization and Reprocessing (EMDR) for Clinicians Providing Trauma Services." *International Journal of Stress Management*, 14(1), pág. 61.

Scheck, M.M., Schaeffer, J.A. y Gillette, C.S. (1998). "Brief Psychological Intervention with T Young Women: The Efficacy of Eye Movement Desensitization and Reprocessing." *Journal of Traumatic Stress*, 11, págs. 25-44.

Schneider, G., Nabavi, D., y Heuft, G. (2005). "Eye movement desensitization and reprocessing in the treatment of posttraumatic stress disorder in a patient with comorbid epilepsy." *Epilepsy & Behavior*, 7(4), pág. 715-718.

Schneider, J., Hofmann, A., Rost, C., y Shapiro, F. (en prensa). "EMDR in the treatment of chronic phantom limb pain." *Pain Medicine*. doi: 10.1111/j.1526-4637.2007.00299.x

Schneider, J., Hofmann, A., Rost, C., y Shapiro, F. (2007). "EMDR and phantom limb pain: Case study, theoretical implications, and treatment guidelines." *Journal of EMDR Science and Practice*, 1, págs. 31-45.

Schurmans, K. (2007). "EMDR treatment of choking phobia." *Journal of EMDR Practice & Research*, 1, págs. 118-121.

Seidler, G.H., y Wagner, F.E. (2006). "Comparing the efficacy of EMDR and trauma-focused cognitive-behavioral therapy in the treatment of PTSD: a meta-analytic study." *Psychological Medicine*, págs. 1-8.

Shapiro, F. (1989a). "Efficacy of the Eye Movement Desensitization Procedure in the Treatment of Traumatic Memories." *Journal of Traumatic Stress*. 2 (2), págs. 199-223.

Shapiro, F. (1989b). "Eye Movement Desensitization: A New Treatment for Post-traumatic Stress Disorder." *Journal of Behavior Therapy and Experimental Psychiatry*, 20, págs. 211-217.

Shapiro, F. (1991). "Eye Movement Desensitization and Reprocessing Procedure: From EMD to EMDR: A New Treatment Model for Anxiety and Related Traumata." *Behavior Therapist*, 4, págs. 133-135.

Shapiro, F. (1994). "Eye Movement Desensitization and Reprocessing. A New Treatment for Anxiety and Related Trauma." En Lee Hyer (ed.), *Trauma Victim: Theoretical and Practical Suggestions* (págs. 501-521). Muncie, Indiana: Accelerated Development Publishers.

Shapiro, F. (1995). *Eye Movement Desensitization and Reprocessing: Basic Principles Protocols and Procedures*. Nueva York: Guilford Press.

Shapiro, F. (1999). "Eye Movement Desensitization and Reprocessing (EMDR) and the Anxiety Disorders: Clinical and Research Implications of an Integrated Psychotherapy Treatment." *Journal of Anxiety Disorders*, 13, págs. 35-67.

Shapiro, F. (2001). *Eye Movement Desensitization and Reprocessing. Basic Principles Protocols and Procedures* (2ª ed.). Nueva York: Guilford Press.

Shapiro, F. (2002). *EMDR as an Integrative Psychotherapy Approach: Experts of Diverse Orientations Explore the Paradigm Prism*. Washington, D.C.: American Psychological Association Press.

Shapiro, F. y Forrest, M. (1997). *EMDR the Breakthrough Therapy for Overcoming Anxiety, Stress and Trauma*. Nueva York: Basic Books.

Shapiro, F., Kaslow, F.W., y Maxfield, L. (2007). *Handbook of EMDR and family therapy processes*. Hoboken, N.J.: Wiley.

Shapiro, F. y Solomon, R. (1995). "Eye Movement Desensitization and Reprocessing: Neurocognitive Information Processing." En G. Everley (ed.). *Innovations in disaster and trauma psychology*, vol. 1 (págs. 216-237). Elliot City, MD: Chevron Publishing.

Shapiro, F., Vogelmann-Sine, S. y Sine, L. (1994). "Eye Movement Desensitization and Reprocessing: Treating Trauma and Substance Abuse." *Journal of Psychoactive Drugs*, 26, págs. 379-391.

Shusta-Hochberg, S.R. (2003). "Impact of the World Trade Center Disaster on a Manhattan Psychotherapy Practice." *Journal of Trauma Practice*, 2, págs. 1-16.

Silver, S. y Rogers, S. (2001). *Light in the Heart of Darkness: EMDR and the Treatment of War and Terrorism Survivors*. Nueva York: Norton.

Silver, S.M., Rogers, S., Knipe, J., y Colelli, G. (2005). "EMDR therapy following the 9/11 terrorist attacks: A community-based intervention project in New York city." *International Journal of Stress Management*, 12(1), págs. 29-42.

Snyder, M. (1996). "Intimate Partners: A Context for the Intensification and Healing of Emotional Pain." *Women and Therapy*, 19, págs. 79-92.

Soberman, G.B., Greenwald, R. y Rule, D.L. (2002). "A Controlled Study of Eye Movement Desensitization and Reprocessing (EMDR) for Boys with Conduct Problems." *Journal of Aggression, Maltreatment, and Trauma*, 6, págs. 217-236.

Solomon, R.M. (junio de 1994). "Eye Movement Desensitization and Reprocessing and Treatment of Grief." Artículo presentado en la 4ª conferencia internacional sobre Grief and Bereavement in Contemporary Society, celebrado en Estocolmo, Suecia.

Solomon, R.M. (febrero de 1995). "Critical Incident Trauma: Lessons Learned at Waco, Texas." Artículo presentado en la Law Enforcement Psychology Conference, celebrada en San Mateo, CA.

Solomon, R.M. (1998). "Utilization of EMDR in Crisis Intervention." *Crisis Intervention*, 4, págs. 239-246.

Solomon, R. y Dyregrov, A. (2000). "Eye Movement Desensitization and Reprocessing (EMDR). Rebuilding Assumptive Words." *Tidsskrift for Norsk Psykologforening*, 37, págs. 1.024-1.030.

Solomon, R.M. y Kaufman, T. (marzo de 1994). "Eye Movement Desensitization and Reprocessing: An Effective Addition to Critical Incident Treatment Protocols." Artículo presentado en la decimocuarta reunión anual de la Anxiety Disorders Association of America, celebrada en Santa Monica, CA.

Solomon, R.M. y Kaufman, T.E. (2002). "A Peer Support Workshop for the Treatment of Traumatic Stress of Railroad Personnel: Contributions of Eye Movement Desensitization and Reprocessing (EMDR)." *Journal of Brief Therapy*, 2, págs. 27-33.

Solomon, R. M., y Shapiro, F. (1997). "Eye movement desensitization and reprocessing: An effective therapeutic tool for trauma and grief.» En C.R. Figley, B.E. Bride y N. Mazza (eds.), *Death and trauma: the traumatology of grieving* (págs. 231-247). Washington, DC: Taylor & Francis.

Spates, R.C. y Burnette, M.M. (1995). "Eye Movement Desensitization and Reprocessing: Three Unusual Cases." *Journal of Behavior Therapy and Experimental Psychiatry*, 26, págs. 51-55.

Spector, J. y Huthwaite, M. (1993). "Eye-movement Desensitization to Overcome Post-traumatic Stress Disorder." *British Journal of Psychiatry*, 163, págs. 106-108.

Sprang, G. (2001). "The Use of Eye Movement Desensitization and Reprocessing (EMDR) in the Treatment of Traumatic Stress and Complicated Mourning: Psychological and Behavioral Outcomes." *Research on Social Work Practice*, 11, págs. 300-320.

Stewart, K. y Bramson, T. (2000). "Incorporating EMDR in Residential Treatment." *Residential Treatment for Children & Youth*, 17, págs. 83-90.

Stowasser, J. (2007). "EMDR and family therapy in the treatment of domestic violence." En F. Shapiro, F.W. Kaslow y L. Maxfield (eds.), *Handbook of EMDR and family therapy processes* (págs. 243-264). Hoboken, N.J.: Wiley.

Streeck-Fischer, A. (2005). "Traumaexposition bei Jugendlichen? Ein Fallbeispiel." *PTT: Personlichkeitsstorungen Theorie und Therapie*, 9(1), pág. 22.

Talan, B. S. (2007). "Integrating EMDR and imago relationship therapy in treatment of couples." En F. Shapiro, F.W. Kaslow y L. Maxfield (eds.), *Handbook of EMDR and family therapy processes* (págs. 187-201). Hoboken, N.J.: Wiley.

Taylor, R. (2002). "Family Unification with Reactive Attachment Disorder: A Brief Treatment." *Contemporary Family Therapy: An International journal*, 24, págs. 475-481.

Thomas, R. y Gafner, G. (1993). "PTSD in an Elderly Male: Treatment with Eye Movement Desensitization and Reprocessing (EMDR)." *Clinical Gerontologist*, 14, págs. 57-59.

Tinker, R.H. y Wilson, S.A. (1999). *Through the Eyes of a Child. EMDR with Children*. Nueva York: Norton.

Tinker, R. H. y Wilson, S. A. (2006). "The Phantom Limb Pain Protocol." En Shapiro, R. (ed.), *EMDR Solutions: Pathways to Healing*, (págs. 147-159), Nueva York, W.W. Norton & Co.

Tufnell, G. (2005). "Eye movement desensitization and reprocessing in the treatment of pre-adolescent children with post-traumatic symptoms." *Clinical Child Psychology and Psychiatry*, 10(4), pág. 587.

Twombly, J. (2000). "Incorporating EMDR and EMDR Adaptations into the Treatment of Clients with Dissociative Identity Disorder." *Journal of Trauma and Dissociation*, 1, págs. 61-81.

Twombly, J.H. (2005). "EMDR for Clients with Dissociative Identity Disorder, DDNOS, and Ego States." En R. Shapiro (ed.), *EMDR solutions: pathways to healing* (págs. 88-120). Nueva York: W.W. Norton.

Van der Kolk, B.A., Spinazzola, J., Blaustein, M.E., Hopper, J.W., Hopper, E.K., Korn, D.L., Simpson, W.B. (2007). "A randomized clinical trial of eye movement desensitization and reprocessing (EMDR), fluoxetine, and pill placebo in the treatment of posttraumatic stress disorder: treatment effects and long-term maintenance." *Journal of Clinical Psychiatry*, 68(1), págs. 37-46.

Van Loey, N.E.E. y Van Son, M.J.M. (2003). "Psychopathology and psychological problems in patients with burn scars." *American Journal of Clinical Dermatology*, 4, págs. 245-272.

Vaughan, K., Armstrong, M.F., Gold, R., O'Connor, N., Jenneke, W. y Tarrier, N. (1994). "A Trial of Eye Movement Desensitization Compared to Image Habituation Training and Applied Muscle Relaxation in Post-traumatic Stress Disorder." *Journal of Behavior Therapy and Experimental Psychiatry*, 25, págs. 283-291.

Vaughan, K., Wiese, M., Gold, R. y Tarrier, N. (1994). "Eye-movement Desensitization: Symptom Change in Post-traumatic Stress Disorder." *British Journal of Psychiatry*, 164, págs. 533-541.

Vogelmann-Sinn, S., Sine, L.F, Smyth, N.J. y Popky, A.J. (1998). *EMDR Chemical Dependency Treatment Manual*. New Hope, PA: EMDR Humanitarian Assistance Programs.

Wernik, U. (1993). "The Role of the Traumatic Component in the Etiology of Sexual Dysfunctions and its Treatment with Eye Movement Desensitization Procedure." *Journal of Sex Education and Therapy*, 19, págs. 212-222.

White, G.D. (1998). "Trauma Treatment Training for Bosnian and Croatian Mental Health Workers." *American Journal of Orthopsychiatry*, 63, págs. 58-62.

Wilensky, M. (2006). "Eye movement desensitization and reprocessing (EMDR) as a treatment for phantom limb pain." *Journal of Brief Therapy*, 5, págs. 31-44.

Wilson, S.A., Becker, L.A. y Tinker, R.H. (1995). "Eye Movement Desensitization and Reprocessing (EMDR) Treatment for Psychologically Traumatized Individuals." *Journal of Consulting and Clinical Psychology*, 63, págs. 928-937.

Wilson, S.A., Becker, L.A. y Tinker, R.H. (1997). "Fifteen-month Follow-up of Eye Movement Desensitization and Reprocessing (EMDR) Treatment for PTSD and Psychological Trauma." *Journal of Consulting and Clinical Psychology*, 65, págs. 1.047-1.056.

Wilson, S.A., Becker, L.A., Tinker, R.H. y Logan, C.R. (2001). "Stress Management with Law Enforcement Personnel. A Controlled Outcome Study of EMDR versus a Traditional Stress Management Program." *International Journal of Stress Management*, 8, págs. 179-200.

Wilson, S.A., Tinker, R., Becker, L.A., Hofmann, A. y Cole, J.W. (septiembre de 2000). "EMDR Treatment of Phantom Limb Pain with Brain Imaging (MEG)." Artículo presentado en la reunión anual de la EMDR International Association, Toronto, Canadá.

Wolpe, J. y Abrams, J. (1991). "Post-traumatic Stress Disorder Overcome by Eye Movement Desensitization: A C Report." *Journal of Behavior Therapy and Experimental Psychiatry*, 22, págs. 39-43.

Young, W. (1994) "EMDR Treatment of Phobic Symptoms in Multiple Personality." *Dissociation*, 7, págs. 129-133.

Young, W. (1995). "EMDR: Its Use in Resolving the Trauma Caused by the Loss of a War Buddy." *American Journal of Psychotherapy*, 49, págs. 282-291.

Zimmermann, P; Güse, U; Barre, K; Biesold, K H (2005). "EMDR-Therapie in der Bundeswehr-Untersuchung zur Wirksamkeit bei Posttraumatischer Belastungsstörung. *Krankenhauspsychiatrie*, vol. 16(2), Jun 2005, págs. 57-63.

Zabukovecj, J., Lazrove, S. y Shapiro, F. (2000). "Self-healing Aspects of EMDR: The Therapeutic Change Process and Perspective of Integrated Psychotherapies." *Journal of Psychotherapy Integration*, 10, págs. 189-206.

Zweben, J. y Yeary, J. (2006). "EMDR in the treatment of addiction." *Journal of Chemical Dependency Treatment*, 8, págs. 115-127.

APÉNDICE C:
EMDR, INVESTIGACIÓN
SOBRE EL TRAUMA,
DESCUBRIMIENTOS Y LECTURAS
POSTERIORES

Este apéndice describe brevemente los informes de investigaciones relevantes publicados sobre la capacidad de la EMDR para tratar a los supervivientes de un trauma. La lista incluye las dos investigaciones realizadas sobre la guerra que tanta importancia acabaron teniendo para el desarrollo posterior de la EMDR. La International Society for Traumatic Stress Studies Guideline ha descartado la importancia del resto de las investigaciones realizadas sobre el tratamiento de los efectos de la guerra porque fueron demasiado breves, algo que también suscriben el Department of Defense y el Department of Veteran Affairs Practice Guideline de los Estados Unidos. Hablando en términos generales, las víctimas de los traumas múltiples no deberían ser tratadas con la misma dosis que quienes han sido víctimas de un solo trauma porque son muchos, en aquel caso, los recuerdos que deben corregirse. En el Apéndice D revisaremos las investigaciones que han examinado los análisis de componentes, la importancia de los movimientos oculares y las investigaciones realizadas sobre el tratamiento de la fobia.

LÍNEAS DIRECTRICES INTERNACIONALES PARA EL TRATAMIENTO

American Psychiatric Association (2004). «Practice Guideline for the Treatment of Patients with Acute Stress Disorder and Posttraumatic Stress Disorder.» Arlington, VA: *American Psychiatric Association Practice Guidelines.*
Recomienda la EMDR como un tratamiento eficaz del trauma.

• **Bleich, A., Koter, M., Kutz, E. y Shaley, A. (2002).** Artículo que expresa la posición del National Council for Mental Health israelí: Líneas directrices para la evaluación y la intervención profesional con víctimas del terror en el entorno hospitalario y comunitario.
La EMDR es uno de los tres únicos métodos recomendados para el tratamiento de las víctimas del terror.

• **Chambless, D.L.** *et al.* **(1998).** Actualización de las terapias empíricamente validadas, II. *The Clinical Psychologist,* 51, págs. 3-16.
Según un equipo de la Clinical Division of the American Psychological Association, los únicos métodos para el tratamiento de cualquier población que sufra de TEPT que se han visto empíricamente corroborados son la EMDR, la terapia de exposición y la terapia de inoculación de estrés.

• **Crest (2003).** The management of post traumatic stress disorder in adults. Publicación del Clinical Resource Efficiency Support Team del Northern Ireland Department of Health, Social Services and Public Safety, Belfast.
La EMDR y la terapia cognitivo-conductual son los tratamientos de elección para las víctimas del trauma.

• **Department of Veterans Affairs and Department of Defense (2004).** *VA/DoD Clinical Practice Guideline for the Management of Post-Traumatic Stress.*

La EMDR es una de las cuatro terapias de las que más evidencia se dispone y ha sido recomendada para el tratamiento del TEPT.

• **Dutch National Steering Committee Guideliness Mental Health Care (2003).** *Multidisciplinary Guideline Anxiety Disorders.* Utrecht: Quality Institute Helath Carer CBO/Trimbos Institute.

La EMDR y la terapia cognitivo-conductual son los tratamientos de elección para corregir el TEPT.

• **Foa, E.B., Keane, T.M. y Friedman, M.J. (2000).** *Effective treatments for PTSD: Practice Guidelines of the International Society for Traumatic Stress Studies.* Nueva York: Guilford Press.

La guía práctica de la International Society for Traumatic Stress Studies considera la EMDR como un tratamiento eficaz para el TEPT.

• **INSERM (2004).** "Psychotherapy: An Evaluation of Three Approaches." *Institut National Français de la Santé et de la Recherche Médicale,* París, Francia.

Este artículo concluye que la EMDR y la terapia cognitivo-conductual son los tratamientos de elección para las víctimas del trauma.

• **National Institute for Clinical Excellence (2005).** "Post-Traumatic Stress Disorder (PTSD): The Management of Adults and Children in Primary and Secondary Care." Londres: *NICE Guidelines.*

Considera a la terapia cognitivo-conductual centrada en el trauma y la EMDR como la terapia de elección corroborada empíricamente para el tratamiento de adultos que padecen trastornos de estrés postraumático.

• **Therapy Advisor (2004-2007):**
http://www.therapyadvisor.com
Website patrocinado por el NIMH que enumera métodos empíricamente corroborados para el tratamiento de una amplia diversidad de trastornos. La EMDR es uno de los tres tratamientos de elección para corregir los trastornos de estrés postraumático.

• **United Kingdom Department of Health. (2001).** *Treatment choice in psychological therapies and counselling evidence based clinical practice guideline.* Londres, Inglaterra.
Los tratamientos que han desmostrado ser más eficaces han sido la EMDR, la terapia de exposición y la terapia de inoculación de estrés.

METAANÁLISIS

La EMDR ha sido comparada con numerosos protocolos de terapia de exposición, con y sin el apoyo de técnicas de la terapia cognitiva. Hay que señalar, en este sentido, que la terapia de exposición requiere de una a dos horas diarias de trabajo en casa, cosa que no es necesaria con la EMDR. En la siguiente lista enumeramos los metaanálisis más recientes realizados al respecto.

• **Bisson, J. y Andrew, M. (2007).** *"Psychological Treatment of Post-Traumatic Stress Disorder (PTSD)." Cochrane*

Database of Systematic Reviews 2007, Issue 3. Art. No.: CD003388. DOI: 10.1002/14651858.CD003388.pub3.
«*La terapia conductual centrada en el trauma y la terapia de desensibilización y reprocesamiento a través de los movimientos oculares son, según los datos de que hasta el momento disponemos, los tratamientos más eficaces para las personas que padecen trastornos de estrés postraumático.*»

• **Bradley, R., Greene, J., Russ, E., Dutra, L. y Westen, D. (2005).** "A Multidimensional Meta-Analysis of Psychotherapy for PTSD." *American Journal of Psychiatry*, 162, págs. 214-227.
Los resultados obtenidos por la EMDR son equivalentes a los de la terapia de exposición y a otros tratamientos cognitivo-conductuales, todos los cuales "son sumamente eficaces para la reducción de los síntomas del trastorno de estrés postraumático".

• **Davidson, P.R. y Parker K.C.H. (2001).** "Eye Movement Desensitization and Reprocessing (EMDR): A Meta-analysis." *Journal of Consulting and Clinical Psychology*, 69, págs. 305-316.
La EMDR es equivalente a la exposición y otros tratamientos cognitivo-conductuales, aunque debemos señalar que la terapia de exposición requiere una o dos horas de tratamiento cotidiano en casa, cosa que no sucede en el caso de la EMDR.

• **Maxfield, L. y Hyer, L.A. (2002).** "The Relationship Between Efficacy and Methodology in Studies Investigating EMDR Treatment of PTSD." *Journal of Clinical Psychology*, 58, págs. 23-41.
Metaanálisis comprehensivo que informó que, cuanto

más rigurosa es la investigación, más largos parecían ser los efectos.

• **Seidler, G.H. y Wagner, F.E. (2006).** "Comparing the Efficacy of EMDR and Trauma-Focused Cognitive-Behavioral Therapy in the Treatment of PTSD: A Meta-Analytic Sudy." *Psychological Medicine,* 36, págs. 1.515-1.522.

«Los resultados sugieren la eficacia parecida de la EMDR y de la terapia cognitivo-conductual centrada en el trauma en el tratamiento de los trastornos de estrés postraumáticos.»

• **Van Etten, M., & Taylor, S. (1998).** "Comparative Efficacy of Treatments for Post-traumatic Stress Disorder: A Meta-analysis." *Clinical Psychology and Psychotherapy* 5, págs. 126-144.

Este metaanálisis determinó que la eficacia de la EMDR y de la terapia de conducta supera a la de los fármacos, y también subrayó que la EMDR es más eficaz que la terapia de conducta.

Pruebas clínicas aleatorias

• **Abbasnejad, M., Mahani, K. N. y Zamyad, A. (2007).** "Efficacy of 'Eye Movement Desensitization and Reprocessing' in Reducing Anxiety and Unpleasant Feelings Due to Earthquake Experience." *Psychological Research,* 9 (3-4), págs. 104-117.

«El estudio muestra la eficacia de la EMDR en la reducción de la ansiedad y las mociones negativas (como, por ejemplo, los síntomas del TEPT, la tristeza, la pena, los pensamientos obsesivos, la depresión, etcétera) que, en ocasiones, acom-

pañan a las víctimas de un terremoto. Los resultados también corroboran el manteniendo de la mejora debida a la EMDR en un seguimiento realizado al cabo de un mes.»

• **Ahmad A, Larsson B y Sundelin-Wahlsten V. (2007).** "EMDR Treatment for Children with PTSD: Results of a Randomized Controlled Trial." *Nord J Psychiatry*, 61, págs. 349-354.

La EMDR demostró ser un tratamiento eficaz para el tratamiento de niños que padecían de trastornos de estrés postraumático de varias fuentes que padecían una amplia variedad de estados patológicos.

• **Carlson, J., Chemtob, C.M., Rusnak, K., Hedlund, N.L y Muraoka, M.Y. (1998).** "Eye Movement Desensitization and Reprocessing (EMDR): Treatment for Combat-related Post-traumatic Stress Disorder." *Journal of Traumatic Stress*, 11, págs. 3-24.

Bastaron doce sesiones de EMDR para erradicar los trastornos de estrés postraumáticos en el 77,7% de los veteranos de guerra politraumatizados estudiados. Los resultados también demostraron un 100% de mantenimiento de la mejora obtenida con el uso de la EMDR, que se mantuvo a lo largo de todo el proceso de seguimiento. Éste es el único estudio aleatorio que analiza un proceso completo de tratamiento con veteranos de guerra. Otros estudios (como, por ejemplo, los de Boudewyns/Devilly/Jensen/Pitman et al. y Macklin et al.) sólo evaluaron el efecto del tratamiento de uno o dos recuerdos lo que, según la International Society for Traumatic Stress Studies Practice Guidelines (2000), resulta inadecuado para el estudio de los efectos en los supervivientes de traumas múltiples. La VA/DoD Practice Guideline (2004) también subraya la inadecuación de los estudios que sólo emplearon una o dos sesiones, por ofrecer una dosis insuficiente de tratamiento para los veteranos de guerra.

• **Chemtob, C.M., Nakashima, J. y Carlson, J.G. (2002).** "Brief-treatment for Elementary School Childs with Disaster-related PTSD: A Field Study." *Journal of Clinical Psychology*, 58, págs. 99-112.
La EMDR ha demostrado ser un tratamiento eficaz para el tratamiento de niños que padecen de trastornos de estrés postraumáticos relacionados con algún desastre y que se habían mostrado refractarios a otros tipos de intervención.

• **Edmond T., Rubin, A. y Wambachj, K. (1999).** "The Effectiveness of EMDR with Adult Female Survivors of Childhood Abuse." *Social Work Research*, 23, págs. 103-116.
El tratamiento con la EMDR mostraba puntuaciones más bajas (es decir, de menores síntomas clínicos) en las cuatro medidas evaluadas cuatro meses después del tratamiento que el tratamiento habitual. El grupo que fue tratado con la EMDR también presentó una mejora en todas las medidas estandarizadas 18 meses después del tratamiento (Edmond y Rubin, en prensa, *Journal of Child Sexual Abuse).*

• **Edmond, T., Sloan, L. y McCarty, D. (2004).** "Sexual Abuse Survivors' Perceptions of the Effectiveness of EMDR and Eclectic Therapy: A Mixed-Methods Study." *Research on Social Work Practice*, 14, págs 259-272.
Análisis cualitativo y cuantitativo de los resultados del tratamiento con importantes implicaciones para la investigación futura más rigurosa. Los relatos de los supervivientes señalan que la EMDR provoca una mayor resolución de los traumas mientras que, con la terapia ecléctica, los supervivientes valoran más la relación con su terapeuta, gracias

a los cuales aprenden estrategias de enfrentamiento más eficaces.

• **Hogberg, G.** *et al.*, **(2007).** "On Treatment with Eye Movement Desensitization and Reprocessing of Chronic Post-Traumatic Stress Disorder in Public Transportation Workers: A Randomized Controlled Study." *Nordic Journal of Psychiatry*, 61, págs 54-61.

Informe de un estudio realizado con trabajadores que habían experimentado "accidentes ferroviarios o que se habían visto agredidos en su trabajo". Bastó con seis sesiones de EMDR para provocar una tasa de remisión de los trastornos de estrés postraumáticos del 67% comparada con el 11% en la lista de espera de control. También se informó de la presencia de efectos significativos en las puntuaciones Global Assessment of Function (GAF) y Hamilton Depression (HAM-D). Estudio de seguimiento (en prensa para Psychiatry Research) "Immediate Outcome of EMDR Treated PTSD Subjects Remains Stable in a 35 Months Follow-Up".

• **Ironson, G.I., Freund, B., Strauss, J.L. y Williams, J.** **(2002).** "Comparison of Two Treatments for Traumatic Stress: A Community-based Study of EMDR and Prolonged Exposure." *Journal of Clinical Psychology*, 58, págs. 113-128.

Tanto la EMDR como la terapia de exposición prolongada provocaron una reducción significativa en los síntomas del TEPT y de la depresión. El estudio demostró que el 70% de los participantes que habían sido tratados con la EMDR lograron, en sólo tres sesiones, unos resultados más positivos que el 29% de las personas que lograron superar sus problemas con la terapia de exposición prolongada. La EMDR también demostró tener la menor tasa de abandono.

• **Jaberghaderi, N., Greenwald, R., Rubin, A., Dolatabadim S. y Zand, S.O. (2004).** "A Comparison of CBT and EMDR for Sexually Abused Iranian Girls." *Clinical Psychology and Psychotherapy*, 11, págs. 358-368.

Tanto la EMDR como la terapia cognitivo-conductual provocaron una reducción significativa de los problemas de conducta ligados al TEPT. En este sentido, la EMDR demostró ser significativamente más eficaz, requiriendo de la mitad de sesiones para obtener los mismos resultados.

• **Lee, C., Gavriel, H., Drummond, P., Richards, J. y Greenwald, R. (2002).** "Treatment of Post-traumatic Stress Disorder: A Comparison of Stress Inoculation Training with Prolonged Exposure and Eye Movement Desensitization and Reprocessing." *Journal of Clinical Psychology*, 58, págs. 1.071-1.089.

Tanto la EMDR como la terapia de inoculación de estrés que iba acompañada de exposición prolongada (SITPE) provocaron una mejora significativa. La EMDR logró una mayor mejora en los síntomas del TEPT. Los participantes que habían sido tratados con la EMDR mostraron un mayor avance tres meses después del tratamiento. También hay que decir que la EMDR requirió tres horas de tratamiento en casa, comparadas con las 28 horas que necesitaron quienes habían sido tratados con la SITPE.

• **Marcus, S., Marquis, P. y Sakai, C. (1997).** "Controlled Study of Treatment of PTSD Using EMDR in an HMO Setting." *Psychotherapy*, 34, págs. 307-315.

Los resultados de esta investigación, subvencionada por la Kaiser Permanent, demuestran que el 100% de los supervivientes de los traumas individuales y el 80% de los supervivientes de los traumas múltiples dejaron de ser diagnosticados de TEPT tras sólo seis sesiones de cincuenta minutos.

• **Marcus, S., Marquis, P. y Sakai, C. (2004).** "Three- and 6-Month Follow-Up of EMDR Treatment of PTSD in an HMO Setting." *International Journal of Stress Management,* 11, págs. 195-208.

La evaluación de seguimiento financiada por la Kaiser Permanent subraya los beneficios, mantenidos en el tiempo, de un número relativamente pequeño de sesiones de EMDR.

• **Power, K.G., McGoldrick, T., Brown, K., et al. (2002).** "A Controlled Comparison of Eye Movement Desensitization and Reprocessing versus Exposure Plus Cognitive Restructuring, versus Waiting List in the Treatment of Posttraumatic Stress Disorder." *Journal of Clinical Psychology and Psychotherapy,* 9, págs. 299-318.

Artículo que pone de relieve la mejora provocada por la EMDR y por la terapia de exposición acompañada de reestructuración cognitiva (con trabajo cotidiano en casa). El artículo también subraya la eficacia de la EMDR y la necesidad de emplear menos sesiones para el tratamiento de la depresión y el funcionamiento social. La revisión posterior indica que los datos de las puntuaciones pre y postratamiento indican una mayor mejora en los pacientes sometidos a EMDR que en quienes habían seguido una terapia de exposición acompañada de reestructuración cognitiva y la EMDR se reveló como un adecuado predictor de los resultados positivos: Karatzias, A., Power, K. McGoldrick, T., Brown, K., Buchanan, R., Sharp, D. y Swanson, V. (2006). "Predicting Treatment Outcome on Three Measures for Post-Traumatic Stress Disorder." Eur Arch Psychiatry Clin Neuroscience, *20, págs. 1-7.*

• **Rothbaum, B. (1997).** "A Controlled Study of Eye Movement Desensitization and Reprocessing in the Treatment of Post-traumatic Stress Disordered Sexual Assault Victims." *Bulletin of the Menninger Clinic*, 61, págs. 317-334.

Tres sesiones de 90 minutos de EMDR eliminaron el trastorno de estrés postraumático en el 90% de las víctimas de la violación.

• **Rothbaum, B.O., Astin, M.C. y Marsteller, F. (2005).** "Prolonged Exposure versus Eye Movement Desensitization (EMDR) for PTSD Rape Victims." *Journal of Traumatic Stress*, 18, págs. 607-616.

Estudio, financiado por la NIMH, que corrobora la eficacia de ambos tratamientos: «Una interesante implicación clínica es que la EMDR parece funcionar tan bien como la terapia de exposición pese a no necesitar de tanta exposición y de no ser preciso realizar ningún trabajo en casa. Será muy importante que la investigación futura explore con más detenimiento todas estas cuestiones».

• **Scheck, M., Schaeffer, J.A. y Gillette, C. (1998).** "Brief Psychological Intervention with Traumatized Young Women: The Efficacy of Eye Movement Desensitization and Reprocessing." *Journal of Traumatic Stress*, 11, págs. 25-44.

Bastaron dos sesiones de EMDR para reducir una desviación estándar por debajo de la norma las valoraciones de la tasa de estrés psicológico de una muestra de chicas traumatizadas.

• **Shapiro, F. (1989).** "Efficacy of the Eye Movement Desensitization Procedure in the Treatment of Traumatic Memories." *Journal of Traumatic Stress Studies*, 2, págs. 199-223.

Primer estudio controlado de los efectos del tratamiento EMDR y de los tratamientos de la terapia cognitivo-conductual. El seguimiento realizado a los tres meses señaló el mantenimiento de efectos substanciales sobre el estrés y los informes conductuales. En cualquiera de los casos, se trata de un estudio sesgado por la ausencia de medidas estandarizadas y por el hecho de que la única terapeuta implicada fue la creadora del sistema.

• **Soberman, G.B., Greenwald, R. y Rule, D.L. (2002).** "A Controlled Study of Eye Movement Desensitization and Reprocessing (EMDR) for Boys with Conduct Problems." *Journal of Aggression, Maltreatment, and Trauma*, 6, págs. 217-236.

Tres simples sesiones de EMDR provocaron una reducción mayor y más significativa de los recuerdos angustiosos ligados al estrés y de los problemas conductuales durante el seguimiento que se llevó a cabo dos meses después del tratamiento.

• **Taylor, S. *et al*. (2003).** "Comparative Efficacy, Speed, and Adverse Effects of Three PTSD Treatments: Exposure Therapy, EMDR, and Relaxation Training." *Journal of Consulting and Clinical Psychology*, 71, págs. 330-338.

Único estudio aleatorio realizado que demostró que la terapia de exposición era estadísticamente superior a la EMDR en dos subescalas (de 10). Este estudio utilizó la exposición in vivo asistida por el terapeuta en la que el terapeuta acompaña a la persona a los lugares que anteriormente evitaba, además de exposición imaginaria y de una hora de trabajo diario en casa (@ 50 horas). El grupo que fue tratado con la EMDR sólo participó en las sesiones estándar y no trabajó en casa.

• **Vaughan, K., Armstrong, M.R, Gold, R., O'Connor, N., Jenneke, W. y Tarrier, N. (1994).** "A Trial of Eye Movement Desensitization Compared to Image Habituation Training and Applied Muscle Relaxation in Post-traumatic Stress Disorder." *Journal of Behavior Therapy & Experimental Psychiatry*, 25 págs. 283-291.

Todos los tratamientos provocaron una disminución significativa de los síntomas del TEPT de los sujetos que participaban en los grupos de tratamiento comparados con aquellos otros que se hallaban en lista de espera, con una mayor reducción en el caso de quienes habían recibido tratamiento con la EMDR, especialmente en lo que respecta a los síntomas intrusivos. Pasadas dos y tres semanas posteriores al estudio, las otras dos condiciones requirieron de entre 40 a 60 minutos de trabajo diario en casa.

• **Van der Kolk, B., Spinazzola, J. Blaustein, M., Hopper, J. Hopper, E., Korn, D. y Simpson, W. (2007).** "A Randomized Clinical Trial of EMDR, Fluoxetine and Pill Placebo in the Treatment of PTSD: Treatment Effects and Long-Term Maintenance." *Journal of Clinical Psychiatry*, 68, págs. 37-46.

Estudio que demuestra la mayor eficacia de la EMDR que las condiciones de control tanto en el tratamiento de la depresión como de los síntomas del trastorno de estrés postraumático. Al finalizar la terapia, el grupo EMDR siguió mejorando, mientras que los participantes a los que se administró fluoxetina acabaron desarrollando síntomas.

• **Wilson, S., Becker, L.A. y Tinker, R.H. (1995).** "Eye Movement Desensitization and Reprocessing (EMDR): Treatment for Psychologically Traumatized Individuals." *Journal of Consulting and Clinical Psychology*, 63, págs. 928-937.

Tres sesiones de EMDR provocaron cambios clínicamente significativos en civiles traumatizados en varias de las medidas empleadas.

• **Wilson, S., Becker, L.A. y Tinker, R.H. (1997).** "Fifteen-month Follow-up of Eye Movement Desensitization and Reprocessing (EMDR) Treatment of Post-traumatic Stress Disorder and Psychological Trauma. *Journal of Consulting and Clinical Psychology*, 63, págs. 1.047-1.056.

El seguimiento realizado a los 15 meses evidenció el mantenimiento de los efectos positivos del tratamiento y un 84% de remisión del diagnóstico de TEPT.

ESTUDIOS NO ALEATORIOS

• **Devilly, G.J. y Spence, S.H. (1999).** "The Relative Efficacy and Treatment Distress of EMDR and a Cognitive Behavioral Trauma Treatment Protocol in the Amelioration of Post-traumatic Stress Disorder." *Journal of Anxiety Disorders*, 13, págs. 131-157.

La única investigación sobre la EMDR que descubrió que la eficacia de la terapia cognitivo-conductual era superior a la EMDR. Pero también hay que señalar las elevadas expectativas puestas sobre la eficacia del tratamiento cognitivo-conductual y la pobre aplicación de la EMDR (no en vano el tratamiento fue llevado a cabo, en ambos casos, por el creador del protocolo de la terapia cognitivo-conductual).

• **Fernandez, I., Gallinari, E. y Lorenzetti, A. (2004).** "A School-Based EMDR Intervention for Children who Witnessed the Pirelli Building Airplane Crash in Milan." *Italia Journal of Brief Therapy*, 2, págs. 129-136.

Un grupo de 236 escolares que mostraban síntomas de TEPT fue tratado con la EMDR un mes después del accidente. Durante el seguimiento realizado cuatro meses después, los maestros señalaron que todos ellos menos dos evidenciaron una manifiesta recuperación.

• **Grainger, R.D., Levin, C., Allen-Byrd, L., Doctor, R.M. y Lee, H. (1997).** "An Empirical Evaluation of Eye Movement Desensitization and Reprocessing (EMDR) with Survivors of a Natural Catastrophe." *Journal of Traumatic Stress*, 10, págs. 665-671.

Estudio realizado con los supervivientes del huracán Andrew que evidenció diferencias significativas en la Escala de Impacto de los Eventos y en la angustia subjetiva en una comparación entre la EMDR y otros grupos que no habían recibido ningún tratamiento.

• **Jarero, I., Artigas, L. y Hartung, J. (2006).** "EMDR Integrative Group Treatment Protocol: A Post-Disaster Trauma Intervention for Children and Adults." *Traumatology*, 12, págs. 121-129.

Estudio llevado a cabo con doscientos niños tratados con un protocolo grupal después de una inundación que tuvo lugar en México que indica que basta con una sesión de tratamiento para reducir los síntomas del trauma para el rango de tasa de estrés que va desde severo hasta bajo (es decir, subclínico). El estudio también menciona una eficacia parecida con víctimas de otro tipo de desastres.

• **Konuk, E., Knipe, J., Eke, I., Yuksek, H., Yurtsever, A. y Ostep, S. (2006).** "The Effects of EMDR Therapy on Post-Traumatic Stress Disorder in Survivors of the 1999 Marmara, Turkey, Earthquake." *International Journal of Stress Management*, 13, págs. 291-308.

Los datos procedentes de una muestra significativa de mil quinientas víctimas de un terremoto indican que bastó con cinco sesiones de EMDR para eliminar los síntomas de TEPT en el 92,7% de las personas tratadas y una clara reducción de los síntomas en el resto de los sujetos que participaron en el estudio.

• **Puffer, M., Greenwald, R. y Elrod, D. (1990).** "A Single Session EMDR Study with Twenty Traumatized Children and Adolescents." *Traumatology-e*, 3 (2), artículo 6.

Estudio comparativo que demuestra que la mitad aproximada de los participantes pasaron de niveles clínicos a niveles normales en la Escala de Impacto de los Eventos y todos menos tres evidenciaron, en los seguimientos realizados entre el mes y los tres meses después de una sesión individual de EMDR, una liberación parcial de los síntomas en varias de las medidas empleadas.

• **Silver, S.M., Brooks, A. y Obenchain, J. (1995).** "Eye Movement Desensitization and Reprocessing Treatment of Vietnam War Veterans with PTSD: Comparative Effects with Biofeedback and Relaxation Training." *Journal of Traumatic Stress*, 8, págs. 337-342.

Uno de los dos únicos estudios de investigación sobre la EMDR que evaluaron un curso clínicamente relevante de tratamiento de la EMDR con veteranos de guerra (con más de uno o dos recuerdos; véase Carlson et al.*, mencionado anteriormente). El análisis del programa de TEPT con veteranos ingresados (n=100) reveló una eficacia de la EMDR inmensamente superior al entrenamiento en relajación y* biofeedback *en siete de las ocho medidas consideradas.*

• **Silver, S.M., Rogers, S., Knipe, J. y Colelli, G. (2005).** "EMDR Terapy Following the 9/11 Terrorist Attacks: A Community-Based Intervention Project in New York City." *International Journal of Stress Management*, 12, págs. 29-42.

Los resultados mostraron una mejora significativa en un amplio abanico de las variables consideradas, entre las que cabe destacar escalas psicométricas y autoinformes validados. El análisis de los datos indica que la EMDR es una modalidad de tratamiento tan útil en las secuelas inmediatas del desastre como posteriormente.

• **Solomon, R.M. y Kaufman, T.E. (2002).** "A Peer Support Workshop for the Treatment of Traumatic Stress of Railroad Personnel: Contributions of Eye Movement Desensitization and Reprocessing (EMDR)." *Journal of Brief Therapy, 2,* págs. 27-33.

Estudio que evaluó los resultados de la asistencia a un taller práctico de EMDR y a una sesión posterior de procesamiento con 60 empleados del ferrocarril que habían sufrido accidentes fatales. El estudio demostró la eficacia, en ese entorno, del taller y los efectos positivos de una corta sesión de EMDR (de entre 5 y 40 minutos) que mejoró significativamente los resultados, una mejora que siguió avanzando durante las sesiones de seguimiento.

• **Sprang, G. (2001).** "The Use of Eye Movement Desensitization and Reprocessing (EMDR) in the Treatment of Traumatic Stress and Complicated Mourning: Psychological and Behavioral Outcomes." *Research on Social Work Practice*, II, págs. 300-320.

En un estudio realizado al mismo tiempo en varios lugares, la EMDR se mostró significativamente superior a la terapia cognitivo-conductual en la reducción de los sínto-

mas, entre uno y cuatro de las cinco medidas psicológicas tenidas en cuenta. La EMDR demostró ser más eficaz, provocando cambios en un estadio más temprano y requiriendo también menos sesiones de tratamiento.

INFORMACIÓN ADICIONAL

PROCESAMIENTO ADAPTATIVO DE LA INFORMACIÓN Y PROCEDIMIENTOS EMDR

El modelo del procesamiento adaptativo de la información (Shapiro, 2001, 2002 y 2007) se utiliza para explicar los efectos clínicos de la EMDR y como guía práctica de su empleo. Este modelo no apela a ningún mecanismo neurobiológico concreto, porque el campo de la neurobiología todavía no está en condiciones de identificar los mecanismos puestos en marcha por un determinado tipo de psicoterapia (cosa que también sucede con muchos de los fármacos habitualmente empleados). Esta sección incluye literatura para llevar a cabo una revisión del modelo y de los protocolos, así como también una investigación seleccionada e informes de casos que demuestran su valor predictivo para el tratamiento de las experiencias vitales que parecen subyacer a una amplia variedad de problemas clínicos.

• **Brown, K.W., McGoldrick, T. y Buchanan, R. (1997).** "Body Dysmorphic Disorder: Seven Cases Treated with Eye Movement Desensitization and Reprocessing." *Behavioural and Cognitive Psychotherapy,* 25, págs. 203-207.

Cinco de los siete casos presentados en el artículo muestran, después de hasta tres sesiones de EMDR, la remisión completa de los síntomas del trastorno corporal dismórfico con efectos que perduraban durante el seguimiento realizado un año más tarde.

• **Mol, S.S.L., Arntz, A., Metsemakers, J.F.M., Dinant, G., Vilters-Van Montfort, P.A.P. y Knottnerus, A. (2005).** "Symptoms of Post-Traumatic Stress Disorder after Non-Traumatic Events: Evidence from an Open Population Study." *British Journal of Psychiatry*, 186, págs. 494-499.

Artículo que corrobora un principio básico del modelo de procesamiento adaptativo de la información, según el cual, «los eventos vitales pueden generar tantos síntomas de trastornos de estrés postraumático como los eventos traumáticos mismos». En una encuesta realizada con 832 personas, «Las puntuaciones de los TEPT provocados por eventos vitales que tuvieron lugar durante los últimos 30 años demostraron un impacto superior a los de los eventos traumáticos».

• **Perkins, B.R. y Rouanzoin, C.C. (2002).** "A Critical Evaluation of Current Views Regarding Eye Movement Desensitization and Reprocessing (EMDR): Clarifying Points of Confusion." *Journal of Clinical Psychology*, 58, págs. 77-97.

Revisión de errores e interpretaciones incorrectas de los procedimientos, la investigación y la teoría.

• **Raboni, M.R., Tufik, S. y Suchecki, D. (2006).** "Treatment of PTSD by Eye Movement Desensitization and Reprocessing Improves Sleep Quality, Quality of Life and Perception of Stress." *Annals of the New York Academy of Science*, 1071, págs. 508-513.

Citando específicamente la hipótesis de que la EMDR induce efectos de procesamiento similares a los provocados por el sueño REM (ver también Stickgold, 2002), el polisomnograma indica un cambio en las pautas de sueño posterio-

res al tratamiento y una mejora en todas las medidas, inclui-
das la ansiedad, la depresión y la calidad de vida después de
sólo cinco sesiones.

• **Ray, A.L. y Zbik, A. (2001).** "Cognitive Bhavioral
Therapies and Beyond." En C.D. Tollison, J.R. Satterhwaite
y J.W. Tollison (eds.) *Practical Pain Management* (3ª ed.;
págs. 189-208). Philadelphia: Lippincott.

Los autores advierten que la aplicación de la EMDR guia-
da por el modelo de procesamiento adaptativo de la informa-
ción parece resultar beneficiosa para el alivio del dolor cró-
nico de los pacientes, cosa que no sucede con otros trata-
mientos.

• **Ricci, R.J., Clayton, C.A. y Shapiro, F. (2006).** "Some
Effects of EMDR Treatment with Previously Abused Child
Molesters: Theoretical Reviews and Preliminary Findings."
Journal of Forensic Psychiatry and Psychology, 17, págs.
538-562.

Como predice el modelo de procesamiento adaptativo de
la información, el tratamiento EMDR de los agresores sexua-
les que, en su infancia, fueron víctimas de abuso, provoca una
disminución en el arousal medido por el pletismógrafo, una
disminución de los pensamientos sexuales y un aumento en la
empatía hacia la víctima, efectos que siguieron manteniéndo-
se al cabo de un año del tratamiento.

• **Russell, M. (en prensa).** "Treating Traumatic Amputation-
Related Phantom Limb Pain: A Case Study Utilizing Eye
Movement Desensitization and Reprocessing (EMDR)
within the Armed Services." *Clinical Case Studies.*

«Desde septiembre de 2006, unos 725 participantes en la
guerra global contra el terrorismo han sobrevivido a ampu-

taciones traumáticas relacionadas con el combate que, con cierta frecuencia, van acompañadas del síndrome de dolor del miembro fantasma... El artículo muestra que bastaron cuatro sesiones de desensibilización y reprocesamiento a través de los movimientos oculares (EMDR) para eliminar el dolor del miembro fantasma y reducir significativamente el TEPT, la depresión y las sensaciones de comezón ligadas al miembro fantasma.»

• **Schneider, J., Hofmann, A., Rost, C. y Shapiro, F. (en prensa).** "EMDR in the Treatment of Chronic Phantom Limb Pain." *Pain Medicine.* doi: 10.1111/j.1526-4637.2007.00299.x

Como predice el modelo del procesamiento adaptativo de la información, el tratamiento EMDR del evento causante de la pérdida del miembro y de los recuerdos almacenados de las sensaciones dolorosas provocaron una disminución e incluso una eliminación del dolor del miembro fantasma que se mantuvo durante el seguimiento realizado al cabo de un año.

• **Schneider, J., Hofmann, A., Rost, C. y Shapiro, F. (2007).** "EMDR and Phantom Limb Pain: Case Study, Theoretical Implications, and Treatment Guidelines." *Journal of EMDR Science and Practice*, 1, págs. 31-45.

Detallada presentación de un caso tratado con la EMDR que provocó la eliminación completa del TEPT, de la depresión y del dolor del miembro fantasma con efectos que se mantuvieron durante el seguimiento realizado al año y medio.

• **Shapiro, F. (2001).** *Eye movement desensitization and reprocessing: Basic principles, protocols and procedures* (2ª ed.). Nueva York: Guilford Press.

La EMDR es una psicoterapia de ocho fases que se atiene a procedimientos y protocolos estandarizados que, según se cree, contribuyen al efecto terapéutico. Este texto proporciona descripciones y transcripciones clínicas y una clara enumeración de los principios que guían el modelo de procesamiento adaptativo de la información.

• **Shapiro, F. (ed.) (2002).** "EMDR as an integrative psychotherapy approach: Experts of diverse orientations explore the paradigm prism." Washington, DC: *American Psychological Association Books*.

La EMDR es un enfoque integrativo que difiere de otras formas de psicoterapia. Expertos de las grandes orientaciones psicoterapéuticas identifican y aclaran, en este libro, los diferentes elementos del procedimiento.

• **Shapiro, F. (2007).** "EMDR, Adaptive Information Processing, and Case Conceptualization." *Journal of EMDR Practice and Research*, 1, págs. 68-87.

Revisión del tratamiento EMDR basado en una conceptualización del modelo del procesamiento adaptativo de la información. Las experiencias de la infancia son consideradas como el fundamento de la patología y utilizadas como "objetivo" del procesamiento. Los tres aspectos del protocolo incluyen el procesamiento de los eventos pasados que han establecido el fundamento de la patología, los desencadenantes actuales y las pautas para el funcionamiento futuro apropiado para corregir las habilidades y los déficits del desarrollo.

• **Shapiro, F., Kaslow, F., Maxfield, L. (eds.) (2007).** *Handbook of EMDR and Family Therapy Processes*. Nueva York: Wiley.

Usando el modelo del procesamiento adaptativo de la información, este libro conceptualiza un amplio abanico de problemas y callejones sin salida que pueden corregirse gracias a un abordaje que integra la EMDR y las técnicas de la terapia de familia. Los modelos de la terapia familiar también resultan útiles para identificar los objetivos que deben procesar quienes hayan emprendido una terapia individual.

- **Wilensky, M. (2006).** "Eye Movement Desensitization and Reprocessing (EMDR) as a Treatment for Phantom Limb Pain." *Journal of Brief Therapy,* 5, págs. 31-44.

«Cuatro de cinco casos de dolor del miembro fantasma tratados con la EMDR que completaron el tratamiento prescrito informaron de la eliminación completa del dolor o de su reducción a un nivel aceptable... En este caso, se utilizó el protocolo de tratamiento estándar EMDR para centrarse en el accidente causante de la amputación y en otros eventos relacionados.»

Mecanismo de acción

La EMDR incluye muchos procedimientos y elementos que contribuyen a la eficacia del tratamiento. Y, si bien la metodología utilizada por la EMDR ha sido, como ya hemos visto, ampliamente validada, todavía queda por dilucidar su mecanismo de acción. Pero, puesto que la EMDR logra efectos clínicos sin la necesidad de llevar a cabo un trabajo en casa ni en el foco prolongado a los que nos tienen acostumbrados las terapias de exposición, la investigación realizada ha prestado una especial atención a los posibles procesos neurobiológicos implicados. Aunque los movimientos oculares (y otro tipo de movilizaciones de la atención dual) inclu-

yen un solo elemento de procedimiento, este factor se ha visto sometido a un riguroso escrutinio. En esta sección revisamos los estudios aleatorios controlados que se han dedicado a evaluar los posibles mecanismos de acción del componente de los movimientos oculares.

- **Elofsson, U.O.E., von Scheele, B., Theorell, T. y Sondergaard, H.P. (en prensa).** "Physiological Correlates of Eye Movement Desensitization and Reprocessing." *Journal of Anxiety Disorders.* doi:10.1016/j.janxdis.2007.05.012

El estudio pone de relieve la presencia de cambios en la tasa cardíaca, la conductibilidad de la piel, el equilibrio simpático-vagal, la temperatura de los dedos, la frecuencia respiratoria y los niveles de dióxido de carbono y de oxígeno durante los movimientos oculares. El artículo concluye que «los movimientos oculares que tienen lugar durante la EMDR activan el sistema colinérgico, al tiempo que inhiben el funcionamiento del sistema simpático, una reactividad que tiene similitudes con la pauta que acompaña al sueño REM».

- **Lee, C., Taylor, G. y Drummond, P.D. (2006).** "The Active Ingredient in EMDR: Is it Traditional Exposure or Dual Focus of Attention?" *Clinical Psychology and Psychotherapy*, 13, págs. 97-107.

Este estudio verificó que el contenido de las respuestas de los participantes durante la EMDR se asemeja a la que se considera eficaz en el tratamiento de exposición tradicional (que se centra en revivir la situación traumática) o coincide más, por el contrario, con el distanciamiento que puede esperarse que acompañe a la propuesta del Shapiro del foco dual de atención. La mayor tasa de mejora de una determinada medida de los síntomas del TEPT tuvo lugar cuando el participante procesaba el trauma de un modo más distanciado.

• **MacCulloch, M.J. y Feldman, P. (1996).** "Eye Movement Desensitization Treatment Utilizes the Positive Visceral Element of the Investigatory Reflex to Inhibit the Memories of Post-Traumatic Stress Disorder: A Theoretical Analysis." *British Journal of Psychiatry*, 169, págs. 571-579.

Este es uno de los varios artículos que postulan la importancia que, en este sentido, tiene la respuesta de orientación (véase Shapiro, 2001 para un examen global de las teorías y de los parámetros de investigación sugeridos). Esta teoría ha recibido un considerable apoyo de la investigación (véase Barrowcliff et al., 2003, 2004).

• **Propper, R., Pierce, J.P., Geisler, M.W., Christman, S.D. y Bellorado, N. (2007).** "Effect of Bilateral Eye Movements on Frontal Interhemispheric Gamma EEG Coherence: Implications for EMDR Therapy." *Journal of Nervous and Mental Disease*, 195, págs. 785-788.

«El uso concreto de los movimientos oculares utilizados en el presente estudio que, según parece, favorece la memoria episódica, provocó una disminución de la coherencia interhemisférica EEG en el córtex prefrontal anterior. Debido a que la franja gamma incluye la onda de 40 Hz que parece indicar la vinculación activa de información durante la consolidación del almacenaje en la memoria a largo plazo (ver, por ejemplo, Cahn y Polich, 2006), resulta muy curioso que sea precisamente en esta franja donde encontremos el mayor grado de disparidad. En lo que respecta a los síntomas del TEPT, puede ocurrir que el cambio de la coherencia interhemisférica del área prefrontal provocado por los movimientos oculares utilizados en la EMDR aliente la consolidación de

los recuerdos traumáticos, reduciendo así la interferencia de las interferencias de la memoria características de este trastorno.»

• **Rogers, S. y Silver, S.M. (2002).** "Is EMDR an Exposure Therapy? A Review of Trauma Protocols." *Journal of Clinical Psychology*, 58, págs. 43-59.
Diferencias teóricas, clínicas y de procedimiento puestas de relieve por las dos décadas de investigación realizada sobre la terapia cognitivo-conductual y la EMDR.

• **Rogers, S., Silver, S., Goss, J., Obenchain, J., Willis, A. y Whitney, R. (1999).** "A Single Session, Controlled Group Study of Flooding and Eye Movement Desensitization and Reprocessing in Treating Posttraumatic Stress Disorder among Vietnam War Veterans: Preliminary Data." *Journal of Anxiety Disorders*, 13, págs. 119-130.
Estudio diseñado básicamente como informe de proceso para comparar la EMDR y la terapia de exposición, que pone de relieve la presencia de una pauta diferente de recuperación en la que el grupo EMDR mostraba una notable reducción de la tasa de estrés.

• **Sack, M., Lempa, W. Steinmetz, A., Lamprecht, y Hofmann, A. (en prensa).** "Alterations in Autonomic Tone During Trauma Exposure Using Eye Movement Desensitization and Reprocessing (EMDR) – Results of a Preliminary Investigation." *Journal of Anxiety Disorders*.
Investigación de los correlatos psicofisiológicos de la EMDR que tuvo lugar durante las sesiones de tratamiento y en la que la iniciación de la serie de movimientos oculares provocó cambios inmediatos en el sentido de una notable reducción del arousal.

• **Servan-Schreiber, D., Schooler, J., Dew, M.A., Carter, C. y Bartone, P. (2006).** "EMDR for PTSD: A Pilot Blinded, Randomized Study of Stimulation Type." *Psychotherapy and Psychosomatics.* 75, págs. 290-297.

Investigación realizada sobre veintiún sujetos que padecían de TEPT monotraumático (puntuación promedio en la escala IES [Impact Event Scale] de 49,5) que recibieron tres sesiones consecutivas de EMDR con diferentes tipos de estimulación auditiva y kinestésica. Los resultados mostraron que, aunque todos los abordajes parecían ser clínicamente útiles, la estimulación alternativa proporcionaba un beneficio adicional al procedimiento EMDR estándar.

• **Stickgold, R. (2002).** "EMDR: A Putative Neurobiological Mechanism of Action." *Journal of Clinical Psychology,* 58, págs. 61-75.

*Explicación comprensiva de los mecanismos y posibles vínculos con los procesos que tienen lugar durante el sueño REM. Los lectores que estén interesados en los diversos estudios controlados que se han llevado a cabo a evaluar estas teorías pueden ver la siguiente sección (**Christman et al., 2003 y Kuiken** et al., págs. 2.001-2.002).*

• **Suzuki, A., et al. (2004).** "Memory Reconsolidation and Extinction Have Distinct Temporal and Biochemical Signatures." *Journal of Neuroscience,* 24, págs. 4.787-4.795.

Artículo que explora las diferencias existentes entre la reconsolidación de los recuerdos y su extinción, una nueva área que merece una investigación adicional. Quizás la reconsolidación acabe siendo el mecanismo subyacente de la EMDR, como algo que se opone a la extinción provocada por las terapias de exposición prolongada. «La consolidación de los recuerdos que sigue a su recuperación puede ser utilizada para actualizar o integrar nueva información en la memoria a largo plazo... La exposición breve... parece desencadenar una segunda ola de consolidación de la memoria (reconsolidación), mientras que la exposición prolongada... conduce a la formación de un nuevo recuerdo que compite con el original (extinción).»

• **Wilson, D., Silver, S.M., Covi, W. y Foster, S. (1996).** "Eye Movement Desensitization and Reprocessing: Effectiveness and Autonomic Correlates." *Journal of Behaviour Therapy and Experimental Psychiatry*, 27, págs. 219-229.

La investigación realizada con el biofeedback parece apoyar la hipótesis de la activación del sistema parasimpático y poner de relieve que los movimientos oculares parecen causar una respuesta de relajación. En este punto, todavía es necesario llevar a cabo una investigación más rigurosa con sujetos traumatizados.

ESTUDIOS ALEATORIOS DE HIPÓTESIS LIGADAS A LOS MOVIMIENTOS OCULARES

Varios comités que se han ocupado de esbozar las líneas directrices de la práctica internacional han subrayado la inadecuación del diseño del análisis de componentes clínicos llevado a cabo por **Davidson y Parker (2001)** *(ver International Society for Traumatic Stress Studies/ISTSS; DoD/DVA). Así pues, aunque Davidson y Parker advierten la existencia de un rasgo hacia la significatividad de los movimientos oculares cuando se examinan separadamente los estudios llevados a cabo con poblaciones clínicas, su estudio presenta graves problemas metodológicos. En este sentido, las líneas directrices del ISTSS (**Chemtob** et al.,*

*2000) subrayan que, dado que estas poblaciones clínicas recibieron una dosis insuficiente de tratamiento para lograr efectos substanciales, resultan inapropiados para el análisis de componentes. Pero son muchos, como señalan las directrices del DoD/DVA (2004), los investigadores de la memoria que valoran positivamente los movimientos oculares utilizados en la EMDR. Estos estudios han descubierto la presencia de un efecto directo sobre el arousal emocional, la intensidad de las imágenes y la flexibilidad de la atención a la memoria asociativa. Además, un reciente estudio (**Lee y Drummond, en prensa**) ha examinado la hipótesis de que los movimientos oculares provocan un "efecto distanciamiento" que más adelante señalaremos.*

• **Andrade, J., Kavanagh, D. y Baddeley, A. (1997).** "Eye-Movements and Visual Imagery: A Working Memory Approach to the Treatment of Post-Traumatic Stress Disorder." *British Journal of Clinical Psychology*, 36, págs. 209-223.

Estudio que valora la teoría de la memoria operativa y cuyos resultados evidencian una mayor eficacia de los movimientos oculares en la reducción de la intensidad y emocionalidad de las imágenes.

• **Barrowcliff, A.L., Gray, N.S., Freeman, T.C.A. y MacCulloch, M.J. (2004).** "Eye-Movements Reduce the Vividness, Emotional Valence and Electrodermal Arousal Associated with Negative Autobiographical Memories." *Journal of Forensic Psychiatry and Psychology*, 15, págs. 325-345.

Estudio que valora el modelo del reflejo de consolación y pone de relieve el mayor impacto de los movimientos oculares en la reducción de la intensidad y emocionalidad de las imágenes que las condiciones del grupo de control.

• **Barrowcliff, A.L., Gray, N.S., MacCulloch, S., Freeman, T. C.A. y MacCulloch, M.J. (2003).** "Horizontal Rhythmical Eye-Movements Consistently Diminish the Arousal Provoked by Auditory Stimuli." *British Journal of Clinical Psychology*, 42, págs. 289-302.
   Estudio centrado en el modelo del reflejo de consolación que pone de relieve el mayor efecto de los movimientos oculares que en el grupo de control en la reducción del arousal producido por los estímulos auditivos.

• **Christman, S.D., Garvey, K.J., Propper, R.E. y Phaneuf, K.A. (2003).** "Bilateral Eye Movements Enhance the Retrieval of Episodic Memories." *Neuropsychology.* 17, págs. 221-229.
   Estudio centrado en las teorías de activación cortical cuyos resultados proporcionaron un apoyo indirecto a la teoría de la respuesta de orientación/REM sugerida por Stickgold (2002). En este sentido, los movimientos oculares sacádicos demostraron tener un mayor impacto en la recuperación episódica que las condiciones del grupo de control.

• **Kavanagh, D.J., Freese, S., Andrade, J. y May, J. (2001).** "Effects of Visuospatial Tasks on Desensitization to Emotive Memories." *British Journal of Clinical Psychology*, 40, págs. 267-280.
   Estudio centrado en la teoría de la memoria operativa, que pone de relieve el mayor impacto de los movimientos oculares que las condiciones de control en la reducción de la intensidad y emocionalidad de las imágenes que aparecen en la sesión de tratamiento. Los resultados se mantuvieron iguales una semana después del estudio.

• **Kuiken, D., Bears, M., Miall, D. y Smith, L. (2001-2002).** "Eye Movement Desensitization Reprocessing Facilitates Attentional Orienting." *Imagination, Cognition and Personality*, 21, (1), págs. 3-20.

Estudio que se ocupó de la relación entre la teoría de la respuesta de orientación y mecanismos tipo REM, poniendo de relieve la existencia de una correlación entre los movimientos oculares y el aumento de la flexibilidad atencional. El estudio también concluye un efecto de los movimientos oculares superior al de las condiciones de control.

• **Lee, C.W. y Drummond, P.D. (en prensa).** "Effects of Eye Movement versus Therapist Instructions on the Processing of Distressing Memories." *Journal of Anxiety Disorders*. doi:10.1016/j.janxdis.2007.08.007

«Aunque las instrucciones del terapeuta no tuvieron efecto significativo alguno sobre las medidas de los resultados, sí que quedó clara una reducción significativa del estrés con los movimientos oculares tanto en la sesión de postratamiento como en las de seguimiento.[…] los resultados eran coherentes con otras evidencias de que el mecanismo de cambio que se activa durante la EMDR es distinto al de la terapia de exposición tradicional.»

• **Sharpley, C.F. Montgomery, I.M. y Scalzo, L.A. (1996).** Comparative Efficacy of EMDR and Alternative Procedures in Reducing the Vividness of Mental Images. *Scandinavian Journal of Behaviour Therapy*, 25, págs. 37-42.

El impacto de los movimientos oculares en la reducción de la vividez de las imágenes fue superior a las condiciones de control.

• **Van den Hout, M., Muris, P., Salemink, E. y Kindt, M. (2001).** "Autobiographical Memories Become Less Vivid and Emotional After Eye Movements." *British Journal of Clinical Psychology*, 40, págs. 121-130.

Estudio que constata la teoría de que los movimientos oculares modifican las percepciones somáticas que acompañan a la recuperación, provocan una reducción del afecto y, por ello mismo, disminuyen su intensidad. También hay que decir que los movimientos oculares demostraron ser más eficaces que las condiciones del grupo de control en la reducción de la vividez de las imágenes. Y, a diferencia de lo que sucede en las condiciones de control, los movimientos oculares disminuyen también la sensibilidad emocional.

EVALUACIONES PSICOFISIOLÓGICAS Y NEUROBIOLÓGICAS ADICIONALES

Todos los estudios realizados al respecto subrayan los efectos significativos que siguen al tratamiento EMDR, lo que incluye cambios en la activación de las pautas corticales y límbicas y en el aumento del volumen del hipocampo.

• **Bossini L. Fagiolini, A. y Castrogiovanni, P. (en prensa).** "Neuroanatomical Changes After EMDR in PTSD." *Journal of Neuropsychiatry and Clinical Neuroscience*.

• **Lamprecht, F., Kohnke, C., Lempa, W., Sack, M., Matzke, M. y Munte, T. (2004).** "Event-Related Potentials and EMDR Treatment of Post-Traumatic Stress Disorder." *Neuroscience Research*, 49, págs. 267-272.

• **Lansing, K., Amen, D.G., Hanks, C. y Rudy, L. (2005).** "High Resolution Brain SPECT Imaging and EMDR in Police Officers with PTSD." *Journal of Neuropsychiatry and Clinical Neurosciences*, 17, págs. 526-532.

• **Levin, P., Lazrove, S. y van der Kolk, B.A. (1999).** "What Psychological Testing and Neuroimaging Tell Us about the Treatment of Posttraumatic Stress Disorder (PTSD) by Eye Movement Desensitization and Reprocessing (EMDR)." *Journal of Anxiety Disorders*, 13, págs. 159-172.

• **Oh, D.H. y Choi, J. (2004).** "Changes in the Regional Cerebral Perfusion after Eye Movement Desensitization and Reprocessing: A SPECT study of two cases." *Journal of EMDR Practice and Research*, 1, págs. 24-30.

• **Pagani, M.** *et al.* **(2007).** "Effects of EMDR Psychotherapy on 99mTc-HMPAO Distribution in Occupation-Related Post-Traumatic Stress Disorder." *Nuclear Medicine Communications*, 28, págs. 757-765.

• **Sack, M., Lempa, W. y Lemprecht, W. (2007).** "Assessment of Psychophysiological Stress Reactions During a Traumatic Reminder in Patients Treated with EMDR." *Journal of EMDR Practice and Research*, 1, págs. 15-23.

• **Sack, M., Nickel, L., Lempa, W., Lamprecht, F. (2003).** "Psychophysiological Regulation in Patients Suffering from PTSD: Changes after EMDR Treatment." *Journal of Psychotraumatology and Psychological Medicine*, 1, págs. 47-57.

• **Van der Kolk, B., Burbridge, J. y Suzuki, J. (1997).** "The Psychobiology of Traumatic Memory: Clinical Implications of Neuroimaging Studies." *Annals of the New York Academy of Sciences*, 821, págs. 99-113.

TRATAMIENTO DE LOS VETERANOS DE GUERRA

Como señala la American Psychiatric Association Practice Guidelines *(2004, pág. 18), la EMDR «no necesita verbalizar el material traumático y, en su lugar, se invita a los pacientes a pensar en sus experiencias traumáticas sin necesidad de hablar de ellas». Dada la resistencia de muchos veteranos de guerra a revelar los detalles de su experiencia, éste es un factor relevante en la predisposición a emprender el tratamiento, en la recuperación de sus recuerdos y en sus beneficios terapéuticos. También puede ser uno de los factores responsables de la menor remisión de los síntomas y de la mayor tasa de abandono cuando se emplean técnicas cognitivo-conductuales.*

*Como ya hemos señalado, **Carlson** et al. (1998) afirmó que, después de doce sesiones de tratamiento, el 77,7% de los veteranos de guerra dejaron de presentar síntomas de TEPT. Tampoco hubo abandonos y los efectos se mantuvieron en un seguimiento realizado tres y nueve meses después. Además, el análisis realizado por **Silver** et al., (1995) de un programa TEPT dirigido a veteranos (n = 100) puso de relieve que la eficacia de la EMDR superaba en siete de las ocho medidas empleadas, al biofeedback y a la relajación. Todos los demás estudios aleatorios realizados con veteranos habían empleado dosis de tratamiento insuficientes para poder evaluar los efectos sobre el TEPT (como, por ejemplo, dos sesiones; ver ISTSS, 2000 y DVA/DoD, 2005). En el caso de veteranos politraumatizados es preciso utilizar un tiempo de tratamiento suficiente (véase más adelante **Russell** et al., 2007). En un análisis del* *proceso, sin embargo,* **Rogers** **et al.,** *(1999) compararon una sesión de EMDR y terapia de exposición con veteranos, poniendo de relieve una tasa de recuperación diferente. El grupo EMDR evidenció una mayor disminución en los niveles de estrés (los niveles usa, por ejemplo, disminuyeron con la EMDR y aumentaron con la terapia de exposición).*

Como afirma la American Psychiatric Practice Guidelines *(2004, pág. 36), si la consideramos como una terapia de exposición, «la EMDR emplea técnicas que pueden proporcionar al paciente un mayor control sobre la experiencia de exposición (puesto que la EMDR no confía tanto en los relatos verbales) y proporciona técnicas para regular la ansiedad en el caso de la terapia de exposición. Es precisamente por ello que puede resultar provechosa tanto para aquellos pacientes que no pueden tolerar la exposición prolongada como para aquellos otros que tienen dificultades en verbalizar sus experiencias traumáticas. Pero, para aclarar estas diferencias, todavía deben llevarse a cabo más comparaciones de la EMDR con otros tratamientos en muestras más grandes». Esa investigación es muy recomendable.*

Si tenemos en cuenta, además, que la EMDR no da trabajo para realizar en casa para conseguir sus efectos puede resultar muy adecuada para aliviar los síntomas de los combatientes de primera línea (véase **Russell, 2006***). Además, los problemas de dolor somático y crónico experimentados por los veteranos de guerra indican la necesidad de llevar a cabo una investigación adicional basada en los informes de* **Russell (en prensa),** **Schneider** **et al.,** *(2007 y* **en prensa***) y* **Wilensky (2007),** *que demuestran la eficacia de la EMDR en el tratamiento del dolor del miembro fantasma (véanse también* **Ray y Zbik, 2001***). La capacidad de la EMDR para corregir simultáneamente el TETP, la depresión y el dolor pueden resultar claramente beneficiosa para el tratamiento* *según el DVA/DoD [Departamento de asuntos para veteranos y Departamento de defensa].*

A continuación presentamos información clínicamente relevante para el tratamiento de veteranos, incluyendo parámetros de la terapia.

• **Errebo, N. y Sommers-Flanagan, R. (2007).** "EMDR and Emotionally Focused Couple Therapy for War Veteran Couples." En F. Shapiro, F. Kaslow y L. Maxfield (Eds.) *Handbook of EMDR and family therapy processes*. Nueva York: Wiley.

• **Lipke, H. (2000).** *EMDR and Psychotherapy Integration.* Boca Raton, FL: CRC Press.

• **Russell, M. (2006).** "Treating Combat-Related Stress Disorders: A Multiple Case Study Utilizing Eye Movement Desensitization and Reprocessing (EMDR) with Battlefield Casualties from the Iraqi War." *Military Psychology*, 18, págs. 1-18.

• **Russell, M. (en prensa).** "Treating Traumatic Amputation-Related Phantom Limb Pain: A Case Study Utilizing Eye Movement Desensitization and Reprocessing (EMDR) within the Armed Services." *Clinical Case Studies*.

• **Russell, M.C. y Silver, S.M. (2007).** "Training Needs for the Treatment of Combat-Related Posttraumatic Stress Disorder." *Traumatology*, 13, págs. 4-10.

• **Russell, M.C., Silver, S.M., Rogers, S. y Darnell, J. (2007).** "Responding to an Identified Need: A Joint Department of

Defense-Department of Veterans Affairs Training Program in Eye Movement Desensitization and Reprocessing (EMDR) for Clinicians Providing Trauma Services." *International Journal of Stress Management*, 14, págs. 61-71.

• **Silver, S.M. y Rogers, S. (2002).** *Light in the Heart of Darkness: EMDR and the Treatment of War and Terrorism Survivors*. Nueva York: Norton.

APÉNDICE D

Dado que el objetivo de este libro consiste en servir de manual a los terapeutas, incluimos este apéndice con la intención de disipar la confusión que existe al respecto en la literatura clínica. Este apéndice nos proporciona una breve revisión de la investigación realizada, desde la primera edición de este libro, sobre un par de temas de interés. En el Apéndice B, el lector interesado puede encontrar otros informes y estudios controlados de casos relativos a una amplia variedad de aplicaciones de la EMDR.

INVESTIGACIONES SOBRE LA FOBIA Y LOS TRASTORNOS DE PÁNICO

Los resultados obtenidos en la aplicación del protocolo utilizado por la EMDR para el tratamiento de la fobia médica y dental[1 y 2] fueron muy positivos[3] (véanse informes de casos adicionales en el Apéndice B). El uso del protocolo y los resultados contrastan con varias pruebas clínicas azarosas realizadas por un equipo de investigación que evaluó la eficacia de la EMDR en el tratamiento de la fobia a las arañas.[4, 5 y 6] Estos estudios pusieron de relieve la menor eficacia de la EMDR en la eliminación de la fobia a las arañas que la terapia de exposición *in vivo*, en la que el sujeto se veía expuesto a las arañas. El principal error de estos estudios fue el fracaso en utilizar adecuadamente el protocolo de tratamiento de la EMDR.*⁷ Además, el uso del tratamiento de exposición para valorar los efectos posteriores al tratamiento obstaculiza la identificación de su causa. Con ello quiero decir que, más que los miembros de ambos grupos sentían que ya no padecían la fobia y por más equiparables que fuesen las medidas fisiológicas, quienes habían sido tratados mediante la terapia de exposición mostraban una mayor disposición a aproximarse a las arañas. Una posible explicación de este resultado es que la araña a la que tenían que aproximarse durante la prueba posterior al tratamiento conductual era la misma (una araña no peligrosa) con la que habían estado practicando durante la fase de exposición del tratamiento anterior a la prueba, mientras que los miembros del grupo EMDR, por su parte, se vieron expuestos por vez primera a una araña. Lamentablemente, al no haberse llevado a cabo el adecuado seguimiento, tampoco se ha valorado el mantenimiento de sus efectos en posteriores encuentros en la vida real.

La capacidad de utilizar de manera realista una determinada terapia es un aspecto importante de la selección del tratamiento. A menudo resulta imposible que los terapeutas utilicen la exposición *in vivo* en el entorno de la consulta, por cuanto no suelen tener acceso a los objetos temidos (como, por ejemplo, arañas). Además, algunas fobias se hallan limitadas a eventos o lugares concretos (como, por ejemplo, tormentas o puentes, respectivamente) a los que tampoco puede accederse fácilmente. Así pues, la EMDR puede ser un trata-

---

* Una revisión ciega de toda la investigación publicada con respecto a la fobia indicó que cuantos más pasos del protocolo de 11 pasos empleado por la EMDR para el tratamiento de la fobia se utilizaban, mejores eran los resultados obtenidos. El fracaso en utilizar cualquiera de los protocolos de la EMDR para el tratamiento de la fobia no provocaba ningún efecto. Los estudios que sólo incluyen algunos pasos logran resultados moderados, mientras que aquellos que emplean todos los pasos consiguen la eliminación completa del problema.

miento más práctico, por cuanto los procedimientos de exposición *in vivo* pueden ser utilizados como tareas para realizar en casa.[8] De este modo, el cliente consigue una experiencia que demuestra que la tan temida catástrofe no ocurre, con lo cual el cliente ve reforzada la idea de que su miedo es infundado. A diferencia, sin embargo, de lo que sucede en las terapias de exposición estándar, el trabajo en casa sólo comienza, en el caso de la EMDR, cuando el cliente deja de sentir miedo al pensar en el encuentro.

Tres son, hasta el momento, los estudios que han investigado la eficacia de la EMDR en el tratamiento de los trastornos del pánico. El primero de ellos fue meramente preliminar[9] y [10] y proporcionó un corto curso (de seis sesiones) de tratamiento del trastorno de pánico. Así pues, por más prometedores que fueran los resultados se hallaban, no obstante, limitados por la brevedad del tratamiento. Según Feske y Goldstein[11] «resulta difícil que de 10 a 16 sesiones del tratamiento más poderoso provoquen una normalización de los síntomas del pánico, especialmente cuando se ven complicados por la agorafobia» (pág. 1.034). La mejora experimentada por quienes han recibido tratamiento EMDR todavía se hallaba presente durante la sesión de seguimiento que se llevó acabo tres meses después. El tercer estudio[12] se ocupó de valorar los beneficios de un tratamiento más prolongado (aunque, en este caso, cambió la población objeto y se centró en los pacientes agorafóbicos), demostrando que quienes sufrían un trastorno de pánico con agorafobia, no respondían positivamente a la EMDR. En este sentido, Goldstein[13] sugiere que sus participantes necesitaban una mayor preparación de la que recibieron quienes participaron en ese estudio. No ha habido, hasta el momento, ningún estudio que haya comparado directamente la eficacia obtenida por la EMDR y otros abordajes en el tratamiento de esos trastornos.

Investigación sobre el papel desempeñado por los movimientos oculares

En 1989, Francine Shapiro[14, 15 y 16] advirtió que las emociones perturbadoras que acompañaban a sus pensamientos obsesivos desaparecían cuando sus ojos se movían rápidamente de un lado a otro. Entonces fue cuando empezó a experimentar con ese hallazgo y descubrió que cuando otras personas movían sus ojos, también mejoraban sus emociones negativas. En aquel momento emprendió una investigación de casos[17] y un estudio controlado,[18] cuyos resultados corroboraron su hipótesis de que los movimientos oculares contribuían a reducir la angustia asociada a los recuerdos traumáticos. No era ésa la primera vez que se señalaba que los movimientos oculares pueden cambiar las pautas de pensamiento, porque una serie de experimentos previos[19 y 20] habían puesto ya de relieve que los movimientos oculares espontáneos estaban asociados a emociones desagradables y cambios cognitivos.

Es mucha la investigación que, desde entonces, se ha llevado a cabo en torno a los movimientos oculares. Pero, antes de revisar esa información, convendría recordar que la EMDR es una psicoterapia con muchos ingredientes activos y que el movimiento ocular no es más que uno de ellos. Según las directrices proporcionadas por la International Society for Traumatic Stress Studies (ISTSS), la investigación realizada sobre los factores intervinientes todavía es muy limitada y se necesita más investigación adicional.[21] Sin embargo, la EMDR no es única, por cuanto ninguna forma de terapia concreta ha sido definitivamente valorada en términos de los componentes concretos que más útiles resultan. Aunque el análisis de componentes sea muy interesante para perfeccionar el proceso y aumentar nuestra comprensión de las dimensiones neurobiológicas del cambio, no puede guiar

la práctica clínica a menos que se atenga a rigurosos estándares científicos y clínicos. Entretanto y para proporcionar la
mejor ayuda posible a nuestros clientes, todas las formas de
terapia corroboradas empíricamente, y que la investigación
realizada al respecto hasta el momento haya determinado eficaces, deberán ser utilizadas empleando todos sus ingredientes activos.

Como sucede con cualquier forma de terapia compleja, es
muy importante que las investigaciones que traten de determinar los distintos ingredientes activos de la EMDR se apli-
quen a un gran número de clientes que presenten los adecuados problemas.[22] Además, los investigadores que proporcio-
nen el tratamiento deben atenerse a todos los pasos indicados
por el protocolo de la EMDR y ser lo suficientemente largo.[23]
Sólo entonces podrán valorarse realmente los efectos de los
distintos ingredientes que componen la EMDR. Estos mismos errores se han cometido en la evaluación de los ingredientes de muchas psicoterapias anteriores, por ejemplo, la
evaluación de una terapia conocida como desensibilización
sistemática.[24]

Son tres los tipos de investigación que, en el caso de la
EMDR, se han centrado en este punto y el análisis de los
resultados puede ser muy confuso. El metaanálisis llevado a
cabo por Davidson y Parker,[25] por ejemplo, revisó todos los
estudios sobre la EMDR publicados entre 1988 y 2000 para
determinar si los movimientos oculares eran realmente necesarios, evidenciando que la EMDR con movimientos oculares
no parecía ser más eficaz que la EMDR sin ellos. Cuando, sin
embargo, se revisaron los resultados de ciertos estudios de
descomposición del tratamiento, la eficacia de la EMDR con
movimientos oculares se mostró significativamente superior
a la de la EMDR sin ellos.

Hasta el momento se habrán publicado unos 20 estudios

que investigan el papel que desempeñan los movimientos oculares en la EMDR. Estos estudios se han dedicado a comparar la EMDR con movimientos oculares con una condición de control en la que el componente de los movimientos oculares se veía modificado (como, por ejemplo, la EMDR con los ojos centrados e inmóviles). Son cuatro, en este sentido, los tipos de estudios realizados: 1) estudios de caso, 2) estudios de descomposición del tratamiento con pacientes clínicos, 3) estudios de descomposición del tratamiento con pacientes que presentan síntomas semejantes de gravedad subclínica, y 4) estudios sobre la acción individual de los movimientos oculares.

ESTUDIOS DE CASOS

De los cuatro estudios de caso que evaluaron los efectos de los movimientos oculares en el proceso de tratamiento, tres de ellos descubrieron que lo mejoraban. En este sentido, Montgomery y Ayllon descubrieron que los movimientos oculares eran necesarios para que la EMDR tuviera efecto en cinco de seis pacientes civiles de TEPT. Según concluyeron, los movimientos oculares «provocaban una reducción significativa de la presencia de estrés anteriormente corregido, que se refleja en una disminución del arousal psicofisiológico»[26] (pág. 228). Por su parte, Lohr, Tolin y Kleinknecht[27] subrayaron que «la adición del componente de los movimientos oculares parecía tener un efecto claro en la reducción del nivel de la puntuación usa» (pág. 149).

En otro estudio, Lohr, Tolin y Kleinknecht[28] trataron a dos sujetos claustrofóbicos y sólo descubrieron una disminución substancial del estrés después de haber incluido el componente de los movimientos oculares al resto del procedimiento EMDR. El cuarto estudio[29] no utilizó el protocolo estándar de la EMDR para las fobias, ni los procedimientos estándar para acceder a la imagen, esbozar las creencias negativas y provocar nuevos vínculos con la información útil almacenada en el sistema de la memoria. Además, se invitó también al cliente a relajarse entre una serie y otra de movimientos oculares hasta que la puntuación usa se redujo a los niveles anteriores, un procedimiento que la EMDR no suele utilizar. El procedimiento utilizado en este estudio no eliminó la fobia, ni descubrió efecto alguno en los movimientos oculares.

ESTUDIOS CLÍNICOS DE DESCOMPOSICIÓN DEL TRATAMIENTO CON PERSONAS QUE HAN SIDO DIAGNOSTICADAS

Cuatro son los estudios controlados de descomposición con sujetos que padecen TEPT, y en dos de ellos, los participantes habían sido diagnosticados con otros trastornos de ansiedad. Estos estudios han tendido a demostrar una eficacia ligeramente superior –aunque no estadísticamente significativa– en la EMDR con movimientos oculares que en la EMDR sin ellos. Hablando en términos generales, pues, los resultados obtenidos de momento no son concluyentes. Devilly, Spence y Rapee,[30] por ejemplo, señalaron la existencia de tasas de cambio confiable de un 67% en el grupo sometido a movimientos oculares comparados con un 42% en quienes no se habían sometido a ellos. Renfrey y Spates,[31] por su parte, informaron de una disminución en el diagnóstico de TEPT del 85% de los participantes del grupo asignado, los movimientos oculares y del 57% en quienes no habían sido asignados a ese grupo.

Lamentablemente, sin embargo, esos estudios adolecen

de serios problemas. En el estudio TEPT de Renfrey y Spates, por ejemplo, sólo había siete u ocho personas en cada uno de los grupos, cuando lo cierto es que para obtener resultados significativos, son necesarios grandes números (de entre 30 y 40 personas).[32] Los participantes en los otros tres estudios sobre el TEPT[33, 34 y 35] eran veteranos de guerra que sólo habían recibido dos sesiones y/o tratamiento para un solo recuerdo traumático. Este tipo de tratamiento inadecuado parece tener un efecto moderado, y con el fin de detectar cualquier posible diferencia entre los grupos, los grupos deberían ser más numerosos. Todavía debe realizarse un estudio de descomposición bien diseñado con una muestra lo suficientemente grande como para poder valorar de verdad los efectos del tratamiento.

ESTUDIOS DE DESCOMPOSICIÓN DEL TRATAMIENTO CON PERSONAS QUE PRESENTAN SÍNTOMAS SEMEJANTES DE GRAVEDAD SUBCLÍNICA

Los estudios controlados realizados con personas que presentan síntomas similares análogos con un nivel de ansiedad subclínico no descubrieron el menor efecto en el uso de los movimientos oculares. Son muchos los problemas que presentan estos estudios en los que los sujetos investigados suelen ser estudiantes universitarios. Uno de los problemas es que los resultados se valoran basándose en la eliminación de los síntomas sin utilizar los procedimientos y protocolos estándar de la EMDR. En tal caso, estos procedimientos y protocolos se omiten o abrevian,[36] lo que implica que el significado de los resultados no sea del todo claro. Más problemática resulta todavía la expectativa de que todos los procedimientos de la EMDR tengan algún resultado positivo. Como era de esperar, los sujetos que participaron en estas investigaciones respondieron igualmente bien a la EMDR truncada y a los movimientos oculares, porque los procedimientos utilizados en tal caso incluyen un número de elementos clínicamente útiles. Dicho en otras palabras, el estrés subclínico de los participantes que padecían problemas similares fue eliminado con un tratamiento mínimo, lo que dificulta la detección de diferencias entre las distintas condiciones.

Cuando eliminamos, en suma, un solo componente de un método clínico complejo, debe trabajarse con poblaciones diagnosticadas capaces de cambiar en el curso de un tiempo determinado de tratamiento, como un TEPT derivado de un trauma simple.[37] El uso de un número suficiente de sujetos apropiados que padezcan de un elevado nivel de estrés (no susceptible de responder al efecto placebo)* permitiría determinar los efectos provocados por la eliminación de un solo componente. Como sucede con cualquier otra forma de psicoterapia, la eliminación de un solo componente del procedimiento EMDR estándar no elimina todos sus beneficios clínicos.

Estudio sobre la acción de los componentes

Los estudios sobre los ingredientes activos difieren de otros tipos de análisis de componentes en el sentido de que verifican aisladamente el efecto de los movimientos oculares. Estos estudios suelen proporcionar breves series de movimientos oculares para examinar sus efectos en la memoria,

---

* El placebo es una condición que el sujeto puede considerar como una forma de tratamiento cuando lo cierto es que, en realidad, no tiene el menor efecto sobre ese problema concreto (como, por ejemplo, el empleo de una pastilla de azúcar en lugar de un fármaco).

las emociones, los pensamientos, las creencias o el funcionamiento fisiológico. El objetivo consiste en investigar el efecto de los movimientos oculares (sin apelar al resto de los procedimientos empleados por la EMDR) comparando los movimientos oculares para controlar condiciones tales como evocar la imagen o una sucesión de golpes. En este sentido, por
ejemplo, podemos pedirle a un sujeto que evoque una determinada imagen, que mueva luego los ojos durante un breve
período y que después valore la intensidad de la imagen. Esto
nos permite corroborar los efectos concretos de los movimientos oculares y de su ausencia eliminando los otros elementos que se suponen útiles. Estos estudios se han llevado
a cabo sobre sujetos que no presentan un nivel clínico de
malestar, cada uno de los cuales se ve sometido a las distintas condiciones (es decir, movimientos oculares y golpes).
De este modo, resulta más fácil detectar las diferencias que
se producen en respuesta a esas condiciones. Además, dado
que la misma persona es la que experimentan las distintas
condiciones, las diferencias pueden atribuirse más a la condición que a las diferencias interindividuales (porque es evidente que personas diferentes pueden responder de manera
distinta a la misma condición).

Los estudios sobre la acción de los distintos componentes
han sido habitualmente dirigidos por neuropsicólogos e
investigadores de la memoria que tratan de corroborar una
determinada hipótesis. En ese sentido, contribuyen a nuestra
comprensión de los mecanismos eligiendo cuidadosamente
las condiciones de control y relacionando los hallazgos con
otras áreas de interés. En la siguiente sección presentaremos
y revisaremos de forma breve estos estudios y las teorías que
han investigado.

Andrade, J., Kavanagh, D. y Baddeley, A. (1997). "Eye-movement and Visual Imagery: A Working Memory Approach to the Treatment of Post-traumatic Stress Sisorder." *British Journal of Clinical Psychology*, 36, págs. 209-223.

Barrowcliff, A.L., Gray, N.S., MacCulloch, S., Freeman, T.C.A. y MacCulloch, M.J. (en prensa). "Eye-movements Reduce the Vividness, Emotional Valence and Electrodermal Arousal, Associated with Negative Autobiographical Memories." *Journal of Forensic Psychiatry and Psychology.*

Barrowcliff, A.L., Gray, N.S., MacCulloch, S., Freeman, T.C.A. y MacCulloch, M.J. (2003). "Horizontal Rhythmical Eye-movements Consistently Diminish the Arousal Provoked by Auditory Stimuli." *British journal of Clinical Psychology*, 42, págs. 289-302.

Christman, S.D., Garvey, K.J., Propper, R.E. y Phaneuf, K. A. (2003). "Bilateral Eye Movements Enhance the Retrieval of Episodic Memories·. *Neuropsychology*, 17, págs. 221-229.

Kavanagh, D.J., Freese, S., Andrade, J. y May, J. (2001). "Effects of Visuospatial Tasks on Desensitization to Emotive Memories." *British Journal of Clinical Psychology*, 40, pgs. 267-80.

Kuiken, D., Bears, M., Miall, D. y Smith, L. (2001-2002). "Eye Movement Desensitization Reprocessing Facilitates Attentional Orienting." *Imagination, Cognition and Personality*, 12(1), págs. 3-30.

Sharpley, C.E., Montgomery, I.M. y Scalzo, L.A. (1996). "Comparative Efficacy of EMDR and Alternative Procedures in Reducing the Vividness of Mental Iimages." *Scandinavian Journal of Behaviour Therapy*, 25, págs. 37-42.

Van den Hout, M., Muris, R., Salemink, E. y Kindt, M. (2001). "Autobiographical Memories Become Less Vivid and Emotional After Eye Movements." *British Journal of Clinical Psychology*, 40, págs. 121-130.

¿De qué modo ayudan los movimientos oculares en la EMDR?

Una sugerencia habitual es que los movimientos oculares, como cualquier otra forma de estimulación de la atención dual, suscita una respuesta de orientación, una respuesta natural de interés y atención que se da cuando nuestra atención se dirige hacia algo nuevo. Hay tres modelos diferentes para explicar el papel que desempeña la respuesta de orientación en la EMDR: el procesamiento de información/cognitivo,[38 y 39] el neurobiológico[40, 41 y 42] y el conductual.[43 y 44]

La investigación realizada por Barrowcliff *et als*.[45] sugiere que la respuesta de orientación es realmente, en la EMDR, un "reflejo de orientación" que, cuando el sujeto se da realmente cuenta de que no existe ninguna amenaza, desencadena una respuesta de relajación básica. Equiparando este estado de relajación con el recuerdo anteriormente inquietante, el sujeto tiene ahora la posibilidad de experimentar el recuerdo de un modo nuevo y puede, en consecuencia, advertir una correspondiente reducción de la ansiedad. Éste es un proceso conocido como "inhibición recíproca".

Otros sugieren que la respuesta de orientación puede interrumpir las redes del recuerdo traumático, interrumpiendo vínculos anteriores con emociones negativas y facilitando, de ese modo, la integración de la nueva información. Un estudio llevado a cabo por Kuiken, Bears, Miall y Smith,[46] que verificó la hipótesis de la respuesta de orientación, descubrió que los movimientos oculares estaban relacionados con una mayor flexibilidad tensional. También es posible que la respuesta de orientación active mecanismos neurobiológicos que evocan recuerdos episódicos y los integren en la memoria semántica cortical.[47] Ésta es una teoría que recientemente ha recibido un considerable respaldo experimental,[48] aunque todavía deban realizarse más investigaciones para corroborar esta hipótesis.

Hay varias investigaciones[49, 50 y 51] que indican que los movimientos oculares y otros estímulos afectan a las percepciones del recuerdo seleccionado, disminuyendo la vividez de la imagen y otras emociones relacionadas. Dos son los mecanismos que se han propuesto para explicar el modo en que este efecto puede contribuir al tratamiento de la EMDR. Kavanagh *et als*.[52] han sugerido que los movimientos oculares interrumpen la memoria operativa, disminuyendo su intensidad, lo que provoca una disminución de la intensidad de la emoción asociada. Van den Hout y sus colegas[53] han esbozado la hipótesis de que los movimientos oculares modifican las sensaciones corporales que acompañan al recuerdo recuperado, un efecto que va acompañado de la disminución del afecto y la intensidad de la emoción.

El lector interesado en estas hipótesis e investigaciones puede echar un vistazo a Shapiro, F. (2001). *Eye Movement Desensitization and Reprocessing. Basic Principles, Protocols, and Procedures* (2ª ed.). Nueva York: Guilford.

Pero es importante, sin embargo, recordar que la EMDR es un tratamiento multifacético que, además de la estimulación bilateral, posee muchos otros ingredientes activos. Los lectores que estén interesados en este punto pueden leer el texto anterior y el que enumeramos a continuación, que proporciona una visión más global: Shapiro, F. (2002) (ed.). *EMDR as an Integrative Psychotherapy Approach: Experts of Diverse Orientations Explore the Paradigm Prism.* Washington, D.C.: American Psychological Association Books.

NOTAS

Prefacio a la edición francesa

1. INSERM, *Psychothérapie: trois approches évaluées*, INSERM, Unité d'evaluation et d'expertise collective, 2004, París.
2. American Psychiatric Association, *Guidelines for the Psychiatric Treatment of Acute Stress Disorder and Posttraumatic Stress Disorder*, R. Ursano (dir.) and worksgroup on ASD and PTSD, 2004, American Psychiatric Association, Washington.
3. R. Stickgold, «EMDR: A Putative Neurobiological Mechanism», *Journal of Clinical Psychology*, 2002, 58, págs. 61-75.
4. M.J. MacCulloch y A.L. Barrowcliff, «The De-Arousal Model of Eye-Movement Desensitization and Reprocessing (EMDR), Part I: A Theoretical Perspective on EMDR», en el segundo congreso anual sobre «EMDR Europe: EMDR Innovations in Theory and Practice», celebrado en 2001 en Londres.
5. D. Servant-Schreiber, «Eye-Movement Desensitization and Reprocessing: Is Psychiatry Missing the Point?», *Psychiatric Times*, 2000, 17 (7), págs. 36-40.

Introducción

1. van der Kolk, B.A. (2002). "Beyond the Talking Cure: Somatic Experience and Subcortical Imprints in the Treatment of Trauma." En F. Shapiro (ed.) *EMDR as an integrative psychotherapy approach: Experts of diverse orientations explore the paradigm prism* (págs. 57-83). Washington, D.C.: American Psychological Association.
2. Siegel, D.J. (1999). *The developing mind: Toward a neurobiology of interpersonal experience*. Nueva York: Guilford.
   Van der Kolk, B.A. (1994). "The Body Keeps the Score: Memory and the Evolving Psychobiology of Posttraumatic Stress." *Harvard Review of Psychiatry*, I, págs. 253-265.
3. Foa, E.B., Keane, T.N. y Friedman, M.J. (2000). *Effective treat-*

ments for PTSD: Practice guidelines from the International Society for Traumatic Stress Studies. Nueva York: Guilford.

4. Bleich, A., Kotler, M., Kutz, E. y Shaley, A. (2002). "A Position Paper of the (Israeli) National Council for Mental Health: Guidelines for the Assessment and Professional Intervention with Terror Victims in the Hospital and the Community."

5. CREST (2003). *The management of post traumatic stress disorder in adults*. Publicado por la Clinical Resource Efficiency Support Team of the Northern Ireland Department of Health, Social Services and Public Safety, Belfast.

6. Department of Veterans Affairs y Department of Defense (2004) *VA/DoD Clinical Practice Guideline for the Management of Post-Traumatic Stress*. Washington, D.C.

7. Van der Kolk, B. (noviembre de 2003). "Treatment Outcome of Fluoxetine Versus EMDR in PTSD." Artículo presentado en el congreso anual de la International Society for Traumatic Stress Studies.

8. Chambless, D.L., Baker, M.J., Baucom, D.H., Beutler, L.E., Calhoun, K.S., Crits-Christoph, P., Daiuto, A., DeRubeis, R., Detweiler, J., Haaga, D.A.F., Bennett Johnson, S., McCurry, S., Mueser, K.T., Pope, K.S., Sanderson, W.C., Shoham, V., Stickle, T., Williams, D. A. y Woody, S.R. (1998). "Update on Empirically Validated Therapies." *The Clinical Psychologist*, 51, págs. 3-16.

9. Foa, E.B., Dancu, C.V., Hembree, E.A. Jaycox, L.H., Meadows, E.A. y Street, G.P (1999). "A Comparison of Exposure Therapy, Stress Inoculation Training, and their Combination in Reducing Post-traumatic Stress Disorder in Female Assault Victims." *Journal of Counseling and Clinical Psychology*, 67, págs. 194-200.

    Tarrier, N., Pilgrim, H., Sommerfield, C., Faragher, M.R., Graham, E. y Barrowclough, C. (1999). "A Randomized Trial of Cognitive Therapy and Imaginal Exposure in the Treatment of Chronic Post-traumatic Stress Disorder." *Journal of Counseling and Clinical Psychology*, 67, págs. 13-18.

10. Los estudios realizados posteriormente al respecto señalan una tasa de éxito aproximada del 30%: Boudewyns, P.A. y Hyer, L. (1990). "Physiological Response to Combat Memories and Preliminary Treatment Outcome in Vietnam Veteran PTSD Patients Treated with Direct Therapeutic Exposure." *Behavior Therapy*, 21, págs. 63-87.

Cooper, N.A. y Clum, G.A. (1989). "Imaginal Flooding as a Supplementary Treatment for PTSD in Combat Veterans: A Controlled Study." *Behavior Therapy*, 20, págs. 381-391.

Keane, T.M., Fairbank, J.A., Caddell, J.M. y Zimmering, R.T. (1989). "Implosive (Flooding) Therapy Reduces Symptoms of PTSD in Vietnam Combat Veterans." *Behavior Therapy*, 20, págs. 245-260.

11. Marks, I., Lovell, K., Noshirvani, H., Livanou, M. y Thrasher, S. (1998). "Treatment of Post-traumatic Stress Disorder by Exposure and/or Cognitive Restructuring." *Archives of General Psychiatry*, 55, págs. 317-325.

12. Ironson, G.I., Freund, B., Strauss, J.L. y Williams, J. (2002). "A Comparison of Two Treatments for Traumatic Stress: A Pilot Study of EMDR and Prolonged Exposure." *Journal of Clinical Psychology*, 58, págs. 113-128.

13. Rogers, S., Silver, S., Goss, J., Obenchain, J., Willis, A. y Whitney, R. (1999). "A Single Session, Controlled Group Study of Flooding and Eye Movement Desensitization and Reprocessing in Treating Post-traumatic Stress Disorder Among Vietnam War Veterans: Preliminary Data." *Journal of Anxiety Disorders*, 13, págs. 119-130.

14. Taylor, S., Thordarson, D.S., Maxfield, L., Fedoroff, I.C., Lovell, K. y Ogrodniczuk, J. (2003). "Comparative Efficacy, Speed, and Adverse Effects of Three PTSD Treatments: Exposure Therapy, EMDR, and Relaxation Training." *Journal of Consulting and Clinical Psychology*, 71, págs. 330-338.

15. Véase nota 11.

16. Véase nota 12.

17. Véase nota 13.

18. Wilson, S.A., Becker, L.A. y Tinker, R.H. (1995). "Eye Movement Desensitization and Reprocessing (EMDR) Treatment for Psychologically Traumatized Individuals." *Journal of Consulting and Clinical Psychology*, 63, págs. 928-937.

Wilson, S.A., Becker, L.A. y Tinker, R.H. (1997). "Fifteen-month Follow-up of Eye Movement Desensitization and Reprocessing (EMDR) Treatment for PTSD and Psychological Trauma." *Journal of Consulting and Clinical Psychology*, 65, págs. 1.047-1.056.

19. Stickgold, R. (2002). "Neurobiological Concomitants of EMDR: Speculations and Proposed Research." *Journal of Clinical Psychology*, 58, págs. 61-75.

20.   Véase, por ejemplo, Hersen, M. y Sledge, W (eds.) (2002). *Encyclopedia of Psychotherapy* (vol. I, págs. 777-785). Nueva York: Elsevier Science.

21.   Véase nota 19.

22.   Véase una breve discusión y referencias al respecto en el Apéndice D. Shapiro, F, (ed.) (2002). *EMDR as an integrative psychotherapy approach: Experts of diverse orientations explore the paradigm prism.* Washington, D.C.: American Psychological Association.

23.   Chemtob, C.M., Tolin, D.F., van der Kolk, B.A. y Pitman, R.K. (2000). "Eye Movement Desensitization and Reprocessing", en E.A. Foa, T.M. Keane y M.J. Friedman (eds.). *Effective treatments for PTSD: Practice guidelines from the International Society for Traumatic Stress Studies.* Nueva York: Guilford.

24.   Andrade, J., Kavanagh, D. y Baddeley, A. (1997). "Eye-movements and Visual Imagery: A Working Memory Approach to the Treatment of Posttraumatic Stress Disorder." *British Journal of Clinical Psychology*, 36, págs. 209-223.

Barrowcliff, A.L., Gray, N.S., Freeman, T.C.A. y MacCulloch, M.J. (en prensa). "Eye-movements Reduce the Vividness, Emotional Valence and Electrodermal Arousal Associated with Negative Autobiographical Memories." *Journal of Forensic Psychiatry and Psychology.*

Barrowcliff, A.L., Gray, N.S., MacCulloch, S., Freeman, T.C.A. y MacCulloch, M.J. (2003). "Horizontal Rhythmical Eye-movements Consistently Diminish the Arousal Provoked by Auditory Stimuli." *British Journal of Clinical Psychology*, 42, págs. 289-302.

Christman, S.D., Garvey, K.J., Propper, R.E. y Phaneuf, K.A. (2003). "Bilateral Eye Movements Enhance the Retrieval of Episodic Memories." *Neuropsychology*, 17(2), págs. 221-229.

Kavanagh, D.J., Freese, S., Andrade, J. y May, J. (2001). "Effects of Visuospatial Tasks on Desensitization to Emotive Memories." *British Journal of Clinical Psychology*, 40, págs. 267-280.

Kuiken, D., Bears, M., Miall, D. y Smith, L. (2001-2002). "Eye Movement Desensitization Reprocessing Facilitates Attentional Orienting." *Imagination, Cognition and Personality*, 21, págs. 3-20.

Sharpley, C.F., Montgomery, I.M. y Scalzo, L.A. (1996). "Comparative Efficacy of EMDR and Alternative Procedures in Reducing the Vividness of Mental Images." *Scandinavian Journal of Behaviour Therapy*, 25, págs. 37-42.

Van den Hout, M., Muris, P., Salemink, E. y Kindt, M. (2001).

"Autobiographical Memories Become Less Vivid and Emotional after Eye Movements." *British Journal of Clinical Psychology*, 40, págs. 121-130.

25.   Los lectores interesados en una revisión comprehensiva de las críticas y su frecuente fundamento acientífico y de la inexacta presentación e interpretación de los datos, pueden echar un vistazo a los siguientes artículos:

Beutler, L.E. y Harwood, T.M. (2001). "Antiscientific Attitudes: What Happens when Scientists are Unscientific?" *Journal of Clinical Psychology*, 57, págs. 43-51.

Perkins, B.R. y Rouanzoin, C.C. (2002). "A critical Evaluation of Current Views Regarding Eye Movement Desensitization and Reprocessing (EMDR): Clarifying Points of Confusion." *Journal of Clinical Psychology*, 58, págs. 77-97 (disponible también en http://www. perkinscenter. net).

26.   Boudewyns, P.A. y Hyer, L.A. (1996). "Eye Movement Desensitization and Reprocessing (EMDR) as Treatment for Post-traumatic Stress Disorder (PTSD)." *Clinical Psychology and Psychotherapy*, 3, págs. 185-195.

27.   Pitman, R.K., Orr, S.P., Altman, B., Longpre, R.E., Poire, R.E. y Macklin, M.L. (1996). "Emotional Processing During Eye-movement Desensitization and Reprocessing Therapy of Vietnam Veterans with Chronic Post-traumatic Stress Disorder." *Comprehensive Psychiatry*, 37, págs. 409-418.

28.   Véase nota 23.

29.   Eysenck, H.J. (1979). "The Conditioning Model of Neurosis." *Behavioral and Brain Sciences*, 2, págs. 155-199.

30.   Véase nota 10.

31.   Foa, E.B., Rothbaum, B.O., Riggs, D. y Murdock, T. (1991). "Treatment of Posttraumatic Stress Disorder in Rape Victims: A Comparison Between Cognitive-behavioral Procedures and Counselling." *Journal of Consulting and Clinical Psychology*, 59, págs. 715-723.

32.   Véase nota 26.

33.   Véase nota 27.

34.   Daniels, N., Lipke, H., Richardson, R. y Silver, S. (octubre de 1992). *Vietnam veterans treatment programs using eye movement desensitization and reprocessing*. Artículo presentado en el encuentro anual de la International Society for Traumatic Stress Studies, celebrado en Los Ángeles.

35.   Marcus, S.V., Marquis, P. y Saki, C. (1997). "Controlled Study of Treatment of PTSD Using EMDR in an HMO Setting." *Psychotherapy*, 34, págs. 307-315.
Rothbaum, B.O. (1997). "A Controlled Study of Eye Movement Desensitization and Reprocessing for Posttraumatic Stress Sisordered Sexual Assault Victims." *Bulletin of the Menninger Clinic*, 61, págs. 317-334.
Wilson, S.A., Becker, L.A. y Tinker, R.H. (1995). "Eye Movement Desensitization and Reprocessing (EMDR) Treatment for Psychologically Traumatized Individuals." *Journal of Consulting and Clinical Psychology*, 63, págs. 928-937.
Wilson, S.A., Becker, L.A. y Tinker, R.H. (1997). "Fifteen-month Follow-up of Eye Movement Desensitization and Reprocessing (EMDR) Treatment for PTSD and Psychological Trauma." *Journal of Consulting and Clinical Psychology*, 65, págs. 1.047-1.056.

36.   Butler, K. (1993). "Too Good to be True?" *Family Therapy Networker*, noviembre-diciembre, págs. 19-31, (pág. 24).

37.   Shapiro, F. (2002). "EMDR Twelve Years after its Introduction: Past and future research." *Journal of Clinical Psychology*, 58, págs. 1-22.
Shapiro, F. (2002). "EMDR and the Role of the Clinician in Psychotherapy Evaluation: Towards a More Comprehensive Integration of Science and Practice." *Journal of Clinical Psychology*, 58, págs. 1.453-1.463.

38.   De Jongh, A., Ten Broeke, E. y Renssen, M.R. (1999). "Treatment of Specific Phobias with Eye Movement Desensitization and Reprocessing (EMDR): Protocol, Empirical Status, and Conceptual Issues." *Journal of Anxiety Disorders*, 13, págs. 69-85.

39.   Brown, K.W, McGoldrick, T. y Buchanan, R. (1997). "Body Dysmorphic Disorder: Seven Cases Treated with Eye Movement Desensitization and Reprocessing." *Behavioural & Cognitive Psychotherapy,* 25, págs. 203-207.

40.   Shapiro, F. (2001). *Eye movement desensitization and reprocessing: Basic principles, protocols and procedures* (2ª ed.). Nueva York: Guilford.

41.   Véase nota 7.

Capítulo 1. El viaje del descubrimiento

1.   S. Rogers. "EMDR Reviews", Veterans Affairs Internet Forum, 1996.

2. F. Ryan, *The Forgotten Plague* (Boston: Little Brown, 1992).
3. F. Shapiro. "Eye Movement Desensitization and Reprocessing (EMDR): Evaluation of Controlled PTSD Research", *Journal of Behavior Therapy and Experimental Psychiatry*, 27 (1996), págs. 209-218.

Quizás el lector se sorprenda de que la mayoría de los tratamientos psicológicos conocidos hayan llegado a la consulta sin investigación que los respalde ni expectativa alguna de ser investigados en el futuro. De hecho cuando, en 1987, empecé a desarrollar la EMDR, revisé detenidamente toda la literatura entonces existente sobre los efectos del trauma y sólo descubrí la existencia de un estudio controlado sobre el tratamiento clínico del TEPT (que comparaba el efecto de 45 sesiones de desensibilización con ninguna terapia), que llevaba ya siete años identificada y categorizada en los manuales diagnóstico. Los más de 100 estudios publicados que encontré, que habían comenzado en 1980, cuando el TEPT fue formalmente reconocido como un trastorno psicológico, se centraban en las causas, la demografía y la teoría acerca del TEPT. En 1992 (13 años después de que el TEPT hubiera sido categorizado), una revision de los artículos publicados hasta entonces señalaba que sólo se habían realizado 11 estudios controlados y que cinco de ellos se ocupaban del empleo de fármacos psicotrópicos, un estudio cuyas conclusiones resultaron, por cierto, muy controvertidas. (Véase nota 5.)

Esta falta de investigación científica es, considerando el gran número de personas que cada año se ven traumatizadas, un auténtico escándalo. Por eso espero que se asigne más dinero y que la comunidad clínica y las empresas dedicadas a la gestión de la salud busquen formas de aplicar tratamientos exitosos y baratos. En la actualidad y debido, parcialmente, a la atención provocada por los rápidos efectos del tratamiento con la EMDR, cada vez son más los estudios controlados sobre la EMDR y otros métodos combinados de tratamiento de los traumas (véase Apéndice B). Los lectores que estén interesados en una descripción global de los estudios realizados sobre la EMDR pueden echar un vistazo a F. Shapiro, *Eye Movement Desensitization and Reprocessing. Basic Principles, Protocols, and Procedures*, Nueva York: Guilford Press, 1995) y a F. Shapiro. "Eye Movement Desensitization and Reprocessing (EMDR): Evaluation of Controlled PTSD Research", *Journal of Behavior Therapy and Experimental Psychiatry*, 27 (1996), págs. 209-218.

4.   S. Lazrove, L. Kite, E. Triffleman, T. McGlashan y B. Rousaville, "An Open Trial of EMDR in Patients with Chronic PTSD" (artículo presentado en la decimoprimera conferencia anual de la International Society for Traumatic Stress Studies, celebrada en Boston [Mass] en noviembre de 1995).

S. Marcus, P. Marquis y C. Sakai, "Eye Movement Desensitization and Re-processing: A Clinical Outcome Study for Post-Traumatic Stress Disorder" (artículo presentado en el encuentro anual de la American Psychological Association celebrado en Toronto [Canadá] en agosto de 1996).

B.O. Rothbaum, "A Controlled Study of Eye Movement Desensitization and Reprocessing in the Treatment of Posttraumatic Stress Disordered Sexual Assault Victims", *Bulletin of the Menninger Clinic*, en prensa.

M.M. Scheck, J.A. Schaeffer y C.S. Gillette, "Brief Psychological Intervention with Traumatized Young Women: The Efficacy of Eye Movement Desensitization and Reprocessing", *Journal of Traumatic Stress*, en prensa.

S.A. Wilson, L.A. Becker y R.H. Tinker, "Eye Movement Desensitization and Reprocessing (EMDR) Treatment for Psychologically Traumatized Individuals", *Journal of Consulting and Clinical Psychology*, 63 (1995), págs. 928-937.

S.A. Wilson, L.A. Becker y R.H. Tinker, "15-Month Follow-up of Eye Movement Desensitization and Reprocessing (EMDR) Treatment for Psychological Trauma", *Journal of Consulting and Clinical Psychology*, en prensa.

5.   S.D. Solomon, E.T. Gerrity y A.M. Muff, "Efficacy of Treatments for Posttraumatic Stress Disorder", *Journal of the American Medical Association*, 268 (1992), págs. 633-638.

6.   Cuando los medios de comunicación de masas se unieron al debate, su cobertura alentó ambos lados de la controversia. La revista *New York* publicó un titular aclamándola como "una cura milagrosa", pero en letra pequeña, se preguntaba si no sería una nueva moda. Un artículo de *Psychology Today* calificaba la EMDR como «un abordaje psiquiátrico rápido para quienes no están dispuestos a emprender el duro trabajo cotidiano necesario para mantener la salud mental en un mundo complejo». *Newsweek* se preguntaba si la EMDR sería «el nuevo Prozac o una nueva versión del viejo aceite de serpiente». Un artículo publicado en 1994 en el *Washington Post* incluía citas de psicólogos que la calificaban

como un avance innovador y otras que asemejaban la creencia en la EMDR a la ufología. Un signo del cambio de los tiempos, sin embargo, fue un artículo de seguimiento un año después que informaba del uso de la EMDR en Oklahoma City y ponía de relieve unos resultados extraordinariamente positivos. Los artículos periodísticos más recientes hablan sobre sus posibles efectos, pero siguen preguntándose *cómo* funciona.

7.   Véase Apéndice A.
8.   N. Cousins, *Anatomy of an Illness* (Nueva York: Norton, 1979).
9.   O.C. Simonton y J. Creighton, *Getting Well* Again (Nueva York: Bantam Books, 1982).

Capítulo 2. Asentando los cimientos

1.   J.L. Herman, *Trauma and Recovery* (Nueva York: Basic Books, 1992).
2.   J. Wolpe, *Psychotherapy by Reciprocal Inhibition* (Stanford, Calif.: Stanford University Press, 1958).
3.   Aunque la escala usa pueda parecer sencilla, proporciona más información sobre los efectos inmediatos del tratamiento de un recuerdo concreto que cualquier otra medida. La mayoría de las llamadas medidas globales de la salud mental han sido diseñadas para evaluar el estado psicológico global del sujeto, su personalidad y su forma general de estar y de comportarse en el mundo. No se utiliza mucho en el caso de las sesiones individuales de tratamiento de la EMDR con personas que hayan sufrido muchos eventos perturbadores porque no ha tenido efecto. El tratamiento de un incidente traumático concreto (como, por ejemplo, que hayan herido a tu mejor amigo con una bala que iba dirigida a ti) en una persona que ha experimentado traumas múltiples (como emboscadas, interrogatorios o pérdida de una pierna, por ejemplo) porque, en tal caso, la valoración del estado global de salud mental se asemejaría a sacar un leño del fuego y medir su temperatura para ver si las brasas todavía están calientes. La escala usa nos permite medir la temperatura de un solo leño y el practicante sigue usándola hoy en día con ese objetivo cuando está llevando a cabo una terapia con la EMDR. Es una medida que permite que el terapeuta y el cliente vean la eficacia del tratamiento de un trauma ligado a un evento concreto. Más tarde, usamos medidas globales para valorar la eficacia del plan de tratamiento global, incluida la sucesión total de sesiones de EMDR.

4.   F. Shapiro. "Efficacy of the Eye Movement Desensitization Procedure in the Treatment of Traumatic Memories", *Journal of Traumatic Stress Studies*, 2 (1989), págs. 199-223.

F. Shapiro. "Eye Movement Desensitization: A New Treatment for Post-Traumatic Stress Disorder", *Journal of Behavior Therapy and Experimental Psychiatry*, 20 (1989), págs. 211-217.

Esperaba que los psicólogos que leyeran el artículo quisieran llevar a cabo sus propios estudios sobre la eficacia de la EMDR. Esto fue importante porque mi estudio adolecía de la debilidad de que yo era, al mismo tiempo, la creadora del tratamiento y la persona que lo administraba a los sujetos durante el estudio, un sesgo que podría haber influido sobre sus respuestas. Por eso, la fiabilidad de mis resultados requería de una verificación independiente. Pero por más que esperase despertar el interés de muchos investigadores, tal cosa no ocurrió de inmediato. Los estudios realizados años más tarde corroboraron los efectos positivos de la EMDR. Pero, puesto que los terapeutas necesitaban algo para tratar el dolor aquí y ahora, empecé a enseñar la EMDR como un "procedimiento experimental" hasta que se llevase a cabo la investigación pertinente.

5.   Hoy en día disponemos de más de una docena de estudios controlados sobre el tratamiento de cerca de 300 sujetos corroborando la utilidad del uso de la EMDR. Las medidas estandarizadas han corroborado la desaparición de un amplio abanico de síntomas, entre los que se incluyen la ansiedad, la depresión, la somatización, la evitación, etcétera. Un estudio sobre la eficacia de la EMDR con víctimas de la violación demostró, en el 90% de los sujetos estudiados, la desaparición de los síntomas después de sólo tres sesiones de tratamiento. Estos resultados contrastan profundamente con él único otro estudio publicado controlado sobre el empleo de otros enfoques para tratar a las víctimas de la violación que mostró, después de siete sesiones, que el 50% de los sujetos habían abandonado el tratamiento y el 45% de ellos todavía padecían TEPT. Véase S.D. Solomon, E.T. Gerrity y A.M. Muff, "Efficacy of Treatments for Post-traumatic Stress Disorder", *Journal of the American Medical Association*, 268 (1992), págs. 633-638. Esta diferencia resulta, en mi opinión, sumamente reveladora, por más que se trate de una comparación entre diferentes experimentos y entrañe, por tanto, confusiones inherentes. Además, dos estudios con poblaciones de alto riesgo, uno con chicas toxicodependientes y que solían comprometerse en conductas sexuales peligrosas y, el otro, con

adolescentes sexualmente agresivos pusieron de relieve, tras unas pocas sesiones de EMDR, un aumento de su conciencia y la disminución de los problemas y de la tendencia a volver a incurrir en conductas violentas.

Una de las investigaciones controladas sobre la eficacia de la EMDR que se ha llevado a cabo recientemente y se ha visto publicada en el prestigioso *Journal of Consulting and Clinical Psychology* corroboró que, después de tan sólo tres sesiones de EMDR, el 84% de los sujetos dejaban de experimentar los síntomas del TEPT. Esto resultados se vieron corroborados por un seguimiento realizado 15 meses después del tratamiento. Las ocho víctimas del trauma del estudio habían experimentado un amplio abanico de traumas que iban desde la pérdida de un ser querido hasta la violación, la guerra, los desastres naturales, los accidentes y el diagnóstico de una enfermedad fatal.

Otro estudio, financiado por la Kaiser Permanente, una organización destinada al mantenimiento de la salud, comparó la EMDR con su método estándar destinado al cuidado de los clientes. Fueron necesarias cinco sesiones para eliminar los síntomas en la mayor parte de los sujetos sometidos a tratamiento EMDR, mientras que la mayoría de los que se hallaban en el grupo estándar seguían padeciéndolos después de 11 sesiones que combinaban la medicación, la terapia individual y la atención grupal. Gracias a este estudio, se ha estimado que, de haber contado con la EMDR, la institución en la que se llevó a cabo la investigación se habría ahorrado 2,8 millones de dólares al año. En el Apéndice B, los lectores interesados encontrarán investigaciones adicionales sobre la eficacia de la EMDR.

6. I.P. Pavlov, *Conditioned Reflexes* (Nueva York: Liveright, 1927).

7. M.A. Carskadon, *Encyclopedia of Sleep and Dreaming* (Nueva York: Macmillan, 1993).

8. J. Wolpe, *The Practice of Behavior Therapy*, 4ª ed. (Nueva York: Pergamon Press, 1991).

9. S.J. Ellman y J.S. Antrobus, *The Mind in Sleep* (Nueva York: Wiley, 1991).

10. C. Hong, C. Gillin, G.A. Callaghan y S. Potkin, "Correlation of Rapid Eye Movement Density with Dream Report Length and Not With Movements in the Dream: Evidence Against the Scanning Hypothesis", *Annual Meeting Abstracts*, panel presentado en la Association of Professional Sleep Societies, 12, 1992.

11.   M.S. Armstrong y K. Vaughan, "An Orienting Response Model of Eye Movement Desensitization", *Journal of Behavior Therapy and Experimental Psychiatry*, 27 (1996), págs. 21-32.

M.J. MacCulloch, M.P. Feldman y G. Wilkinson, "Eye Movement Desensitization Treatment Utilizes the Positive Visceral Element of the Investigatory Reflex to Inhibit the Memories of Post Traumatic Stress Disorder: A Theoretical Analysis", *British Journal of Psychiatry*, 169 (1996), págs. 571-579.

12.   A. Arai y G. Lynch, "Factors Regulating the Magnitude of Long-Term Potentiation Induced by Theta Pattern Stimulation", *Brain Research*, 598 (1991), págs. 173-184.

G. Barrionuevo, F. Schottler y G. Lynch, "The Effects of Repetitive Low-Frequency Stimulation on Control and 'Potentiated' Synaptic Responses in the Hippocampus", *Life Sciences*, 27 (1980), págs. 2.385-2.391.

13.   F. Shapiro, *Eye Movement Desensitization and Reprocessing. Basic Principles, Protocols, and Procedures* (Nueva York: Guilford Press, 1995).

Capítulo 3. El espíritu y la espada: El legado trágico de la guerra

1.   R.A. Kulka, W.E. Schlenger, J.A. Fairbank, B.K. Jordan, R.L. Hough, C.R. Marmar y D.S. Weiss, *Trauma and the Vietnam War Generation* (Nueva York: Brunner/Mazel, 1990).

2.   J.D. Kinzie y RR. Goetz, "A Century of Controversy Surrounding Posttraumatic Stress-Spectrum Syndromes: The Impact on DSM-III and DSM-IV", *Journal of Traumatic Stress*, 9 (1996), págs. 159-179.

3.   Z. Solomon, "Oscillating Between Denial and Recognition of PTSD", *Journal of Traumatic Stress* 8 (1995), págs. 271-281.

4.   R.A. Kulka *et al.*, *Trauma and the Vietnam War Generation*.

5.   S.D. Solomon, E.T. Gerrity y A.M. Muff, "Efficacy of Treatments for Posttraumatic Stress Disorder", *Journal of the American Medical Association*, 268 (1992), págs. 633-638.

6.   E.W. McCranie, L.A. Hyer, P.A. Boudewyns y M.G. Woods, "Negative Parenting Behavior, Combat Exposure, and PTSD Symptom Severity", *The Journal of Nervous and Mental Disease*, 180 (1992), págs. 431-438.

7.   En un momento anterior de la sesión, Eric había informado de la presencia de un nivel moderado de miedo al evocar su llamada a la artillería, como había sucedido la primera ocasión que trabaja-

mos en ello. Sin embargo, el miedo había cambiado porque, en esta ocasión, tenía que ver con su incapacidad para recordar muchos de los detalles ocurridos esa noche. Estaba ligado a otro miedo, el miedo a haber hecho otra cosa, algo que no recordase. Algo parecido sucedió también cuando nos adentramos en el recuerdo de la explosión de la mina, porque no podía recordar exactamente lo que había sucedido. Había mucho miedo asociado a esa experiencia, porque no podía prever los resultados.

Después de haber elaborado el incidente de la mina, volvimos atrás y nos adentramos de nuevo en el recuerdo del momento en que pidió ayuda a la artillería, un recuerdo cuya intensidad experimentó, cuando pareció completamente resuelto, un descenso de 6 hasta 1 o 2. La compleja asociación entre recuerdos y emociones y entre recuerdos y conducta también se ve ilustrada por el hecho de que las pesadillas de Eric desaparecieron tras la primera sesión de EMDR lo que, en mi opinión, se debió al hecho de haber procesado sus dos recuerdos principales, de haber sido el causante de alguna muerte "innecesaria".

Capítulo 4. La estructura del tratamiento: Descubriendo las raíces ocultas del dolor

1. F. Shapiro, *Eye Movement Desensitization and Reprocessing. Basic Principles, Protocols, and Procedures*, (Nueva York: Guilford Press, 1995).

2. Por otra parte, la presencia de estas condiciones no descarta automáticamente el uso de la EMDR. Recuerdo el caso de una mujer embarazada con la que trabajé y que estaba aterrada por el hecho de tener que dar a luz. Cuando hablamos sobre el tema, descubrió que el miedo se hallaba asentado en su infancia, porque era la mayor de ocho hijos y la perspectiva de tener su propio hijo se hallaba directamente asociada, en su mente, a la posibilidad de envejecer prematuramente, como había ocurrido con su madre. Bastaron un par de sesiones de EMDR para superar ese miedo, lo que le permitió tener un embarazo tranquilo y un parto sin incidentes. Asimismo, los pacientes cardíacos que viven con el estrés continuo de los traumas irresueltos podrían estar mucho mejor si utilizasen la EMDR, aun a riesgo de aumentar provisionalmente el grado de estrés, en lugar de seguir viviendo con la tensión cotidiana que el trauma irresuelto impone a su corazón.

3. B.A. van der Kolk, "The Body Keeps the Score: Memory and the

Evolving Psychobiology of Posttraumatic Stress", *Harvard Review of Psychiatry*, 1(1994), págs. 253-265.

4.   ¿Cómo saben los terapeutas que alguien tiene una creencia dañina fijada en su sistema nervioso? Evaluando su conducta. Para ello investigamos su biografía y tratamos de identificar los eventos del pasado que todavía provocan intensas reacciones emocionales o físicas. Tómese, por ejemplo, el tiempo necesario para evocar un recuerdo de hace más de 10 años que todavía le incomode. ¿Siente acaso algunas de las emociones y sensaciones que se hallaban entonces presentes? ¿Cuáles son los pensamientos que, en tal caso, tiene sobre sí mismo? Si los examina atentamente podrá advertir que esos pensamientos incluyen creencias negativas sobre sí mismo que dan cuenta de las respuestas negativas que pueda tener en situaciones presentes similares. Es muy posible, en tal caso, que ese recuerdo y las creencias negativas asociadas no hayan sido adecuadamente procesadas.

Capítulo 5. Los muchos rostros del miedo: Las fobias y los ataques de pánico

1.   I.P. Pavlov, *Conditioned Reflexes* (Nueva York: Liveright, 1927).
2.   J. Wolpe, *The Practice of Behavior Therapy* (Nueva York: Pergamon Press, 1990).
3.   D. Wilson, S.M. Silver, W. Covi y S. Foster, "Eye Movement Desensitization and Reprocessing: Effectiveness and Autonomic Correlates", *Journal of Behavior Therapy and Experimental Psychiatry*, 27 (1996), págs. 219-229.
4.   American Psychiatric Association, *Diagnostic and Statistical Manual of Mental Disorders* (Washington, D.C.: American Psychiatric Association, 1994).

Las fobias sociales constituyen entre el 10 y 20% de los trastornos de ansiedad. Sin embargo, el diagnóstico de fobia social, como el de hablar en público, por ejemplo, requiere que el miedo interfiera con la rutina normal de la persona. Son muchas las personas cuya vida no es lo suficientemente problemática como para que el problema pueda ser diagnosticado como fobia. Cierta investigación, por ejemplo, descubrió que, a pesar de que el 20% de los participantes referían la presencia de un gran miedo a hablar en público, sólo el 2% de ellos presentaba un deterioro vital que mereciese ser diagnosticado como fobia. Pero, como ya hemos dicho, la ausencia de diagnóstico no implica que el síntoma sea menos intenso.

5.   A. Goldstein y U. Feske, "Eye Movement Desensitization and Reprocessing: An Emerging Treatment for Anxiety Disorders", *Anxiety Disorder Association of America Reporter*, 4 (1993), págs. I, 12.

A. Goldstein y U. Feske, "Eye Movement Desensitization and Reprocessing for Panic Disorder: A Case Series", *Journal of Anxiety Disorders*, 8 (1994), págs. 351-362.

R.A. Kleinknecht, "Rapid Treatment of Blood and Injection Phobias with Eye Movement Desensitization", *Journal of Behavior Therapy and Experimental Psychiatry*, 24, n°. 3 (1993), págs. 25-31

H. Lipke, "Eye Movement Desensitization and Reprocessing (EMDR): A Quantitative Study of Clinician Impressions of Effects and Training Requirements", en F. Shapiro, *Eye Movement Desensitization and Reprocessing: Basic Principles, Protocols, and Procedures* (Nueva York: Guilford Press, 1995).

Otros estudios han sido dirigidos por investigadores que no han completado (y, en ocasiones, ni siquiera iniciado) la formación en EMDR. Los lectores que estén interesados en una discusión más completa sobre este punto, pueden echar un vistazo a F. Shapiro, "Eye Movement Desensitization and Reprocessing (EMDR): Research and Clinical Significance", en *The Evolution of Brief Therapy*, ed. por W. Matthews y J.H. Edgette (Nueva York: Brunner/Mazel, 1996), y F. Shapiro, "EMDR: Reflections from the Eye of a Paradigm Shift" (artículo presentado en calidad de invitada en el décimo congreso anual de la American Psychological Association, celebrado en Toronto [Canadá] en agosto de 1996).

6.   "Wiped Right Off the Map", *Time*, 18 de junio de 1984, n°. 25, pág. 30.

7.   C. Tamarkin, "Tornado", *People Weekly*, 9 de Julio de 1984, págs. 24-31.

Capítulo 6. El terror que acecha en mitad de la noche: Los trastornos del sueño y los traumas infantiles

1.   R.J. Ross, W.A. Ball, N.B. Kribbs, A.R. Morrison y S.M. Silver, "REM Sleep Disturbance as the Hallmark of PTSD" (artículo presentado en el 143° encuentro anual de la American Psychiatric Association celebrado en Nueva York en Mayo de 1990).

R.J. Ross, W.A. Ball, N.B. Kribbs, A.R. Morrison, S.M. Silver y F. D. Mulvanye, "Rapid Eye Movement Sleep Disturbance in Posttraumatic Stress Disorder", *Biological Psychiatry* 35 (1994), págs. 195-202.

R.J. Ross, W.A. Ball, K.A. Sullivan y S.N. Caroff, "Sleep Disturbance as the Hallmark of Posttraumatic Stress Disorder", *American journal of Psychiatry*, 146 (1989), págs. 697-707.
De hecho, Pierre Janet, contemporáneo de Freud, describió el fenómeno inclusivo del TEPT como "crisis sonambúlicas": Véase B.S. van der Kolk y O. van der Hart, "Pierre Janet and the Breakdown of Adaptation in Psychological Trauma", *American Journal of Psychiatry*, 146 (1989), págs. 1.530-1.540.

2.   Véase S.J. Efman y J.S. Antrobus, *The Mind in Sleep* (Nueva York: Wiley, 1991).

3.   E. Aserinsky y N. Kleitman, "Regularly Occurring Periods of Eye Motility and Concomitant Phenomena During Sleep", *Science*, 118 (1953), págs. 273-274.

4.   Véase M.L. Perlis y T.A. Nielsen, "Mood Regulation, Dreaming and Nightmares: Evaluation of a Desensitization Function for REM Sleep", *Dreaming*, 3 (1993), págs. 243-257.

5.   D. Wilson, S.M. Silver, W. Covi y S. Foster, "Eye Movement Desensitization and Reprocessing: Effectiveness and Autonomic Correlates", *Journal of Behavior Therapy and Experimental Psychiatry*, 27 (1996), págs. 219-229.

6.   R. Benca, W. Obermeyer, R. Thisled y J. Gillin, "Sleep and Psychiatric Disorders: Meta-Analysis", *Archives of General Psychiatry*, 49 (1992), págs. 651-668. La intensificación de la ansiedad es especialmente importante, como también lo es el efecto aparente de consolidación del recuerdo (véase nota 12). No obstante, es importante señalar que, a diferencia de lo que opina la mitología popular, la privación de sueño no suele provocar ninguna psicosis.

7.   S. Freud, *The Interpretation of Dreams* (Nueva York: Penguin Books, 1900/1953).

8.   J.A. Hobson y R.W. McCarley, "The Brain as a Dream State Generator: An Activation-Synthesis Hypothesis of the Dream Process", *American Journal of Psychiatry*, 134 (1977), págs. 1.334-1.338

9.   J.A. Hobson, *Sleep* (San Francisco: Freeman, 1989).

10.   J. Winson, "The Meaning of Dreams", *Scientific American*, 262 (1990), págs. 86-96.
J. Winson, "The Biology and Function of Rapid Eye Movement Sleep", *Current Opinion in Neurobiology*, 3 (1993), págs. 243-248.

11.   Es imposible llevar a cabo el procedimiento invasivo necesario para

aislar la onda theta equivalente en los seres humanos. Sin embargo, Winson advirtió que los movimientos oculares rápidos del estado de vigilia y del sueño pueden reflejar funciones complementarias al procesamiento de información. Ver J. Winson, "The Meaning of Dreams", *Scientific American*, 262 (1990), págs. 86-96.

12. A. Kami, D. Tanne, B.S. Rubenstein, J.J. Askenasi y D. Sagi, "No Dreams, No Memory: The Effect of REM Sleep Deprivation on Learning a New Perceptual Skill", *Society for Neuroscience Abstracts*, 18 (1992), pág. 387.

M.J. McGrath y D.B. Cohen, "REM Sleep Facilitation of Adaptive Waking Behavior: A Review of the Literature", *Psychological Bulletin*, 85 (1978), págs. 24-57.

13. B.A. van der Kolk, "The Body Keeps the Score: Memory and the Evolving Psychobiology of Posttraumatic Stress Disorder", *Harvard Review of Psychiatry*, 1(1994), págs. 253-265.

También es interesante señalar que los movimientos oculares sacádicos espontáneos han sido identificados como la causa de una activación significativa del hipocampo de los simios. Véase J.L. Ringo, S. Sobotka, M.D. Diltz y C.M. Bunce, "Eye Movements Modulate Activity in Hippocampal, Parahippocampal, and Inferotemporal Neurons", *Journal of Neurophysiology*, 71 (1994), págs. 1.285-1.288.

14. C. Hong, C. Gillin, G.A. Callaghan y S. Potkin, "Correlation of Rapid Eye Movement Density with Dream Report Length and Not with Movements in the Dream: Evidence Against the Scanning Hypothesis", *Annual Meeting Abstracts*, Association of Professional Sleep Societies, panel 12, 1992.

15. P. Roffwarg, J.N. Muzio y W.C. Dement, "Ontogenic Development of the Human Sleep-Dream Cycle", *Science*, 152 (1966), págs. 604-619.

16. B.A. van der Kolk y R.E. Fisler, "Childhood Abuse and Neglect and Loss of Self-Regulation", *Bulletin of the Menninger Clinic*, 58 (1994), págs. 145-168.

17. J.E. LeDoux, "Emotion, Memory, and the Brain", *Scientific American*, junio de 1994, págs. 50-57. No cabe la menor duda de que los niños necesitan aprender a "consolarse a sí mismos". Pero tal cosa, obviamente, no tiene nada que ver con el simple hecho de ignorar el llanto del bebé.

Toda una generación de *baby boomers* fue criada por madres a las que se les aconsejó no responder al llanto de sus hijos y que debían alimentarlos a ciertas horas. La imagen de miles de niños llorando a solas en la oscuridad me parece tan espantosa que muchas veces me he preguntado por sus posibles efectos psicológicos y sociológicos. Son muchas, en este sentido, las personas que he conocido a lo largo de los años que han descrito sus pérdidas y miedos más traumáticos evocando la imagen de "gritar a solas en la oscuridad", y en ocasiones, ha resultado de gran ayuda señalarles que todos estábamos juntos, sintiéndonos solos en medio de la oscuridad.

18.   P.D. MacLean, A *Triune Concept of the Brain and Behavior* (Toronto [Canadá]: University of Toronto Press, 1978).
B.A. van der Kolk, *Psychological Trauma* (Washington, D.C.: American Psychiatric Press, 1987).

19.   J.C. Pearce, *Evolution's End* (San Francisco: HarperCollins, 1993).

20.   M. Kramer, "The Nightmare: A Failure in Dream Function", *Dreaming*, I (1991), págs. 277-285.

21.   Véase M.L. Perlis y T.A. Nielsen, "Mood Regulation, Dreaming and Nightmares: Evaluation of a Desensitization Function for REM Sleep", *Dreaming*, 3 (1993), págs. 243-257.

22.   J. Gibson, "Nightmares and Night Terrors", *Parents*, 66 (1991), pág. 159.
J. Rosemond, "Night Terrors." *Better Homes and Gardens* 71(1991), pág. 38.
M. Sacks, "In Dread of Night", *San Jose Mercury News*, 23 de enero de 1966, págs. 1461D-1462D.

23.   Véase van der Kolk y Fisler, "Childhood Abuse and Neglect", págs. 145-168.

24.   Tal vez, después de leer la sección anterior de este capítulo sobre el sueño REM, el lector piense que «si pueden utilizarse tonos y pulsos, la hipótesis REM debe estar equivocada». Pero ése no es necesariamente el caso. Aunque la conexión existente entre el sueño REM y la EMDR puede ser simplemente una buena analogía, el hecho de que puedan utilizarse otros tipos de estímulos no implica necesariamente la imposibilidad de activar el mismo tipo de proceso que ocurre durante el sueño REM. Dicho en otras palabras, el cuerpo es incapaz, durante el sueño, de generar tonos o pulsos externos. Lo único que permite la inhibición neuronal motora característica del sueño son los movimientos oculares. Pero es evidente que, en el estado de vigilia, disponemos de muchas otras alternativas. La cuestión consiste en estimular las

funciones corticales necesarias para procesar el material perturbador. Tal vez, las funciones corticales se vean activadas, independientemente de la naturaleza de los estímulos alternativos, por el proceso de la atención dividida. Será, por tanto, muy interesante la investigación que, en los próximos años, se lleve a cabo sobre los componentes de la terapia. Pero, puesto que la EMDR es un método complejo que apela a una integración única de aspectos procedentes de diversas modalidades, es de esperar que, aun en ausencia de estimulación, se mantengan los efectos positivos del tratamiento. Por eso, el análisis de los factores intervinientes debe ser llevado a cabo con sumo cuidado. Véase F. Shapiro, *Eye Movement Desensitization and Reprocessing. Basic Principles, Protocols, and Procedures* (Nueva York: Guilford Press, 1995).

25. Véase Shapiro, *Eye Movement Desensitization and Reprocessing: Basic Principles, Protocols and Procedures* (Nueva York: Guilford Press, 1995).

26. Véase R.A. Drake, "Processing Persuasive Arguments: Recall and Recognition as a Function of Agreement and Manipulated Activation Asymmetry", *Brain and Cognition*, 15 (1993), págs. 83-94.

27. La investigación realizada sobre el cerebro dividido a lo largo de los años ha puesto claramente de manifiesto las diferencias de función, procesamiento y almacenamiento de la memoria de la que se ocupan ambos hemisferios. Véase R. Joseph, *The Right Brain and the Unconscious* (Nueva York: Plenum Press, 1992). La atención alternativa utilizada en la EMDR puede permitir una integración acelerada de función, memoria y efectos adaptativos.

Capítulo 7. Vínculo que atan: Los trastornos del apego

1. A. Anastasi, "Heredity, Environment, and the Question 'How'?", *Psychological Review*, 65 (1958), págs. 197-208.
   L. Eisenberg, "The Social Construction of the Human Brain", *American Journal of Psychiatry*, 152 (1995), págs. 1.563-1.575.

2. F.J. Kallmann, *The Genetics of Schizophrenia* (Nueva York: Augustin, 1938).
   F.J. Kallmann, "The Genetic Theory of Schizophrenia: An Analysis of 691 Schizophrenic Twin Index Families", *American Journal of Psychiatry*, 103 (1946), págs. 309-322.

3. Las personas que acaban desarrollando una esquizofrenia no suelen tener un miembro de la familia que padezca ese trastorno.

Además, si la causa de la esquizofrenia fuese exclusivamente genética existiría una correspondencia muy elevada en los gemelos monocigóticos (en el sentido de que, si uno la padece, el otro debería padecerla también). Pero aunque la tasa de concordancia sea mayor, en tal caso, que la de la población normal y la de los gemelos dicigóticos, no supera el 30%. No cabe, pues, la menor duda de la implicación de factores ajenos a la herencia.

M.L. Kohn, "Social Class and Schizophrenia: A Critical Review and a Reformulation", *Schizophrenia Bulletin*, 7 (1973), págs. 60-79.

D. Rosenthal, "The Heredity-Environment Issue in Schizophrenia: Summary of the Conference and Present State of Our Knowledge", en *The Transmission of Schizophrenia*, ed. por D. Rosenthal y S.S. Kety (Oxford, Inglaterra: Pergamon Press, 1968).

4.   A.J. Sameroff, R. Seifer y M. Zax, "Early Development of Children at Risk for Emotional Disorder", en *Monographs of the Society for Research in Child Development*, vol. 47, n° 7 (Chicago: University of Chicago Press, 1982).

5.   La información recopilada sobre el uso de la EMDR puede ayudar a responder a una importante cuestión planteada por el doctor Erlenmeyer-Kimling en el congreso de The Transmission of Schizophrenia celebrado en 1968: «¿Qué tipo de *input* ambiental facilita la manifestación del trastorno en personas genotípicamente vulnerables y en qué sentido son éstas psicológicamente importantes?».

6.   A.J. DeCasper y M.J. Spence, "Prenatal Maternal Speech Influences Newborns' Perceptions of Speech Sounds", *Infant Behavior and Development*, 9 (1986), págs. 133-150. El entorno uterino también puede tener un efecto directo sobre la motivación y la conducta. En este sentido, por ejemplo, se ha descubierto que los bebés franceses recién nacidos chupan más intensamente cuando escuchan hablar francés que cualquier otro idioma. J. Mehler, P.W. Jusczyk y G. Lambertz, "A Precursor to Language Development in Young Infants", *Cognition* 291 (1988), págs. 143-178.

7.   Parte de esta susceptibilidad al estrés puede deberse a una hipersensibilidad a ciertas condiciones provocada por el efecto del alcohol sobre el feto.

8.   S.H. Dinwiddie y C.R. Cloninger, "Family and Adoption Studies in Alcoholism and Drug Addiction", *Psychiatric Annals*, 21(1991), págs. 206-214.

K.S. Kendler, A.C. Heath, M.C. Neale, R.C. Kessler y L.J. Eaves,

"A Population-Based Twin Study of Alcoholism in Women", *Journal of the American Medical Association*, 2681 (1992), págs. 1.877-1.882.

9. Sameroff, Seifer y Zax, "Early Development of Children at Risk for Emotional Disorder."

10. D.M. Bullard, H.H. Glaser, M.C. Heagarty y E.C. Pivcheck, "Failure to Thrive in the Neglected Child", *American Journal of Orthopsychiatry*, 37 (1967), págs. 680-690.

11. D. Calof, "Self-Injurious Behavior: Treatment Strategies", (artículo presentado en el cuarto encuentro anual de la Eastern Regional Conference on Abuse and Multiple Personality, celebrado en Alexandria en junio de 1992).

12. Aunque, en este caso, Joan esté formulando una afirmación a Ashley al tiempo que dirige sus movimientos oculares, esta práctica no tiene nada que ver con la hipnosis. Los registros encefalográficos que se producen durante la hipnosis indican la presencia de un aumento de las ondas alfa, beta y theta, directamente asociadas al aumento de la sugestibilidad, hasta el punto de que los hipnotizadores de teatro pueden conseguir que las personas ladren como perros o actúen como pollos. Las lecturas de la EEG de quienes están atravesando una EMDR no muestran esas pautas de onda cerebral, sino que presentan un tipo de ondas cerebrales asociado a los parámetros normales de la vigilia, donde la persona permanece completamente consciente y es menos sugestionable de lo habitual a información inadecuada. Así pues, la afirmación realizada por Joan era cierta porque, en caso contrario, Ashley se hubiera sentido mal y la hubiera rechazado. Éste es un punto corroborado por los informes realizados por los terapeutas que, durante los últimos siete años, han estado utilizando la EMDR con miles de clientes. Así pues, la EMDR no interfiere con las creencias ni con los sentimientos apropiados y tampoco lleva a la persona a creer en algo que no sea cierto.

Capítulo 8. La curación de los estragos causados por la violación

1. M. Amir, *Patterns in Forcible Rape* (Chicago: University of Chicago Press, 1970.

   J.V. Becker y G.G. Abel, "The Treatment of Victims of Sexual Assault", *Quarterly Journal of Corrections* 1 (1977), págs. 38-42.

   A.W. Burgess, "Rape Trauma Syndrome", *Behavioral Science and the Law* 1 (1983), págs. 97-113.

D. Chappell, G. Geis y F. Fogarty, "Forcible Rape: Bibliography", *Journal of Criminal Law and Criminology*, 65 (1974), págs. 248-263.

E. Midlarsky, *Women, Psychopathology, and Psychotherapy: A Partially Annotated Bibliography* (Journal Supplement Abstract Service, ms. 1472, American Psychological Association, 1977).

S. Schafer, *The Victim and His Criminal* (Nueva York: Random House, 1968).

H. von Hentig, *The Criminal and His Victim* (New Haven, Conn.: Yale University Press, 1948).

2.   A.W. Burgess y L.L. Holmstrom, "Rape Trauma Syndrome", *Archives of General Psychiatry*, 13 (1974), págs. 981-986.

M.A. Largen, "History of the Women's Movement in Changing Attitudes, Laws, and Treatment Toward Rape Victims", en *Sexual Assault*, ed. por M.J. Walker y S.L. Brodsky (Lexington, Mass.: Heath, 1976).

3.   American Psychiatric Association, *Diagnostic and Statistical Manual of Mental Disorders*, 3ª ed. rev. (Washington, D.C.: American Psychiatric Association, 1987).

4.   S.D. Solomon, E.T. Gerrity y A.M. Muff, "Efficacy of Treatments for Posttraumatic Stress Disorder", *Journal of the American Medical Association*, 268 (1992), págs. 633-638.

5.   D.G. Kilpatrick, L.J. Veronen y C.L. Best, "Factors Predicting Psychological Distress Among Rape Victims", en *Trauma and Its Wake*, ed. por C.R. Figley (Nueva York: Brunner/Mazel, 1985).

M.P. Koss, "Implications for the Clinical Treatment of Victims", *The Clinical Psychologist*, 36 (1983), págs. 88-91.

6.   D.G. Kilpatrick y H.S. Resnick, "PTSD Associated with Exposure to Criminal Victimization in Clinical and Community Populations", en *Posttraumatic Stress Disorder: DSM IV and Beyond*, ed. por J.R.T. Davidson y E.B. Foa (Washington, D.C.: American Psychiatric Press, 1993).

7.   Hoy en día se estima que, entre el 10 y el 50% de las mujeres de los Estados Unidos, han sido víctimas, en algún que otro período de su vida, de una agresión sexual.

B.L. Green, "Psychosocial Research in Traumatic Stress: An Update", *Journal of Traumatic Stress*, 7 (1994), págs. 341-362.

D.G. Kilpatrick y C.L. Best, "Some Cautionary Remarks on Treating Sex-ual Assault Victims with Implosion", *Behavior Therapy*, 15 (1984), págs. 421-423.

8.   A.W. Burgess y L.L. Holmstrom, "Adaptive Strategies and

Recovery from Rape", *American Journal of Psychiatry*, 136 (1979), págs. 1.278-1.282.

B.L. Green, "Psychosocial Research in Traumatic Stress: An Update", *Journal of Traumatic Stress*, 7 (1994), págs. 341-362.

T.W. McCahill, L.C. Meyer y A.M. Fishman, *The Aftermath of Rape* (Lexington, Mass.: Heath, 1979).

9.   La remisión espontánea es la recuperación que se da sin haber recibido ningún tratamiento duranmte un período de uno a tres meses después del trauma.

D.G. Kilpatrick, L.J. Veronen y P.A. Resick, "The Aftermath of Rape: Recent Empirical Findings", *American Journal of Orthopsychiatry*, 49 (1979), págs. 658-659.

10.   E.B. Foa, B.O. Rothbaum, D.S. Riggs y T.B. Murdock, "Treatment of Post-Traumatic Stress Disorder in Rape Victims: A Comparison Between Cognitive-Behavioral Procedures and Counseling", *Journal of Consulting and Clinical Psychology*, 59 (1991), págs. 715-723.

11.   R. Janoff-Bulman, *Shattered Assumptions* (Nueva York: Free Press, 1992).

12.   J.L. Krupnick y M.J. Horowitz, "Stress Response Syndromes: Recurrent Themes", *Archives of General Psychiatry*, 38 (1981), págs. 428-435.

13.   B.A. van der Kolk, "The Body Keeps the Score: Memory and the Evolving Psychobiology of Posttraumatic Stress", *Harvard Review of Psychiatry*, 1 (1994), págs. 253-265.

14.   S.A. Wilson, L.A. Becker y R.H. Tinker, "Eye Movement Desensitization and Reprocessing (EMDR) Treatment for Psychologically Traumatized Individuals", *Journal of Consulting and Clinical Psychology*, 63 (1995), págs. 928-937.

S.A. Wilson, L.A. Becker y R.H. Tinker, "15-Month Follow-up of Eye Movement Desensitization and Reprocessing (EMDR) Treatment for Psychological Trauma", *Journal of Consulting and Clinical Psychology*, en prensa.

Capítulo 9. Atravesando el duelo

1.   G. Everley, ed., *Innovations in Disaster and Trauma Psychology* (Elliot City, Md.: Chevron Publishing, 1995).

2.   Son muchos, hoy en día, los servicios policiales de los Estados Unidos que están utilizando la EMDR. Pero hay que decir que no se utiliza inmediatamente después de un homicidio porque, en cier-

tas ocasiones, el tratamiento con la EMDR provoca el desvanecimiento completo de las imágenes relativas al evento. Aunque el cliente sepa lo que sucede, este ensombrecimiento o cambio de la imagen traumática puede entrar en conflicto con la necesidad de la policía de testificar en un juicio y de proporcionar una descripción detallada de la escena original del crimen. Aunque los policías puedan provocar la resolución emocional a través de la EMDR, tal vez sea necesario que sigan sufriendo hasta concluir el juicio. La posibilidad de que la imagen se diluya y las emociones se devanezcan como resultado del tratamiento con la EMDR también debe ser tenida en cuenta en lo que respecta a los posibles testigos.

3. Los problemas que aquejan a los miembros del personal de emergencia aumentan espectacularmente cuando la persona fallecida o herida se asemeja a un ser querido.

4. S. Zisook y R. DeVaul, "Grief, Unresolved Grief, and Depression", *Psychomatics*, 24 (1983), págs. 247-256.

5. T. Rando, *Treatment of Complicated Mourning* (Champaign, Ill.: Research Press, 1993). Este excelente libro nos proporciona una visión completa de los distintos tipos de duelo y de las fases que conducen a la curación. El uso de la EMDR no elimina, en modo alguno, las necesidades de recordar y atravesar el duelo. Las fases de la curación y seis grandes procesos del duelo descritos por la doctora Rando se despliegan de manera completa y natural, como pone de manifiesto la transcripción presentada en este capítulo.

6. Esta verbalización de Mia expresa una comprensión muy profunda. Pero no deberíamos olvidar que la investigación clínica y empírica ha demostrado que la muerte de un hijo es la más difícil de las pérdidas que una persona puede atravesar –una pérdida más dolorosa que la muerte de cualquier otro miembro de la familia–. No existe la menor duda de que esa situación es la que más riesgo de complicaciones del duelo presenta. En cualquiera de los casos, sin embargo, el sujeto debe terminar asimilando la pérdida. Cuando Mia se curó y estableció contacto con sus recursos espirituales, pudo advertir que todas las conexiones se llevaban a cabo y pudo permanecer en paz y dejar de preguntarse "por qué". Tengamos en cuenta que la EMDR no se ocupa tan sólo de "desensibilizar" el dolor, sino que reprocesa la experiencia. Son muchas las madres a las que he escuchado verbalizar su comprensión diciendo algo así como: «Le siento en mi corazón. Estoy muy agradecida por el tiempo que hemos vivido juntos. Finalmente está en un lugar mejor».

Capítulo 10. Rompiendo los grilletes de la dependencia

1. J. Davidson, D. Hughes, D. Blazer y L. George, "Post-Traumatic Stress Disorder in the Community: An Epidemiological Study", *Psychological Medicine*, 21(1991), págs. 713-721.

2. Las investigaciones realizadas en este sentido indican que cerca del 75% de las víctimas del TEPT asociado a la guerra son también grandes consumidoras de substancias y que, en este sentido, las diferentes poblaciones de víctimas del TEPT presentan tasas también distintas. Según varios estudios, sin embargo, el 50% de las víctimas de la guerra y de la agresión sexual que han desarrollado un TEPT siguen padeciendo el trastorno. De hecho, en la población de los Estados Unidos existe un 9% de prevalencia del TEPT al que las víctimas suelen enfrentarse tomando substancias que amortiguan su dolor, como el alcohol, la cocaína, las anfetaminas, la heroína o incluso la comida. Los lectores que estén interesados en una discusión más detallada sobre las investigaciones realizadas al respecto pueden echar un vistazo a B.L. Green, "Psychosocial Research in Traumatic Stress: An Update", *Journal of Traumatic Stress*, 7 (1994), págs. 341-362.

Quienes esten interesados en una excelente revisión de la relación que existe entre el trauma y el abuso de substancias, pueden leer el artículo de J.E. Zweben, W. Clar y D.E. Smith, "Traumatic Experiences and Substance Abuse: Mapping the Territory", *Journal of Psychoactive Drugs*, 26 (1994), págs. 327-344.

3. S. Brown, "Alcoholism and Trauma: A Theoretical Overview and Comparison", *Journal of Psychoactive Drugs*, 26 (1994), págs. 345-355.

4. D. Goodwin, "Is Alcoholism Hereditary?", *Archives of General Psychiatry*, 25 (197), págs. 545-549.

En M. Schuckit y J. Duby, "Alcohol-Related Flushing and the Risk for Alcoholism in the Sons of Alcoholics", *Journal of Clinical Psychiatry*, 43 (1982), págs. 415-518.

5. D.R. Cloninger, "Genetic and Environmental Factors in the Development of Alcoholism", *Journal of Psychiatric Treatment Evaluation* (especial monográfico sobre el alcoholismo, ed. por S. Blume, 1983).

6. El diagnóstico formal de Silke afirmaba que Amy padecía un trastorno de personalidad evitativa. Un trastorno de personalidad es una enfermedad en la que la persona desarrolla, para minimizar el dolor, rasgos o pautas de conducta disfuncionales duraderos.

Aunque todo el mundo teme el rechazo, la extraordinaria sensibilidad de Amy le impedía emprender cualquier relación hasta estar completamente segura de no ser rechazada. El largo historial de depresión de Amy también es un aspecto del trastorno de personalidad evitativo y uno de los desencadenantes habituales del abuso de substancias.

7.   Como su nombre indica, el procesamiento acelerado también implica un aprendizaje acelerado. Nosotros apelamos a la EMDR para enseñar nuevas habilidades y conductas que preparen a las personas para el futuro. Después de asegurarnos de que el cliente entienda intelectualmente los conceptos y razones de la conducta, el cliente se imagina dando los pasos necesarios durante series sucesivas de movimientos oculares de modo que cuando la situación suceda en la vida real, se encuentre en una posición más adecuada para enfrentarse a ella.

8.   D. Finklehor y D. Dziuba-Leatherman, "Victimization of Children", *American Psychologist*, 49 (1994), págs. 173-183.
D. Finklehor, G. Hotaling, I.A. Lewis y C. Smith, "Sexual Abuse in a National Survey of Adult Men and Women: Prevalence, Characteristics, and Risk Factors", *Child Abuse and Neglect*, 14 (1990), págs. 191-228.
Esta encuesta nacional indica que el 16% de los hombres adultos y el 27% de las mujeres adultas fueron víctimas, durante su infancia, de abuso sexual. La prevalencia del abuso sexual se ha visto dificultada por el debate en torno a la fiabilidad de la memoria. Es cierto que los clientes pueden verse engañados por terapeutas que les proporcionan información inexacta sobre la infalibilidad de sus recuerdos. De hecho, ningún "recuerdo" o imagen emergente de un abuso remoto antes olvidado puede ser considerado biográficamente exacto sin corroboración externa. Además, los clientes también pueden verse engañados por agresores que se empeñan en negar el abuso. A veces la negación es sincera, porque el abuso se produjo durante un período de pérdida de la conciencia debido al alcohol u otro estado disociado. Cuando está sobrio, el agresor no puede admitir que ha hecho lo que ha hecho y reacciona ante la acusación indignándose. En este sentido, el abuso de substancias suele ser una de las causas de la violencia que acaba convirtiéndose fácilmente en un efecto. Por eso, en tal caso puede establecerse una cadena continua de violencia y agresión que acaba transmitiendo el mismo problema a la siguiente generación.

Afortunadamente, la eficacia de la terapia EMDR no depende de la exactitud biográfica del recuerdo. Poco importa, en este sentido, que el recuerdo sea exacto, el producto de un trauma vicario o un completo error. Independientemente de la validez, el objetivo de la EMDR consiste en eliminar su influencia negativa sobre el cliente.

9. C. Downing, "Surrender to Powerlessness and Its Relationship to Relapse in Recovering Alcoholics" (Ph.D. diss., Saybrook Institute, San Francisco, 1991). Citado en R.H. Kitchen, "Relapse Therapy", *EMDR Newsletter*, 1 (1991), págs. 4-6.

10. B.O. Rothbaum, "How Does EMDR Work?", *Behavior Therapist*, 15 (1992), pág. 34.

Capítulo 11. La última puerta: Enfrentándonos la enfermedad, la incapacidad y la muerte

1. En el núcleo de cualquier experiencia traumática hay una sensación de horror e incluso miedo a la muerte. Independientemente de las razones evidentes de muchas de nuestras reacciones perturbadoras de ansiedad, angustia o malestar, todo parece reducirse, desde un punto de vista evolutivo, al miedo primordial de que está en juego nuestra misma supervivencia. Este miedo parece estar operando en situaciones que, objetivamente consideradas, no amenazan, en modo alguno, nuestra vida. ¿De qué otro modo podríamos explicar las intensas reacciones que experimentamos cuando nos humillan en la escuela, cuando nuestros padres nos abandonan en un campo de veraneo? ¿Por qué, cuando perdemos un trabajo, nos imaginamos viviendo ya debajo de un puente? ¿Por qué, cuando se rompe una relación, creemos que moriremos solos y que ya nadie nos querrá? ¿Es que acaso, en nuestra configuración fisiológica, hay integrada una alarma de supervivencia que se dispara cada vez que sentimos amenazado nuestro bienestar? Hubo un tiempo en el que vernos separados del rebaño significó la muerte, y quizás una experiencia semejante provoque una respuesta emocional equivalente.

Todo esto es ciertamente muy especulativo, pero no hay nada que ponga más de manifiesto el miedo a la muerte que las lesiones y las enfermedades físicas serias. Aunque, técnicamente hablando, las personas que padecen una enfermedad no pueden ser diagnosticadas clínicamente de TEPT a menos que la situación clínica amenace su vida, sus consecuencias psicológicas son igualmente devastadoras. ¡Hay veces incluso en las que la enfermedad se complica porque la persona considera su propio cuerpo como un agresor ineludible!

2.   Una interacción de factores parece evidente. La genética puede provocar una susceptibilidad a ciertas enfermedades, y en este sentido, hay personas que pueden ser más proclives al ataque cardíaco y otras a los problemas pulmonares o al cáncer. También existen factores ambientales, como las toxinas o la radiación, que pueden tener un impacto muy poderoso. La evidencia clínica también pone de relieve la presencia de factores psicológicos. Un sistema inmunitario sano puede protegerse adecuadamente de la enfermedad, pero cuando el sistema inmunitario se ve debilitado debido a un gran número de factores, incluyendo algunos tipos de estrés psicológico agudo o crónico, la persona puede dejar de ser capaz de evitar la enfermedad.

N. Cousins, *Anatomy of an Illness* (Nueva York: Norton, 1979).

N. Cousins, *Head First: The Biology* of *Hope* (Nueva York: Norton, 1989).

K.R. Pelletier, *Mind as Healer, Mind as Slayer* (Nueva York: Delacorte, 1977).

E.L. Rossi, *The Psychobiology of Mind-Body Healing* (Nueva York: Norton, 1986).

B. Siegal, *Peace, Love and Healing* (Nueva York: Harper & Row, 1989).

G. Solomon y L. Temoshok, "An Intensive Psychoimmunologic Study of Long-Surviving Persons with AIDS", *Annals of the New York Academy of Science*, 496 (1987), págs. 647-655.

3.   También llamado estadio IV.

4.   La ansiedad, la depresión, los pensamientos obsesivos y la tendencia a preocuparse excesivamente forman parte de nuestro horizonte clínico cuando nos vemos enfrentados a una enfermedad que pone en peligro nuestra vida. Son muchas las personas que, además de sentirse impotentes, se ven asustadas por imágenes obsesivas hasta el momento del diagnóstico. Hay veces en las que la insensibilidad o la frialdad de los médicos pueden llevar al paciente a creer que les están dictando una sentencia de muerte. Este tipo de imágenes, en el caso de que existan, se convierten en el objeto fundamental de la sesión de EMDR. Dado que la enfermedad puede ser un trauma continuo, la EMDR puede ser utilizada con perturbaciones que no han remitido en anteriores procedimientos médicos o como preparación de algunos futuros. Para muchos

enfermos, además, las relaciones con la familia y los amigos pueden también convertirse en todo un problema. No olvidemos que hay casos en los que la persona en la que más confiamos no puede enfrentarse a la situación y hace que las cosas empeoren. Es importante que los pacientes cancerosos aprendan a ubicarse en el escalón superior de la lista de prioridades, lo que quizás no resulte sencillo, porque podría tratarse de la primera vez en que han dejado de ocuparse de los demás.

5. O.C. Simonton y J. Creighton, *Getting Well Again* (Nueva York: Bantam Books, 1982).

6. Las células-T, cuyo recuento normal gira en torno a 800-1.300, nos defienden de los virus.

Capítulo 12. Visiones del futuro: La DRMO en el mundo

1. En junio de 1996 aparecieron cinco estudios en los *Archives of General Psychiatry* que pusieron de manifiesto la existencia de un vínculo entre la salud mental y la criminalidad. El 80% de casi 30.000 mujeres pendientes de juicio tenía un historial de enfermedad mental y el 70% había presentado síntomas de trastorno psicológico en los últimos seis meses. Estos estudios también evidenciaron la elevada incidencia de la exposición al trauma, incluida una documentada historia de abuso sexual en un elevado porcentaje de esas personas. El editorial concluía señalando «la existencia de un vínculo, que no deberíamos desdeñar, entre la violencia, el crimen y la enfermedad mental».

    ¿Puede acaso el tratamiento de los recuerdos traumáticos de los programas de prevención del crimen tener un impacto significativo sobre la incidencia de la violencia y la criminalidad? Uno de los objetivos principales de algunos investigadores de la EMDR consiste en emprender estudios a gran escala para investigar la posibilidad de utilizar la EMDR en los sistemas penitenciarios y en los programas de prevención del crimen puestos en marcha en los barrios más degradados de las ciudades. Éste es un proyecto especial que se halla bajo los auspicios de la EMDR Humanitarian Assistance Programs, una organización sin fines de lucro dedicada a llevar la EMDR a cualquier parte del mundo que haya sufrido una catástrofe que la requiera. (Véase Apéndice A.)

2. El reverendo David Price afirma que «está preparándose un amplio estudio científicamente diseñado ahora para corroborar la validez de los resultados de este pequeña prueba en los pedófilos. El protocolo

de la EMDR no sólo proporciona esperanza para reprocesar viejos recuerdos traumáticos, sino una intervención positiva para acabar eficazmente con las pautas de conducta criminal. Como sacerdote considero que la sacralidad intrínseca del cuerpo y su capacidad de curar nos viene dada por Dios y se ve actualizada gracias a la EMDR». De este modo, es posible unir la fe y la ciencia. Aunque dos pequeños estudios (véase Apéndice B) informen de resultados similares relativos al cambio y la renuncia a las conductas agresivas o a las conductas de alto riesgo en todo el país, todavía es necesaria mucha más investigación. Por el momento, sin embargo, el comentario del reverendo me parece completamente acertado porque lo que la EMDR ofrece básicamente es esperanza.

Apéndice D

1. De Jongh, A., Ten Broeke, E. y Renssen, M. R. (1999). "Treatment of Specific Phobias with Eye Movement Desensitization and Reprocessing (EMDR): Protocol, Empirical Status, and Conceptual Issues." *Journal of Anxiety Disorders*, 13, págs. 69-85.

2. De Jongh, A., van den Oord, H.J.M. y Ten Broeke, E. (2002). "Efficacy of Eye Movement Desensitization and Reprocessing (EMDR) in the Treatment of Specific Phobias: Four Single-case Studies on Dental Phobia." *Journal of Clinical Psychology*, 58, págs. 1.489-1.503.

3. Marks, I., Lovell, K., Noshirvani, H., Livanou, M. y Thrasher, S. (1998). Treatment of Post-traumatic Stress Disorder by Exposure and/or Cognitive Restructuring." *Archives of General Psychiatry*, 55, págs. 317-325.

4. Muris, P. y Merckelbach, H. (1997). "Treating Spider Phobias with Eye Movement Desensitization and Reprocessing: A Controlled Study." *Behavioral and Cognitive Psychotherapy*, 25, págs. 39-50.

5. Muris, P., Merckelbach, H., van Haaften, H. y Nayer, B. (1997). "Eye Movement Desensitization and Reprocessing Versus Exposure in Vivo." *British Journal of Psychiatry*, 171, págs. 82-86.

6. Muris, P, Merckelbach, H., Holdrinet, L. y Sijsenaar, M. (1998). "Treating Phobic Children: Effects of EMDR Versus Exposure." *Journal of Consulting and Clinical Psychology*, 66, págs. 193-198.

7. Shapiro, F. (1999). "Eye Movement Desensitization and Reprocessing (EMDR) and the Anxiety Disorders: Clinical Research Implications of an Integrated Psychotherapy Treatment." *Journal of Anxiety Disorders*, 13, págs. 35-67.

8. Ver nota 1.
9. Feske, U. y Goldstein, A. (1997). "Eye Movement Desensitization and Reprocessing Treatment for Panic Disorder: A Controlled Outcome and Partial Dismantling Study." *Journal of Consulting and Clinical Psychology*, 36, págs. 1.026-1.035.
10. Goldstein, A. y Feske, U. (1994). "Eye Movement Desensitization and Reprocessing for Panic Disorder: A Case Series." *Journal of Anxiety Disorders*, 8, págs. 351-362.
11. Véase nota 9.
12. Goldstein, A.J., de Beurs, E., Chambless, D.L. y Wilson, K.A. (2000). "EMDR for Panic Disorder with Agoraphobia: Comparison with Waiting-list and Credible Attention-placebo Control Condition." *Journal of Consulting and Clinical Psychology*, 68, págs. 947-956.
13. Shapiro, F. (2001). *Eye Movement Desensitization and Reprocessing Basic Principles, Protocols, and Procedures* (2ª ed.) (págs. 362-363). Nueva York: Guilford.
14. Shapiro, F. (1995). *Eye Movement Desensitization and Reprocessing. Basic Principles, Protocols, and Procedures*. Nueva York: Guilford.
15. Shapiro, F (1989). "Eye Movement Desensitization: A New Treatment for Post-traumatic Stress Disorder." *Journal of Behavior Therapy and Experimental Psychiatry*, 20, págs. 211-217.
16. Shapiro, F. (1989). "Efficacy of the Eye Movement Desensitization Procedure in the Treatment of Traumatic Memories." *Journal of Traumatic Stress*, 2, págs. 199-223.
17. Véase nota 15.
18. Véase nota 16.
19. Antrobus, J.S. (1973). "Eye Movements and Non-visual Cognitive Tasks." En V. Zikmund (ed.), *The oculomotor system and brain functions* (págs. 354-368). Londres: Butterworths.
20. Antrobus, J.S., Antrobus, J.S. y Singer, J. (1964). "Eye Movements, Accompanying Daydreams, Visual Imagery, and Thought Suppression." *Journal of Abnormal and Social Psychology*, 69, págs. 244-252.
21. Chemtob, C.M., Tolin, D.F, van der Kolk, B.A. y Pitman, R.K. (2000). "Eye Movement Desensitization and Reprocessing", en E.A. Foa, T.M. Keane y M.J. Friedman (eds.), *Effective treatments for PTSD: Practice guidelines from the International Society for Traumatic Stress Studies*. Nueva York: Guilford.

22. Kazdin, A.E. (1994). "Methodology, Design, and Evaluation in Psychotherapy Research", en A.E. Bergin y S.L. Garfield (eds.), *Handbook of psychotherapy and behavior change* (4ª ed., págs. 19-71). Nueva York: Wiley.
    Kazdin, A.E. (1998). *Research design in clinical psychology* (3ª ed.). Needham Heights, MA: Allyn & Bacon.
    Kazdin, A.E. y Bass, D. (1989). "Power to Detect Differences Between Alternative Treatments in Comparative Psychotherapy Outcome Research." *Journal of Consulting and Clinical Psychology*, 57, págs. 138-147.

23. Véase nota 21.

24. Wolpe, J. (1990). *The practice of behavior therapy* (4ª ed.). Nueva York: Pergamon Press.

25. Davidson, P.R. y Parker, K.C.H. (2001). "Eye Movement Desensitization and Reprocessing (EMDR): A Meta-analysis." *Journal of Consulting and Clinical Psychology*, 69, págs. 305-316.

26. Montgomery, R.W. y Ayllon, T. (1994). "Eye Movement Desensitization Across Subjects: Subjective and Physiological Measures of Treatment Efficacy." *Journal of Behavior Therapy and Experimental Psychiatry*, 25, págs. 217-230.

27. Lohr, J.M., Tolin, D. y Kleinknecht, R.A. (1995). "An Ontensive Investigation of Eye Movement Desensitization of Medical Phobias." *Journal of Behavior Therapy and Experimental Psychiatry*, 26, págs. 141-151.

28. Lohr, J.M., Tolin, D.F. y Kleinknecht, R.A. (1996). "An Intensive Investigation of Eye Movement Desensitization of Claustrophobia." *Journal of Anxiety Disorders*, nº, 10, págs. 73-78.

29. Acierno, R., Tremont, G., Last, C. y Montgomery, D. (1994). "Tripartite Assessment of the Efficacy of Eye Movement Desensitization in a Multiphobic Patient." *Journal of Anxiety Disorders*, 8, págs. 259-276.

30. Devilly, G.J., Spence, S.H. y Rapee, R.M. (1998). "Statistical and Reliable Change with Eye Movement Desensitization and Reprocessing: Treating Trauma with a Veteran Population." *Behavior Therapy*, 29, págs. 435-455.

31. Renfrey, G. y Spates, C.R. (1994). "Eye Movement Desensitization and Reprocessing: A Partial Dismantling Procedure." *Journal of Behavior Therapy and Experimental Psychiatry*, 25, págs. 231-239.

32. Véase nota 22.

33. Véase nota 30.

34. Boudewyns, P.A y Hyer, L.A. (1996). "Eye Movement Desensitization and Reprocessing (EMDR) as Treatment for Post-traumatic Stress Disorder (PTSD)." *Clinical Psychology and Psychotherapy*, 3, págs. 185-195.

35. Pitman, R.K., Off, S.P, Altman, B., Longpre, R.E., Poire, R.E. y Macklin, M.L. (1996). "Emotional Processing During Eye Movement Desensitization and Reprocessing Therapy of Vietnam Veterans with Chronic Post-traumatic Stress Disorder." *Comprehensive Psychiatry*, 37, págs. 419-429.

36. Carrigan, M.H. y Levis, D.J. (1999). "The Contributions of Eye Movements to the Efficacy of Brief Exposure Treatment for Reducing Fear of Public Speaking." *Journal of Anxiety Disorders*, 13, págs. 101-118.

    Sanderson, A. y Carpenter, R. (1992). "Eye Movement Desensitization Versus Image Confrontation: A Single Session Crossover Study of 58 Phobic Subjects." *Journal of Behavior Therapy and Experimental Psychiatry*, 23, págs. 269-275.

    Sólo hay dos ejemplos de análisis de componentes orientados a poblaciones subclínicas. Los lectores interesados en este tipo de análisis y en los parámetros de investigación sugeridos pueden echar un vistazo a mi libro Shapiro, F. (2001. *Eye movement desensitization and reprocessing. Basic* principles, *protocols, and procedures.* Nueva York: Guilford.

37. Véase nota 21.

38. Andrade, J., Kavanagh, D. y Baddeley, A. (1997). "Eye-movements and Visual Imagery: A Working Memory Approach to the Treatment of Post-traumatic Stress Disorder." *British Journal of Clinical Psychology*, 36, págs. 209-223.

39. Lipke, H. (2000). *EMDR and Psychotherapy Integration*, Boca Raton, FL: CRC Press.

40. Bergmann, U. (2000). "Further Thoughts on the Neurobiology of EMDR: The Role of the Cerebellum in Accelerated Information Processing." *Traumatology*, 6. Disponible en: http://www.fsu.edu/~trauma/

41. Servan-Schreiber, D. (2000). "Eye Movement Desensitization and Reprocessing: Is Psychiatry Missing the Point?" *Psychiatric Times*, 17, págs. 36-40.

42. Stickgold, R. (2002). "EMDR: A Putative Neurobiological Mechanism of Action." *Journal of Clinical Psychology*, 58, págs. 61-75.

43.   Armstrong, M.S. y Vaughan, K. (1996). "An Orienting Response Model of Eye Movement Desensitization." *Journal of Behavior Therapy and Experimental Psychiatry*, 27, págs. 21-32.

44.   MacCulloch, M.J. y Feldman, P. (1996). "Eye Movement Desensitization Treatment Utilizes the Positive Visceral Element of the Investigatory Reflex to Inhibit the Memories of Post-traumatic Stress Disorder: A Theoretical Analysis." *British Journal of Psychiatry*, 169, págs. 571-579.

45.   Barrowcliff, A.L., Gray, N.S., Freeman, T.C.A. y MacCulloch, M.J. (en prensa). "Eye-movements Reduce the Vividness, Emotional Valence and Electrodermal Arousal Associated with Negative Autobiographical Memories." *Journal of Forensic Psychiatry and Psychology*.
      Barrowcliff, A.L., Gray, N.S., MacCulloch, S., Freeman, T.C.A. y MacCulloch, M.J. (2003). "Horizontal Rhythmical Eye-movements Consistently Diminish the Arousal Provoked by Auditory Stimuli." *British Journal of Clinical Psychology*, 42, págs. 289-302.

46.   Kuiken, D., Bears, M., Miall, D. y Smith, L. (2002). "Eye Movement Desensitization and Reprocessing Facilitates Attentional Orienting", *Imagination, Cognition and Personality*, 21, págs. 3-20.

47.   Véase nota 42.

48.   Christman, S.D., Garvey, K.J., Propper, R.E. y Phaneuf, K.A. (2003). "Bilateral Eye Movements Enhance the Retrieval of Episodic Memories." *Neuropsychology*, 17, págs. 221-229.

49.   Véase nota 38.

50.   Kavanagh, D.J., Freese, S., Andrade, J. y May, J. (2001). "Effects of Viso-spatial Tasks on Desensitization to Emotive Memories." *British Journal of Clinical Psychology*, 40, págs. 267-280.

51.   Van den Hout, M., Muris, P., Salemink, E. y Kindt, M. (2001). "Autobiographical Memories Become Less Vivid and Emotional After Eye Movements." *British Journal of Clinical Psychology*, 40, págs. 121-130.

52.   Véase nota 50.

53.   Véase nota 51.

ÍNDICE